HISTOIRES DE GUERRE
ET D'INTIMITÉ

Du même auteur

chez le même éditeur

Les Indifférents
Le Conformiste
La Belle romaine
La Provinciale et autres récits
Le Mépris
Nouvelles romaines
La Ciociara
Un mois en URSS
L'Ennui
Autres Nouvelles romaines
Agostino
L'Inde comme je l'ai vue
L'Automate
L'Homme en tant que fin
L'Attention
La Révolution culturelle de Mao
Une chose est une chose
Le Monde est ce qu'il est (théâtre)
Le Paradis
Moi et Lui
À quelle tribu appartiens-tu ?
Une autre vie
Desideria
Picasso, 1901-1906, périodes bleue et rose (avec Pablo Lecaldano)
Bof !
1934
La Chose
L'homme qui regarde
Le Voyage à Rome
Trente Ans au cinéma
La Femme-léopard
Promenades africaines
La Polémique des poulpes et autres histoires
Histoires d'amour

Alberto MORAVIA

HISTOIRES DE GUERRE ET D'INTIMITÉ

Édition établie par
Simone Casini et Francesca Serra

Nouvelles traduites de l'italien et préfacées par
René de Ceccatty

Flammarion

Titre original : *Racconti dispersi 1928-1951*
Éditeur original : Bompiani

ISBN : 2-08-068191-5

Regarder, raconter

Alberto Moravia avait un esprit synthétique, qualité rare chez un romancier. Dans l'histoire de la littérature italienne, c'est à tort qu'il ne passe pas pour un styliste. La rapidité de sa pensée, souvent prouvée par ses interventions fulgurantes dans la vie politique italienne, à laquelle, à travers les journaux, il participa comme témoin actif, le conduisait pourtant à des formulations frappantes, par lesquelles il exprimait des jugements définitifs, dans tous les domaines. Cette capacité de préciser rapidement et fortement son rapport au monde se ressentait dans son approche de la fiction. Ses romans tournaient, en général, autour d'un thème unique : la veulerie, la jalousie, le mépris, la frustration, la duplicité, la curiosité, l'égoïsme ou le désir. À partir de ce thème, il organisait des variations, afin d'épuiser la richesse des interprétations, mais surtout il concevait une intrigue qui lui permettait moins de nuancer l'analyse psychologique que de lui donner un cadre rigoureux. Si bien que, tout en ayant affaire à des personnages incarnés, à la sensualité forte, à l'environnement précis que l'écrivain décrivait minutieusement, avec un souci maniaque du détail visuel et de la donnée matérielle, le lecteur avait parfois le sentiment de lire une démonstration d'une implacable logique plutôt qu'une intrigue à proprement parler.

Fasciné par sa femme Elsa Morante, dont il disait volontiers que c'était elle, malgré leur différence de notoriété dans le monde, le grand auteur italien du siècle, il n'avait pas sa subtilité psychologique, ni sa perception poétique du monde. Il n'en reste pas moins que Moravia avait inventé, si l'on veut, une autre forme poétique de la narration, liée à sa précision, à ses caractéristiques visuelles, à la clarté de sa pensée, à l'évidence de la cible qu'il visait et aux solutions qu'il avait découvertes à cette angoisse existentielle qui, selon ses propres termes, le rapprochait de Camus et de Sartre.

À cette angoisse, comme on le sait, il avait donné le nom d'« ennui », empruntant le terme au XVIIIe siècle français. On a souvent dit que Sciascia appartenait à ce siècle-là, mais on aurait pu le dire également de Moravia, si Moravia n'avait pas été si étroitement lié à des événements majeurs du XXe siècle qui, malgré tout, ont donné des caractères essentiels à sa personnalité d'écrivain. Oui, il y a constamment, dans l'œuvre de Moravia, un aspect « liaisons dangereuses », dans son obsession de la perversion, de la manipulation des êtres humains entre eux, de la possession, du voyeurisme et, bien entendu, dans son pessimisme fondamental, aussitôt mué en vitalité. Mais c'est avant tout une œuvre du XXe siècle, ce qui apparaît de manière particulièrement éclatante dans ces brèves nouvelles occasionnelles, parues dans des journaux (le plus souvent des quotidiens) installant par conséquent un dialogue immédiat avec des lecteurs plongés dans le même environnement matériel, politique, historique.

Moravia fut contraint, entre autres raisons parce qu'il était en première ligne victime de lois raciales (il était juif), de prendre position contre le régime mussolinien, dont il fut l'un des premiers opposants. Mais il est évident que, s'il n'avait pas été juif, il aurait été tout aussi déterminé. Comme le fut, plus jeune que lui, celui qui allait devenir son meilleur ami à partir de la fin des années 50, Pier Paolo Pasolini.

Cet antifascisme est présent dans l'œuvre romanesque de Moravia, bien entendu, notamment dans *Le Conformiste* ou *1934*. Mais, plus largement, dans la dénonciation de tous les comportements veules ou grégaires, de l'expression obtuse de tous les conformismes de masse, de l'emploi de la force aveugle, de la défense d'intérêts nationaux étroits, de l'intolérance en général. Les portraits de personnages bornés, égoïstes, hypocrites, menteurs, lâches sont innombrables. Mais cette fermeture de l'être humain exerçait aussi sur l'homme et l'écrivain une incontestable fascination, particulièrement chez les femmes. C'était pour lui une source de séduction. La dépendance érotique, qu'il décrivit de façon de plus en plus obsessionnelle avec les années, était une sorte d'évolution métaphorique de son obsession de l'aveuglement, de la perte de la lucidité. On a trop souvent critiqué cette mutation de l'œuvre de Moravia (qui lui coûta le Nobel) sans comprendre qu'elle était en germe dans sa « première manière », celle des *Indifférents* et des *Ambitions déçues*.

Les textes dispersés qui sont ici réunis pour la première fois ont été, volontairement ou pas, écartés par l'écrivain lorsqu'il composa lui-même les recueils des *Nouvelles romaines*, de la *Polémique des poulpes* et des *Racconti 1927-1951* (traduits sous le titre *La Provinciale* et *Histoires d'amour*). Les éditeurs italiens apportent de nombreuses précisions pour expliquer les choix qui ont probablement présidé à ces exclusions, qui parfois n'ont été que des oublis, et aux circonstances dans lesquelles ces pages ont été écrites. Nous ne reviendrons donc pas dessus. Ce qui est certain, c'est que la guerre domine la thématique de ces brèves nouvelles, écrites pendant la montée du fascisme, la guerre et l'après-guerre, c'est-à-dire orientées par une période déterminante pour l'histoire politique et culturelle de l'Italie.

Les nouvelles écrites sous pseudonyme et se référant à l'exil de Moravia en Ciociaria sont parmi les plus frappantes, non seulement parce qu'elles permettent de découvrir le fond autobiographique d'un des romans auxquels Moravia dut sa gloire, *La Ciociara*, que popularisa le film de De Sica avec Sophia Loren, mais parce que ce sont les rares textes où le « je » du narrateur s'identifie avec le « je » de l'écrivain. Le dialogue entre l'écrivain et le lecteur de journaux quotidiens est alors immédiat.

De même, un certain nombre de récits, rendant compte de visites de prisons et d'asiles psychiatriques, ne recourent pas à la médiation de personnages. L'enfermement était, on le découvre, une hantise de Moravia, qui, rappelons-le, a vécu sa jeunesse dans un sanatorium. Le lieu clos permettait non seulement d'observer les êtres humains comme dans un laboratoire et de mettre au jour rapidement une typologie des comportements, mais aussi de lier les conditions matérielles d'une vie sous surveillance à l'évolution du caractère de chacun. Dans le milieu carcéral, Moravia pouvait décrire matériellement, visuellement, un environnement et ses effets sur la conduite humaine, exactement comme il le faisait, dans ses romans, à partir de lieux étouffants et familiaux. Le huis-clos est demeuré son obsession, des *Indifférents* à *La Femme-léopard* : du cercle familial bourgeois (inspiration majeure de ses romans) au tête-à-tête amoureux qu'étouffe un milieu hostile et que trouble la venue de tiers. L'Afrique, où il voyagea durant ses trente dernières années, était l'occasion de réduire le décor à une sorte de continent opaque, résistant à l'Histoire et incapable d'épuiser la curiosité insatiable d'un voyageur, d'un voyeur, d'un narrateur. La folie, par ailleurs, sur laquelle il revient dans ces textes à trois reprises, était l'occasion de décrire la passion nue, réduite à ses formes d'expression les plus crues, les plus violentes, les moins communicables.

Moravia, d'ordinaire si sobre et si concret dans ses romans et ses nouvelles les plus connues, usa cependant de la métaphore, et même du fantastique et de l'onirisme. Plusieurs textes sont des références cryptées au fascisme : « Souvenir de Circé » permet, à partir d'un épisode célèbre de *L'Odyssée*, la transformation des compagnons d'Ulysse en porcs par la magicienne Circé, d'ironiser sur la métamorphose collective de valeurs sombrant progressivement dans le marasme et la perte de dignité. « Le Lion », fable sur un couple élevant dans son foyer un fauve meurtrier, procède du même esprit. Mais il y a, bien entendu, des textes beaucoup plus directs, comme « Le Défenseur », « Le Médisant », « La Famille Vert-de-gris », « Les Contradictions de Rodolfo », « Les Chaussures », « Espion à la suite d'un pari ».

On retrouvera également dans cette série des archétypes : « Un homme austère », « Le Misanthrope », « L'Indécis », « Le Cavalier », « Escrocs escroqués ». Moravia disait parfois de lui-même qu'il était un dramaturge déguisé en romancier : on en a, ici, une preuve de plus.

À part les nouvelles de la Ciociaria, qui donneront lieu au roman que l'on a cité, on peut soupçonner certains textes d'avoir été l'ébauche d'entreprises qui auraient pu avoir de plus grandes dimensions. Il est certain que l'on reconnaît le style romanesque de Moravia dans « Le Peintre Evandro ». L'homme passif face à la femme séductrice et manipulatrice était un des archétypes érotiques de Moravia, qui « masculinisait » volontiers les femmes au point parfois de modifier leur morphologie, faisant d'elles des êtres prédateurs, préhensiles, pénétrants et des hommes des êtres inertes, dépourvus de toute initiative, le corps réduit à une simple perception, où le désir se mue en terreur. Curieusement, cet intellectuel qui, dans ses textes critiques (politiques, littéraires et cinématographiques), était animé d'un exigeant souci de rationalité, soulignait, dans les comportements, la part obscure, contradictoire, irrationnelle. Bien qu'il ait peu imaginé d'intrigues où la véritable folie était en jeu, bien qu'il ait rarement fait appel au crime sanglant, situant le tragique ailleurs que dans ses manifestations les plus spectaculaires, plutôt dans une sourde fatalité d'impuissance, il aimait à représenter ses personnages dans un processus obsessionnel de délire solitaire, mettant en évidence les articulations de ce délire, enchaînant inéluctablement ses phases.

Dans cette nouvelle, comme dans plusieurs autres qui allient le ton humoristique, l'allusion érotique, le mystère presque fantastique, on peut constater ce que Moravia doit à ses lointains prédécesseurs, auteurs des divers « *novellini* » de la Renaissance. Moravia devait confirmer ce legs dans les nouvelles qu'il écrira à la fin de sa vie, dans *La Chose*.

Le recueil, précisément, se clôt, par hasard, sur une histoire de terreur, dont le protagoniste est un adolescent passionné de lecture et victime de son imagination. Dans ce texte, qui a une double tonalité, humoristique et policière, tout l'art narratif de Moravia est à l'œuvre : le ressort même de l'intrigue étant le regard (comme « La véranda », qui donnera lieu, du reste, au seul court métrage qu'il ait réalisé), Moravia se permet d'intégrer la description des lieux à l'intrigue même, puisque le jeune héros, en découvrant la structure de l'appartement qu'il est chargé de garder, met en scène sa propre terreur. Ainsi, le regard et le récit se confondent-ils. Et c'est du regard même que va naître l'illusion du personnage. Au moment où le narrateur cesse de croire à la trame du roman policier qu'il est en train de lire, il constitue, à son insu, un autre fantasme. L'imagination s'incarne dans une illusion d'optique : il prend un mannequin pour une femme. Il croit passer d'une terreur illusoire et délicieuse (celle qu'apporte la lecture d'une fiction policière) à une terreur réelle et répugnante (la découverte d'un cadavre et l'épouvante d'être soupçonné de crime). C'est qu'en réalité lui-même devient un personnage de roman, illusoire et victime d'une illusion. Moravia, entraînant habilement le lecteur dans ce jeu de miroirs, a, sans la moindre intervention réflexive ou théorique, sans le moindre commentaire extérieur à la courte intrigue de la nouvelle, fourni un parfait exemple du mécanisme de son système narratif.

René de Ceccatty

Cavernes à double emploi

Avez-vous jamais vu cette publicité qui consiste en une enfilade de colleurs d'affiches qui écrivent sur le dos du voisin une phrase du genre : « Achetez le produit machin » ? Ou, mieux encore, ces miroirs de coiffeurs qui se reflètent entre eux et se renvoient l'un à l'autre, dans une triste et morte perspective, l'intérieur de la salle ? Ajoutez à cette dernière image une épaisse obscurité, comme s'il ne s'agissait plus d'un salon de coiffure étincelant mais de quelque antre en forme d'entonnoir, une obscure confusion d'objets hérissés et informes, de stalagmites, chauves-souris, lichens, et la sensation d'un écho qui appartient plutôt à votre peur qu'à la réalité, et ça y est, vous n'aurez qu'une vague idée de la façon dont fonctionne la pensée dans des circonstances exceptionnelles.

Qu'on me comprenne bien : normalement la pensée s'arrête aux premières apparences de l'objet. On voit un livre et on se dit : « C'est un livre. » Mais parfois il en va tout autrement. Un exemple : un jeune comptable très ambitieux et sensible, qui croit depuis quelque temps avoir observé dans le comportement de ses collègues et dans celui de son patron une hostilité inexplicable. Il n'en trouve pas les raisons et en est désespéré. Il s'attend d'un instant à l'autre à être licencié. « Ma carrière est fichue », pense-t-il. Or, un jour, alors qu'il est à son bureau, penché sur son labeur, on lui annonce à brûle-pourpoint que le chef le réclame. Il se lève, imagine qu'on va lui signifier son congé, se présente, pâle et tremblant, sans oser franchir le seuil. « Entrez, avancez donc », lui dit-on. Il obtempère. Son patron est là, assis et même affalé dans son fauteuil pivotant, devant son bureau américain. À peine le voit-il, ce personnage important et bedonnant vient vers lui, pose une main bienveillante sur son épaule. « Parfait, dit-il. Je suis content de vous... Eh bien ... il y a un poste vacant à Londres... j'aimerais vous y envoyer. » Après quoi, une discussion très cordiale s'engage entre eux deux. Le chef pousse la générosité jusqu'à lui offrir une cigarette. Enfin, heureux, et même ravi, le jeune comptable se retire. Il revient dans son bureau, mais ne reprend pas tout de suite son travail. L'enthousiasme, la reconnaissance sont tels qu'il en est tout bouleversé, un grand nombre d'idées farfelues traversent le ciel agité de son âme... Il se demande comment prouver à son patron l'affection immense qu'il lui porte, lui rendre en quelque sorte le bien reçu. Il commence par imaginer qu'il pourrait le sauver d'un incendie ou courir à son secours quand une bande de malfrats l'attaque... Mais sans se l'avouer, il a l'impression que ce n'est pas assez, il a besoin d'un malheur plus grave pour mettre à l'épreuve cet attachement infini... et, en effet, la conclusion s'impose soudain : la mort du patron.

Il lui semble même qu'il voit comment ce drame pourrait se produire : un après-midi, chargé de dossiers, il entre presque en courant dans le bureau de son bienfaiteur, et là, étalé par terre, au pied de son secrétaire américain, que voit-il ?... Lui, en personne, le patron, sur le dos, ou plutôt recroquevillé sur lui-même, un filet de sang entre les lèvres, le fauteuil renversé. Il se précipite aussitôt, se penche, relève sa chère tête, appelle. Tous les employés accourent, s'agitent autour du corps. « Un verre d'eau... un médecin... vite ! », ordonne-t-il. Mais le moribond a une dernière lueur de lucidité : il ouvre les yeux et le regarde (oh, ce regard qui semble venir de l'au-delà !). « Tu seras mon successeur », profère-t-il d'une voix éteinte, et déjà ses paupières se referment, il est mort. Enterrement. Convoi. C'est une magnifique journée de printemps, le soleil brille dans le ciel pur. Le comptable suit avec accablement le corbillard qui avance lentement dans les rues encombrées par la foule, tant de couleurs, de femmes, de magasins... Mais rien ne le distrait de son chagrin, il fait de vains efforts pour ne pas pleurer, les larmes ruissellent sans trêve de ses yeux affligés. Pas à pas, ainsi plongé dans des souvenirs d'autant plus amers qu'ils ne cessent de lui rappeler quel homme il accompagne vers sa dernière demeure, il parvient au cimetière avec le convoi. La fosse est prête, le cercueil va y être déposé, lorsqu'il se fraie un passage dans la foule et prononce un discours où s'expriment tout son chagrin et son regret avec une force inhabituelle. « Cet homme qui fut pour moi plus qu'un père, s'exclame-t-il enfin, fut aussi un esprit d'élection comme il n'en existera plus : agenouillons-nous et vénérons-le. » La bière est ensuite descendue dans la tombe, des poignées de terre sont jetées sur le couvercle, avec un bruit sourd...

Brusque interruption. Fracas de portes grandes ouvertes avec violence. Hors de lui, le patron déboule dans le bureau du jeune comptable, agitant une feuille en l'air. « Comment peut-on ? » hurle-t-il en lui jetant au visage le document. « Comment peut-on commettre de pareilles erreurs ?... Et en plus vous voulez être muté à Londres ?... C'est en enfer, oui, que je vais vous muter ! » Autre fracas de portes. Silence consterné. Sentiment amer d'un désastre irréparable.

Le jeune comptable s'assoit à son bureau, la tête entre les mains. Il ne travaille pas, il est plus que jamais convaincu que son chef lui en veut à mort. Son imagination surexcitée galope... quelle meilleure vengeance, pour une telle perfidie, que la mort précisément ? En effet, il croit voir... Un matin, il entre dans la pièce de son ennemi et le trouve étalé par terre, au pied de son secrétaire américain, un filet de sang entre les lèvres, le fauteuil est renversé... la tête baissée, perdu dans l'obscurité de son imagination stérile, le jeune comptable réfléchit, réfléchit, il n'en est pas encore arrivé aux poignées de terre sur le cercueil, mais il y parviendra bientôt.

En voici un plus court : un père qui avait eu l'imprudence de mettre six enfants au monde se torturait à l'idée de ce qu'il aurait pu faire et du bon temps qu'il aurait pu prendre avec tout l'argent qu'il dépensait pour cette nombreuse progéniture, non qu'il fût mauvais, mais la vie l'écrasait tant qu'il ne lui restait pas d'autre consolation que de rêver à des femmes distinguées, à des voyages de luxe et à des bêtises du même tonneau. Mais un jour où il se disputait violemment avec les siens et où déjà il imaginait le soulagement qu'il aurait éprouvé si juste à ce moment toute cette marmaille vivant à ses dépens était morte pour une raison ou pour une autre, soudain, on l'entendit crier : « Et je sais bien que vous n'attendez que ma mort pour pouvoir vous emparer de l'héritage et vous amuser comme bon vous semble... ! »

Cavernes

Le coupable n'avoue pas toujours sa faute en pleurant. Pour preuve, ce jeune homme que nous voyons maintenant entrer dans un restaurant avec sa femme. Du vestibule vitré où la lumière est presque aveuglante, ce couple passe dans une petite salle assez sombre, où chaque table est éclairée par une ampoule étouffée sous un abat-jour rouge ; les nappes et les faux cols amidonnés des serveurs font des taches blanchâtres dans cette atmosphère rose et tamisée. Le couple s'attable dans un coin et se met à manger. Il n'y a pas grand monde : quelques couples silencieux que la flamme de la lampe éclaire par en dessous, deux amis et là-bas, au fond, au pied de ce palmier vert sombre, un monsieur solitaire. De ce dernier, dans cette ombre lointaine, on ne distingue que le scintillement des yeux et, quand il parle au garçon, le parfait éclat des dents ; il se tient très droit, la tête appuyée contre le mur. Seul son buste est éclairé. Dans le coin opposé, notre couple mange, bavarde à mi-voix et... soudain, par pur hasard, la femme lève les yeux et son mari la voit blêmir, comme sur le point de défaillir. Il suit la direction de son regard troublé, aperçoit le monsieur solitaire, cette dentition brillante, ces yeux qui étincellent du fond de l'ombre avec une espèce d'intense et sombre passion qui paraît envelopper toute la table comme dans un cercle magique : « C'est lui, pense-t-il, atterré et rageur, c'est à cause de lui que, ces derniers temps, elle est devenue aussi froide. » Maintenant il n'a plus faim, il n'a plus envie de parler. En vain sa femme, qui s'est aperçue de son trouble, incline dans cette lumière rose son visage également rose, lui sourit et prononce de petites phrases aimables. Il ne veut que la vérité. Il saisit sa main tout à coup sur la table, la serrant avec force. « Dis la vérité », chuchote-t-il en hâte.

Il la voit secouer la tête : « Non ! Laisse-moi, tu me fais mal... » et, en même temps, sourire. Mais à mesure qu'il insiste, la dénégation devient de plus en plus faible, son sourire s'épanouit davantage, c'est un sourire nouveau et horrible à ses yeux, empreint d'une étrange complaisance, moitié honteuse, moitié impudique. « Comme si elle avait été ravie d'avoir été prise au piège », pense-t-il. Ce sourire qui transforme la bouche en une espèce de fente sexuelle privée de toute intelligence et dotée, comme par hasard, d'une rétractilité entièrement animale, ce sourire gratuit lui semble être une insulte, l'exaspère bien plus que l'aveu ouvert auquel la femme finit par se résoudre. « Va-t'en avec lui, fais ce que tu veux », lui dit-il alors, puis il se lève brusquement et part.

Il se précipite à l'hôtel, dans sa chambre, il se jette sur le lit, la tête lui fait mal, il a les yeux pleins de larmes ; et il y a ce sourire : « Pourquoi, au lieu d'avoir eu peur ou du moins d'être attristée, a-t-elle souri ? » Ses pensées tourbillonnent comme des papillons autour de la lumière indécente de ce sourire. « Pourquoi a-t-elle souri et avoué ? Si elle avait nié avec fermeté, je l'aurais immédiatement crue. Peut-être a-t-elle voulu, dans la mesure du possible, s'excuser ? Mais non, c'était un sourire de défi... ou alors... oui !... » Dans un éclair, il s'assoit au bord du lit : ce sourire exprimait le plaisir. La femme, accusée à juste titre, avait peut-être pour la première fois éprouvé le plaisir de se sentir coupable : surprise en flagrant délit d'adultère, elle aurait pleuré et se serait orgueilleusement rebellée, mais ainsi, en paroles, elle n'avait pas résisté à la honte douceâtre et ravie que lui procurait un péché si agréable. L'accusation de son mari avait dû être une sorte de chatouillement moral, elle avait souri de cette sensation si troublante et avait peut-être pensé : Quelle volupté de se sentir enfin en tort, d'être coupable... Cela avait dû être, soudain, la révélation d'un goût jusque-là caché pour un état de faute, riche de petits remords et de hontes minuscules, dans lequel cette âme qui s'ennuyait se trouverait beaucoup plus à son aise que dans la cage glacée de la vertu. Se dire à soi-même : « Je suis adultère, lapidez-moi », voilà un plaisir neuf, d'autant plus luxueux que personne ne lui aurait lancé la première pierre et d'autant plus indispensable qu'il s'offrirait sous l'apparence utile et moraliste du repentir.

« Et une fois la faute épuisée et les remords éteints, pense amèrement le jeune mari, on péchera encore pour pouvoir à nouveau se repentir d'une façon si agréable, et l'on commettra un péché plus grave, plus important, comme le fumeur d'opium qui, à chaque nouvelle pipe, double la dose. Et à la fin on sombrera dans une espèce d'insensibilité désespérée et crapuleuse, le désir de repentir, d'autoflagellation, soufflera les péchés les plus absurdes, les plus froids, les plus dégoûtants. Mais un beau jour la veine sera tarie, si grande que soit la frénésie dans laquelle on se jettera à corps perdu, il n'y aura plus de réaction, le ressort sera cassé, on cherchera en vain la honte adorée dans les moindres recoins de son âme, on ne trouvera que de vieilles cicatrices d'humiliations et de hontes désormais inefficaces. »

C'est ce que se dit le jeune mari, avec l'impression de s'enfoncer dans une caverne de plus en plus noire. Puis, brusquement, toute lumière s'éteint et, vaincu par la fatigue, il s'endort.

Le voleur curieux

Nuit sans étoiles, de feutre et d'encre. Un orage d'été avait grondé toute la journée dans les hauteurs, au nord de la ville, concentrant des nuages épais, de plus en plus noirs, si bien que le crépuscule s'était conclu tragiquement en un ciel lourd et sombre et que la nuit était tombée prématurément, étouffante comme une grosse couverture que quelqu'un là-bas, à l'horizon, aurait tirée pour se protéger les yeux. Dans les hautes rues étroites, une noirceur de poix s'était substituée au jour incertain, et les innombrables ampoules allumées dans les vitrines des magasins n'avaient servi qu'à creuser une tranchée de lumière aveuglante dans laquelle les passants, ombres noires et rapides, bougeaient en tous sens, comme pris de folie. Plus haut encore, les étages supérieurs des maisons disparaissaient dans l'ombre et le ciel n'était plus visible. L'air se coagulait et après que, à une heure avancée, sur les terrains vagues entourant les faubourgs, se fut levé un vent aussi musclé et torride qu'Eole en personne, tous les jardins et les arbres que la ville enserrait entre ses pierres commencèrent à s'agiter et à mugir sauvagement, au point de recouvrir le fracas métallique des voitures et le brouhaha des foules dans les rues encombrées.

Nuit de tempête. Ces menaces naturelles intéressaient les météorologues isolés dans leurs tours d'observation, mais elles laissaient totalement indifférents les citadins et en particulier les habitants du numéro 33 d'une rue résidentielle située dans le quartier le plus nanti et le plus orgueilleux, où un déluge aurait été évacué du macadam vers les égouts, un tremblement de terre vaincu par le béton armé, et le jugement dernier aurait rencontré une exceptionnelle et perverse résistance.

Vers l'immeuble qui portait le numéro 33, un voleur n'ayant d'autre désignation que celle de « voleur » s'avançait cette nuit-là. Ce n'était pas un vulgaire voleur, il avait reçu une certaine éducation, il avait voyagé, connaissait quatre langues, et finalement de voleur n'avait que la profession. En apparence, c'était un monsieur quelconque, d'âge moyen, un peu chauve, vêtu décemment, avec des lunettes en écaille, une montre au poignet, un étui à cigarettes, un portefeuille, des papiers en règle, bref, un de ces personnages insignifiants dont on n'imaginerait jamais que, parallèlement à leur existence la plus évidente, ils en vécussent une autre, scandaleuse et criminelle. Son activité, du reste, dédaignait les vols à la tire et les petites escroqueries de ses confrères de moindre envergure, et il se consacrait exclusivement aux grands coups, qui réclament une plus vive intelligence mais rapportent davantage : millions et bijoux de haut prix, telles étaient ses proies. Et, certainement, dans sa branche particulière, il se tenait à ce niveau élevé auquel n'ont accès que les élites.

Il marchait donc vers son but : cet immeuble au numéro 33. La nuit était favorable, le quartier même où l'édifice se dressait n'aurait pas pu être plus propice, avec son absence de magasins, ses rues désertes qui débouchaient sur la campagne, ses jardins à la végétation touffue. Il marchait d'un pas leste, rasant les murs, unique habitude qui lui venait de son activité crapuleuse, sifflotant une chanson joyeuse. Devant ses yeux, la large rue vide du riche faubourg, filait, toute rutilante, sous l'enfilade météorique des réverbères formant une arche. Le vent imprimait à leurs globes lumineux des oscillations alarmées, effrayait dans les halls décorés de céramiques les gardiens insomniaques, décrochait les volets, faisait miauler les girouettes comme des chats en rut. Nuit de tempête : entre une villa et l'autre les jardins exposaient les masses sombres de feuillage qui bruissaient, s'agitaient sans trêve.

Il arriva ainsi au pied de l'immeuble, qui se dressait dans une petite rue en pente et en occupait tout un côté. Les lampadaires y étaient rares et faibles, et dans cette lumière nocturne et tranquille qui, étrangement, contrastait avec la violence et la turbulence de la tempête, on distinguait avec stupeur de larges pans de trottoir désert, de mur immobile. Il examina l'endroit. La porte d'entrée était fermée, les fenêtres du premier étage l'étaient également ; dans l'ombre supérieure l'immeuble présentait trois rangs aériens de balcons : rien à tenter de ce côté-ci. Le voleur descendit la rue et tourna à l'angle.

Large rue bien éclairée, entre deux rangées de villas blanches et mortes ; jardins prisonniers ; nuages qui filaient ; et soudain, on passe de la réflexion à l'action. Le voleur s'agrippe tout à coup des deux mains au mur d'enceinte, l'enjambe, une jambe après l'autre, et saute dans le parc de la propriété.

Obscurité complète. Des rectangles lumineux marquaient, sur la façade, les fenêtres ouvertes, le vent secouait le faîte des arbres, c'était tout. Le voleur esquissa quelques pas sur le gravier, maintenant, à l'aide de ses mains, sa veste que les rafales soulevaient. Arrivé au mur, il regarda en l'air. Il remarqua alors qu'une de ces fenêtres ouvertes avait un aspect particulièrement rassurant. On ne voyait en effet rien d'autre qu'une ampoule accrochée au plafond vide, brillant toute seule entre trois murs verdâtres et nus. Cela faisait penser à un intérieur inhabité où il aurait été facile de pénétrer ni vu ni connu. Le voleur commença l'escalade, plein d'espoir.

Le tuyau de la gouttière l'aida à grimper, la corniche à rejoindre cette fenêtre, mais il avait à peine pointé la tête qu'il dut aussitôt la retirer : la chambre qui d'en bas, par une illusion d'optique, lui avait semblé vide, était en réalité pleine de monde. Il attendit un instant, puis regarda plus précautionneusement : c'était une pièce assez vaste et presque nue, si l'on exceptait de fragiles chaises dorées disposées contre les plinthes. Une foule jeune et bien habillée la remplissait. Les femmes étaient en robe de soirée, épaules et bras dénudés, elles avaient de petites têtes roses et déplumées, des visages inexpressifs émaillés de couleurs vives. Les hommes étaient en frac, faux col, cravate blanche. Ils se tenaient tous debout, sur le parquet ciré aussi brillant qu'un miroir, conservant toutefois des attitudes raides, sobres, parlant avec élégance et animation. Au fond du salon, sur une sorte d'estrade, on apercevait un orchestre composé de cinq musiciens qui, en cet instant, se reposaient, s'appuyant à leurs instruments et contemplant d'un œil découragé la foule des danseurs. Il régnait la plus grande gaieté : entre le brouhaha des conversations, on distinguait les rires aigus des femmes, des appels, des plaisanteries. Tous bougeaient, fumaient, exhibaient leurs bijoux, leur beauté, leur conversation, nouaient des intrigues, donnaient des rendez-vous, lançaient des allusions, se tutoyaient, se vouvoyaient ou se montraient cérémonieux, s'offraient et acceptaient des cigarettes. Chacun produisait un flot d'inepties qui se fondait dans le flux commun au milieu d'un scintillement de bijoux et de fumée de cigarettes.

Le voleur déçu allait déjà reprendre la voie des airs quand trois coups de baguette sur le bois sonore de la grosse caisse annoncèrent la danse. Intrigué, il observa : les conversations avaient cessé, les groupes se défaisaient, chaque homme, d'un geste ostentatoire et magnanime, serrait sa cavalière contre lui. En avant la musique : bruyante et syncopée. Elle surgissait de la gorge vibrante d'un saxophone, projetée entre les murs, aux quatre coins cardinaux. Les couples, vivant carrousel fleuri de têtes embellies, tournoyaient sur ce rythme, se transmettant de l'un à l'autre les ondulations insolentes et languides de leurs hanches et épaules. Ils avaient les yeux absents, comme absorbés par une volupté intérieure, le visage immobile infatué ; on distinguait, sous leurs petites robes succinctes, les fesses moites des femmes, se cambrant et remuant comme un jeu de billes, et sous les queues-de-pie des hommes la tension arrogante des cuisses ; tous s'agrippaient les uns aux autres, de leurs membres raidis et, par intermittence, contractés de spasmes et de soubresauts. Où allaient-ils ? Ils n'en savaient rien eux-mêmes. Peut-être dans une voie que le destin leur commandait de parcourir ainsi, guindés, chaussés d'escarpins, dans ce triste et bruyant chaos.

Tout serait bien allé pour le voleur tapi là contre le mur, dans la chaude obscurité de cette nuit d'été, si, à un certain moment, au beau milieu de la danse, une des dames n'avait soudain éprouvé le besoin de s'écarter pour respirer un peu d'air pur. Et la petite tête aux cheveux lisses, brillants et noirs, ahurie sous son fond de teint, de s'approcher, de poser le regard à moitié prudent, à moitié stupide d'une poule qui pointe la tête hors du poulailler, de contempler l'ombre orageuse et mouvementée du jardin, et de se pencher... Mais alors, aussitôt, un cri jaillit : « Un homme !... Un homme sur la façade !... »

Avec la célérité des huit pattes d'une araignée épouvantée, le voleur prit la fuite en grimpant plus haut, le long de la gouttière, dans la partie obscure de la maison, vers un balcon du deuxième étage. Il y parvint haletant, son costume maculé de crépi, les mains écorchées. D'un bond il enjamba le parapet et s'accroupit dans un angle. Cependant, au-dessous, la musique s'était tragiquement tue dans une syncope imprévue et une haie de têtes encombrait le carré lumineux de la fenêtre. Le vent emportait et perdait dans la nuit diverses exclamations – « Un voleur ! », « Quel culot ! » « Un assassin ! » – auxquelles les arbres tourmentés du parc répondaient à leur manière par le fracas océanique de leur feuillage secoué.

Là-haut sur son balcon, le voleur se recroquevillait le plus possible, retenait sa respiration, la peur lui faisait presque claquer des dents. Les exclamations finirent par se calmer et, au bout de quelques minutes, sans doute consacrées au commentaire de cet événement extraordinaire, la musique recommença. Le voleur respira et ce fut son meilleur moment : de ce balcon aérien comme la passerelle d'un paquebot lancé à toute vapeur entre les lames, il voyait la masse sombre du parc, plus loin le profil noir et irrégulier de la maison d'en face, par-dessus le tout, le ciel orageux. Par intervalles, les nuages s'entrouvraient et laissaient apparaître une lune sournoise d'un jaune ictérique, naviguant comme une sorcière sur son manche à balai, dans une bourrasque de nuées sulfurées. Le vent, après une brève accalmie, soufflait maintenant avec une impétuosité renouvelée : s'appuyant à la balustrade, le voleur s'en remplissait les narines, avides de liberté, et laissait les pointes de sa cravate claquer et frapper comme le ruban d'un béret de maître d'équipage.

Ensuite, il se retourna et examina son abri. Là aussi, la fenêtre était ouverte, mais à la place de la transparence et de l'animation de l'étage inférieur, un silence blanc, un rideau blanc qui ne laissait rien entrevoir de l'intérieur de l'appartement. Il se rapprocha, il examina : rien. Il sortit de sa poche un canif, lacéra la toile, élargit le trou et regarda. Voici ce qu'il vit :

Une vaste chambre à coucher, meublée avec luxe et confort ; tapis, miroirs, tableaux, coussins, bibelots, rien ne manquait. Tout était neuf, d'excellente fabrication, on comprenait que le maître de maison était riche et ne lésinait pas sur la dépense. Sur le lit, en acajou rougeâtre et verni, décoré de petites incrustations de bronze, gisait un homme vêtu de gris, entouré comme d'une couronne par les visages affligés d'une femme, de deux fillettes et d'un jeune homme, tous au maintien accablé.

Le lustre du plafonnier était allumé et répandait sur la scène sa lumière particulièrement indifférente et fonctionnelle. L'homme allongé était gros, il avait, ainsi vu de biais, un ventre rebondi, ballonné, des bras et des jambes courts et gauches – pareils aux pattes d'une pauvre bête déguisée dans un accoutrement humain et abandonnée là, sur le dos –, un double menton envahi de barbe. On avait dû l'emmener ici à moins qu'il ne fût tombé à l'instant, et sans aucun doute il allait très mal : il râlait, agitait ses menottes enflées, on voyait les semelles usées de ses petits souliers jaunes répéter un mouvement spasmodique d'homme saisi par la peau du cou, les pointes rentrées et les talons rejetés vers l'extérieur ; au-dessus de sa tête, dans une copie moderne d'un tableau très ancien, un autre qui était allé très mal, qui avait agonisé lui aussi deux mille ans auparavant, laissant retomber sa tête décharnée couronnée d'épines sur l'épaule, avait un corps osseux et malingre, les mains et les pieds cloués, il était supplicié, mais semblait regarder le gros hommes serré à la gorge par la mort, là sur son lit de friqué, avec les seuls yeux compréhensifs de toute cette pièce.

Car les autres ne comprenaient pas. La femme, une dame mûre au visage mou, tout emplâtré de fond de teint, à la nuque épaisse, à la poitrine basse et lourde, s'employait à répéter une affirmation idiote et infondée : « Ce n'est rien, ce n'est rien » et, avec ses mains couvertes de bijoux, elle frottait un tissu humide sur le visage noueux de cet homme. Les deux fillettes, très mignonnes, les yeux perplexes, les joues en fleurs, dans leurs petites robes courtes et coquettes, se tenaient derrière elle, les mains trépidantes, prêtes à faire Dieu sait quoi. Le jeune homme, lui, était le plus inutile : élégamment vêtu de turquoise, cravate à raies, visage rasé et ovale, les cheveux brillants séparés par une raie blanche, était debout de l'autre côté du lit et regardait le mourant de ses petits yeux préoccupés ou scandalisés, manifestement désireux de prendre la porte, de saisir son chapeau et sa canne, et de filer avec le plus vif plaisir vers quelque bal ou quelque cinéma. Et là, derrière le rideau, à l'insu de tous, le voleur les regardait.

Il les regardait avec intérêt, c'était la première fois qu'il voyait mourir quelqu'un au cours d'une expédition crapuleuse. Il vit donc le gros homme ralentir progressivement ses contorsions, il vit la femme jeter le chiffon humide et regarder devant elle comme ne sachant plus quoi faire, il vit les fillettes toutes les deux au même instant s'asseoir sur le lit et éclater en sanglots l'une dans les bras de l'autre, il vit le jeune homme, au fond ravi de pouvoir s'en aller, se précipiter pour téléphoner au médecin. Mais soudain cette agonie disparut de ses yeux de la façon la plus inattendue.

Ce ne fut pas un chœur angélique de hosanas, ni même une bande de diables armés de fourches qui vint arracher aux bras des siens et à la vue du voleur le gros homme vêtu de gris, non, ce fut une rafale de ce même vent qui, là-bas, dans le parc, secouait les grands arbres, qui fit enfler le rideau puis traversa toute la pièce. La femme se retourna, dit simplement à une des pleureuses : « Ferme la fenêtre. » Aussitôt dit, aussitôt fait. Ce visage enfantin en larmes, ces mains déjà presque suppliantes qui fixaient les volets furent les dernières choses que le voleur vit. Il se retrouva sur ce balcon, suspendu dans l'obscurité, à nouveau dans la tempête, à nouveau exclu de cette vie, de cette mort, de cette intimité lumineuse et secrète de la maison.

Un peu découragé, il reprit son escalade. Il s'agrippa, comme il l'avait déjà fait, à la gouttière et, sans trop de difficulté, se hissa jusqu'au troisième étage ; de là, il observa avec un victorieux sentiment d'ivresse à quelle hauteur il avait ainsi grimpé. Le vent agitait ses cheveux, on aurait dit que les nuages avaient encore baissé. Il abandonna la gouttière et, avec une miraculeuse habileté, qui lui venait d'un lointain passé d'équilibriste, il avança sur la corniche, en plaquant les paumes au mur, puis parvint jusqu'à un autre balcon.

Cette fois-ci, bien que la fenêtre fût ouverte et qu'aucun rideau ne s'opposât aux regards, la lumière était éteinte, une obscurité épaisse enveloppait la pièce. Il se rapprocha, examina la pièce. Peu à peu, avec ces rebords lumineux qu'ont les bateaux quand ils émergent d'un brouillard nocturne, un grand lit conjugal se recomposa sous ses yeux, et resta immobile, ancré dans le sommeil. La vague morte du silence le faisait à peine osciller, il s'en allait tout doucement à la dérive, parmi les reflets mystérieux des miroirs et des acajous ensevelis dans l'ombre.

Le voleur décida de tenter finalement le coup... il allait entrer, il allait faire main basse sur l'argent, sur la montre, sur les bijoux posés, selon l'usage bourgeois, à même le marbre de la table de chevet... il esquissa un premier pas, puis un autre... Mais tout à coup, il dut se retirer précipitamment sur la pointe des pieds et se réfugier de nouveau sur le balcon, car quelqu'un, là, dans le lit, avait bougé. Il attendit, s'écrasant contre la persienne, regardant de côté dans la pièce obscure. Une voix ensommeillée, une voix de femme lui parvenait du fond du lit et demandait : « Quelle heure est-il ? »

Le lit grinça, le duvet du matelas crépita sous le poids. Une autre voix, masculine celle-ci, répondit comme d'un rêve lointain : « Je ne sais pas... Tard.... » Et pendant quelques instants, tout se tut à nouveau. Puis la voix féminine se remit à parler : « Il faut que tu t'en ailles. »

Le silence s'abattit, une fois encore, comme une lourde couverture qu'on aurait un instant soulevée et laissée retomber. Mais la continuité avait été interrompue, du rêve ou de l'oubli. Quelqu'un soupira, remua sous les draps, souleva un bras long et blanc, le bois du lit résonna sous un léger choc, et brusquement la lumière d'une ampoule accrochée au chevet brilla.

Le voleur, que la persienne cachait, regarda. Dans une caverne de lumière débraillée, intime et impudique, un homme et une femme lui apparurent, allongés côte à côte sur le lit ; la femme, mûre, dans la quarantaine, peut-être même dépassée, avait une tête impérieuse, ovale, aux mèches masculines, aux traits durcis à force de massages et d'expériences diverses. Elle avait le buste entier hors des couvertures, elle était assise, nue, sa large poitrine, jamais tétée par la maternité, soutenait deux petits seins ronds et plats, très écartés, nichés dans deux plis adipeux recouvrant les côtes. Elle paraissait lasse, elle plissait des yeux éblouis et regardait son compagnon, un garçon bien bâti d'une vingtaine d'années qui se penchait à présent pour ramasser ses vêtements, comme un visiteur que l'on espère voir vite déguerpir.

Il s'habillait de mauvaise grâce, mais hâtivement. Le voleur intéressé et, il faut le préciser, un peu excité par la nudité aguicheuse de la femme, le vit revêtir rapidement des sous-vêtements en fil d'écosse, puis une chemise et, enfin, non sans contorsions simiesques devant un miroir invisible, une veste et un pantalon marron. Aucun des deux ne parlait : immobile, ses yeux inexpressifs fixés dans le vide, assise sur l'oreiller où peu avant elle avait posé une tête de maîtresse, la femme avait un visage irrité et sans états d'âme, elle paraissait ne désirer qu'une chose : le départ du garçon.

Il fut aussitôt prêt. Son nœud de cravate était mal fait, ses cheveux dépeignés, mais qu'importait ? Il s'assit sur le lit, près de sa maîtresse, ceignit d'un bras que la manche insensibilisait la taille nue, et pencha la tête vers le visage aux aguets et dur. En cet instant, le vent qui soufflait dans les cheveux du voleur, là dans l'ombre du balcon, la tempête qui faisait rage dans le jardin, plus bas, tous les bruits exaspérés de la nature, qui contrastaient si fort avec cette lumière intime et douce que le garçon allait abandonner, devaient imprimer en lui l'effroi de l'adieu. Ses doigts écartés caressaient l'ovale de ce visage, la forme de ces seins comme des choses nouvelles et pourtant déjà perdues à jamais, ses yeux se fermaient de mécontentement, on voyait les commissures de ses lèvres trembler. Mais la femme, qui ne semblait pas s'être aperçue de ses gestes, lui dit : « Alors à demain. » Et il se leva.

Il l'embrassa sur la bouche et sur le sein droit. Il la regarda un instant, avidement, comme pour remplir, rassasier ses yeux, attentifs à cette nudité, cette lumière, ce tableau nocturne et intime. « À demain », répondit-il. Et à la fin, pour ne pas répéter la pantomime ridicule et angoissante de l'adieu, il sortit. Un grincement de porte et le garçon était vraiment parti, la lumière crue brilla sur un lit à demi déserté, et pour une seule personne. Alors la femme, à qui ce départ n'avait arraché ni sourire ni salut, étendit un bras et simplement, comme on tire le cordon du rideau à la fin du spectacle, avec une insouciance que le voleur jugea presque consciente, éteignit la lampe.

La fenêtre sombra de nouveau dans l'obscurité et pour l'homme, ce fut comme si on avait aveuglé son intelligence. Il demeura un instant stupéfait, presque hébété devant ce noir soudain, qui se fichait si ouvertement de sa présence et de ses intentions. Puis, maudissant en son cœur le destin qui avait opposé tant d'obstacles variés à ses entreprises, il recommença son escalade. En haut, de plus en plus haut. Maintenant des éclairs zébraient le ciel par intervalles, révélant le mouvement muet et menaçant des nuages ; l'air était électrique, le vent, comme pour ces héros antiques en proie à quelque envoûtement, semblait s'acharner spécialement contre l'homme, le tirait par la veste, par les cheveux, l'aveuglait, l'étourdissait. En haut, de plus en plus haut. L'orchestre du premier étage résonnait encore, de temps à autre, il tentait de se mêler aussi aux bruits de cette nature qui dans les temps les plus lointains l'avait engendré, mais il eut pour toute réponse un coup de tonnerre irrité qui gronda sourdement au loin et se propagea avec une sonorité étouffée avant de craquer sèchement, d'une façon effrayante, en direction de l'immeuble. Le cœur de l'homme battit plus vite. Exténué, décidé à mener son entreprise à terme, qu'il y eût ou non des gens, il sauta de la gouttière sur le troisième balcon.

Comme jusque-là, fenêtre grande ouverte, obscurité ; comme jusque-là, silence et sommeil. Mais c'était le dernier étage, le dernier espoir : il fallait agir. À pas prudents, le voleur pénétra dans la pièce jusqu'à l'endroit où il estima qu'il pouvait voir toutes les possibilités qui s'offraient à lui. Il s'y arrêta, tira de sa poche une lampe torche, et prenant soin de la voiler avec la paume, puis la découvrant progressivement, il balaya la pièce de son œil lumineux.

Tout d'abord, il ne comprit pas où il était. Le halo circulaire de la lampe, à mesure qu'il explorait les murs, lui révélait d'étranges fresques, des illustrations colorées, fantastiques ou enfantines. Certaines figuraient des tours de châteaux, au sommet de montagnes, avec de blondes jouvencelles entre les créneaux et des chevaliers chevauchant à la hauteur des meurtrières, d'autres, des cottages anglais nichés au fond de prairies fleuries de corolles jamais vues, sur lesquelles étaient représentés, en train de parler et de se promener, des chats bottés, des cochons habillés en paysans, des oies accoutrées comme des villageoises, des chiens déguisés en gendarmes, des renards en voleurs, et, si l'on descendait vers les races inférieures, des fourmis en ménagères et des cigales en gentes demoiselles s'agitant dans l'herbe épaisse. Stupéfait, le voleur ne pouvait s'expliquer ce bon sens coloré et fabuleux dont les murs mystérieux de la pièce semblaient tout historiés. Mais quand il eut baissé son faisceau sur le sol, il comprit.

Ce que le cercle clair de la lampe lui montra était un ours. Il était assis sur ses pattes arrière et, avec ses pattes antérieures, il esquissait le geste de frapper sur un tambour posé entre ses genoux : musicien et pédagogique, l'ourson n'était pas seul. Appuyé contre lui, un énorme clown au nez rubicond faisait également un geste, celui de battre deux cymbales de cuivre attachées à ses mains. Mais il ne remuait pas, il était là, dans l'obscurité, raidi, les bras et les jambes écartés, abject et fanfaron comme un ivrogne de carnaval.

Encore un écart et le voleur vit la locomotive et le *tender* d'un train. Il suivit le long convoi de wagons et arriva à une véritable montagne de papier mâché rose et verdâtre, percée d'un tunnel couleur chocolat dans lequel, justement à ce moment, sans fumée et sans sifflement, le train s'engouffrait. La voie ferrée, menacée par deux cow-boys qui faisaient tournoyer leurs lassos, était protégée par un régiment de hussards de plomb.

Désormais, le voleur avait compris : la lampe promenait son regard rond et lui révélait tantôt une rangée de têtes de poupées aux yeux extatiques, grands ouverts dans l'ombre, tantôt un paysage coloré en bois, avec des maisons en bois, une fumée en bois, des buissons en bois, tantôt une carriole verte tirée par six oies blanches... et des balles de caoutchouc, des fusils, des chevaux sellés et harnachés, des pantins, des pantins, des pantins... tout cela gisait au sol dans l'obscurité et donnait, avec tous ces yeux écarquillés, une étrange impression d'insomnie.

Indéterminé et curieux, il orienta le rayon vers le fond de la pièce et lui apparurent d'abord un petit lit émaillé de blanc puis la tête d'une petite fille : elle pouvait avoir cinq ans, elle était blonde, bien nourrie, rose, elle dormait sereinement dans le creux d'un de ses bras. L'homme se rapprocha, la regarda attentivement : yeux fermés, petites mains, petite bouche, petit menton, rien, vraiment rien d'extraordinaire. Rien qu'une enfant endormie. Or ce sommeil enfantin fascinait le voleur comme un spectacle nouveau.

Il aimait cette innocence, et toutefois avait l'impression de terminer d'une manière malchanceuse et assez ridicule sa périlleuse entreprise : une fillette et ses jouets. Que pouvait-il y avoir de pire et, il fallait l'admettre, après tout ce qu'il avait vu, de mieux ?

Il détourna la lampe de ce sommeil et fit volte-face pour s'éloigner, mais au moment où, à pas légers, il se dirigeait vers le balcon, il sentit monter en lui un aiguillon, pourrions-nous dire, professionnel. Il avait escaladé cet immeuble au péril de sa vie et de sa liberté et maintenant il devait s'en aller les mains vides ? Il n'en était pas question, il fallait qu'à tout prix, pour avoir l'honneur sauf, il rapportât quelque chose chez lui. Et puisqu'il n'y avait rien d'autre, il volerait, eh bien, oui, un des jouets de cette riche enfant.

Il baissa la lampe sur le peuple nain des jouets, il chercha : il hésita longtemps et se décida enfin pour l'ours. L'ours lui plaisait, c'était la première fois qu'il en volait un, fût-il en chiffon. L'ours était sympathique, il lui rappellerait cette entreprise malchanceuse, il lui servirait de mascotte pour toutes les aventures de sa vie. Il le prit, lui ôta le tambour et les baguettes – il le voulait sauvage et non pas apprivoisé – et l'attacha à sa ceinture. Après quoi, presque satisfait, il sortit sur son balcon.

Il pleuvait dru, silencieusement ; tout juste un frémissement léger, comme un souffle de soulagement, se levait de temps à autre des masses lourdes et inclinées des jardins trempés. Au loin, des sons mouillés de klaxons et de sifflets de départ de train donnaient le sentiment de l'étendue de l'orage : il pleuvait sur toute la ville endormie, impartialement, jusqu'aux faubourgs les plus distants. De son balcon élevé, le voleur voyait tout à l'entour, sous le ciel bas et orageux, les hauts immeubles aux profils noirs et irréguliers, immobiles sous le déluge ; des lumières scintillaient çà et là, avec des lueurs tantôt longues tantôt brèves, et chacune devait briller dans une pièce habitée, à la vie secrète, gaie ou triste, avec des meubles, des miroirs et des visages humains penchés sur leurs pensées. On devinait les intérieurs lumineux, les portes ouvertes, les sols, et les masques de la tragédie et de la comédie suspendus dans l'ombre des couloirs. Les façades tombaient. Stratifiés, les appartement apparaissaient, dans lesquels les habitants, figurines colorées et ridicules, croyant être inobservées, s'abandonnaient, entre leurs meubles, à de honteux excès, comme de pleurer, de se tordre les mains, de voler, de tuer, d'aimer, de mourir.

Mais le voleur était fatigué et, empruntant le même chemin qu'à l'aller, il rentra chez lui.

Andreina

Ils sortirent du salon. Sur la table centrale du vestibule, ne restaient que leurs deux manteaux l'un à côté de l'autre. Au fond du couloir obscur, au sol, un rai de lumière indiquait la porte de la chambre à coucher d'Andreina. « Frappe, toi », dit Matteo à mi-voix. Pietro obéit, frappa plusieurs fois, personne ne répondit. Il ouvrit la porte en grand et entra. La chambre était vide et éclairée, tout était à sa place, on voyait encore sur le lit la forme laissée par le corps de la femme. « Elle doit être dans la salle de bains », dit Matteo, très nerveux. « Va... Regarde... » Pietro lui lança un regard appuyé, ce ton de commandement de son ami l'offensait, mais il ne dit pas un mot et, s'étant approché de la porte de la salle de bains, il donna deux coups.

Là non plus, aucune réponse. Impatienté, il entrebâilla la porte, découvrant que la petite pièce blanche baignait dans la lumière, puis l'ouvrit carrément. Entre les murs éblouissants, il vit alors le lavabo plein à ras bord d'une eau dense et rouge, les taches de sang dilué répandues sur le sol blanc et brillant, et dans un coin, près de la baignoire, affalée dans un fauteuil d'osier, encore vêtue de sa robe du soir noire, les bras pendants et les yeux fermés, Andreina.

« Elle s'est suicidée », pensa-t-il aussitôt. Il se rappela ce baiser mystérieux que la femme lui avait donné, sur le bout des doigts ; il fut soudain certain qu'elle s'était tuée pour lui, et une espèce de fierté souterraine et émue l'envahit : c'était la première femme qui se tuait pour lui. « Eh bien, que fabriques-tu ? » entendit-il dire à Matteo, toujours sur ce ton déplaisant de commandement. « Si elle n'est pas là, allons-y... allons la chercher ailleurs... » Il tourna la tête, Matteo était là, près du lit, dans l'autre pièce, dans une attitude à la fois impatiente et gênée. « Viens ici », lança-t-il alors d'une voix claire, presque triomphante. « Quelque chose est arrivé... Andreina s'est suicidée. » Après quoi, sans plus s'occuper de son ami, il se tourna et courut vers la femme.

Il lui suffit d'un coup d'œil pour s'apercevoir qu'Andreina respirait encore et s'était simplement évanouie. Cependant, Matteo s'était rapproché. Pietro le vit soudain à ses côtés, épouvanté et ne comprenant rien, considérer sa maîtresse en secouant la tête, tremblant, faisant une quantité de grimaces et répétant à mi-voix une même phrase obstinée : « C'est ma faute si elle s'est tuée... je le sais... C'est ma faute si elle s'est tuée... » Ces mots de son ami lui inspirèrent une irritation profonde, il n'aurait même pas su dire pourquoi. « Comment peut-il être sûr d'être au centre des pensées d'Andreina ? se dit-il. Et s'il savait, au contraire, combien il compte peu... » Il se mordit les lèvres. « En tout cas, elle ne s'est pas tuée, dit-il sèchement. Elle est seulement évanouie... et puis ne reste pas planté là, à te demander de qui c'est la faute... essaie plutôt de la ranimer. » Mais Matteo ne l'écoutait pas, il s'était jeté à genoux et, avec un mouchoir, tout en guettant passionnément les réactions de la jeune femme, les yeux levés vers son visage, il essuyait sa main ensanglantée. Pietro se leva et alla vers le lavabo.

Sur l'étagère laquée brillait, maculée de sang, la lame au moyen de laquelle Andreina avait tenté de se taillader les poignets. Le lavabo était encore plein de cette eau vermillon, avec des traces sanglantes de doigts sur les bords. Pietro fit couler l'eau et y plongea une serviette. S'adonnant à cette activité manuelle, il se mirait dans la glace fixée au mur à hauteur d'homme et il avait l'impression, en se regardant, qu'il oubliait tout le reste, même ce qu'il était en train de faire. Ce qui le frappait le plus, dans ce reflet, c'était l'intensité extraordinaire, hallucinée de ses yeux. Ses pupilles brillaient avec force entre ses longs cils noirs, ce scintillement sombre et mystérieux lui plaisait énormément, cela lui semblait être le signe le plus clair d'une vitalité avide et profonde de sa part. « Un homme médiocre, ordinaire, pensait-il, ne pourrait pas avoir de tels yeux. » Il se regardait, voyait reflétés dans le miroir, derrière sa propre image fascinante, petits et éloignés, comme les arbres et les collines de l'arrière-fond d'un portrait ancien, Andreina évanouie, Matteo agenouillé et penché. Puis il s'aperçut soudain que la serviette était complètement trempée et il s'écarta du lavabo.

« Mon amour... mon amour... » répétait doucement Matteo en embrassant, avec une fidélité de chien, la paume ouverte et inerte de la main pendante d'Andreina. Sans dire un mot, s'agenouillant aux côtés de son ami, Pietro commença à passer délicatement le tissu mouillé sur le front de la jeune femme évanouie. Et, en effet, après un moment, Andreina soupira, remua légèrement la tête et ouvrit enfin les yeux. « Je ne veux plus vivre », murmura-t-elle en regardant fixement Pietro. « Je ne veux plus vivre... » Pietro jeta la serviette dans un coin : « Vous sentez-vous assez forte pour aller toute seule jusqu'au lit ? demanda-t-il. Ou voulez-vous qu'on vous porte ? »

Elle secoua la tête : « J'irai moi-même... » répondit-elle au bout d'un instant. Elle referma les yeux et il y eut un bref silence. Andreina semblait s'être endormie, sous le regard des deux hommes agenouillés.

« Veux-tu que j'aille appeler un médecin ? » demanda timidement Matteo. « Allons-y, je vais m'appuyer sur vous, Monatti », dit-elle. Et, retirant presque avec violence la main de l'étreinte de Matteo, elle se leva du fauteuil. Debout, très pâle, elle paraissait plus belle que d'habitude. Puis Pietro la vit sourire de sa manière gauche et compassionnelle, dénuée de toute joie. « Ah, ça tourne autour de moi, dit-elle, donnez-moi le bras, Monatti. » Tout doucement, l'un soutenant l'autre, ils sortirent de la salle de bains. Andreina regardait par terre, mais une fois qu'elle eut franchi le seuil, elle leva les yeux et fixa son amant avec une expression en même temps tendre, douloureuse et profonde. « J'ai fait tout ça pour toi, semblait dire son regard. Maintenant, c'est comme si je m'étais liée à toi pour toujours, comme si je m'étais vendue, corps et âme... » L'esprit troublé et ahuri, Matteo les suivait, s'efforçait d'être utile, se précipitant pour arranger les couvertures. Mais Andreina ne le remercia pas, ne lui jeta pas le moindre regard, et ôta ses chaussures avant de s'allonger sur le lit.

Les femmes font dormir

Ce jour-là, il se rendait à son bureau de très mauvaise grâce. C'était la première journée, sinon de beau temps, du moins de trêve, après deux semaines de pluie presque ininterrompue, et il régnait jusque dans les rues les plus centrales de la ville une odeur de terre humide et de végétation imbibée d'eau : avec le vent frais et capricieux qui faisait claquer son imperméable, et certaines éclaircies qui de temps à autre s'ouvraient dans le ciel orageux et mouvementé, tout cela lui donnait une grande envie de planter là son travail et d'aller se balader. D'ailleurs, ce jour-là justement, une lourde tâche l'attendait au cabinet et il doutait que son patron eût apprécié son absence. Débattant ainsi de cette question de savoir s'il fallait ou non se rendre au cabinet, il parcourut lentement toute une très longue rue à cette heure presque déserte, les magasins fermés encore, et il allait déboucher sur la place où se terminait la rue, quand une femme qui marchait à deux pas devant lui s'arrêta et dit, hargneuse : « Espèce d'imbécile ! Si vous ne cessez pas de me suivre, vous ne savez pas ce qui vous attend ! » En l'espace d'un instant, il eut tout juste le temps de voir que la femme était jeune et avait le visage plus large que long, avec des cheveux noirs en frange, qui retombaient sur ses yeux bleus, des pommettes saillantes et épaisses, un nez court et une bouche comme un museau de chat. Elle fit demi-tour et repartit presque à la course, comme pour prouver, par ses longues foulées rageuses, qu'elle voulait marcher seule et être laissée tranquille. Le jeune homme, stupéfait, resta figé sur place.

Sa stupeur venait plutôt d'une incompréhension générale et pour ainsi dire cosmique, que de l'invective de la femme. Car il n'était que trop évident que la femme avait commis une bévue en croyant qu'elle avait été prise en filature alors que seul le hasard les avait réunis sur le même trottoir. « Ce qui m'attend ! » se répétait-il, et il regardait vers le ciel, qui au-dessus de cette place très vaste paraissait être une grande voûte ronde avec ses nuages sombres et enflés, poussés par le vent. « Voir ce qui m'attend ! Voilà une drôle de menace ! » Il aurait voulu courir derrière l'inconnue pour lui expliquer combien elle se trompait, à quel point il était éloigné de la moindre intention à son égard. Ce désir confus et ironique, ajouté à celui d'aller se balader, firent que finalement il décida de suivre vraiment cette femme. Il marcherait derrière elle, pensa-t-il, et ainsi il en profiterait pour se promener. Puis quand il en aurait assez, il l'abandonnerait et se rendrait au cabinet.

Il la rejoignit en quelques minutes, alors qu'elle s'attardait au milieu de la place, sous le haut obélisque pointé vers le ciel nuageux. Les quatre fontaines, aux quatre coins de l'obélisque, crachaient une eau limpide par la gueule des quatre lions. Dès qu'elle l'entendit se rapprocher, elle s'éloigna d'un pas déterminé. Quelques minutes plus tard, ils marchaient l'un derrière l'autre, le long du parapet du fleuve.

Le fleuve était en crue, à la suite des pluies de ces

derniers jours ; la masse jaune et tourbillonnante de ses eaux arrivaient à quelques mètres des levées et empêchaient le passage sous les arches des ponts. Il semblait pourtant très large, avec des arbustes et des troncs qui, empêtrés dans les flots, donnaient, au milieu, cette impression de largeur et le faisaient ressembler à un marais en mouvement. En outre, bien qu'il fût contenu entre les rives, il semblait dévastateur et violent, ni plus ni moins qu'une inondation. Tout le reste du paysage paraissait fuir à reculons, du côté opposé à la source du courant. Les arbres hivernaux, noirs et branchus, les cubes alignés des maisons, avec leurs façades jaune et rouge, encore obscurcies par l'humidité, le ciel même avec tous ses nuages en désordre et ses trouées d'azur.

Mais sous les yeux du jeune homme, une main menue, un peu enflée, vulgaire, aux ongles rouges, s'appuyait de temps à autre aux pierres du parapet, c'était celle de la femme, et quand les troncs des arbres ne s'interposaient pas entre eux deux il pouvait la voir tout entière qui marchait rapidement sur le quai désert. Elle était mal habillée, en vraie clocharde, se dit-il, avec une espèce de manteau marron serré à la taille (qui n'avait rien de mince), et ce dernier ne lui cachait que la moitié de ses épais mollets, un peu tordus. Les chaussures étaient usées, abîmées, larges, le talon replié vers l'intérieur. Son chapeau était un feutre sans décoration, calé sur sa nuque. Elle était mal habillée, comme une bonne, encore pire, mais ce ne devait pas être une bonne, ni une domestique. Ces mollets musclés, un on ne sait quoi d'athlétique et de robuste dans sa personne lui firent soudain penser que ce devait être une de ces équilibristes de dernière catégorie qui le soir, au cinéma, font, à l'entracte, leur numéro avec un partenaire sur un fil ou sur un trapèze, et retombent sur leurs pieds, au-devant de la scène, obtenant tout juste quelques applaudissements polis. Cette idée était assez absurde, mais elle en valait une autre. Et puis quel besoin de savoir qui c'était ? Il ne voulait pas lui parler, ni la faire entrer dans sa vie, c'était une tache de couleur comme les arbres ou les pierres du trottoir, rien de plus. Ainsi plongé dans ces pensées, avançait-il le long du quai.

De temps à autre, elle s'arrêtait, appuyait les deux mains sur le parapet et regardait le courant, en plissant les yeux, avec une espèce d'attention intense, comme pour bien inscrire l'image dans sa mémoire. Il devait y avoir, pensa-t-il la troisième fois qu'il la vit agir de cette façon, il devait y avoir quelque affinité entre ce courant en crue qui se précipitait vers la mer et la douleur qui poussait cette femme à errer en ce lieu, à cette heure. Mais quelle affinité ? Bêtises, se dit-il à lui-même au bout d'un moment, bêtises, les femmes étaient si sentimentales, probablement quelqu'un qu'elle aimait lui avait-il fait du mal, et en se promenant le long du fleuve tentait-elle de défouler sa peine. Il n'y avait rien d'original dans cette histoire, se répéta-t-il, c'étaient vraiment des bêtises.

Distants et séparés, quoique proches, la femme et le jeune homme parcoururent un très long chemin, sur cette promenade solitaire le long du fleuve. L'un après l'autre, les ponts de la ville, les vieux et les récents, restèrent derrière eux et, avec eux, les coupoles des églises, les tours, les maisons, les collines couronnées de pins et toute cette eau mouvementée et turbulente qu'ils avaient vue couler et qui maintenant s'était peut-être mêlée aux vagues agressives et bouillonnantes de l'estuaire. La femme semblait infatigable, ils marchèrent jusqu'à la fin de l'asphalte, les maisons se raréfiaient, cédant la place à des baraques et des entrepôts, le bord du fleuve n'était plus qu'un sentier boueux dominant le talus d'herbes touffues. Puis, à la fin, face à une usine en construction, tout encagée sous les échafaudages, la femme s'arrêta. Au bout d'un moment, un autocar arriva : l'homme monta après elle et s'assit sur la même banquette.

Durant tout le trajet, secoué par les cahots de la route, il ne fit que se répéter que ce n'étaient que des bêtises. Oui, des bêtises, des bêtises, redisait en écho son esprit vide. Il se sentait las, comme au terme de ces promenades vaines dans la campagne, dont on revient avec la migraine et les vêtements maculés de terre et de brins d'herbes. Si las que ce fut pour lui un vrai soulagement que de suivre l'inconnue dans la salle modeste d'un café du centre de la ville et de s'affaler dans un petit fauteuil. Elle semblait carrément hors d'elle et avait une expression crispée de haine. Mais en même temps, abattue pour des raisons à elle. Le jeune homme ne la regardait même pas. Il se moquait bien d'elle, se répétait-il intérieurement, des bêtises, rien que des bêtises.

Toutefois, il aurait voulu la consoler, lui dire ce qu'il en pensait, que ça ne valait pas la peine de se torturer pour des bêtises, que la vie c'était autre chose, une chose immobile et tragique, pas un courant d'eau tourbillonnante, poussée par la pente des terres vers les eaux de la mer. Une chose sérieuse, pas une bêtise. Mais la salle était vide, trop plongée dans la pénombre, la femme aurait pu penser qu'il voulait lier connaissance, et ce n'était pas son intention. Par ailleurs, du bar, dont on n'apercevait que de biais, sous l'arcade enfoncée dans l'ombre, le comptoir éclairé fastueusement, la machine à café étincelante et les rangées de bouteilles multicolores, parvenait le sifflement monotone de la vapeur qui crachait par bouffées, goutte à goutte, le café dans les tasses. Ce bruit suscitait en lui une grande torpeur, il aurait voulu dormir.

Dans le brouillard de cette somnolence, il vit venir un petit homme blond, au visage blême, dans un imperméable vert, la tête nue, le partenaire équilibriste, pensa-t-il. Dès que l'homme se fut assis, la femme commença à pleurer. La tête penchée, les mains sur les genoux, elle pleurait et l'homme, incliné sur elle, parlait, parlait comme quelqu'un de convaincu qu'il s'agissait d'une erreur, et qui aurait voulu expliquer en quoi consistait cette erreur. Le jeune homme percevait, à travers les bouffées de la machine, des bribes de ces explications de l'homme : il était question d'amour, évidemment, ne put-il s'empêcher de penser, d'un amour dont on ne comprenait pas bien s'il était réciproque ou bafoué, trahi ou insuffisant. Le temps passait, l'homme continuait à parler et la femme à pleurer, mais plus faiblement, comme quelqu'un qui, sans être tout à fait consolé, se serait senti soudain amèrement incapable de prolonger davantage sa douleur. Quant au jeune homme, il y avait maintenant une étrange colère dans ses pensées, une colère dont il n'aurait su dire si elle avait été provoquée par cette conversation ou par la torpeur qui l'envahissait. « L'amour, se répétait-il, quel besoin y a-t-il de cet amour ? Ah, les femmes, avec leur éternel amour, comme elles sont ennuyeuses, ennuyeuses, ennuyeuses ! Alors que la vie doit être une chose sérieuse, sérieuse, sérieuse, sans amour, sans sentimentalisme, sans rien de faible et de mièvre ! Sérieuse et rigoureuse. » Mais, au milieu de ces pensées, le sommeil le gagnait. Il croyait alors revoir le courant jaunâtre et si large du fleuve, et ce courant se défaisait, envahissait les remblais affaiblis de sa pensée, et sentir ce courant couler irrépressiblement comme un torrent qui aurait inondé son esprit était un délice inédit, mais affligeant. Il finit par s'endormir. Il crut dormir avec l'avidité famélique de quelqu'un qui aurait été trop longtemps privé de sommeil et aurait eu le corps dénué de forces, comme une pendule qui aurait fait sonner trop d'heures. Quand il se réveilla, le couple avait disparu et, en sortant dans la rue, il constata que la nuit était déjà tombée.

Homme de caractère

Dans cette vallée, l'hiver était profond et on avait l'impression que depuis des siècles il n'y avait jamais rien eu que l'hiver. De toutes parts, les sapins, d'une couleur triste et morbide entre le brun et le vert, avec leurs longues branches tendues comme des bras, dans des gestes figés et désolés, dressaient leurs cimes vers un ciel gris hébété, la neige récente pesait de sa blancheur sur ces branches et faisait pendre des barbes verdâtres de lichens attristés, c'étaient de vieux sapins, tous avaient le tronc dénudé comme des piliers, avec çà et là des moignons, jusqu'à deux ou trois fois la taille d'homme, de sorte que le sous-bois était visible assez loin alentour, noir, blanc et vide, avec des brandes branchues comme des toiles d'araignées et au-delà encore de la neige, toujours de la neige, à perte de vue, arrondissant les pierres et les buissons qu'elle avait recouverts, tantôt bleutée tantôt jaunie selon la lumière et l'ombre. Par endroits, sur ces basses dunes de neige, entre deux troncs, on apercevait des traces légères, parfois triples et éloignées entre elles, parfois en rangs serrés et sinueux : c'étaient, pour les premières, les traces des lièvres qui ne sautent que sur trois pattes, en gardant la quatrième repliée sous le ventre, les secondes celles des renards qui marchent en plaçant les pattes l'une devant l'autre, ce qui a donné son nom, dans les danses modernes, au pas de renard. Ces traces étaient les seuls signes de vie dans cette solitude forestière et enneigée, mais elles paraissaient irréelles et invraisemblables : où étaient ces bêtes qui se pourchassaient, les premières fuyant avec peur, les autres les poursuivant avec férocité, où étaient-elles allées se tapir, puisque tout autour le sous-bois se révélait inhabité et immobile ? Cette question fut posée à Luca par la femme, quand, arrivés dans cette espèce de clairière, ils s'arrêtèrent pour regarder autour d'eux. Mais, plongé dans ses pensées et dans le souvenir de leur dispute, il n'y vit qu'une interruption plutôt frivole et haussa les épaules avec mauvaise humeur. Il n'en avait pas la moindre idée, répondit-il, probablement dans quelque trou au fond de la forêt.

Pendant un moment, ils restèrent immobiles. Puis, sans un mot, ils se remirent à marcher. Ils étaient tous deux en combinaison de ski, mais sans leurs skis. Le sentier sur lequel ils avançaient, foulés toute la journée par les skieurs qui montaient vers le col qui limitait cette vallée, était solide comme une piste, mais leurs souliers ne s'y enfonçaient pas. Après la clairière, ce sentier aboutissait, blanc et spectral, dans un bouquet serré de sapins, comme dans la gueule noire d'un four. Ce fut là que, d'une voix revêche, il reprit leur querelle interrompue : « Il est inutile de rire, lança-t-il, car tout ce que je vous ai dit est la stricte vérité. » Il la vit sourire, avec coquetterie, et secouer les quelques boucles blondes qui s'échappaient de sa grosse toque velue. « Mais vous savez que vous avez des idées bien étranges, fit-elle observer. Enfin que me reprochez-vous ? Que moi, c'est le mot, il n'y en a pas d'autre, je vous ferais la cour, c'est cela ? »

« En effet, c'est exactement cela », approuva-t-il sans la regarder.

« La cour ! » répéta-t-elle sans la moindre acrimonie et même avec une lenteur complaisante. « Quelle idée, Luca !... Du reste, il ne suffit pas d'affirmer une chose, il faut la prouver. Donnez-moi maintenant une seule preuve que j'aurais de si terribles intentions à votre égard, je vous défie de me la donner ! »

Il secoua la tête avec rage. Ça se passait toujours ainsi, pensa-t-il, elle répondait à ses reproches avec légèreté et flatterie, avec des mots badins qui, plus qu'ils n'excusaient ou contestaient, semblaient avouer l'inclination qu'elle éprouvait pour lui et n'être destinées qu'à encourager son désir et à endormir ses scrupules. Une manière comme une autre de se montrer coquette, pensa-t-il encore. « Des preuves, ajouta-t-il, le visage assombri, sans la regarder. Mais je vous en ai tant donné, Lina. Si vous ne me faisiez pas, comme vous dites, la cour, pourquoi alors, à Milan, par exemple, vous m'invitez toujours quand votre mari n'est pas là et, en plus, sans me le préciser, en traître, quand vous savez pertinemment que j'ai décidé de ne plus vous voir seule ? »

Elle rit, heureuse, en renversant la tête et en produisant au fond de sa gorge un sanglot, comme par un excès de jouissance. « Voyez moi ça ! Mais je vous invite pour la seule et bonne raison que j'aime bavarder avec vous. Et je vous invite en étant seule parce que mon mari est tellement pris par ses affaires qu'il n'est jamais à la maison. Voilà tout. Mais vous, qui avez vraiment trop d'imagination, vous pensez que je vous invite parce que... je ne sais pas pourquoi, ça me fait une drôle d'impression de dire cela... parce que je vous aime. Quelle idée ! »

Il se produisit alors ce qui s'était produit d'autres fois. À cette allusion à l'amour qu'elle pouvait éprouver pour lui, Luca se fit soudain sérieux et, bien que toute sa conscience lui soufflât de n'en rien faire, il saisit la femme par le bras et l'attira contre lui : « C'est vrai, ce que vous dites ? demanda-t-il à la fois troublé et sévère.

— Quoi donc ? » À présent, elle paraissait vraiment troublée, à son tour, du fond de ses yeux verts, trop naïvement écarquillés et interrogatifs.

« Que vous m'aimez.

— Mais non, j'ai dit ce que j'estime être votre pensée. »

Avec une rage redoublée, il la secoua par les épaules tant et si bien qu'ils glissèrent tous deux, presque enlacés, sur le bas-côté du chemin, et qu'ils faillirent tomber. Ils se remirent à marcher en silence, le jeune homme haletant et sombre, la femme encore plus insouciante et heureuse qu'auparavant, comme si cette demi-glissade lui avait insufflé une force nouvelle. « Vous entendez les moineaux ? » demanda-t-elle ensuite en s'arrêtant de nouveau.

On entendait, en effet, dans ce profond silence de la forêt hivernale parvenir des cimes les plus hautes des sapins, un bruissement d'ailes agitées et quelques piaillements aigus et solitaires. « Je m'en fiche bien, des moineaux ! » maugréa-t-il en haussant les épaules. Elle rit de cette mauvaise humeur qui la flattait, car elle y percevait un reflet du contraste entre l'amour et les scrupules dans lesquels il se débattait. « Allons ! Ne faites pas cette mine ! » protesta-t-elle. Et, si rapidement qu'il n'eut pas le temps de détourner la tête, elle lui caressa la joue. « Quelle barbe vous avez ! ajouta-t-elle aussitôt en retirant la main. Comme elle pique ! » Il y avait dans sa voix un rien de langueur exposée et provocante.

Il ne dit mot, mais la regarda par en dessous, et avec une telle intensité que, pour la première fois, elle se fit sérieuse et baissa confusément les yeux. « Vous voulez encore une preuve ?, demanda enfin Luca. En voici une toute fraîche. Quel besoin aviez-vous, hier soir, de venir me chercher dans ma chambre, sous le prétexte le plus stupide qu'il y ait au monde, de me demander si j'avais trouvé vos gants de laine ? Et quel besoin aviez-vous, une fois que je vous avais répondu que je ne les avais pas vus, de rester un quart d'heure assise sur mon lit, au risque de donner des soupçons totalement injustifiés à votre mari ? Répondez à cette question... Mais vous allez me répondre en plaisantant, comme d'habitude, vous voulez me rendre fou.

— Mes beaux gants de laine rouge, chantonna-t-elle. Vous savez que je ne les ai toujours pas retrouvés ? » Mais aussitôt après elle redevint sérieuse et le regarda fixement. « Eh bien, si vous voulez vraiment le savoir, dit-elle, je vous avouerai que les gants étaient bien un prétexte. C'est vrai », ajouta-t-elle, au bout d'un moment en regardant devant elle, pensive, mais sans la moindre honte. « J'éprouve un grand plaisir à rester avec vous. Et hier soir, j'ai ressenti le désir de voir comment vous vous étiez installé dans votre chambre, comment vous aviez disposé vos affaires. Mais je ne sais même pas si je dois voir, dans ce plaisir que m'inspire votre compagnie, de l'amour. » Elle souriait, mais il était évident qu'elle parlait sérieusement. « Ou simplement une sympathie très vive. »

Pour la première fois depuis longtemps, la voyant aussi franche, il éprouva un certain soulagement. « Merci, Lina, de m'avoir parlé avec autant de sincérité, dit-il en marchant, la tête basse. Et moi, avec autant de sincérité, je vous dirai que quant à moi je suis totalement certain de vous aimer. Mais que j'ai réfléchi et que j'en suis venu à la conclusion que mieux vaut ne pas poursuivre.

— Mais pourquoi ? » laissa-t-elle échapper à regret. Elle se ressaisit aussitôt et ajouta sur son habituel ton badin : « Ce n'est pas vrai, rien n'arrivera, mais admettons un moment, comme ça, par jeu, que nous nous aimons. Admettons-le, alors dites-moi pourquoi, selon vous, on ne devrait pas poursuivre.

— Lina, Lina ! dit-il doucement en serrant les poings. Mais il y a mille raisons, ajouta-t-il. La principale de toutes, c'est que ce genre de choses me répugne. Trahisons, subterfuges, adultères...

— Adultères... quel mot affreux ! » l'interrompit-elle. Mais ses yeux troublés ne parvinrent pas à soutenir le regard de Luca.

— Oui, adultères, répliqua-t-il d'un voix dure et blanche. Et tromperies, toutes ces choses sont horribles et mesquines. Surtout mesquines, répéta-t-il avec rage. En outre, je suis un ami de votre mari, dans quelle situation me retrouverais-je ? Je ne pourrais plus le regarder en face. Je sais comment ces choses se passent, la vie serait ensuite salie et vidée, non, mieux vaut pas. »

Il n'obtint pas de réponse. Comme toujours, quand la conversation devenait sérieuse, Lina s'était distraite. On ne comprenait pas si elle le faisait exprès ou si c'était une inclination naturelle chez elle. « Cette maison... » dit-elle en indiquant une construction basse en bois, à demi ensevelie sous la neige et entourée de sapins, qui se dressait dans une petite clairière à gauche du chemin. « Regardez cette maison... qu'est-ce que ça peut être ?

— Ce n'est pas une maison, répondit-il, un peu rasséréné. C'est une cabane pour les animaux.

— Il y a des animaux ?

— Non, pas en hiver.

— Allons voir », décida-t-elle d'un coup. Et sans attendre, elle se dirigea vers la cabane. De mauvaise grâce, Luca la suivit. La neige de la clairière était épaisse et vierge, à chaque pas, le pied s'enfonçait dans cette couche immaculée jusqu'à mi-jambe. Ils arrivèrent ainsi, non sans peine, jusqu'à la cabane. Autour du socle de pierre, la neige avait fondu, découvrant la terre noire et humide, jonchée de détritus de bois pourri et de fer jauni. Il n'y avait pas de porte, ils entrèrent et découvrirent une pièce carrée et sombre, l'air malgré le gel sentait le fourrage qui semblait recouvrir le plancher humide ; il n'y avait pas de fenêtres, des filets de lumière filtraient par les jointures des poutres. « Asseyons-nous ici », déclara aussitôt la femme qui avait découvert un banc contre un mur. « Quel plaisir, ajouta-t-elle ensuite d'une voix ravie, de rester enfermés là, sans que les gens qui passent sachent que nous sommes là, et, si ça se trouve, Gianni peut passer sans s'apercevoir de rien ! »

Gianni était le nom du mari. Ce détail troubla considérablement Luca, comme un trait de complicité impérieuse et autoritaire. Mais son trouble redoubla quand il sentit soudain un bras glisser derrière sa nuque, une main sans gant, nue et tiède, tourner de force son visage vers l'épaule droite, et il respira sur ses lèvres le souffle de cette bouche, chaud dans l'air glacé. « Pourquoi tu me traites si mal ? entendit-il ensuite avec un accent nouveau, tout à la fois grave et douloureux. Pourquoi tu es si méchant avec moi ? »

Pendant un moment, il demeura immobile, les yeux écarquillés dans l'obscurité, la seule chose qu'il percevait dans ces ténèbres était l'étreinte douce et tant désirée vers laquelle cette main, cette voix, ce souffle et toutes les forces offusquées de son âme le portaient. Il pensait impossible et extrêmement injuste de la repousser. Mais ensuite, en un deuxième temps, l'idée que cette douceur, ce désir, et tout ce qui, en lui et en dehors de lui, l'y faisait incliner, n'étaient rien d'autre qu'une faiblesse à laquelle, contrairement à ses décisions précédentes, il allait céder ; cette idée orgueilleuse l'assaillit. Et avec elle, il ne savait quel regret agacé d'être prisonnier de ses scrupules comme dans une armure, et de ne pouvoir ressentir aucune espèce de plaisir, sinon celui d'une transgression ou d'un manquement. Ce fut donc peut-être plus l'âpreté de ses sentiments que la rancœur envers la femme qui lui donna l'impression de ne pas être en mesure de la repousser. Peut-être aussi la force du désir qui, par le contraste de sa volonté, se muait en violence. Toujours est-il que soudain il serra les dents, il leva une main et frappa au hasard ce visage qui dans l'ombre se tendait vers le sien.

Il fut alors envahi d'un repentir très amer, acre, il aurait voulu crier : « Lina, je ne l'ai pas voulu ! » et se jeter à genoux sur ce plancher gelé et jonché de fourrage. D'autre part, il s'attendait à quelque réplique violente, à une gifle peut-être. Mais rien de cela n'advint, et ce qui se produisit fut si rapide que Luca eut tout juste le temps de s'en apercevoir. Il vit une ombre lui passer devant, il entendit un bruit de souliers de montagne, encore quelque bruissement et puis plus rien : la femme s'était enfuie et il se retrouvait seul.

Pendant quelques instants il resta figé, frappé par une stupeur abstraite qui l'empêchait de réfléchir et de noter le moindre sentiment en dehors d'un grand malaise. Comme quelqu'un qui serait tombé en se heurtant très fort et, étourdi sous le choc, ne ressent aucune douleur. Puis, dans le geste qu'il fit avec la main pour se lever du banc, il sentit près de lui quelque chose de poilu et le porta à ses yeux : c'était le gant que la femme avait enlevé pour lui faire cette caresse dans le noir.

Alors, finalement, il comprit ce qui était arrivé,

comment tout était fini entre lui et cette femme qui, à cette heure, devait certainement le détester, avec toute la force de son amour-propre blessé. Cette constatation lui sembla excessivement amère. Surtout parce que, s'étant habitué à ce jeu de tentations et de reculs, il trouvait étrange et triste en même temps d'avoir été sérieux et logique au point de conduire les choses à leur terme, c'est-à-dire, jusqu'à cette gifle et cette fuite. Était-il donc nécessaire que tout cela se produisît ? Que dans la vie on fût toujours contraint de choisir entre deux partis, et, qu'une fois l'un choisi, on ne pût à aucun prix revenir à l'autre ? Et dans ce cas particulier, n'aurait-il donc pas été possible de trouver une voie moyenne entre l'inimitié désormais inévitable et cette trahison qui encore, malgré son regret cuisant, continuait à lui répugner ? C'étaient des questions sans réponse, il le savait si bien qu'il cessa de se les poser et, pressant sur son nez gelé le gant de laine légèrement parfumé, il sortit de la cabane. Une demi-heure plus tard, il était de retour à l'hôtel.

Le soleil d'avant-guerre

Chaque époque a son temps, je veux dire son climat. Le Moyen Âge, celui des Siennois et des Florentins, fait penser à l'hiver, mais pas à un hiver pluvieux et sombre, plutôt à cet hiver sec et clair que l'on a parfois par les belles journées de janvier et de février. Hiver, saison des rapports justes et des couleurs pâles, de l'espoir et de la force, tu es bien la saison des chroniques de Compagni et des tercets de Dante. En revanche, la Renaissance est estivale : canicule, lumière resplendissante, nuage de poussière, journées très longues et torrides suivies de brèves nuits remplies du chant des grillons, fruits en abondance, moissons débordantes, sensualité ronflante sous un soleil de plomb, l'été est la saison de l'Arétin qui la loua dans l'une de ses lettres, de Machiavel dont la prose est implacable et ponctuelle comme le soleil des après-midi les plus enflammées, de l'Arioste, estival par définition, qui dans son *Roland* a coupé et engrangé toutes les blondes moissons que d'autres avaient semées avant lui. L'automne, l'Italie le connut au cours des siècles les plus las et les plus raffinés, le XVIIe et le XVIIIe, et la chose est si universellement ressentie et prouvée que le dire semble être un pléonasme. Mais le printemps, le printemps maniéré, hystérique, pédant, impatient, nous ne l'avons jamais eu, au contraire des Allemands. Le romantisme germanique est un de ces printemps, comme il y en a au Nord, et ils tiennent lieu également d'été, une saison longue, barbouillée, fade, délavée, imbibée des eaux insipides des pluies trop abondantes, très verte et même bleue, de temps à autre dévastée par de soudaines fureurs orageuses, ventée et tonnante. Le *Sturm und Drang* est printanier, le pédantisme philologique et philosophique est printanier, la musique de Schubert est printanière : le printemps monte à la tête des gros Allemands blonds à tâches de rousseur, remplit l'Europe centrale d'acné et de furoncles, fait déborder les brocs de bière et les cœurs de déliquescences poétiques. Il se prolonge en créant un incontrôlable malaise dans toute l'Europe jusqu'à l'aube du XXᵉ siècle. Et l'on pourrait continuer en observant comment les quatre années de la Grande Guerre ont été nocturnes, d'une nuit noire traversée d'éclairs et de fureur, telle qu'on ne s'en souvenait pas depuis l'An Mil, et comment l'après-guerre fait penser à une aurore trouble et transie. D'autre part, si l'on remonte à une période moins récente, qui pourrait nier que l'Antiquité grecque est teintée de la même couleur rose de l'aurore, de ce rose pâle, vif et brillant que l'on me dit être celui des marbres du Parthénon ? Et que les campagnes de César en Gaule donnent l'idée des novembres humides sur les hautes forêts brumeuses, pleines de fougères, de champignons et de mousses ? Et que l'octobre rougeoyant convient aux chevauchées de Cromwell à travers l'Angleterre rurale de cette époque comme le profond décembre neigeux aux premières invasions des Barbares en Italie ? Et qui, enfin, aura quoi que ce soit à redire, si j'affirme que l'immédiat avant-guerre, je le vois éclairé par le soleil pâle d'une journée décolorée et suffocante de sirocco ?

Arrêtons-nous un instant. Ce soleil d'avant-guerre, soleil blanc et impur d'une imminente pestilence, d'un séisme menaçant, d'hypocrisie et de maladie, ce soleil caché et dissous derrière le voilage blanchâtre d'un ciel nuageux, a certainement brillé sur les parades militaires du Kaiser et sur les marbres néoclassiques du Propyleion de Munich. Sous ce soleil déambulaient, à Karlsbad et à Nice, les princesses ibséniennes qui, après de nombreuses vicissitudes déchirantes, finissaient par s'enfuir avec leur garçon d'écurie ou avec le précepteur de leurs enfants. Ce soleil phtisique était bien celui de la malsaine Europe des nihilistes et des surhommes, des démocraties en hauts-de-forme et en queues-de-pie et des empereurs en cuirasse et en panache, de la course aux armements et des enthousiasmes tolstoïens. Mais ce soleil est dur à crever, et maintenant, après tant de destructions et tant de purifications, de temps à autre il recommence à percer. Il y a des journées où le ciel d'Europe apparaît immensément peuplé d'une armée de cirrhus blancs : il provient, immobile, d'une infinie prairie renversée. Parmi ces cirrhus, le soleil d'avant-guerre darde ses exhalaisons lumineuses, refaisant fleurir, avec sa tiédeur trompeuse de serre, la faune dangereuse des temps d'avant-guerre : modes féminines absurdes et lascives, littératures insincères et conventionnellement bourgeoises, nostalgies de salon, exaltations du refrènement, de la peur, de la prudence, de la timidité, du calcul et de la vie tranquille, tout cela sous l'étendard mal compris de la tradition, angoisse mal dissimulée de sécurité et de jouissance, horreur de l'universel, fuite dans le particulier, et pardessus toute chose, hypocrisie dans les actions et les justifications, hypocrisie implacable dans la moindre manifestation de la vie.

Il y a quelques jours, après une journée éreintante de

sirocco, j'étais assis sur un banc, à l'entrée de la Villa Borghese, à contempler la foule qui, le concours hippique terminé, abandonnait en masse les allées des jardins publics pour les trottoirs de la via Veneto toute proche. Comme il avait commencé, le jour mourait derrière le voilage décoloré des nuages douteux, non pas rouge, mais d'un jaunâtre pareil à celui d'un morceau de coton imprégné de chloroforme, avec lequel les médecins bouchent le nez et la bouche des malades, le soleil se couchait dans quelque lieu imprécis derrière la verdure tendre et presque livide des bosquets municipaux. C'était le soleil d'avant-guerre, je le sentais tant et si bien que j'avais l'impression, sous sa pernicieuse influence, de ne plus être moi-même, mais un de ces personnages épuisés, décadents et filiformes que sa chaleur, dans les temps passés, fit pousser comme de pâles lichens, puis dessécha, enfin doucement tua : Corazzoni, Laforgue, Barbellion. Et de même que je me sentais envahi par leur esprit, de même je n'avais plus l'impression de porter mon costume sportif décontracté et ma confortable chemise moderne, mais leur veste cintrée et boutonnée jusqu'au cou, leur faux col haut et dur en Celluloïd, leurs poignets amidonnés, leurs souliers macabres de mourants aux lacets noués entourant le mollet. Singulière transformation d'un jour de sirocco ! Mon visage devait avoir la pâleur exsangue et les yeux éternellement battus des daguerréotypes, et même arborer une belle paire de moustache épaisse et tombante comme Nietzsche le philosophe et Blériot l'aviateur. Mais si ma transformation était déjà une chose extraordinaire, que dire de celle de la foule qui défilait sous mes yeux ? Je ne parle pas des magnifiques chevaux du concours hippique, recouverts de caparaçons jaunes et blasonnés et conduits à la main par des ordonnances, tels qu'on les voit dans *Anna Karenine*. Je passe sous silence également le décor de pins et de pelouses, qui est sans époque, mais dans cette lumière mourante de crépuscule opaque de printemps, il paraissait venir tout droit des pages dannunziennes du *Plaisir*. Qu'était-il arrivé aux gens, et pas seulement aux gens, mais aussi aux voitures ? Aux voitures, dis-je, symboles de modernité, toutes fraîches sorties des usines ? Ces voitures me semblaient à présent transformées en vaniteux équipages, riches du luxe inutile des accessoires chromés et des peintures rares, et non plus instruments nécessaires de la circulation et du progrès, gondoles rembourrées de fourrures, de tissus et de tapis, avançant d'un pas digne, dédaigneusement menées par de jeunes messieurs tirés à quatre épingles et resplendissants, occupées par de molles dames vêtues d'étoffes impeccables et neuves, aux visages émaillés de fonds de teint immobiles, aux chapeaux calés sur leurs petites têtes envahies de frisettes artificielles. Apparat à la Parini, ce n'était même pas l'avant-guerre, un apparat de la fin du XVIIIe siècle, mais sans l'élégance solennelle de cette époque, avec en sus une certaine grossièreté, une prétention, une afféterie, une inexactitude malheureuse typique du XXe siècle. C'était ahurissant. Il ne manquait même pas de part et d'autre de cette lente et idiote parade les pauvres malheureux sans vêtements dans lesquels s'exhiber ni voitures à conduire, qui contemplaient bouche bée cet assemblage docile de cétacés de métal brillant, et qui, de temps à autre, pliant les genoux et plissant les yeux, essayaient de glisser un regard envieux vers quelque beau visage hautain et impatienté, derrière les vitres des portières, à l'intérieur des luxueux habitacles. Moi, assis plus en retrait sur mon banc, je ne voyais que des voitures sur trois files, des allées de la Villa Borghese jusqu'aux portes crénelées de la via

Veneto, entre les voitures, quelques policiers à cheval, pareils à des généraux piaffant dans un champ de bataille en débâcle, poussière, confusion et, par-dessus le tout, la verdure bleuâtre des pins sur le fond d'un ciel nuageux.

Plus tard, rentrant chez moi, je pensai soudain que, superstition pour superstition, l'astrologie vaut les prévisions trompeuses des experts en économie, qui prophétisent au jour le jour les destins de l'Europe. Mais une astrologie nouvelle et inversée, où ce ne seraient plus aux astres et aux climats de décider des hommes, mais les hommes à choisir les astres et les climats qui leur conviendraient. Maintenant, ces prémisses étant admises, tout temps est préférable à celui du sirocco, tout soleil à celui de l'avant-guerre, si pâle et si exsangue. Hivers rigoureux de glace et de fer, durant lesquels dans la pauvreté et la douleur, l'esprit se prépare à l'avenir, étés torrides, favorables aux hommes robustes, aux splendeurs de l'art et à la somptuosité des apparats, tels sont les extrêmes que nous préférons. Car la nudité sévère et la munificence généreuse sont les deux aspects d'une même force. Mais nous refusons et nous refuserions toujours les pulsions tièdes et le luxe mou et vaniteux qui prospèrent médiocrement dans les climats les plus doux.

La maison à trois étages

Le brave médecin qui me précédait entre les parterres de fleurs, dans les allées impeccables de l'asile, pouvait toujours me dire : « La folie est une maladie du cerveau ni plus ni moins que la tuberculose est une maladie des poumons et la dysenterie des intestins. Tout le reste est imagination de gens de lettres et survivance d'antiques superstitions. » Il pouvait toujours m'assurer que, dans la folie, on tombe malade et on guérit, comme dans n'importe quelle autre affection : je ne pouvais pas me résoudre à accepter ainsi des conclusions matérialistes et positivistes. En effet, ce qui me rendait perplexe, c'était la conviction, confirmée par de nombreuses expériences de ma part, de ne pas savoir vraiment jusqu'où pouvait aller la démence proprement dite et où commençaient tant d'autres états, certains sublimes, d'autres terribles, d'autres encore carrément normaux et habituels.

En attendant, plongés dans ces réflexions, d'allée en allée, entre les verts parterres émaillés de marguerites et plantés de maigres palmiers, nous parvînmes à un des nombreux pavillons qui se nichent dans l'immense parc. Une construction longue et régulière, grise, à trois étages, avec une porte au sommet de quelques marches.

Je vis que toutes les fenêtres étaient pourvues de grilles. Mais il n'y avait aucun autre signe qui pût indiquer la qualité des personnes qui habitaient dans cette maison. L'employée qui nous accompagnait s'enfuit, en protestant qu'elle avait peur et que les folles l'impressionnaient trop. Et le médecin, prenant une clé dans sa poche, ouvrit la porte et me laissa entrer dans le vestibule. Nous nous trouvâmes, dès la porte refermée, entre quatre murs gris, face à une grille, dans une atmosphère nue et froide. Le médecin appuya sur une sonnette stridente en disant que les clés de cette grille étaient entre les mains de la surveillante. Entre-temps, tandis que nous attendions, éclata au deuxième étage un grand fracas, comme si l'on avait jeté avec force une casserole par terre. Mais le médecin me précisa en souriant que ce n'était rien : simplement quelque assiette lancée par une fêlée dans un accès de frénésie. Une infirmière gracieuse et souriante se présenta, qui prit sur un cordon qui entourait ses hanches une grosse clé en acier, avec laquelle elle ouvrit la grille. Le médecin m'expliqua qu'au rez-de-chaussée se trouvaient les démentes les plus calmes, réunies en dortoirs ou en plein air dans des enclos. Et au deuxième celles que, par un euphémisme scientifique, il nommait les excitées, certaines enfermées dans des cellules et d'autres prostrées sur leur lit dans la salle blanche, envahie par la lumière claire de cette belle journée. Une autre grille métallique nous barra le passage au sommet de l'escalier ; une fois qu'elle fut ouverte, nous fûmes dans un couloir gris, avec d'innombrables portes alignées, et, du côté du jardin, autant de fenêtres. Le dortoir était au fond de ce couloir. En effet, par la porte ouverte, là-bas, tout au fond, on distinguait un de ces lits et quelque chose de sombre qui pouvait être une des démentes. Nous nous dirigeâmes donc vers la salle. Dès que j'y entrai, la première chose que je vis fut une grande blancheur : murs blancs, plafond blanc, rideaux des fenêtres blancs, lits blancs. Mais dans toute cette blancheur, sur l'oreiller de chacun des vingt ou trente lits alignés contre les murs, flamboyait le noir et sournois buisson des cheveux hirsutes d'une jeune fille. Parmi elles, par un singulier hasard, il n'y avait aucune blonde, tout juste quelques grisonnantes.

Certes, je m'étais attendu à quelque chose de triste ; mais mon attente, je m'en aperçus aussitôt non sans trouble, était dépassée de loin. Ce qui me fit plus grande impression, ce fut de voir comment chacune de ces malheureuses rêvassait toute seule dans son coin. Plus seule, en dépit de la compagnie, que si elle avait été enfermée dans une pièce. De part et d'autre de la porte, il y avait deux lits et dans chacun d'eux une malade. Celle de gauche se tenait agenouillée et assise sur ses jambes, avec tout le buste et les hanches hors des couvertures. On voyait les plantes pâles et calleuses de ses pieds sur lesquels elle prenait entièrement appui. C'était une femme grande et forte ; elle avait une tête fière au visage proéminent, épais, à la bouche large et toute en dents. La couleur de ce visage était semblable à celle que je vis sur le visage de toutes ces démentes : jaune et moite, comme mêlée de sang. Les cheveux noirs et crépus se tenaient droits sur sa tête comme une flamme. Elle avait les bras serrés contre les hanches à cause de la sangle qui retenait ses mains à sa taille. D'une voix profonde et plaintive, elle se contentait de répéter qu'on la renvoie chez elle pour l'amour de Dieu. Elle avait les lèvres qui tremblaient comme si elle riait. À droite en revanche, la folle était allongée sur le dos et, tendant une seule main hors des couvertures qui la recouvraient jusqu'au menton, elle ne cessait pas un seul instant d'élaborer, avec ses doigts longs et osseux, des gestes compliqués, comme si elle avait voulu imiter le son des castagnettes. Elle avait le bout des doigts rouge et la paume des mains toute striée de lignes infinies ; je pensai soudain à ce qu'aurait pu y lire une chiromancienne. Or, lorsque nous étions entrés, au fond de la salle, une autre folle, au visage énergique et presque viril, s'était redressée avec violence pour s'asseoir sur son lit et, en levant les bras, elle déclamait, les yeux étincelants et écarquillés, tout en faisant des grimaces dédaigneuses. Elle avait une voix de salle de tribunal, avec même la diction d'un avocat. Ses propos incohérents, mais empreints d'une autorité délibérée, semblaient relever d'un discours prononcé du haut d'une tribune. Près d'elle, qui s'agitait, sa voisine restait assise et accablée, le menton sur la poitrine, les yeux baissés, les cheveux pendant le long des joues et sur le buste, comme si elle priait et réfléchissait douloureusement. Une autre malheureuse demeurait toute repliée sur elle-même, le visage contre les genoux, qui dépassaient hors des couvertures. Recroquevillée, elle tournait vers nous deux yeux pleins d'angoisse. Elle enserrait ses jambes entre ses deux bras. Ses cheveux noirs et très épais explosaient sur sa tête, recouvrant tout l'oreiller. Elle avait le visage rond, la bouche étroite et rouge. Aux pieds du lit, où elle gisait figée et sans esquisser le moindre mouvement, était juchée, comme un perroquet, sur une chaise haute, une autre femme, petite, menue, quoique sénile, le visage blême comme un linge, un grand nez effilé et pointu, des cheveux rares qui retombaient sur son front et sur ses yeux. Attifée d'un tablier bleu clair, elle était blottie et gonflée comme un oiseau et elle pérorait sans trêve. Ainsi l'une enserrait fort ses genoux, ses cheveux noirs flamboyant sur l'oreiller et l'autre gardait le fond du lit en gesticulant et en parlant seule. Elles semblaient vraiment possédées du démon dans cette solitude qui était la leur, malgré cette promiscuité.

La salle baignait dans une lumière resplendissante d'après-midi. À travers les vitres on voyait les collines vertes et les champs labourés sur les pentes de la campagne environnante. Une des folles se tenait dans le coin d'une de ces grandes fenêtres et regardait avec une espèce de mélancolie la campagne gorgée de soleil. Puis elle se retourna et je constatai qu'elle était jeune et, par un hasard vraiment extraordinaire dans ce lieu où non seulement toute beauté disparaît, mais même toute humanité, gracieuse et convenable. Dès qu'elle aperçut le médecin, elle s'approcha et l'accueillit avec courtoisie. Elle pouvait avoir un peu plus de vingt ans, ses cheveux châtains étaient bien peignés, elle avait les joues pleines et saines, campagnardes, de la couleur pâle, mais fraîche d'un pain peu cuit, des lèvres charnues et épanouies, des yeux bien dessinés, brillants et bleu clair. Elle était vêtue d'une blouse blanche, mais qui, serrée à la ceinture et moulant son corps robuste, révélait, par rapport aux chasubles informes et horribles de ses compagnes, une forme d'élégance. Elle avait chaussé ses petits pieds aux chevilles fines dans des chaussons de toile. Elle parla, appuyée à la sœur qui, maternellement, lui entourait la taille avec un bras. Elle avait une voix claire où la démence ne se révélait que par des inflexions tour à tour tremblantes et obstinées. Tout en parlant elle regardait autour d'elle, avec un tranquille mépris. Il était clair qu'elle ne se considérait pas comme folle et qu'elle voyait la folie de ses compagnes. Avec une rationalité déchirante, elle demandait au médecin d'être renvoyée chez elle, à la campagne, où l'attendaient un mari et un enfant. Et elle ajoutait, avec un bon sens sentencieux :

« Si vous aviez une fille, auriez-vous le cœur à la placer dans un pareil endroit ? » Le médecin lui répondait qu'on la renverrait chez elle dès qu'elle serait guérie, ce qui du reste était la vérité. Mais elle secouait la tête et insistait, en faisant allusion à certain complot tramé contre elle par un ennemi, qui pour se venger l'avait fait enfermer à l'asile. Ce qui faisait le plus de peine, dans l'attitude de cette pauvre jeune femme était un effort pour se détacher des autres folles, pour se montrer différente d'elles, pour se mettre à l'écart de cette atmosphère étouffante et maudite. Et je me rappelais que c'était une exigence commune à tous les malades, qui voient dans le médecin une espèce d'arbitre de leur obscure lutte pour réacquérir leur précieuse santé.

On sortit enfin de la salle et dans le couloir le médecin me montra certaines portes fermées de l'extérieur par de robustes barres de fer et munies de judas, en me disant que dans ces cellules étaient isolées les malades les plus graves. Je regardai par un de ces judas. L'occupante de la cellule était appuyée au rebord de la fenêtre, tournant le dos à la porte. Elle observait le jardin. De sorte que je ne voyais d'elle que ses très larges épaules et ses énormes hanches dans une blouse noire. Elle formait une masse de chair plutôt qu'une personne, mais elle avait une petite tête, avec une courte natte à moitié défaite. J'aurais voulu la voir de face, je frappai même à la porte, mais elle ne bougea pas. Dans cette immobilité, il me semble qu'il y avait plus de fureur et de menace que dans l'agitation des autres. Le médecin me demanda si je voulais la voir et, soulevant la barre, il entrouvrit la porte. Mais soudain il le regretta et, disant que la folle pouvait se déchaîner, il se hâta de refermer. Je regardai par le judas une fois encore : l'énorme dos était toujours retourné, empreint d'opacité têtue et animale.

On alla au fond du couloir et par les fenêtres on m'indiqua les espaces délimités par des clôtures de fer, où les folles jouissaient du soleil et du plein air. Jouir vraiment n'est pas le terme le plus approprié. Car il suffisait de jeter un coup d'œil vers ces femmes dispersées dans ces enclos pour s'apercevoir combien elles étaient éloignées de toute jouissance. Certaines restaient accroupies et repliées sur elles-mêmes contre ces filets, le visage pressé au sol. D'autres se promenaient au bras de quelque sœur. D'autres encore restaient immobiles, les cheveux ébouriffés, la tête pendante, les bras abandonnés et sans vie. J'en vis une qui, ayant relevé sa blouse plus haut que les genoux, sautillait sur ses jambes nues. Le médecin me dit qu'il n'y avait pas moyen de leur faire garder leurs chaussures. En effet, beaucoup étaient pieds nus. Ces folles, en nous voyant à la fenêtre, s'arrêtaient, tiraient la langue, proféraient en riant des phrases incohérentes. Mais l'une se mit à chanter d'une voix de soprano tout à la fois amère et démente. En chantant elle courait et de temps à autre disparaissait au coin du bâtiment, puis réapparaissait. Et le chant résonnait fort, non sans un grave et triste effet d'étrange nostalgie, dans l'air empli de soleil. Les mots étaient délirants, mais l'accent ne se trahissait pas une seule fois.

On redescendit au rez-de-chaussée, le médecin ouvrit une porte, nous nous retrouvâmes dans une vaste chambrée, aérée et sonore, meublée de nombreuses tables massives et de banquettes très solides. Comme dans les écoles maternelles, les folles étaient assises certaines sur les bancs, d'autres par terre, d'autres encore étaient debout ou même sur les tables. Avec ce curieux désordre propre à l'oisiveté irresponsable et distraite. Mais dès qu'elles virent le médecin, elles l'entourèrent presque toutes. C'étaient des folles tranquilles ou carrément hilares. Bref, des folles qui n'étaient pas anxieuses, mais euphoriques. L'une d'elles vint vers nous, petite, rieuse, les yeux brillants, pleins d'une gaieté forcenée, disant : « Asseyez-vous donc, quelle agréable visite, avancez, venez. » Et elle faisait de grands gestes polis et maniérés. Mais deux d'entre elles surtout m'impressionnèrent, qui se disputaient en se reprochant mutuellement avec un sérieux indigné je ne sais quelle insulte. La ritournelle de l'une était : « Avec cette folle-là, je renonce. » Et celle de l'autre : « Si cette femme reste un jour de plus, je deviens cinglée. » Mais avec cette facilité de distraction propre à la démence, elles oublièrent soudain leur querelle et passèrent à d'autres incohérences. Maintenant l'une d'elles était une femme obèse aux cheveux gris gonflés, avec une grosse face riante et deux yeux brillants comme des diamants. En proie à une singulière et hilare agitation, elle ficela un discours confus en deux minutes, puis se fatigua de parler et, criant qu'elle ne voulait pas devenir folle, commença à tournoyer dans le réfectoire comme une espèce de balle joyeuse en secouant son épaisse chevelure grise et en éclatant de rire. Elle alla se jeter sur un banc en nous tournant le dos, appuyée à la renverse contre la table, avec la main sous la nuque comme pour dire : « Assez, j'en ai marre, fichez-moi la paix, j'en ai rien à foutre. » Puis, saisie d'une soudaine tentation, elle bondit sur ses pieds, fit un grand saut et se précipita sur le robinet d'un lavabo fixé au mur, en libérer un torrent d'eau et boire à même le robinet en s'inondant le visage. Et enfin, toute mouillée, elle revint vers le médecin, et déclara que ce n'étaient pas des manières, non, vraiment ce n'étaient pas des manières, il était temps que les infirmières cessent de la tremper avec leurs tuyaux. Ce qui me frappait le plus dans ce discours et celui des autres folles, était une curieuse et monotone prétention de sérieux, de bon sens, d'autorité et d'assurance. Toutes semblaient avoir à cœur leur dignité, leur honneur, leur décorum. Alors que j'observais les tournoiements et les sauts de la femme obèse, une espèce de sœur respectable se présenta, avec un visage rond, ridé et sombre, les cheveux blancs, des lunettes à montures métalliques sur ses yeux scintillants. Je n'avais jamais vu de sœur plus parfaite. C'était une de ces religieuses qui se tiennent au coin de la cheminée et racontent des contes aux enfants. Sa bouche aux commissures marquées souriait, elle portait ses lunettes un peu en avant sur le nez, comme quelqu'un d'habitué à regarder au-dessus des verres. Mais quand elle commença à parler, elle débita une suite d'inepties. Il s'agissait d'un cheval, d'un cheval très important selon ses propres termes. Mais ce cheval ne devait pas être confondu avec son manteau qui parfois se transformait en un prince qui aurait mieux fait de l'écouter, parce que alors les choses auraient été tout autres, oui, parce que... le cheval était important. Elle disait « important » d'une voix calme et suffisante, elle parlait avec autorité. Les autres démentes la regardaient bouche bée... Mais une petite qui jusque-là pérorait au fond de la salle fonça soudain de toutes ses forces dans le tas en essayant, comme une catapulte, de se frayer un chemin vers la sortie. Il y eut une confusion et je vis que les folles aidaient les infirmières à retenir la forcenée. Laquelle finit par aller s'agenouiller devant une table en joignant les mains comme dans une prière. Le médecin, toujours patient et sérieux, comme pour ne pas éveiller de soupçon chez les folles, écouta encore beaucoup de plaintes et de dénonciations, en donnant toujours raison, mais pas sur tout, avec certaines réserves, exactement comme il aurait pu le faire avec des personnes sensées. L'une lui disait qu'elle avait trouvé derrière la porte toute une inscription pleine de calomnies contre un certain docteur et elle confiait la chose avec un accent horrifié, comme pour montrer combien elle était indignée de pareils procédés. Et le médecin, calmement, lui répondait que l'inscription serait effacée, oui, elle ne devait pas en douter. C'étaient des choses innommables, des choses à ne pas faire, bref des choses d'un monde de fous. Nous les quittâmes enfin, et, après avoir pris congé des infirmières et des religieuses qui, sereines et patientes, nous avaient servi de guides, nous ressortîmes par les doubles grilles à l'air libre.

La grille fermée

Portolongone, mars.

Comme nous nous trouvions à l'endroit le plus haut de la route, la voiture ralentit et je pris mon temps pour contempler le panorama de Portoferraio. Il avait plu pendant quelques jours, de sorte que le moindre petit nuage s'était dissipé, laissant un ciel parfaitement dégagé et bleu et un air purifié et comme aboli, tant les distances semblaient, dans cette transparence, raccourcies et les objets rapprochés. Dans cette lumière calme, tout apparaissait net, régulier et raisonnable, comme sur ces gravures d'il y a deux siècles, tellement plus précises que les photographies modernes, qui montrent les villes et les paysages comme ils devraient être et ne sont jamais, sans aucun romantisme, avec les maisons qui paraissent tirées au cordeau par un architecte et les arbres dessinés au crayon par un botaniste. Dans cette lumière donc, Portoferraio apparaissait comme rien de plus qu'un promontoire se reflétant dans l'eau lacustre d'un port : tout recouvert de maisons blanches l'une contre l'autre, jusqu'au pied des bastions carrés des forteresses qui en couronnent les deux hauteurs, avec un tribunal à l'extrémité, son quai, désert à cette heure-ci, qui suivait une courbe tout autour du port, de rares voiliers et une paire de yachts amarrés. C'était une vision entièrement sereine, aimable et souriante, une illustration pour ainsi dire. Et on finissait par être surpris que dans le ciel bleu deux anges joufflus ne déploient pas un parchemin sur lequel aurait été écrit « Ville et district de Portoferraio ». Bref on voyait vraiment une ville de province, propre, convenable, bien construite, aisée ; rien qui pût donner une impression autre que sympathique. Mais moi, me trouvant en chemin vers une prison, je ne pouvais m'empêcher d'éprouver un double sentiment très étrange. D'un côté, je pensais au plaisir dont je jouissais en cet instant comme à un doux privilège immérité ; et je ressentais du remords et l'envie d'en remercier la Providence. D'un autre côté, par un mimétisme imaginatif de ma sensibilité, je ne pouvais m'empêcher de me représenter quels pouvaient être les idées et les émotions d'un condamné à perpétuité, passant par cette route et regardant ce même paysage par une pareille journée. Je ne sais pas pourquoi, peut-être parce que la liberté me semble le plus grand et le plus précieux des biens, la figure de l'homme amené en prison pour y expier ses crimes m'a toujours singulièrement attiré. L'arrivée en prison, l'incarcération, l'adaptation des premiers jours, les pensées d'espoir et de résignation, tout cela, j'y ai souvent songé, je l'ai imaginé et, si l'on me passe l'expression pour un sujet aussi terrible et douloureux, je l'ai même fantasmé. De sorte que ce matin-là, je n'avais pas l'impression de faire une chose nouvelle en me figurant les pensées d'un condamné, mais de reprendre, dans des conditions étrangement vraisemblables, d'anciens fantasmes. Je me disais donc que tout ce bouillonnement confus de haines, de rancœurs, de remords, de souvenirs, de repentirs et d'espoirs qu'éveillent le crime et le jugement dans l'esprit humain, se résignant funestement sous le coup du verdict, devait, sur ce bord de route, à la vue de ce paysage, assommer de nouveau, une dernière fois, par une ultime parole, plutôt ressentie avec tout le corps, plein de répugnance, que pensée et proférée : « Adieu. » Oui, pensais-je, pendant que la voiture tournait rapidement sur la grand-rue, oui, ce devait être vraiment l'idée fixe de l'homme qui s'achemine vers la prison : Adieu, la vie libre, les douces habitudes, les amis, les femmes, adieu à tout cela. Et je pensais aussi que ce paysage, si serein, ces champs dépouillés par l'hiver et brillants sous le soleil, ces fermes, devaient se colorer de l'intensité que possède tout congé définitif. Pendant que la voiture, conduite avec indifférence par le chauffeur qui ensuite la ramènerait, s'approchait de plus en plus, à chaque tour de roue, vers la dernière demeure indésirée. On tourne pendant une demi-heure dans une campagne qui n'a rien d'insulaire, c'est-à-dire qui n'a rien de cette luxuriance humide et de cette nature pierreuse qui sont propres aux îles. Les champs apparaissaient labourés, les sillons brillaient au soleil, on apercevait des fermes, des rangées d'arbres, des aires avec des meules, des paysans courbés à la tâche. À l'horizon, des crêtes bleuâtres de montagnes. S'il n'y avait pas eu la mer qui de temps à autre se découvrait, toute bleue, j'aurais pu penser que j'étais en Toscane, sur le flanc des Apennins. Puis à un tournant se déploya une baie profonde entre de hautes falaises, où l'eau était immobile et d'un bleu sombre. Seulement en un endroit, la rive devenait plage ; et là, le long des galets, une rangée de maisons blanches de pêcheurs. Portolongone. Je levai les yeux au-dessus du village et je constatai qu'il était dominé par une montagne qui semblait couronnée de murs en forme de talus, brun et rouge, comme dans une ancienne forteresse. Mais au-dessus des créneaux de ces murailles, je vis s'élever deux constructions de couleur claire, d'une étrange forme : hautes et étroites. Je compris que c'était le pénitencier. On traversa le village. Sur les galets du rivage, étaient étalés les filets rougeâtres, avec leurs gros flotteurs de liège et leurs mailles relâchées qui ressemblaient à de longues chevelures humides. Les barques reposaient avec leurs coques colorées au soleil. Les enfants jouaient sur la route. Mais après la dernière maison du village, se dressa devant nous une côte presque verticale, contre une muraille décrépie et fleurie d'orties, plongée dans une ombre glaciale. Au sommet, les contreforts de la vieille forteresse espagnole bouchaient le ciel par une grande porte aux battants entrouverts ; mais à la place des décorations cloutées des portes anciennes, il y avait le fouillis sordide des barres métalliques d'un portail. Quand nous eûmes écarté les battants, nous traversâmes l'épaisseur énorme des murailles et nous débouchâmes dans une cour vaste et baignée de soleil. Je bondis hors de la voiture et regardai autour de moi. C'était la cour typique des forteresses : un vaste terre-plein entouré de constructions basses à deux étages, certaines blanches, d'autres peintes de cette couleur rouge que l'on remarque souvent en Toscane sur les bâtiments utilitaires du grand-duché, comme les douanes, les entrepôts, etc. Une tour, dotée d'une horloge, dominait le passage d'entrée ; l'édifice en face paraissait en cours de restauration, tout maculé de chaux et avec quelques échafaudages. Nous entrâmes par une petite porte dans une de ces casemates roses qui nous fut indiquée comme le siège de la direction et, quand nous eûmes gravi un petit escalier, nous entrâmes dans une piécette meublée comme un bureau administratif. Dans la première, qui était la salle d'attente, il y avait un poêle dont le tuyau s'enfonçait dans le plafond, et à côté du poêle, un banc. Près de la fenêtre, un bureau où un gardien assis écrivait. Par deux portes ouvertes, on apercevait deux autres petites pièces avec des rayonnages, des tables recouvertes de papiers, des secrétaires. Cela ressemblait à n'importe quel bureau d'administration, perception, poste, commissariat. Il régnait cette atmosphère des vieux bureaux, cette atmosphère, disons, de papier tamponné, de bureaucratie, de va-et-vient de personnes humbles et quémandeuses. Un seul fait révélait la spécialité du lieu : deux des secrétaires n'étaient pas vêtus de l'uniforme des gardiens de prison, gris, orné de galons bleu clair, mais d'une tunique et d'une paire de pantalons en laine à raies verticales marron. Ils se déplaçaient avec lenteur, chargés de dossiers. Un jeune, déjà chauve ; un vieux, à la grosse tête dure et chenue. Je vis le jeune, dans un moment de pause, se rapprocher de la fenêtre et regarder le ciel d'un œil scrutateur, comme s'il avait voulu en évaluer la profondeur. Au-dessus du bureau du gardien, était accroché un tableau qui me frappa. C'était une ancienne gravure grise et jaunie. Elle devait remonter au début du siècle, à en juger par son style. Elle représentait De Amicis arborant des joues gonflées et une énorme paire de moustaches blanches. Et sous le portrait était écrit : « Edmondo De Amicis, génie italien, illustre homme de lettres, divin par sa plume, son patriotisme, sa vie et son école. » Je contemplais ce portrait quand survint le directeur. Après les saluts, il nous précéda de la première à la deuxième cour, entourée de deux côtés par les mêmes casemates basses et roses. Le troisième côté était occupé par une grande église blanche, d'un évident style XVIe siècle. Le quatrième côté était entièrement barré par un mur, et au-dessus du mur, s'élevait la longue et haute construction de la prison. Un long rectangle avec des enfilades de fenêtres aveuglées par un panier fixe et ouvert sur le haut, que l'on appelle des fenêtres en gueule de loup. Au milieu du mur, il y avait une porte d'entrée. Quand nous l'eûmes franchie, nous nous retrouvâmes devant une grille renforcée par une plaque de tôle. Sous le passage s'ouvrait un guichet, très semblable à celui qui, dans les entrées des théâtres, servent à la vente des billets. Sinon que là où dans les théâtres il y a des panneaux avec le prix des billets, on voyait un tableau noir sur lequel, en caractères blancs, étaient inscrits entre autres les mots suivants : « Perpétuité : 264. Détention : 631 ». Un gardien sortit un énorme trousseau de clés, ouvrit la grille et nous fit entrer dans un couloir bas et nu, pareil à celui d'une caserne. On traversa ce corridor, puis d'autres. À notre passage, les détenus qui vaquaient à leurs occupations s'écartaient aussitôt et se découvraient. Je remarquai comment, dans leur attitude, il y avait une espèce de bonne volonté extrêmement soumise, presque humble. Puis l'on parvint à la prison proprement dite et alors se déploya devant moi un singulier spectacle et je compris pourquoi de l'extérieur l'édifice de la prison m'avait paru aussi haut et étroit. Je me trouvais dans une espèce de longue nef élevée, semblable à un bâtiment vidé de ses appartements du rez-de-chaussée aux mansardes. Les deux extrémités étroites de cette nef étaient occupées entièrement par deux énormes fenêtres par lesquelles, à travers leurs grilles, parvenait dans cette espèce de basilique une lumière égale et froide. En revanche, sur les murs, couraient, superposés, quatre ou cinq galeries métalliques sur lesquelles donnaient les nombreuses portes des cellules alignées. Ces galeries communiquaient entre elles par des escaliers obliques. Elles étaient maintenues par des barres, des patins et des soutènements. Bref, c'étaient des circonvolutions hérissées et métalliques de galeries, d'escaliers, de balustrades contenues dans la coque de ces très hauts murs, sous le plafond surélevé et quadrillé d'épaisses poutres. On avait l'impression d'être dans une de ces gravures de Piranèse représentant des prisons, en tout cas dans l'une des plus fantastiques d'entre elles. Paradoxe de l'extrême rationalité qui rejoint l'imagination la plus sophistiquée et la plus foisonnante. Le directeur, qui me voyait regarder autour de moi avec curiosité, m'expliqua que cette structure présentait l'avantage de permettre de surveiller aisément les détenus. Sans compter celui d'une plus grande propreté et d'une meilleure aération. En effet, le couloir était propre, comme tout l'échafaudage métallique. Cela ne sentait presque pas l'homme dans cette prison, mais la pierre et le métal. Le directeur m'indiqua quelque chose de blanc, suspendu en l'air et, prisonnier comme une mouche, de la toile d'araignée de tout cet enchevêtrement de poutres noires, et il me dit que c'était l'autel sur lequel le prêtre célébrait la messe du dimanche. Les détenus y assistaient en s'approchant de la porte de chacune des cellules alignées sur les galeries. Et la porte, au moyen d'un cadenas spécial, était juste assez entrouverte pour permettre de voir l'autel. Je m'approchai d'une de ces portes et l'examinai. Elle était en bois, mais blindée, avec un judas refermable pour regarder à l'intérieur, un passe-plat et une clochette pour appeler le gardien. Je ne pus m'empêcher d'imaginer comment devait sonner cette clochette à l'oreille encore ignorante d'un prisonnier qui venait d'arriver, car je savais par expérience que ce sont les sons qui produisent la plus forte impression et semblent arriver plus directement et plus rapidement que toute autre sensation dans la zone obscure où palpite et se réfugie l'âme. Comme s'il avait lu dans mes pensées, un des gardiens m'expliqua soudain que justement dans la cellule devant laquelle nous nous trouvions était enfermé un prisonnier arrivé la veille : un meurtrier condamné à mort dont, par grâce souveraine, la peine avait été muée en réclusion à perpétuité. Tout en parlant, le gardien baissa le judas et aussitôt, comme s'il avait été appelé, un visage d'homme apparut dans l'encadrement. Dans la quarantaine, un long nez, un menton fuyant, des yeux agités. Je fus surtout frappé par deux rides qui, partant des yeux, contournaient son nez et sa bouche. Profondes et brillantes, comme métalliques, elles scintillaient presque. Penché pour garder le visage au niveau du judas, il demanda avec insistance à voir le directeur. On lui demanda ce qu'il voulait et il dit qu'il désirait lui parler. À quoi le directeur, révélant qui il était, lui dit, avec humanité, qu'il pourrait le faire le jour même. Puis le judas fut refermé et nous continuâmes notre visite. Les cellules, presque toutes vides, étaient rangées et propres, avec la paillasse métallique et sa literie accrochées au mur : de sorte qu'il ne restait d'autre mobilier qu'une chaise et une tablette, parfois une table. À cause du panier qui obstruait la fenêtre, elles donnaient l'impression d'être fermées de tous les côtés, mais une pâle faux de lumière sur le sol révélait un beau soleil. Nous parcourûmes toute la nef, puis, empruntant un escalier intérieur, nous parvînmes aux étages supérieurs, où se trouvaient les salles de travail. À chaque grille, et il y en avait pas mal, le gardien sortait son trousseau massif et brillant d'énormes clés et déverrouillait les serrures. Dans toute cette structure moderne, dans ce silence, dans cette propreté, ces clés constituaient le seul signe qu'on était dans une prison, pareille à celles que, de tout temps, les condamnés ont entendu tourner dans les serrures. Et pourtant elles me fascinaient. Des grilles non moins solides fermaient les salles communes qui, longues et étroites, semblaient composées de plusieurs cellules réunies. On pénétra dans celle de la couture. Les détenus, debout derrière des établis sur lesquels étaient étalés des tissus, maniaient les ciseaux et la craie. D'autres cousaient. Le meilleur, me dit-on, avait été carrément tailleur dans un atelier de haute couture d'une grande ville. Dans une autre salle, on aurait eu l'impression d'être dans une boutique de Volterra ou de n'importe quel autre endroit où l'on taille le marbre. De la poussière blanche partout et des blocs de pierre, certains bruts, d'autres travaillés. Il y avait ce faux air de moulin qu'ont toujours les ateliers empoussiérés des tailleurs de pierre. Dans une troisième, les narines étaient frappées par la bonne odeur de bois scié et de colle : meubles cirés ou encore blancs s'entassaient contre les murs, sur les planches allaient et venaient les rabots, les marteaux frappaient. C'était certainement la salle commune où s'évanouissait jusqu'au souvenir de la prison, tant est joyeux et humain le travail du menuisier. De ces salles on descendit de nouveau dans la cour et l'on me montra l'atelier des forgerons, vaste et sombre comme il convient ; pleine de métal, avec son gros four et son enclume étincelante, la salle des ravaudeurs ; puis celle des cordonniers assis à leur billot. Partout, j'étais impressionné par l'assurance que les détenus semblaient retirer de leur travail. Lequel, entre ces murs et ces grilles, paraissait vraiment être un fait précieux d'une incalculable portée humaine. On comprenait que chaque coup de rabot, chaque manipulation de tour, chaque aiguillée de fil de lin étaient des gestes dans lesquels, par le choix et la réflexion qu'ils imposaient, se réfugiait une liberté licite, féconde et salvatrice. On sentait que, au moyen de ce travail, n'importe quel caractère, si opprimé et assombri fût-il, trouvait une forme d'expression minimale, mais garantie. Et que l'esprit, incité à réfléchir et à s'exercer dans le travail manuel, se distrayait de sombres et foisonnantes pensées. On finissait par espérer qu'à travers cette tâche, le châtiment se muerait vraiment en rééducation. On donna un coup d'œil à l'école : une salle longue et étroite avec de grands bancs et une estrade surélevée. Après tant d'austérité, on était surpris par les couleurs vives des cartes géographiques accrochées aux murs. Un coup d'œil aussi à la bibliothèque, dont était responsable l'aumônier, aidé par un détenu. Aux cuisines, où, après avoir distribué les repas, les cuisiniers, eux aussi prisonniers, mangeaient, assis par terre, près d'énormes chaudières noires. À l'infirmerie : je me dis alors que le séjour entre l'odeur triste et chaste des désinfectants et la blancheur glaciale de l'ameublement devait apparaître dans la vie des prisonniers comme une variation importante, grâce à la relative douceur et au caractère individuel du traitement, absents dans le reste de la prison. Jusque-là, on s'était déplacé dans la prison moderne, construite vers 1916. Ensuite, par un des habituels couloirs fermés par les inévitables grilles, nous pénétrâmes dans la prison dite léopoldienne, la deuxième et plus ancienne des deux constructions hautes et étroites que j'avais vues de la route dominer les murailles espagnoles. Après la prison moderne, si rationnelle, cette partie léopoldienne ramenait l'image ancienne et, pour ainsi dire, conventionnelle et littéraire de la prison. Escalier large et rudimentaire, dont les marches usées paraissaient s'être incurvées au milieu sous le poids de tant de pas de prisonniers ; couloirs à voûte massive ; sols en dallages gonflés et mal ajustés, aux deux extrémités, grilles épaisses et rouillées ; et, dans l'air, odeur d'homme et d'habitation. On m'expliqua que cette prison, héritage du passé, une fois accomplie la réforme carcérale encore en cours, serait supprimée. On y enfermait, en attendant, les prisonniers en brève détention. Jamais seuls, mais trois par cellule. J'en vis certains qui lisaient assis sur leur lit, penchés, le livre ouvert entre leurs mains. D'autres étaient couchés, à ne rien faire, peut-être en train de parler. Mais la grande majorité travaillait à tresser des paniers en osier et à tisser de grosses chaussettes en coton blanc. Toutes ces cellules, pleines d'hommes enfermés qui les peuplaient de cent gestes divers, ce couloir bas, obscur et épais, ces paillasses, ces signes d'une promiscuité prolongée, donnaient le sentiment précis et intime de la prison. Je remarquais maintenant que, outre le travail, il devait y avoir, dans la mesure où elle était compatible avec la discipline et les règlements, une vie carcérale. Dans laquelle devait se manifester l'esprit qui est propre à tous les lieux, des plus gais et ordinaires aux plus tristes et insolites. Cet esprit qui finit par marquer même les plus réfractaires et par faire réagir même les âmes les plus inertes. Dès que j'étais entré dans la partie léopoldienne, j'avais senti cette atmosphère psychologique et morale. Comment aurait-il pu en être autrement ? Qu'on imagine, en effet, un grand nombre d'hommes réunis ensemble et isolés du reste du monde, soumis aux règlements et à certaines privations, venus de régions et de coins épars, différents entre eux par leur origine et leur éducation. Qu'on imagine aussi chacun d'entre eux avec sa propre faute, du crime de sang au vol, dont il est le seul à savoir profondément pourquoi il l'a commise, comment elle s'est produite, quels en furent les effets sur lui. Chacune de ces fautes, avec sa triste compagnie d'orgueils et de remords, contrainte à être rapprochée de celles des autres. Au moyen de ces conventions et de ces pénétrations qui ne manquent jamais dans aucune société humaine, fût-elle la plus primitive et la plus basse. On comprendra comment tout cela doit à la fin composer une atmosphère très dense, notable même par quelqu'un qui comme moi n'était ni prévenu ni informé. La visite était maintenant terminée. Mais quand nous nous retrouvâmes de nouveau dans la cour entre les casemates roses, j'aperçus quatre de ces forçats, qui – leur peine purgée – s'en allaient. Trois avaient la tunique rayée, le quatrième était habillé normalement. Tous les quatre portaient des menottes qui étaient reliées entre elles par de longues chaînes qui pendaient. On ne les leur enlèverait que quand ils seraient arrivés dans les colonies de rééducation où ils devaient encore passer quelque temps avant d'être entièrement libres. Sous le soleil, dans cette vaste cour, ils formaient un spectacle singulier. Ils semblaient misérables et comme écrasés par la liberté du ciel ouvert et bleu. Les chaînes et les tuniques leur donnaient une allure gauche et maladroite, à laquelle se mêlait toutefois une joie pathétique et évidente. Je les vis, dès que nous apparûmes, se découvrir. Et l'un d'eux, même, s'adressant au directeur, lui demanda de l'excuser, mais je ne crois pas que lui-même sût de quoi. Puis nous regagnâmes la voiture. La journée conservait sa limpidité. Des murailles de la forteresse espagnole on découvrait la vaste étendue de la mer, éloignée de cette hauteur, scintillante. Les contreforts étaient recouverts d'herbe, et des poules y étaient éparpillées, picorant. Je pensai que le temps adoucit tout, crimes et châtiments, et que c'est le grand consolateur. Toujours est-il que je plissai les yeux sous la délicieuse lumière du soleil.

Rêve funèbre

J'ai l'impression d'être dans une petite voiture conduite par un ami, je ne sais pas qui c'est, parce que son feutre gris lui tombe sur les yeux et lui cache le visage. Je sais seulement que c'est un jeune sportif, tout à fait décontracté, de ceux que l'on voit rouler en voiture dans les villes, oisifs, offrant vainement aux filles de les raccompagner chez elles. Nous roulons je ne sais pas où, mais très vite, et l'ami tient le volant de ses deux mains gantées, tel un timonier son gouvernail, dirigeant habilement la voiture dans la circulation citadine. Il y a une grande, extraordinaire affluence de véhicules, sur la large route informe et peuplée, au moins quatre files avancent sur le macadam, mais contrairement à ce qui se produit d'ordinaire, tous ces véhicules vont dans la même direction, il n'y en a aucun qui roule sur la voie opposée. Nous avançons avec difficulté et je remarque soudain, non loin, une voiture jaunâtre qui paraît vouloir faire la course en quelque sorte avec la nôtre. C'est une auto en tout point pareille à la nôtre, à l'exception de sa couleur malsaine. Il y a dans sa rivalité quelque chose de sournois, de provocant, de mal intentionné, d'obstiné. Chaque fois qu'elle le peut, elle nous dépasse, elle nous barre la route, de sorte que bientôt la course devient une espèce de duel entre cette voiture et nous, duel d'agilité et de ruse dans la masse indifférente et débonnaire de toutes les autres automobiles. La voiture jaune est rapide et même fulgurante, surprenante d'agilité, tel un insecte qui, au lieu de courir, sauterait et volerait. Quand nous croyons l'avoir distancée, elle se faufile entre un gros camion et une limousine devant nous. Bref, nous cherchons par tous les moyens à la dépasser, mais nous la retrouvons sans cesse devant nous. Tout à coup, se profile en l'air, entre le flux des véhicules, un bâtiment élevé, très étroit, pareil à une lame de couteau. Ici la route présente une bifurcation et, avec elle, la masse tumultueuse des véhicules se divise. La voiture jaune, sans hésiter, tourne à gauche et nous à droite. On verra laquelle des deux routes mène le plus vite à destination. Mais, à notre grande joie, nous voyons la voiture jaune, et derrière elle toute la file qui a pris la voie de gauche, s'arrêter devant un obstacle lugubre et imprévu : un gigantesque catafalque complètement noir, vacillant, qui, Dieu sait comment, barre la route en avançant de biais comme un cafard démesuré. Il est noir, comme je l'ai dit, d'un noir opaque, d'encre, qui se détache dans le nuage blanchâtre de poussière du trafic, j'en vois distinctement les colonnes dorées, le parallélépipède brillant de la caisse d'ébène, les funèbres torches aux flammes de verre noir, les chevaux nocturnes pansus richement harnachés d'or. Il est très haut, avec le cocher qui le domine, en agitant l'arabesque de son fouet sur la mêlée de la circulation. Avant qu'il ne s'écarte, il faudra certainement pas mal de temps. Cette sombre masse disparaît presque aussitôt de ma vue parce que nous roulons, avec une joyeuse rapidité, sur la voie libre de droite. Désormais le trafic se raréfie, nous roulons de sorte que la voiture jaune bloquée par le catafalque ne pourra jamais plus nous rejoindre. Nous parcourons ainsi, avec ravissement, des routes de plus en plus larges et vides, entre des enfilades de maisons qui ne paraissent pas habitées ; je n'ai pas la moindre idée de l'endroit où nous allons, je sais seulement que nous avons une destination et qu'elle ne doit plus être loin à présent. Nous voyons apparaître au bout d'une de ces routes ternes et très larges une espèce d'arc de triomphe en fleurs. Il n'y a pas un chat, le vent soulève des nuages de poussière grise sur les dalles sèches des trottoirs. Au milieu de ces nuées, au fond de cette route blême, déserte, l'arc de triomphe se dresse avec une solennité déplacée et sordide. En l'honneur de qui ? Quel vainqueur doit passer là-dessous ? Pour quelle victoire ? Mais, tandis que nous nous approchons, je vois avec stupeur que les couleurs des fleurs sont fanées, délavées – les rouges virent au rose pâle, les bleus au jaune, les jaunes au blanc – et que les festons et les couronnes ont une allure de légèreté rigide et friable qui ne fait certes pas penser à la pesanteur et à l'élasticité charnue de la végétation vivante et des fleurs fraîches. Je regarde mieux puis vois que tout l'arc est sec, de sorte qu'il suffirait d'une légère secousse pour que les corolles flétries et touffues ainsi que les feuilles fripées se détachent toutes ensemble des tiges et tombent par terre en ne laissant sur l'arc que le squelette d'osier et de fils de fer. « C'est tout de même étrange, pensé-je, qu'ils n'aient pas songé à l'enlever... À quoi sert un arc dans un tel état ? Celui pour lequel il a été construit, ou bien est déjà passé, et alors il faut le détruire, ou bien doit y passer, et alors il est pour le moins singulier qu'on veuille le fêter de cette manière. » Mais je n'ai pas le temps de réfléchir longuement sur ce sujet, car la voiture s'engage soudain dans une belle avenue bordée de cyprès hauts et épais, et nous nous arrêtons. Nous descendons et nous commençons à nous promener entre les pierres tombales, les colonnes coupées, les croix et les stèles d'un vaste cimetière. Grande est vraiment la variété des monuments funèbres qui s'entassent, ils semblent tous récents tant les marbres sont intacts et miroitants ; ici ce dresse une colonne avec un ange aux ailes repliées, là un petit temple gothique, plus loin un faux tumulus de rochers rustiques, il ne manque même pas les petits mausolées orientaux, les obélisques, les groupes de statues ; au fond d'une allée s'élève carrément une pyramide. Ces monuments sont disposés en vrac, la couleur dominante est celle, sombre et triste, du granit, il n'y a pas un brin d'herbe ni le moindre arbre, et pourtant la densité des croix et des stèles donne l'impression que l'on se trouve dans une forêt. Nous nous promenons avec gravité, abordant quelque grave sujet, académique comme on dit, le rêve n'est ni angoissant ni triste, mais seulement allusif. À quoi ? C'est ce que j'essaie de comprendre. Et pendant que je m'efforce de parvenir à la signification cachée de tant de funèbres visions, je me réveille.

Souvenir de Circé

Moi, Euryloque, compagnon d'Ulysse, ayant pris connaissance des récits qui se font sur notre séjour chez Circé, je veux que l'on sache ce qui suit.

Avant tout, il est faux que Circé ait transformé nos compagnons en porcs d'un simple coup de baguette. Je n'ai pas vu de baguette. Et je n'ai pas remarqué dans le vin qu'elle nous servait le goût du breuvage magique dont tant de gens parlent. En revanche, ce qui est vrai, c'est que la métamorphose fut beaucoup plus lente et progressive que l'on ne croit d'habitude. Bref, ne devinrent porcs que ceux qui le voulurent. Je désire que l'on remarque cette affirmation parce que je l'estime de la plus haute importance. Quoiqu'elle eût les moyens de faire de nous les animaux qu'elle voulait, Circé s'abstint d'intervenir, et cela, pour la bonne et simple raison que son intervention n'était nullement nécessaire. Elle laissa la volonté, j'allais dire les vocations, s'orienter librement, car elle n'ignorait pas que sur ses terres, la transformation d'homme en porc pour certains d'entre nous était fatale. Vous devez en effet savoir que c'est une propriété très singulière et très extraordinaire du lieu où habite Circé que tous ceux qui ne sont pas dignes, pour quelque vice ou faiblesse, de rester des hommes, deviennent porcs en peu de temps. Si cette propriété est l'effet de l'art magique de Circé ou procède d'un autre enchantement divin, je ne saurais le dire. Mais la présence fréquente de naufrages dans cette région permet à Circé de remplir constamment ses vastes porcheries.

Ce qui me semble le plus notable dans le triste destin de ceux, parmi mes compagnons, qui furent changés en porcs c'est qu'aucun d'eux, si souvent qu'on les ait avertis et mis en garde, ne parut jamais se rendre compte de la fatalité à laquelle il était soumis. Il y eut même, pour ainsi dire, une course à la porcherie ; la transformation se déroulant non pas entre la répugnance, l'humiliation et l'effroi des victimes, mais avec leur participation joyeuse et triomphale. Ils devenaient des porcs, mais ils croyaient accroître leur humanité. Ils avaient déjà un pied dans l'étable, mais ils rêvaient de nouveauté, de progrès et même de palingénésie. C'est si vrai qu'ils essayaient d'entraîner vers l'auge aussi les autres qui étaient restés hommes ; et cela non pas à cause du prosélytisme commun à tous les vicieux, mais par un désir amical de les voir à leur tour jouir des nouvelles délices qu'ils croyaient avoir découvertes.

Je me rappelle bien le premier désaccord qui nous divisa, nous révélant en même temps la funeste erreur de nos pauvres amis. Je me promenais, un matin, sur la rive du lac sur lequel se trouve le palais de Circé, quand se précipite vers moi, tout essoufflé, Parménion, l'un des plus jeunes, qui me dit qu'avait éclaté une violente dispute entre ses compagnons et me demanda d'accourir. J'y allai. Dans l'endroit où me conduisit Parménion, le lac, par manque de fond, était embourbé. À l'ombre des grands chênes, l'eau était noire, recouverte d'une crème verte où s'engluaient des branches pourries, dans un air stagnant, bourdonnant de mouches sales. Dans cette eau, ou plutôt dans cette bourbe, certains de nos compagnons se vautraient avec tous les signes du plus vif plaisir, pendant que les autres, restés sur le rivage, les exhortaient en vain à en sortir. Je remarquai que les deux partis paraissaient également convaincus, mais ceux de la rive, affligés, agacés et comme rendus incertains par la nouveauté de la chose, ceux du bourbier, au contraire, agressifs, joyeux, assurés. « Idiots ! hurlaient ces derniers. Descendez, vous aussi ! Ne vous privez pas par pure obstination d'une jouissance divine ! » Sur ces paroles, ils se vautraient de plus belle dans la boue. Consternés, les autres essayaient de leur prouver que c'était un plaisir pour les porcs, pas pour les hommes. Mais ceux du bourbier répondaient que ces délices n'appartenaient ni aux porcs ni aux hommes, mais aux dieux.

Trop perplexe et stupéfait pour décider ce que c'était, je m'abstins ce jour-là de tout jugement. J'espérais que le sommeil dissiperait cette étrange démence. Mais le lendemain, de nouveaux signes évidents de la singulière folie réapparurent. Tantôt un de nos malheureux compagnons, revenant sur le chapitre de la boue, prétendait avec autorité que l'eau limpide était répugnante pour ceux qui, comme eux, avaient découvert les nouvelles délices de la bourbe, tantôt un autre soutenait que la propreté était une chose insipide et mièvre en comparaison de la saleté. Comme je l'ai déjà dit, ils ne se contentaient pas de proclamer des goûts aussi étranges, mais ils essayaient de nous convertir et de construire sur leurs goûts de non moins étranges théories. Il était temps d'en finir, disaient-ils, avec la préférence pour l'eau pure, les corps bien lavés, les ongles et les dents impeccables, les cheveux peignés, etc. Ils pouvaient nous assurer, en toute sincérité, que ce n'était qu'un préjugé suranné et absurde qui conseillait à l'homme de se tenir propre et de mépriser la saleté. Ce préjugé n'était pas digne de nous. Se pouvait-il qu'on ne s'en rende pas compte ? Nous devions essayer de les imiter. Le plus important était le premier pas. Le reste viendrait tout seul. Et après nous avoir ainsi sermonnés, ils couraient avec des cris de joie insensés se jeter tête la première dans le bourbier. De loin, nous entendions, consternés, leurs exclamations de volupté, nous les voyions, petites figures blanches à l'ombre des chênes, s'éclabousser dans la boue, se jeter au visage des poignées de pourriture, tomber enlacés dans ces bas-fonds fangeux.

Naturellement, horrifiés, nous essayions par tous les moyens de leur prouver leur erreur. Mais c'était peine perdue. Ils se moquaient de nous en nous traitant de vieillards, d'imbéciles, de pétochards. « Mais enfin, protestions-nous exaspérés, la boue reste de la boue... vous pouvez toujours essayer de lui donner un autre nom... » Ils répondaient que c'était bien possible, mais que leur sensibilité avait changé. Finalement, au terme de nos discussions, c'est nous qui semblions être fous furieux, frénétiques et cinglés alors qu'ils avaient gardé un ton pondéré, raisonnable, didactique, comme des maîtres avec des élèves querelleurs et inattentifs.

En plus de l'histoire de l'eau qui ne leur plaisait plus que fétide et bourbeuse, leurs goûts se modifiaient progressivement pour mille autres choses. La nourriture par exemple. On les voyait soudain soutenir sérieusement qu'une écorce de melon déjà grignotée et jetée par terre, une pomme pourrie, un trognon de chou étaient des mets bien plus raffinés que la biche rôtie, les tranches de longe de porc au four, le pâté de gibier que chaque jour Circé nous servait. Et, ce qui était pire, ils joignaient les gestes à la parole : les yeux torves et les crocs découverts, ils se jetaient sur les écorces de melon, sur les trognons de chou. Une autre fois, je me rappelle que je me promenais avec l'un d'eux dans le bois de chênes près du lac quand je le vis soudain se pencher, ramasser un des gros glands qui jonchaient le sol et, après avoir enlevé la coque qui le protégeait, le porter à la bouche. Je le vis mastiquer avec une expression d'agréable surprise ce fruit dur et insipide et ensuite, comme s'il avait découvert un nouveau goût, se courber pour prendre d'autres de ces glands et les grignoter avec avidité. Je lui fis observer que ce n'était pas de la nourriture pour les êtres humains. Mais lui, pour toute réponse : « Plût à Jupiter que j'eusse durant toute ma vie ces glands pour nourriture. » Ensuite, sans plus se préoccuper de moi, il étala par terre son manteau, le remplit de ces glands et après avoir réuni les pans, il s'en chargea les épaules et tout joyeux courut vers ses amis qui, sans plus attendre, se mirent à les dévorer.

Après la bourbe, après les déchets, après les glands, ce fut le tour des grognements. Le soir, autour des feux, nous avions l'habitude de chanter en nous accompagnant avec des instruments. Or, une nuit, l'un d'eux, mettant de côté la cithare, commença pour rire à imiter le cri des animaux. Le braiment de l'âne, le meuglement de la vache, l'hululement de la chouette, le hennissement du cheval et ainsi de suite. Alors que nous nous tenions les côtes, il se met à contrefaire le grognement du porc et, sur cette imitation atroce, il s'arrête avec ravissement comme si son oreille en jouissait. Se mettant à quatre pattes pour mieux accentuer la ressemblance, il imita à la perfection, avec une fougue étrange et suspecte, les divers grognements, selon que le porc fouille avec le groin dans son auge ou s'enfuit épouvanté ou charge avec fureur. Nous ne riions désormais plus, nous l'exhortions au contraire à cesser, effrayés. Mais ses amis l'applaudissaient avec enthousiasme, l'incitant à continuer, déclarant que ce cri dépassait de très loin en harmonie et en douceur le chant du rossignol. Ce jour-là, il s'en fallut de peu qu'on n'en vînt aux mains. Mais ni nos protestations ni l'éloquence même d'Ulysse ne réussirent à faire changer d'avis ces forcenés.

J'ai voulu jusqu'ici décrire avec minutie les divers changements survenus dans l'esprit et dans les goûts de nos compagnons avant la métamorphose finale parce que, comme je l'ai déjà dit, ce ne fut pas par magie, mais par libre décision qu'ils devinrent des porcs, de sorte qu'au moment de leur transformation ils l'étaient déjà en tout point sinon en apparence. Que l'on ait par la suite parlé de potion ou de baguette magique, cela peut sembler contradictoire, mais en réalité ce ne l'est pas : les hommes en effet ne croient qu'aux apparences et remontent difficilement aux secrètes origines des événements. Quoi qu'il en soit, la métamorphose se produisit de cette façon. Nous étions un jour tous réunis à la table de Circé, dans la salle principale du palais. À un bout de la longue table était assise Circé sur son trône, à l'autre Ulysse. D'un côté, nous avions de vastes fenêtres qui donnaient sur la cour, de l'autre un mur orné de trophées de chasse : bois de cerfs, peaux d'ours, têtes de loups. Le banquet venait de commencer, les serviteurs avaient alors déposé devant Ulysse un grand plat avec un porcelet entier rôti pour qu'il le coupe. Tout le monde se taisait, regardant Ulysse debout, le couteau à la main. Audehors, dans la cour, le soleil de juillet tapait fort et l'on entendait monter des pièces des servantes le chant des femmes qui filaient la laine.

Or, juste au moment où Ulysse plantait la lame dans le flanc doré du porcelet, une plongeuse passa devant les fenêtres, apportant deux baquets pleins de brouet pour les porcs dont l'auge se trouvait au fond de la cour. Brouet, dis-je, gras, d'une couleur pâle où flottaient des écorces, des trognons, des quignons de pain. Un de nos compagnons pousse alors un cri : « Hé ! Arrête-toi, attends-moi ! » Il bondit de la table, enjambe d'un saut la fenêtre et ordonne à la femme de poser les baquets à terre. Elle obéit. Et lui, sautant à terre, il plongea le nez dans les baquets. Je ne pouvais, comme on dit, en croire mes yeux, et avec tous les autres je me levai et m'approchai de la fenêtre pour mieux voir. Le pauvre malheureux avait ôté sa tunique et, nu, vautré, il fouillait avec une voracité qui n'avait plus rien d'humain dans l'ignoble brouet. Sur son ravissement, on ne pouvait avoir le moindre doute, il soufflait, il grognait de joie.

Je me tournai alors vers mes compagnons comme pour leur communiquer mon horreur. Mais je fus atterré de voir nombre d'entre eux pâlir, non de dégoût ainsi qu'on aurait pu s'y attendre, mais de désir, les yeux brillants, les narines frémissantes, les lèvres moites. Tous ensemble, dédaignant la table couverte de lin blanc, de mets appétissants, de vins parfumés, bondissent à leur tour dans la cour, plongent à qui mieux mieux le visage dans les baquets. Tandis que, grognant, ils se disputent avidement ces immondices, je vois leur dos noircir et se hérisser de soies, leurs cuisses et leurs bras s'épaissir et grossir massivement, leurs pieds et leurs mains au contraire se raccourcir en devenant d'étroits sabots, leur ventre gonfler et pendre, leurs yeux rapetisser et devenir chassieux, leur visage s'allonger et se muer en groin. Nos compagnons enfin, en se goinfrant la tête basse dans les baquets, s'ornent de petites queues filiformes en tire-bouchon.

Nous nous taisions, les yeux emplis de larmes. Puis

Circé battit trois fois des mains sans bouger de son trône. Alors, du fond de la cour, s'avança le porcher vêtu de peaux. Et avec de discrets coups de bâton noueux, il guida les porcs qui avaient été autrefois des hommes vers leur porcherie.

Les marionnettes

Le petit garçon d'un de mes amis, après une brève maladie, commença à réclamer sur un ton exaspéré et pathétique que, comme récompense pour avoir supporté son épreuve, on lui fît cadeau d'un théâtre de marionnettes. Cette exigence n'était nullement justifiée par des récompenses qu'il aurait eues en de semblables occasions. Signe que la croyance que les souffrances doivent en quelque sorte fructifier, ici-bas ou dans l'autre monde, est enracinée au fond même de l'âme humaine. Son père, qui n'était pas riche, temporisa quelque peu, puis, cédant à cette requête péremptoire, lui acheta un petit théâtre de taille moyenne, mais sans marionnettes. Il se rappelait confusément que dans le grenier il devait y avoir des marionnettes avec lesquelles il s'était amusé dans son enfance et il pensait les offrir à son fils. Il me dit que ces marionnettes étaient très belles, beaucoup plus belles que celles de maintenant, qu'on n'en trouvait plus d'aussi belles : à vrai dire, on avait l'impression qu'il faisait l'éloge non des marionnettes, mais des hommes du temps passé. Je comprenais qu'il s'exaltait de la vivacité enfouie de quelque lointain souvenir plutôt que de la réelle beauté des marionnettes. Quant à l'enfant, il était évident que les descriptions de son père ne le convainquaient pas et que ce cadeau de vieilleries avait à ses yeux tout d'une dérobade. Son père et moi, nous montâmes au grenier. Et là, en effet, au milieu des caisses et de vieux bibelots inutilisables, dans la lumière qui filtrait par la lucarne, brillaient au fond d'une boîte les paillettes d'un pantin. Mon ami, s'enflammant de plus en plus à ses souvenirs, ne cessait de me répéter : « Tu verras... on n'en trouve plus des comme ça », mais dès que nous bougeâmes la boîte, une quantité de cafards s'enfuit de toutes parts. Et nous découvrîmes que les pantins, six ou sept en tout, étaient médiocres et en assez piteux état. À certains d'entre eux manquaient les pieds et les mains en plomb qui sont ce qu'ils ont de plus beau. D'autres avaient perdu la moitié du visage. Leurs vêtements, incrustés de poussière, apparaissaient rongés et décolorés. Mon ami, un genou à terre au milieu de la poussière et des cafards, continuait à répéter, en sortant les pantins de la boîte : « Voici Arlequin... Balanzone... tu imagines un peu... » Mais je voyais que lui aussi était déçu. Il voulut toutefois apporter quand même les marionnettes à son fils qui attendait impatiemment près de son petit théâtre flambant neuf. Son accueil fut si consterné, son visage reflétait un sentiment si intense d'humiliation tandis qu'il caressait, muet et stupéfait, d'une main nonchalante, les marionnettes moches et ternes, que son père décida sans plus attendre de lui en acheter des neuves. Je remarquai cette douleur de l'enfant devant ses rêves déçus et dès lors je me mis à l'observer avec curiosité. Il ne voulait pas des marionnettes de son père, c'était clair, même si elles avaient été deux fois plus belles et intactes. Il voulait les siennes.

Quand il eut des marionnettes en nombre suffisant, l'enfant annonça un beau jour à table, avec une certaine solennité, qu'il donnerait dans l'après-midi sa première représentation. À l'heure fixée, le père, la mère, la sœur aînée et moi, nous nous assîmes sur des chaises au fond de la chambre du petit. Le théâtre avait été placé sur un tabouret dans l'encadrement de la fenêtre. L'enfant se cachait derrière un rideau attaché avec des clous aux chambranles. Dans cet espace étroit il fouilla longtemps parmi ses marionnettes. De temps à autre, on voyait poindre sous le rideau un pied chaussé de socquettes blanches et d'un petit soulier noir ou bien le rideau se gonflait et bougeait sous un de ses gestes.

Mais la représentation fut un four. Ayant levé le rideau de scène, l'enfant fit entrer un couple de personnages, le roi et la reine, comme nous le comprîmes, sur un fond doré et fabuleux qui représentait un palais. L'enfant prononça deux ou trois phrases très ordinaires, comme par exemple « Bonjour » ou « Tu m'as appelé, me voici », d'une voix contrefaite et profonde. Ensuite, au bout d'un moment de réflexion, il se mit à répéter la même phrase et il finit par se taire tout à fait. Les personnages restèrent où ils étaient, penchés irréellement vers l'avant, les bras tendus. Finalement un nouveau personnage fit son apparition, un guerrier à en juger par sa blanche cuirasse, et l'enfant répéta ces deux ou trois mêmes phrases. Puis un quatrième et cinquième pantin entrèrent en scène en vacillant sans que pour autant l'action dramatique avançât d'un pas. L'enfant, on le comprenait, n'avait pas su élaborer le plus simple des canevas. Et l'on sentait dans sa voix, malgré le ton appuyé et suggestif, toute la déception de se découvrir aussi inapte à la tâche qu'il s'était assignée. Le théâtre devait être apparu à son imagination capricieuse comme un champ libre où défouler le désir impérieux d'aventure et d'action propre à l'enfance. Mais à l'épreuve, il se révélait une embûche, un désert.

Cette perspective fantasmée de liberté, de génie et d'invention qui lui avait fait annoncer avec une assurance si impertinente la représentation s'avérait illusoire à présent. Il était vrai qu'il avait sous la main des personnages extraordinaires comme le roi, la reine, le diable, le prince de sang et d'autres de ce type. Mais il ne savait même pas les faire parler comme son père, sa mère, sa sœur, leur bonne. Il butait sur les mots sans parvenir à mettre ensemble autre chose que des phrases ordinaires dont le ton solennel accroissait le vide. À la fin, ne sachant qu'inventer et n'étant même pas en mesure de dénicher un prétexte de les faire décemment sortir de scène, il ne trouvait pas mieux que de leur imposer une mort violente. Le roi administra un soufflet magistral à sa conjointe qui s'étala raide morte, le guerrier tua le roi de son épée en fer blanc, le magicien transperça la cuirasse de la pointe de son chapeau conique et, à son tour, tomba sous le coup du trident du diable. On aurait pu croire que du moins l'enfant aurait su se servir du diable pour emporter toutes ces âmes damnées, mais, dans sa confusion, il ne s'aperçut pas de cette manifeste fonction diabolique et il laissa entrer un nouveau personnage, un polichinelle, pour assassiner le diable. Ce massacre était monotone comme une histoire dont ne seraient rapportés que les événements principaux, naissance, mariage et mort des personnages. L'enfant était de plus en plus déçu, et comme toujours dans de pareils cas, non pas de lui-même, mais des marionnettes. Si beaux, si riches, si étranges, semblait-il penser, et pourtant bons à rien d'autre qu'à mourir. L'enfant manifesta toute sa déception avec une espèce de « galop » final où toutes les marionnettes sans distinction furent un moment confondus dans une seule mêlée héroïque au milieu de cris féroces et incompréhensibles. Ensuite, les pantins jonchèrent la scène tous ensemble et le visage déçu de l'enfant apparut derrière le rideau. Le spectacle n'avait pas duré plus de sept minutes. Tandis que nous nous levions, nous ne fûmes pas généreux en applaudissements. Mais l'enfant montra clairement qu'il n'était pas dupe de ces approbations menteuses et indulgentes. Avec une expression butée, il semblait attendre impatiemment que nous partions et le laissions seul avec son jouet décevant.

Après ce premier essai malheureux, il n'y eut plus de représentation. L'enfant se rendait peut-être compte qu'il n'était pas en mesure de donner aux marionnettes une plus grande vie que celle que lui avait fournie le fabricant en les peignant et en les habillant. Ou bien il avait été humilié par nos applaudissements alors que, selon sa logique enfantine, nous aurions dû prendre plus au sérieux la représentation et le siffler. Je ne sais pas. Ce qui est certain, c'est que dès lors il continua à jouer avec son théâtre tout seul : comme un auteur qui s'amuse à écrire des pièces sans la moindre intention de les voir représenter. Il passait la journée avec ses marionnettes et, pendant quelque temps, je ne comprenais pas ce qu'il faisait. Puis, un jour, je découvris que tout son amusement consistait maintenant à habiller et déshabiller les pantins. Il s'était fait donner par sa mère une aiguille, du fil, des ciseaux et de nombreux coupons de tissu. Accroupi par terre, il passait des après-midi entières à changer les vêtements et à en créer de nouveaux. C'est alors que sa participation au jeu s'intensifia et se fit plus inventive. Il ne s'agissait plus de faire agir des personnages imaginaires dans des aventures épouvantables sur des toiles de fond qui représentaient des palais et de cavernes, des villes et des forêts, mais seulement de rhabiller et de déguiser les pantins. Or cette réduction du théâtre à une seule garde-robe semblait satisfaire pleinement les exigences inventives de l'enfant. Au fond, semblait-il penser, que peut-on demander de plus aux marionnettes que de s'habiller et de se déshabiller ? Que de vivre une vie ordinaire et inerte à l'intérieur de leur boîte ? Elles n'étaient plus des rois, des reines, des magiciens, des diables et ainsi de suite enfermés dans leur mythe comme dans un cristal incassable et transparent, mais des pantins tous pareils sous leurs vêtements. Et le magicien pouvait devenir roi, la reine guerrier, le soldat femme, selon sa volonté et le caprice de ses ciseaux. Le moment héroïque et actif des pantins était passé comme la première et seule représentation, si décevante. L'enfant, pendant un mois et plus, fut entièrement absorbé par cette espèce d'atelier de couture théâtral.

Puis, tout en continuant à habiller et déshabiller les marionnettes, l'enfant commença à en demander toujours de nouvelles. Son père, qui avait compris cette passion de collectionneur et qui s'en amusait lui aussi, de temps à autre, en revenant le soir chez lui, lui en apportait deux ou trois enveloppées dans du papier d'emballage. L'enfant acceptait cette complicité paternelle sans toutefois la reconnaître explicitement ; et avec une jalousie méfiante. Après les marionnettes les plus connues et les plus nécessaires, le père lui acheta les plus rares : des personnages mineurs qu'on ne peut faire jouer qu'une fois, et encore pour ne prononcer qu'une seule réplique. L'ange, le Chinois, le cuisinier, le peau-rouge, et d'autres de ce genre. La collection s'accroissait chaque jour davantage, devenant pléthorique. Mais l'enfant paraissait avide d'arrondir le nombre de ses pantins. Et plus d'une fois, épiant à travers l'entrebâillement de la porte, je le vis accroupi par terre devant ses marionnettes alignées sur le tapis, en train de les compter et de les recompter, profondément ravi. Désormais l'aiguille, le fil et les ciseaux avaient été abandonnés comme en leur temps les représentations. L'enfant se contentait d'augmenter la foule de ses sujets et de les compter et les recompter comme pour mieux se convaincre de sa propre richesse. La possession et le sentiment de puissance qui en découlait lui suffisaient.

Les marionnettes de douze qu'elles étaient passèrent à vingt, trente, quarante, cinquante. Il y avait des doublons, il y en avait de plus grandes que les autres, et de plus petites, de plus pauvres et de plus riches. Il y avait surtout une foule anonyme de personnages généraux auxquels il aurait été très difficile de donner un nom et un caractère, tous pareils avec leur visage stupide où l'argile avait bu les couleurs grossières, avec leurs vêtements taillés dans de mystérieux coupons et raides de colle. Mais cette abondance semblait maintenant écœurer l'enfant et introduire dans son plaisir quelque chose d'amer, de mécanique, de las. Il avait eu une espèce d'accès d'avarice, au fond, de joie mesquine de propriétaire. Et maintenant, il avait inconsciemment honte de ce sentiment. Il ne comptait plus les marionnettes, il n'en demandait plus de nouvelles. Il se contentait d'en regarder de temps à autre une comme pour y contempler les rêves d'autrefois. Ou bien il se limitait à les sortir de leur boîte le matin et à les y replacer le soir. Mais durant la journée, il ne trouvait plus moyen de s'en occuper. Son père me dit que l'enfant n'aimait plus son jouet ; ajoutant que les enfants étaient tous capricieux, mais le sien tout particulièrement. Le théâtre pour lequel il avait dépensé tant d'argent était maintenant mis de côté, après seulement deux mois. Je lui donnai tort : l'enfant ne s'amusait pas parce qu'il avait dépensé de l'argent, mais parce qu'il avait des raisons secrètes et fantasques. Et même, depuis que son père avait commencé à dépenser, l'enfant avait cessé de s'amuser.

Quelque temps passa encore. Et puis l'enfant se mit à offrir les pantins à ses camarades. Il en donnait trois ou quatre à la fois, les choisissant au hasard avec une espèce de mépris ravi, comme s'il avait essayé de se prouver à lui-même que son dernier lien s'était défait. Je dis au père que l'enfant, en offrant avec tant d'insouciance et de liberté ses marionnettes, tellement désirées et aimées, n'obéissait pas à un caprice, mais à une impulsion plus profonde. L'enfant, essayai-je d'expliquer, se souciait d'une passion qui lui était propre ; il faisait une sorte d'exercice spirituel ; il se délivrait. Mais le père dit qu'il n'avait pas acheté toutes ces marionnettes pour que son fils finisse par les distribuer à ses camarades.

La farce

Adolescent, dans ce lointain automne, je liai amitié avec un jeune homme nommé Ciro, qui avait cinq ou six ans de plus que moi. Il était à l'université, je n'aurais pas su dire dans quelle discipline, car il était pour ainsi dire impossible de le faire parler sur ce qui regardait sa vie. Dédaigneux, distrait, taciturne, pensif, il exerça sur moi immédiatement une indéniable influence sans du reste accomplir le moindre effort pour la conquérir. Une influence qu'il ne serait pas facile de définir, dans le domaine poétique dirais-je, car ce ne furent pas mes idées, mais mes humeurs les plus subtiles qui en furent modifiées. Je me demandais alors souvent ce qu'il y avait en lui qui pouvait me le rendre aussi attirant. Aujourd'hui, à bien y réfléchir, je puis constater du moins deux raisons claires. La première consistait dans une attitude négative systématique et pourtant supérieure face à tout ce que je disais et faisais. Il s'employait immanquablement à ne jamais me donner satisfaction. Et quand j'essayais vraiment de me conformer en tout point à son apparent mode de penser et d'agir, alors, d'un seul mot, il me révélait que j'étais très loin du modèle que je m'étais assigné. Je sombrais ainsi de déception en déception, croyant lui plaire et être approuvé de lui et me découvrant déplaisant et totalement désapprouvé. En réalité, il jouait avec moi, sans scrupule quoique avec discrétion, comme avec le plus inerte des pantins. Mais son humeur difficile et sa délicatesse d'âme innée me sauvaient des pièges idiots et injurieux propres à ces situations.

L'autre raison était ce mystère dont il aimait entourer toute chose qui le concernât, de sa naissance et de sa situation familiale jusqu'à ses études, comme je l'ai déjà dit, et même jusqu'à ses occupations les plus habituelles. Mystère, toutefois, pas si total que cela, car, par allusions et infimes suggestions, il apparaissait tragique, opprimé par d'obscures fatalités, carrément menaçant. Sa plus grande condescendance, Ciro me la prouvait non seulement en écoutant les propos que je lui tenais, mais en évoquant, de temps à autre, d'une façon très sibylline, quelque grand drame qui, en ce moment, bouleversait sa vie. Et, en réalité, tout en lui laissait pressentir quelque événement vraiment tragique qui envahissait sa mémoire. En dehors de ma présence courtisane, il ne tolérait aucun rapport humain. Fuyant toute compagnie, surtout les plus gaies et insouciantes. Durant le jour, il dormait dans quelque lieu qu'il ne me fut pas alors donné de connaître et que, par la suite, je découvris être une chambre meublée. Il sortait le soir, comme les chouettes, et commençait alors son vagabondage dans la ville. Non pas de café en café, car il aurait couru le risque de tomber, comme il disait, sur quelque connaissance importune, mais de rue en rue, de place en place. Ciro était vraiment infatigable, capable d'errer la nuit entière sans jamais s'arrêter, se concédant tout juste quelque repos fortuit sur les marches d'un parvis ou sur le socle d'un obélisque. Je me rappelle justement ses pieds, qui m'avaient stupéfié par leur taille et l'épaisseur des souliers énormes et informes qui les chaussaient. Fidèlement, je le suivais dans ses errances, étant presque toujours le seul à parler et ne recevant, d'habitude, aucune réponse. Je n'avais pas le courage de l'abandonner, quoique, souvent, je me fusse senti décomposé. Et lui avec son agitation impitoyable, il me traînait de rue en rue, sans but apparent, toujours réfléchissant, distrait et absorbé, à ses propres affaires. À la fin, dans un endroit quelconque, il me laissait en plan, quand les rues et le ciel pâlissaient à l'aube. Il disparaissait vers l'endroit inconnu de son sommeil, et moi, mort de fatigue, je rentrais à la maison.

Il n'y avait, à vrai dire, rien d'extraordinaire dans cette relation : chacun de nous peut se rappeler avoir été soumis, à l'âge le plus inexpert, à ce genre d'engouement pareil au mien pour Ciro. La seule chose singulière était que, comme je devais le découvrir par la suite, Ciro ne se trouvait pas dans une situation bien différente de la mienne : il n'était guère moins naïf et inexpert, guère moins rêveur et affectueux. Tout ce mystère n'était qu'un écran pour cacher un destin ordinaire dont il avait honte, le considérant comme indigne et trop en dessous de ses aspirations. Cette humeur sombre provenait non seulement de sa nature mélancolique, mais aussi du fantasme d'un drame inexistant. Ciro, plus que les autres, comme je crus le comprendre plus tard, avait tendance à se leurrer lui-même. Se servant de mon illusion comme d'un miroir complaisant pour se conforter dans la sienne propre. Je lui étais donc devenu indispensable. Comme une preuve vivante que les fantasmes auxquels il s'abandonnait étaient en quelque sorte réalité.

Une nuit, toutefois, le mystère qui se cachait derrière la mélancolie entêtée de mon ami, parut enfin se dissiper.

Sans doute, jugea-t-il que ma fidélité était suffisante à résister à n'importe quelle invraisemblance. Ou bien, plus follement, qu'était arrivé le moment de m'initier à ce que lui-même, désormais, à force d'y penser, considérait comme son drame. Toujours est-il qu'à une heure avancée, comme nous arrivions sur une place, m'interrompant en plein milieu d'un sermon sur l'art baroque, il me demanda si j'étais discret. Ayant obtenu pour réponse un serment solennel, il me déclara qu'il sentait venu le moment de me confier la raison de sa tristesse ; et, lentement, continuant à marcher dans le noir, il me raconta ce qui suit. Il était natif d'un village situé en pleine campagne, non loin de la ville. Sa famille y possédait une maison et peu de terrain, reste d'un patrimoine désormais dilapidé. Un autre propriétaire, beaucoup plus riche, avait ses terres contiguës aux leurs. Ce dernier, un soudard obèse et torve, vivait tout seul avec une fille nommée Malvina. Il avait perdu depuis longtemps son épouse, femme à la santé délicate et très belle. Et il l'avait perdue justement à cause des mauvais traitements qu'il lui infligeait, en la retenant toujours prisonnière dans sa triste maison, au froid durant l'hiver, au chaud durant l'été, la nourrissant de mets grossiers et lui refusant même les plus petites commodités. Malvina, qui était le portrait caché de sa mère et qui, outre ses traits, avait hérité d'elle une santé fragile et une mystérieuse et implacable maladie, avait été l'amie d'enfance de Ciro. Ils avaient grandi ensemble dans cette campagne solitaire et, parvenus à l'âge adulte, l'affection qui les unissait était rapidement devenue amour. De sorte que Ciro s'était décidé à demander au père la main de la jeune fille. Mais celui-ci, résolu, semble-t-il, à faire subir le même sort qu'à sa mère, l'avait chassé de la maison dès les premières phrases. Dès lors, il ne lui avait plus été possible de voir, fût-ce un moment, Malvina surveillée de près par son père jaloux. Désespéré, Ciro était venu vivre en ville. Où il traînait une existence désormais rendue insupportable par la pensée de sa bien-aimée et par la conscience de ne pouvoir accomplir ses rêves. Telle était la cause de sa mélancolie. Ciro ajouta alors de nombreux détails précis sur la beauté de Malvina et sur son caractère. Elle était mince et grande, elle avait le teint pâle, contrastant avec ses cheveux noirs, elle avait des yeux bleus, une bouche d'un rouge sanglant et douloureux. Elle était d'un caractère triste, minée, comme sa mère, par la consomption. Elle lisait beaucoup, se promenait dans le vaste parc qui entourait la villa paternelle, et elle écrivait à Ciro de longues lettres pleines d'amour et de désespoir. De ces lettres, Ciro m'en montra une à la lumière d'un lampadaire. Mais il la replia aussitôt avant que je ne distingue une seule des paroles qui y étaient écrites.

Il ajouta que depuis quelque temps il craignait pour Malvina, il craignait, à vrai dire, sans être en mesure de préciser la nature et le motif de cette crainte. Sur la villa où elle habitait, pesait, à ce qu'il semblait, une espèce de malédiction : toutes les femmes y mouraient de tuberculose et tous les hommes y devenaient fous, torves et solitaires. Les occupants présents ne faisaient pas exception à cette funeste règle. Malvina, comme on l'a déjà dit, dépérissait depuis quelques années, en proie à la même maladie qui avait conduit sa mère au tombeau. Et son père était affecté de lycanthropie. À n'importe quelle heure du jour, mais surtout de la nuit, ce gros homme vulgaire se mettait à hurler et à marcher à quatre pattes. Que de fois, durant ses rendez-vous nocturnes d'amour, Ciro avait entendu ces funestes hurlements de loup-garou !

Ciro me dit qu'il était incapable de soutenir désormais le tourment de ses propres appréhensions, il avait décidé de revoir Malvina, et cela lui coûterait ce que cela lui coûterait. Il voulait s'assurer qu'elle était encore vivante. Parce que, depuis quelque temps, elle avait tout à fait cessé de lui écrire. Mais Ciro avait besoin de quelqu'un qui lui tînt compagnie et, éventuellement, l'aidât dans cette expédition. Il se méfiait du père et surtout de ses terribles chiens de garde qui remplissaient la nuit de leurs hurlements féroces autour de la villa. Ciro me fit comprendre que la personne idéale pour l'accompagner n'était nul autre que moi.

Je fus flatté par ce choix bien qu'il me semblât confusément que mon rôle dans cette entreprise était modeste. Je ne me rendais pas compte que, en fait, dans toute cette histoire, j'étais le protagoniste. Ciro voulait vivre son rêve jusqu'au bout. Mais je devais le convaincre que ce n'était pas un rêve mais la réalité. Un observateur superficiel pourrait penser qu'au fond Ciro voulait me faire une farce. Non pas une farce grossière ou spirituelle, comme peuvent l'être en général les farces, mais une farce triste. Je suis persuadé, moi, qu'il ne voulait se moquer de personne et que sa dépression était sincère. Quoi qu'il en soit, je croyais à son histoire dans les moindres détails et je lui dis que je l'accompagnerais volontiers.

La nuit suivante nous trouva dans un train local, en direction du village de Ciro. C'était le dernier de la nuit, presque vide, avec çà et là de rares passagers sur les banquettes des compartiments déserts. Ciro avait sombré dans un mutisme absolu. Le train roulait légèrement, comme porté par le vent sur les rails qui semblaient brinquebalants et déglingués, traînant comme une queue de serpent son convoi de wagons vides et légers. Ciro avait éteint le plafonnier, et la lune, presque pleine, paraissait faire la course avec nous, roulant au-dessus de la campagne noire et endormie avec sa large face bienveillante et réussissant toujours à darder un long rayon blanc dans les compartiments, sur nos mains et nos genoux.

Un nom rustique fut crié à un brusque arrêt en pleine campagne. Dans un soubresaut, Ciro fut dehors et je le suivis. De la gare minuscule nous sortîmes sur une large route qui plongeait tout droit à travers champs au clair de lune.

À pied, mesurant mon pas sur celui, infatigable, des énormes godillots de Ciro, je marchai un moment sur cette route, à la clarté muette de la pleine lune. Ciro semblait connaître parfaitement ces lieux et, ayant arraché une branche sur une haie, il m'indiquait dans la nuit diverses localités, pour moi indéchiffrables, de la campagne obscure et assoupie : des collines, des fermes, des sentiers, des bifurcations, des carrefours. Leur donnant à chacune un nom, non sans une certaine complaisance verbale, un nom non moins rustique et sinistre que celui de la petite gare où nous étions descendus. Le Maupas, le Mort, la Voie Perdue, l'Ossuaire, le Tortillard, la Champaillasse, Carré-les-Tombes et ainsi de suite. Il sifflotait en douce et je m'aperçus soudain que, s'étant dépouillé de je ne sais quelle retenue citadine, il laissait se révéler en lui une nette nature paysanne, du terroir.

D'un bon pas, nous parcourûmes toute cette très longue ligne droite et nous parvînmes au bourg natal de Ciro. La lune le baignait, le submergeait de sa lumière scintillante, mais il ne m'en parut pas moins noir et entartré. Entre des maisons sombres et bancales, sous les toits menaçants, la route devint tortueuse, sans revêtement, avec des trous et des plaques couvertes de fourrage et une rigole d'eau sale qui coulait en plein milieu. La lune se vautrait dans cette saleté qu'elle faisait briller douteusement. Des étables montaient les grognements des porcs qui résonnaient ; des grilles des fenêtres, le ronflement des habitants. Le village dormait sur ses deux oreilles. Il y avait dans l'air une odeur pourrissante de renfermé et de lits mal aérés, ce qui pouvait étonner avec ce ciel étoilé qui surplombait les toits. Comme si l'on était entré dans une pièce hermétiquement close et réchauffée par le souffle et la présence d'êtres humains.

Ciro, expert de l'endroit, prit un sentier entre deux maisons, qui devint aussitôt un escalier assez raide. On aurait dit un colimaçon creusé dans une muraille car il s'enroulait sur lui-même entre des maisons qui se dressaient, hautes, raides et menaçantes. De temps à autre, on voyait surgir entre deux murs, intriguée, la lune, mais les marches tournoyaient tant qu'un instant après l'avoir eue face à nous, nous l'avions dans le dos.

Nous descendîmes ainsi dans la vallée au pied du village et nous retrouvâmes dans la campagne : des champs et des champs, avec des rangs de ceps de vigne et chaque cep prolongé par son ombre étalée sur le terrain que la lune éclairait. Ciro traversa les champs en marchant sur les talus, le long des fossés d'irrigation. Mais, près d'une ferme, il m'ordonna soudain de me cacher derrière un buisson. Et il avança seul dans la cour, se dirigeant vers un mur latéral, où ne se détachait qu'une fenêtre, fermée, qui n'était pas plus haute que la moitié de la taille humaine.

Je le vis s'en approcher, puis porter la main à la bouche pour moduler un sifflement bref et fin, un sifflement de chasseur. À peine eut-il sifflé que je compris que quelqu'un se levait dans la pièce, dans le noir. Ensuite, une lumière brilla dans les fentes. Enfin une main poussa les deux persiennes. Et quelqu'un apparut dans l'encadrement.

C'était une femme, et, au bout d'un moment, m'habituant à la pénombre, je distinguai son visage. Il m'apparut comme la lune même tant il était rond, mais une lune qui aurait perdu son éclat en tombant dans cette pièce par le goulet noir de suie d'une cheminée. Bref, c'était un visage de paysanne, avec cette double rondeur des joues saines et massives qui font plaisir à voir et semblent même incroyables, au point qu'on aurait envie de les toucher ou de les pincer. Cette bonne bouille au teint mat et brûlé s'ornait, de part et d'autre, au-dessus des tempes, de deux petits macarons serrés de tresses noires, et au-dessus du front une raie droite séparait ses cheveux tirés. Elle avait de grands yeux souriants telles deux demi-lunes, un petit nez écrasé, une bouche rieuse, encore qu'en cet instant elle ne rît pas. Elle avait un cou tordu et de larges épaules. Elle pointa comme une lune d'un nouveau genre et épanouit sur le rebord de la fenêtre les formes généreuses de sa poitrine mal contenue dans sa chemise de nuit blanche.

Sans gêne, elle regarda d'abord à gauche, puis à droite, et elle aperçut Ciro, debout, qui la regardait : « Ah, c'est vous », dit-elle sur un ton rude et méfiant. « C'est moi, Malvina », répondit Ciro avec une mélancolie qui semblait sincère. La jeune fille lui répliqua qu'elle ne s'appelait pas Malvina, mais Tosolina, il le savait parfaitement. Elle semblait toutefois flattée par cette visite et, levant ses bras épais, elle arrangea ses deux macarons de tresses.

Sans cesser de parler sur un ton pondéré, froid et triste, qui semblait de temps à autre s'égarer en de curieuses hésitations comme s'il avait récité un rôle et ne l'avait pas bien mémorisé, Ciro annonça qu'il ne pouvait pas vivre sans elle et que c'était pour cela qu'il était venu exprès de la ville pour la voir. Il remporterait son image dans son cœur durant tous les longs mois de leur prochaine séparation. Je remarquai qu'il parlait à une certaine distance de la fenêtre et qu'il choisissait avec un soin méticuleux tous les termes nobles et recherchés, presque littéraires. La fille haussa les épaules et dit qu'il voulait toujours plaisanter. Le visage de Ciro s'assombrit, comme si elle l'avait offensé, et, lui demandant comment elle pouvait penser cela de lui, il se rapprocha. Il y eut alors une querelle serrée à mi-voix. Il semblait désirer la convaincre de son amour avec une humilité sombre et insidieuse, et la fille se défendait et répondait qu'elle n'en croyait pas un mot. Il lui demanda, comme une ultime grâce, de se laisser embrasser sur le coin droit de la bouche, ainsi qu'il le précisa, mais une petite ride de dédain hautain se dessina sur le visage de la fille. Et j'entendis claquer une tape sur le bras entreprenant de Ciro.

Il s'écarta à nouveau de la fenêtre et murmura tristement que son cœur était entre ses mains, les mains de Malvina, et qu'elle le massacrait. Ne voyait-elle pas qu'il était au supplice ? « N'allez pas m'embrouiller, riposta la fille, en bonne paysanne. C'est rien que des mots en l'air, tout ça. » Et elle ajouta que la ville ne devait pas manquer de femmes mieux qu'elle.

Cette réponse parut mettre Ciro hors de lui. Comment pouvait-elle seulement imaginer de se comparer aux femmes méprisables d'une ville détestable où il était contraint de vivre comme en exil, ou peut-être pis encore, lui attribuait-elle un goût si dépravé qu'elle pût songer qu'il lui aurait préféré d'indignes traînées ? Mais n'y avait-il pas chez elle de miroir, personne n'avait donc loué sa beauté devant elle ? Elle allait donc l'entendre. Il se mit, toujours avec une méticulosité mélancolique et froide, à décrire et à exalter la beauté de Malvina, un détail après l'autre : cheveux noirs, ondoyants et vivants qu'il n'osait pas toucher, yeux d'aigue-marine froids et vertigineux qui lui survivraient, même longtemps après sa mort, comme deux pierres inaltérables, dents pareilles à de funèbres perles blanches, corps diaphane que maintenait debout non pas l'ossature, mais, aurait-on dit, le réseau de veines bleues, voix de harpe et non d'être humain, et ainsi de suite. La fille, immobile dans l'encadrement, montrait par l'expression de son visage admiratif et obtus combien elle était surprise de toutes ces qualités qu'elle ne se connaissait pas et que Ciro lui dépeignait avec tant de brio. Elle paraissait hésiter entre la flatterie et le soupçon d'une mystification. « Bien, conclut-elle quand le catalogue fut clos, je vous crois... mais il est temps que je retourne dormir. »

« Un moment, que diable ! » protesta Ciro. Se rapprochant une fois encore de la fenêtre, il lui posa une série de questions sur un ton pressant et anxieux. Avant tout, comment passait-elle ses journées ? À lire sans aucun doute, à se promener, à jouer du clavecin ? Mais la fille, sans comprendre, répondait qu'en cette période elle n'avait vraiment pas de temps à perdre : les vendanges, les pommes de terre, les figues et d'autres tâches de ce genre l'occupaient du matin au soir. « Les vendanges, dit Ciro, je comprends : tu observes à travers les barreaux de ta prison les joyeuses paysannes qui ramassent dans des paniers les grappes de raisin et tu soupires en pensant qu'après l'automne viendra le sombre hiver... » La fille resta un moment interdite. Ensuite, elle répondit que, pour les travaux, ils ne faisaient pas appel à des journalières. C'était elle-même qui cueillait le raisin et l'écrasait dans les cuves avec les pieds. Du reste, il n'y en avait pas beaucoup cette année, à cause de la grêle. Ciro demanda encore si son père la persécutait comme par le passé, avec ses menaces obscures et furieuses. Sincèrement indignée, la fille répliqua que son père ne la menaçait jamais. Si quelque gifle parfois lui échappait, on ne devait pas pour autant penser qu'il ne l'aimait pas. Mais Ciro ne sembla même pas l'avoir entendue et il insista en disant que le père de Malvina voulait sa mort, comme il avait voulu la mort de sa mère. La fille s'offensa carrément de cette insinuation et répondit que c'était une honte de venir la réveiller pour lui raconter de telles balivernes. Sa mère, tout le monde le savait, était morte en couches. Quant à Ciro, il n'avait qu'à s'occuper de ses affaires, ils étaient peut-être pauvres, mais ils ne se laisseraient jamais calomnier même par quelqu'un de son espèce. Pour conclure cette tirade, elle claqua les volets au nez de Ciro. Au bout d'un moment, les lumières s'éteignirent.

J'attendis que tout fût vraiment terminé, puis je sortis de ma cachette et dis simplement que maintenant on pouvait rentrer. « Rentrons », répéta Ciro.

Nous retraversâmes le village et débouchâmes sur la grande route. Méditatif, Ciro mastiquait un brin d'herbe. « Qu'en penses-tu ? demanda-t-il enfin.

— Très belle », répondis-je aussitôt. Je me sentais dans un état d'esprit bizarre et exalté. Peut-être sous l'effet de la pleine lune.

— N'est-ce pas ? fit lentement Ciro. Tu as vu ce visage si pâle, si pâle... ces yeux langoureux... cette bouche si rouge, si rouge... » Je dis que j'avais vu chaque détail et que Malvina était incomparable. « Mais je ne sais pas si tu as remarqué, insista-t-il, sombre et froid, l'extraordinaire beauté de ses mains...

— Si, je les ai remarquées... ! » protestai-je. Et je fis une description très minutieuse de ces mains, longues, blanches, maigres, avec le bout des doigts légèrement relevés comme d'étranges serres... des mains de verre et de cire. Ciro m'écouta avec attention et admit que je les avais bien observées. Mais peut-être n'avais-je pas prêté autant d'attention à ses yeux ? « Ses yeux, dis-je, ses yeux bleus, en cercles concentriques autour d'une pupille noire qui semble un diamant... ces yeux inhumains... » Encore une fois, Ciro fut obligé de reconnaître que je n'avais pas perdu mon temps dans mon buisson. Mais il n'était pas certain que je me fusse pleinement rendu compte du singulier timbre de la voix de Malvina. Cette fois, je ne le laissai même pas finir sa douteuse proposition : « Une voix qui semblait venir de sous terre, renchéris-je aussitôt. J'en avais des frissons dans le dos... si douce et pourtant si funèbre... c'est de cette voix que doivent parler les mourants.... »

« Elle mourra, enchaîna Ciro pensif, comme s'il se parlait à lui-même. Elle mourra... je le sens... la douce, terrible Malvina... » Maintenant, il semblait distrait et mal assuré. « Au fond, ajouta-t-il soudain sur un ton expéditif, que me conseilles-tu de faire ? »

Je répondis qu'il était peut-être encore temps de la sauver : il fallait l'enlever, l'arracher à ces murs, à ce père. Alors elle s'épanouirait de nouveau. « Facile à dire », soupira Ciro avant de sombrer dans le mutisme.

Nous arrivâmes à la gare, avec la lune dans le dos. Nos deux ombres s'allongèrent sur la façade de la petite bâtisse ferroviaire, pénétrèrent par la porte de la salle d'attente, atteignirent les rails. « Jure-moi que tu ne parleras jamais à personne de ce que tu as vu cette nuit », dit Ciro avec fermeté. Mais aussitôt après, il ajouta qu'au fond ça n'avait aucune importance. « Ce que je voulais absolument, expliqua-t-il, c'était que tu la voies au moins une fois, avant qu'il ne soit trop tard... ainsi quand elle sera morte, je pourrai en parler avec toi... »

Nous parvînmes en ville à l'aube. Quelques jours plus

tard, au cours d'une de nos habituelles errances nocturnes, Ciro m'annonça que Malvina était réellement morte. Je lui adressai, sur le ton le plus ému possible, mes condoléances, qu'il feignit de ne pas entendre. Ensuite, l'hiver durant, il conserva la même humeur, sombre et absorbée. Ce fut à cette occasion que je crus le comprendre mieux que je ne l'avais fait jusque-là et que je m'attachai plus durablement à lui.

Le lion

La première fois que Talete vit le chat que sa femme, Fina, avait reçu en cadeau d'une amie, il grommela quelque peu. « Je ne veux pas de bête à la maison », dit-il. Et puis celui-là, quel chat c'était ? Jaune, au poil ras, une grosse tête, des pattes molles et vacillantes et puis déjà de petites griffes, attention s'il les sortait... Bref, un chat qui ressemblait fort à un lionceau. Mais Fina se moquait de lui. C'était la mode de cette année d'avoir des chats comme ça. Toutes ses amies en possédaient un. Des chats élégants à ne pas confondre avec les habituels siamois, tigrés ou persans. Après avoir fourni ces explications avec impatience, Fina ne se soucia plus de son mari et se mit à régler la vie de l'animal. Lequel, nerveux et vorace, justifiait en tout point les objections de Talete. C'était peut-être un chat, mais il se comportait comme un lion.

Le chat grandit avec rapidité. Bientôt ses pattes devinrent plus robustes, une crinière jaune et brune lui entoura la tête et il commença, non pas à miauler, mais à rugir et à gronder de façon très menaçante. Ces rugissements firent renaître les discussions entre les deux époux, jusqu'à ce que la femme dût admettre, quoique en serrant les mâchoires, que ce n'était pas un chat, mais bel et bien un lion. Il arrivait très rarement à Fina de donner raison à son mari, mais cette fois-ci le fait était incontestable et il ne lui restait qu'à reconnaître son erreur. Cette reddition fut accomplie avec une bonne volonté si inhabituelle que Talete n'eut pas le courage de profiter de son triomphe. Et quand Fina le pria de lui permettre de garder le lion chez eux, car elle avait fini par s'y attacher, il accepta volontiers. Non sans toutefois reconnaître qu'elle serait bientôt fort embarrassée pour la nourriture à donner au fauve.

C'est ainsi que le lion resta à la maison. Après de nombreuses discussions, il fut décidé de lui attribuer pour logis une vaste pièce que, dans un moment d'engouement vite retombé pour le sport, Fina avait fait équiper comme un gymnase. Entre des mannequins rembourrés, des guidons, des gants de boxe, des balles de cuir, des chevaux-d'arçons, des barres, des cordes à nœuds ou lisses, dans l'air propre qui sentait la cire et la peau, le lion révéla aussitôt qu'il était à son aise. Allongé sur le parquet verni, il formait un étrange spectacle au milieu de ces équipements flamboyants, avec sa toison jaune, sa crinière et ses yeux de braise. Tout d'abord, on pensait que c'était un faux lion, empaillé, un lion auquel on pouvait donner des coups de pied pour l'entraînement sportif.

Mais il n'avait rien de faux. Ses rugissements, surtout la nuit, alarmaient Fina qui craignait qu'il ne soit tombé malade. Le matin, ensuite, il n'était pas rare de trouver entre ses pattes la tête de cuir d'un des mannequins ou un ballon, tout rongé et lacéré. En réalité, le lion avait faim, mais, par une singularité plus unique que rare, il refusait obstinément les quartiers de viande que, dépensant des fortunes, Fina lui faisait décharger chaque jour sur les planches du gymnase. Le lion, maigre et hirsute, tout en tête, la peau ridée abondante sur ses côtes comme un sac vide, tournait en tous sens dans la salle de sports, d'un mouvement égal et frénétique, faisant trembler de ses rugissements les vitres de la maison. Désespérée, Fina consulta quelques-unes de ses amies qui s'y connaissaient en animaux ; mais tous les conseils s'avérèrent vains. Fina sombra dans un état dépressif et commença à son tour à ne plus manger. Son lion était en train de se laisser mourir, disait-elle, et il n'y avait rien de tel pour inspirer la compassion, que la souffrance des bêtes, muette et impuissante.

C'est par hasard que l'on découvrit enfin la nourriture qui convenait au lion. Un certain Acanfora, freluquet oisif et indiscret, passait souvent chez Talete dans l'explicite intention de faire la cour à sa femme. Cour maladroite et antipathique. Acanfora ne trouvait rien de mieux pour séduire Fina que de déblatérer contre son mari, trop vieux, selon lui, pour une femme belle et jeune comme elle. Talete, dès qu'il apercevait Acanfora, courait se tapir dans son bureau. Fina n'aimait certes pas Acanfora, si grassouillet et rondouillard, mais elle se servait de lui comme souvent font les femmes avec leurs soupirants inoffensifs pour les histoires les plus désespérées. Elle le plaçait, par exemple, dans un coin du salon, les bras tendus, et pendant une heure elle désenchevêtrait sa laine pour en faire des pelotes. Ou bien, carrément, elle l'envoyait dehors chercher pour elle des paquets ou faire les courses.

Acanfora passa un jour, comme d'habitude, sans prévenir. N'ayant trouvé ni Talete ni sa femme, il se mit à fureter dans l'appartement, ouvrant les portes et pointant le nez dans les pièces. Et ainsi, de chambre en chambre, il arriva à la salle de sports.

Ce qui se produisit n'est pas clair. Mais Talete, qui était dans son bureau en train de lire, vit soudain surgir sa femme, haletante et triomphante, qui criait : « Viens... viens voir... il mange... il mange...

— Mais quand le comprendras-tu, que je me fiche de ton lion ? » lança Talete avec mépris. Toutefois, il ne put s'empêcher de se laisser entraîner par sa femme dans la salle de sports. Ils ouvrirent la porte et leur apparut alors le lion étendu au milieu du parquet. Des flaques de sang brillaient çà et là, rouges comme des rubis sur le clair bois ciré. Au milieu de ces taches purpurines, scintillait une espèce de scorpion d'or : une montre avec sa chaîne, comme ils le comprirent. Ce qui restait d'Acanfora. Tout le reste, le lion l'avait déjà dévoré. Repu, le fauve passait et repassait sa lourde langue râpeuse sur ses pattes avant. « Quel trésor ! s'écria Fina. Tu imagines ? Il l'a tout mangé... vraiment tout... il n'a rien laissé ! » Talete haussa les épaules et retourna dans son bureau en grommelant. Il fallait vraiment une femme pour le déranger dans ses lectures pour de pareilles niaiseries.

La glace était en tout cas rompue. Le lion mangeait et l'on savait ce qu'il mangeait. Il ne restait plus qu'à lui procurer tous les jours la nourriture qui lui était nécessaire. Pour toute autre personne que Fina, ce problème aurait été pour ainsi dire insoluble. Car, à moins d'être de ces êtres qui ne savent pas rester seuls et font de la vie sociale non plus un divertissement, comme ce devrait-être, mais un pénible devoir, la plupart des gens évoluent dans un cercle restreint d'amis et de parents. Mais Fina, en partie grâce à sa beauté qui attirait à elle beaucoup de soupirants, en partie grâce au mérite de Talete, historien éminent qui recevait des visites quotidiennes de ses collègues, élèves et admirateurs, Fina, dis-je, pouvait compter pour repaître son lion sur une société très nombreuse. Bref, il n'y avait que l'embarras du choix. « Et toi qui disais que l'on fréquentait trop de monde, reprocha-t-elle à son mari, tu vois, ça sert au moins à ça : à nourrir le lion. » Talete lui répondit qu'il s'en foutait royalement de son lion. Du reste, qu'elle agisse comme bon lui semblait, à condition de ne pas lui casser les pieds.

Les jours suivants, Fina comprit cependant que même maintenant que l'on savait ce qu'il mangeait, nourrir le lion n'était pas aussi simple qu'elle l'avait cru. Il pouvait paraître à première vue que le lion se serait satisfait de n'importe quel individu. Mais, comme ils avaient invité un vieil ami de la famille qui, deux fois par semaine, venait chez Talete exiger son repas de parasite, le conduisant sous un prétexte quelconque dans la salle de sports, ils constatèrent que le fauve avait ses préférences, tout comme un homme. Le vieux pique-assiette, laissé en tête à tête avec le lion, ne fut même pas touché. « Trop racorni et exsangue pour moi », semblait dire le lion en tournant autour de lui et en lui fouettant les flancs avec la queue. Ainsi Fina, qui avait espéré donner à manger au lion et en même temps se libérer du vieux, dut le raccompagner à la porte et l'inviter comme d'habitude pour le lundi de la semaine suivante.

Le lion avait un goût très déterminé : il n'aimait pas les maigres. « Qui pourrait lui donner tort ? dit Fina à son mari qui protestait contre ces délicatesses du lion. Toi tu mangerais un bifteck de canasson ?... Laisse-moi donc faire... » Ce jour même, un haut cadre de banque sur lequel vingt années de travail sédentaire avaient produit la plus délicate et ronde des obésités, reçut inopinément une invitation de Fina qu'il ne voyait pas depuis des mois. Passons sur les préparatifs et les fantasmes de cet homme d'ordre : qu'il suffise de dire qu'il imagina soudain que la femme de Talete s'était éprise de lui, parce que, entre autres choses, au téléphone, elle lui avait demandé, fût-ce sur le ton de la plaisanterie, s'il avait toujours son beau double menton avec une fossette au milieu. Question intime, pensa-t-il, que seule la passion pouvait justifier et expliquer. Fina ne le fit même pas passer dans le salon, mais directement dans la salle de sports. Le lion fut alors si fulgurant que le banquier, pour ainsi dire, n'eut pas le temps de s'apercevoir qu'il était dévoré. Talete, qui était présent, dut reconnaître qu'au moins pour une fois il était amusant de voir le lion manger.

À partir de ce jour, ayant compris les goûts du lion, Fina fit chaque matin son invitation pour le nourrir. Son choix tombait toujours sur des personnes aisées, riches, importantes, connues, bref, des personnes satisfaites et repues. Dans le doute, parfois, Fina demandait auparavant à sa femme ou à sa sœur comment allait X ou Y. Et quand elles lui répondaient que, grâce à Dieu, on n'avait pas à se plaindre, qu'il ne faisait pas pitié ou des choses dans ce genre, elle envoyait sans hésiter son invitation. En revanche, les neurasthéniques, les insatisfaits, les ambitieux, les moralistes, bref tous ceux qui trouvaient à redire au monde et n'avaient ou croyaient n'avoir eu de la vie ce qu'ils auraient dû mériter, Fina les laissait de côté. Rien que des maigres, des bilieux, qui n'avaient que la peau sur les os : le lion, on le savait, ne les aurait même pas reniflés. Pour les mêmes raisons, Fina ne fit qu'un usage très restreint des femmes : car, pour conserver ce qu'elles appellent la ligne, elles se réduisent souvent à une maigreur squelettique. Toutefois quelques rondouillettes eurent leur invitation.

Le lion se portait à ravir désormais. Gras, vif, les flancs charnus, les pattes pulpeuses, il ne rugissait presque plus la nuit comme autrefois ; et le jour, il restait tranquille jusqu'à l'heure des repas, qu'il consommait poliment en silence avec à peine quelques légers grondements de satisfaction. Ce fut alors, juste quand les événements semblaient avoir pris un tour régulier, propre à durer pour l'éternité, que Talete gâcha tout.

Talete avait toujours fait mine de se ficher éperdument du lion. Jeux de femmes, disait-il, indignes d'un homme sérieux. Mais comme cela arrive surtout aux hommes sérieux, qui, en l'absence de leur femme courent en catimini fouiller dans ses fanfreluches, Talete, peu à peu, s'était senti de plus en plus porté à s'intéresser au lion. Ainsi, par exemple, il ne lui déplaisait pas, tout en alléguant une curiosité scientifique, de discuter le matin avec Fina sur l'opportunité de donner en pâture X ou Y. Selon Fina, il n'y avait pas de risque de se tromper : à un certain degré de leur carrière, tous les hommes étaient comestibles ; rares, très rares étaient les exceptions. L'aisance, disait-elle, la sécurité, la satisfaction, les honneurs produisaient une qualité de viande de tout premier ordre, délicate, riche, sanglante. Bref, c'était, pour les hommes, ce que sont les glands pour les porcs et les herbes salées des prés pour les moutons français. Talete, tout en étant d'accord sur ce jugement, opposait que la monotonie de la nourriture pouvait finir par écœurer le lion. Il fallait varier, en somme. Il était convaincu, par exemple, que la chair de certains de ses collègues, tous hommes de culture et de recherche, sans être aussi épaisse et juteuse que celle des personnages auxquels sa femme avait recours, était, en compensation, bien plus savoureuse. Finalement la culture, disait Talete en défendant sa classe, ne pouvait pas ne pas donner un goût plus exquis et plus rare que le simple bien-être et les honneurs. Fina répondait que ce pouvait être certes vrai, mais la bête lui appartenait et personne en dehors d'elle devait lui donner à manger.

Le résultat fut que Talete, agacé par cette interdiction, décida de donner à manger au lion à l'insu de sa femme. Il voulait lui prouver combien elle était sotte dans sa prévention contre la culture et comment le lion apprécierait la nouvelle nourriture qu'il se proposait de lui procurer. Il attendit un jour où des obligations devaient retenir sa femme toute l'après-midi hors de chez eux et, après une longue réflexion, il invita un collègue d'âge moyen, mince mais pas trop maigre, connu surtout pour une histoire de la première guerre punique. Ce savant vint non sans quelque méfiance, persuadé que Talete l'avait invité pour lui arracher quelques confidences sur ses futurs travaux. Mais au lieu du bureau, Talete le conduisit à la salle de sports. Ce qui arriva va sans dire. Le lion dévora l'historien, mais le soir venu, il mangea également un bibendum en uniforme de hussard que Fina, ignorant l'infraction de Talete, avait invité pour le repas quotidien. La nuit même, entre convulsions et hurlements atroces, le lion mourut.

Dès lors, emplie d'amertume, Fina accuse son mari d'avoir empoisonné le lion avec son collègue historien. Talete réplique que la faute de la mort du lion doit être attribuée aux éperons démesurés du hussard. À quoi Fina répond que le hussard n'avait pas d'éperons. Et elle lance contre son mari l'accusation définitive de l'avoir fait mourir, à tout le moins, d'indigestion. Mais Talete coupe court à toute discussion en disant qu'il est un homme sérieux, lui, et lui ordonne de le laisser tranquille avec ses histoires de lion, ses trucs de bonne femme.

Le chant du coucou

Le prisonnier était entré en prison à l'âge de dix-huit ans. À cette époque de sa vie, il était encore naïf et, malgré son crime, le procès et la condamnation, il espérait encore dans l'affection et la sympathie humaine. Aussi les premières approches avec ses codétenus, avec les gardiens, avec ses supérieurs blessèrent-elles en lui non pas tant l'aspiration à la liberté, que l'élan, plus instinctif, vers la communion avec les hommes. Ses déceptions, amères et humiliantes, furent non pas celles du bagnard, mais celles de l'adolescent. Tandis qu'à vingt ans, d'autres se liaient, d'un cœur confiant, à des camarades, à des filles, à des aînés, lui s'offrait à des assassins, à des voleurs, à des matons, à l'aumônier, au médecin, au directeur de la prison. Le prisonnier apportait à ces contacts toute la candeur d'un cœur vierge qui n'a pas encore souffert : libre et solitaire, oublieux de son crime et de toute autre convention. Mais à la place de la charité et de la sympathie que son innocence réclamait, il se vit opposer les règlements de la prison, la tunique rayée avec le numéro cousu sur la poitrine, le travail forcé, les armes chargées et, de la part de ses compagnons, les moqueries, les obscénités, les tristes misères qui sont propres aux lieux de détention. Le prisonnier s'aperçut trop tard que sa rencontre avec le monde n'était en réalité que la rencontre avec l'insensibilité, la soumission et la douleur : il n'eut pas le temps de s'étonner qu'il était déjà blessé à mort. Et il comprit que désormais il ne lui était plus possible de retourner en arrière, à ses premières illusions. Maintenant, s'il ne voulait pas périr, il lui fallait rivaliser en brutalité, en cruauté, en indifférence. Exceller dans ce lieu funeste, dans cette compagnie. Les prisons souvent rendent au monde ces hommes sans cœur, furieux et impitoyables, qui y entrèrent encore enfants câlins et ignorants. Le prisonnier, dans les premiers temps, crut qu'il devait patauger dans les eaux troubles et agitées de l'apprentissage scélérat. Trop forte était la douleur de l'intelligence qui s'y épuisait et s'y forçait dans l'émulation sordide. Le prisonnier connut à cette époque la prison jusqu'à la lie. Les longues nuits dans la compagnie âcre et peu fiable des codétenus dans la même cellule, les subterfuges dangereux pour une cigarette, un regard au ciel, un mot de complicité, les injustices et les favoritismes des gardiens, la vaine espérance dans l'indulgence du directeur qui chaque jour faisait la ronde entre les fusils braqués de l'escorte. Le prisonnier se fit tatouer sur les bras et la poitrine des femmes nues, des formules méprisantes et désespérées, d'obscures obscénités. Et à force de transporter de la terre et des cailloux, sous le soleil ou dans le froid, il devint dur et brun de peau, musclé comme un porteur, la mâchoire forte et le front bas. Avec son énergie féroce et profonde, le prisonnier fut connu comme le plus fort, le plus querelleur et le plus subtil de tous ceux qui avaient fréquenté l'endroit. Ainsi, pour atteindre à cette suprématie, il sacrifia les années de sa jeunesse. Après avoir été tourmenté et meurtri, le prisonnier, à son tour, tourmenta et meurtrit. D'autres connurent son poing et sa pesante protection. Le prisonnier sentit toute la tendresse d'autrefois se muer en cruauté complaisante, la sincérité en mensonge délibéré, l'abandon en définitive méfiance. Par ailleurs, la prison était douce. Et plus que dans les règlements et dans la conduite des gardiens, la férocité et la dureté résidaient dans cette atmosphère saturée de meurtres et de crimes. Les visiteurs qui, de temps à autre, venaient parcourir l'établissement, en admiraient la propreté, la modernité, l'humanité. Prison est un mot sinistre : mais qu'avaient à voir avec la prison, les ateliers, les salles d'étude spacieuses et bien éclairées où les prisonniers travaillaient, l'infirmerie étincelante, l'ample cuisine aux immenses marmites et aux larges fours, la bibliothèque tenue par l'aumônier, si riche en ouvrages moraux et édifiants, la chapelle nue et recueillie, la salle de classe avec les cartes de géographie aux couleurs vives et les bancs de bois clair, même les cellules, très modernes, aux métaux luisants et aux meubles solides ? Rien ne manquait véritablement dans cette prison, elle n'avait rien à envier aux établissements d'Amérique et du reste de l'Europe. Et l'emplacement, très avenant, une colline verte d'où l'on dominait toute la vaste campagne environnante, suggérait souvent aux visiteurs, au moment de la séparation, des plaisanteries sur l'envie qu'il inspirait. L'air était si fin là-haut, la vue si splendide, disaient ces civils, que l'on aurait presque voulu commettre un crime pour passer quelques années dans un endroit aussi beau et aussi sain. Effectivement, de même que la vie en prison semblait douce et humaine, de même son aspect n'avait rien de terrible. Le voyageur qui serait passé par une des profondes vallées au pied de la colline, au cas où il n'aurait pas fait attention aux fenêtres en gueule de loup, à la vue même de la couleur rouge antique de la façade, aurait très bien pu prendre la prison pour quelque immense et riche ferme. Mais le prisonnier, malgré la transformation d'un adolescent tendre en forçat arrogant, malgré l'aménité du lieu et la douceur des systèmes, et quoique surtout il eût désormais purgé une grande partie de sa peine, n'échappait pas à cette fatalité des détenus qui mettent au sommet de tous leurs espoirs la pensée de l'évasion. Pourquoi y penser autant, après ces longues années, lui-même n'aurait su le dire. Il avait désormais perdu depuis longtemps, non seulement la conscience de la liberté, mais jusqu'à son goût. D'autres goûts lui étaient venus, par adaptation à cette vie artificielle, dépravés, mais non moins nourrissants. De la liberté ne lui était resté que le nom dans le noyau le plus obscur de sa mémoire, comme dans les souvenirs confus d'un peuple incrédule celui d'une divinité que depuis longtemps il a cessé de vénérer. La bribe d'azur qu'il entrevoyait les beaux jours au sommet de sa fenêtre ne signifiait plus rien, ni les hurlements du vent si libre, ni les changements des feuillages sur les arbres au fond des cours de la prison. Toutefois l'évasion brillait comme un soleil fixe et incompréhensible au cœur de sa vie paisible et vaincue. L'évasion sans but, l'évasion qui ne sert à rien qu'à s'évader, bref, l'évasion pure, comme un cri sans écho ni suite. Le prisonnier voyait l'évasion comme un fait technique de brisure de grilles, de rupture de chaînes, de dérobade aux surveillances, et rien de plus. Ce qui se serait produit ensuite, de quoi il aurait vécu, ce qu'il aurait fait une fois qu'il serait parvenu à s'évader, lui-même n'en savait rien. L'évasion couvait en lui comme un instinct ; et toute réflexion n'aurait pu que se mettre au service de cette force obscure et impérieuse. Le prisonnier peina ainsi des mois et des mois pour se procurer une lime et des cordes. Pendant d'autres mois, il fut désespéré à cause d'un changement de cellule, ou de la présence d'un compagnon peu fiable, ou d'un horaire modifié. Il sut feindre comme jamais aucun acteur. Il veilla des nuits entières. Il s'arma de patience et de ténacité. À l'aube d'une journée encore froide de printemps, il cassa les barreaux de sa fenêtre, il se glissa, grâce aux cordes, hors de la cellule. La campagne encore dépouillée, avec quelques arbres verts tremblants dans un décor de champs terreux, lui apparut tandis qu'il esquissait les premiers pas, tout endormie dans un brouillard blanc et opaque. Au sommet des collines, le soleil naissant éveillait de clairs reflets sur les vitres des fenêtres, colorait de lumière l'or des granges. Mais dans les vallées étroites persistait l'ombre nocturne, humide et sévère. À peine quelques rayons, en passant entre deux collines, faisaient-ils luire les mottes grasses qui conservaient la marque du fer de la bêche. Le silence était profond et l'air si immobile que la fumée blanche d'une lointaine ferme stagnait dans la brume sans se dissiper ni se fondre. Le prisonnier se mit à marcher sur la route principale. Les villas apparurent avec toutes leurs fenêtres fermées, endormies derrière leurs grilles. Le mur du couvent avec sa petite chapelle ornée de fleurs champêtres. Le prisonnier fut soudain stupéfait de voir une certaine montagne bleue à l'horizon prendre, à mesure qu'il marchait, un autre profil que celui que pendant tant d'années il avait contemplé. Enivré, il se pencha pour cueillir un brin d'herbe qu'il serra entre ses dents. Le prisonnier marcha un moment, tournant le dos au soleil naissant qui, en montant, prolongeait ses jambes sur la blancheur de la route, ses lames claires de lumière. Puis, tout à coup, l'air engourdi résonna sombrement d'un coup de canon. C'était la prison qui avertissait la campagne de sa fuite. Bientôt, pensa-t-il en s'arrêtant effrayé, les voix, les coups, la chasse... Alors, il abandonna la route principale, et trébuchant sur les cailloux, il se précipita vers un sentier escarpé qui descendait vers le fond de la vallée. Arrivé au bout du chemin, il se mit à longer le rebord herbeux d'un ravin, derrière l'écran d'une rangée de peupliers. L'eau noire et immobile, à moitié recouverte d'une crème verte, sur laquelle bougeaient sans y plonger de fins insectes aux longues pattes velues, inspira au prisonnier un dégoût immédiat. Toute chose était immobile là-bas au fond de cette vallée et il semblait y songer dans une ombre glaciale encore nocturne, il n'y avait que lui qui bougeait dans sa fuite.

L'amant repoussé

La route apparaissait comme une espèce de tunnel sous une voûte de feuillage vert et jaune, ténu et duveteux. Les arbres aux troncs d'une noirceur intense et presque carbonisée, qui soutenaient cette nuée de feuilles d'automne, paraissaient humides de toute la pluie des jours passés. D'innombrables feuilles vertes et jaunes battues par l'ondée sur la couenne noire et grasse de l'asphalte étaient restées collées, la laissant maculée telle une peau de panthère. En un endroit avait été rassemblé un grand tas de ces feuilles : le vert et le jaune se mélangeant et luisant à cause de l'eau donnaient l'illusion d'un or copieux vomi par la déchirure d'un coffre-fort. Et c'était une étrange vision, presque déplorable, comme d'une grande richesse inexplicablement négligée et méprisée. Je ne souffrais pas, mais je savais que si j'avais eu une douleur, ces couleurs si fortes m'auraient fait souffrir comme tout détail d'une évidence excessive à laquelle une sensibilité blessée attribue aussitôt un sens. Aussi, après que nous fûmes sortis de la maison, je fis remarquer à Livio la couleur de ces feuilles, de ces troncs. Également parce que je le voyais sombre et que je voulais le distraire. Mais il secoua la tête et répondit qu'il n'avait pas l'esprit à cela. Ensuite, sur un ton suppliant, il me demanda de ne pas le laisser, il voulait encore rester avec moi.

Nous nous sommes mis à marcher de long en large sur ces feuilles, autour de ces troncs dans l'air nimbé et bleuté du crépuscule d'automne.

« Tu comprends, déclara Livio avec une fureur contenue, si elle m'avait dit : J'aime Roberto et je ne t'aime plus, toi, je m'y serais fait... Cela aurait été au moins un motif clair... mais pourquoi inventer tous ces mensonges ? Roberto est un constructeur, et toi un destructeur... Roberto un constructeur... ah, ah... avec cette face de bœuf, ce front bas, ces yeux ronds... une brute, voilà ce qu'il est... »

Je lui répondis avec douceur, observant la dentelle élégante de feuilles qui, dispersées au milieu de la route, sur les trottoirs, autour des arbres, s'épaississaient jusqu'à former un tapis, que Silvia était une de ces femmes qui ne savent pas reconnaître la vérité et ont toujours besoin de se croire justifiées par des raisons d'ordre moral. Il me regarda comme s'il n'avait pas compris, puis, il continua :

« La vérité est, en fait, qu'il est riche et que je suis pauvre... constructeur, ça, oui, il l'est, futur constructeur de sa garde-robe pour l'instant misérable... constructeur de robes, de chaussures, de bijoux... Tu as entendu sur quel ton elle a dit : J'en ai marre d'avoir une vie de traîne-misère ? »

J'ai dit que j'avais remarqué chaque chose. Mais que pouvait-on y faire ? Il s'était fait des illusions sur cette femme, voilà tout. Tout en parlant, avec la pointe de mon parapluie, je rasais le sol entre les feuillages qui formaient alors un tas résistant que je sentais attaché à l'asphalte par un voile adhésif d'eau de pluie.

Livio dit :

« C'est une idiote... ou plutôt une personne très simplette... ces histoires de construction et de destruction ne viennent pas d'elle... mais de Roberto... avec ces histoires, en mon absence, il l'a embobinée... parce qu'il croit vraiment qu'il est un homme positif, carré, un constructeur justement... et elle, dans sa naïveté perfide, elle me les a rapportées telles quelles... comme un perroquet... au point que quand je l'ai interrogée sur ce qu'elle entendait par constructeur, elle est restée bouche bée et n'a rien su me répondre... tu parles... elle ne pouvait pas me répondre que par constructeur elle entendait un homme riche un point c'est tout... »

Je lui dis qu'il était vain de raisonner ainsi, à moins que, plutôt que de souffrir de la séparation forcée de sa maîtresse, il ne voulût à tout prix prouver sa supériorité et le néant de ces deux-là. Là-dessus, tout en bavardant, nous étions parvenus au bout de la route, où elle rejoint le quai.

Livio me fit signe de m'approcher avec lui vers le parapet du fleuve, puis il continua :

« Moi destructeur ?... et qu'est-ce je détruisais, pour l'amour de Dieu ? Ses mauvaises habitudes peut-être... quand je l'ai connue, elle croyait vraiment que la vie était une question d'argent, de voitures, de robes, de balades, de petits dîners et d'amusements... elle y croyait avec ingénuité comme s'il n'y avait et ne pouvait y avoir rien d'autre au monde... la vérité, c'est qu'elle marchait à quatre pattes... moi, pendant un moment, je l'ai fait marcher debout, comme un être humain... mais maintenant elle est retombée à nouveau à quatre pattes, le visage dans l'auge... et pour toujours... »

Au-dessus des remblais du fleuve, dans le grand espace entre l'une et l'autre rive, on découvrait le ciel alourdi de nuages sombres et immobiles, pareil à un front pensif et soucieux. Comme un visage derrière un bras, la ville nous regardait derrière la barrière de ses ponts, étendue et éteinte. Le long du parapet s'alignaient les platanes poussant jusqu'à une grande hauteur, de sorte qu'en se promenant on n'apercevait que des troncs et des troncs inclinés et vigoureux, les branches levées vers le haut. Mais des ramifications supérieures, le vent détachait par poignées de grandes feuilles mortes qui tombaient ingrates et dures, l'une près de l'autre, avec les pointes ouvertes comme les cinq doigts d'une main, jusqu'à atteindre leurs compagnes répandues en quantité sur les trottoirs. Je répondis à Livio qu'il ne pouvait pas juger du nombre de pattes sur lesquelles marchait une belle femme qui ne voulait plus rien savoir de lui. Probablement lui avait-il trop demandé. Elle s'était efforcée de le suivre, puis les forces lui avaient manqué et elle était retournée à son ancienne vie.

Il me dit avec rage : « Ah, donc on ne devrait rien demander aux gens ? Je lui avais seulement demandé d'être une personne décente... et tu as entendu ce qu'elle a dit... que je la rendais moche... tu as entendu le ton de désolation arrogante avec laquelle elle l'a dit ? »

Personne ne passait sur le quai. En certains endroits, les feuilles mortes formaient de hauts tas, de vraies tribus qui murmuraient et bouillonnaient selon le vent. « Tu ne l'entourais peut-être pas assez d'égards ? » dis-je en chantonnant.

Livio répondit : « À quoi servent les égards ? Je voulais qu'elle devienne une personne, voilà tout... et pour y parvenir, je lui ai dit qu'avant tout elle devait reconnaître la vérité de sa situation... elle devait s'apercevoir qu'elle était pauvre, ignorante, la tête pleine de vent, gâtée, qu'elle se mentait constamment à elle-même et aux autres... je pensais que la vérité, si amère soit-elle, devait avoir pour elle une plus grande valeur que les égards que lui prodiguaient Roberto et ses autres courtisans... »

Je me mis à rire et répondis que les femmes voulaient des mots doux, pas des sermons.

Le vent soufflait tour à tour en hauteur ou à ras de terre. S'il soufflait en hauteur, les feuilles mortes tombaient par groupes des branches des platanes, comme désireuses de chuter, si c'était à ras de terre, le trottoir et la route étaient parcourus par un bruissement prolongé, et toutes ces agglutinations de feuilles se mettaient en mouvement en douce, babillardes et sonores.

« Et pourtant, dit Livio comme dans une réminiscence, au début elle m'avait aimé précisément parce que je lui disais ces vérités... elle m'expliquait que jamais personne ne lui avait parlé de cette manière... elle me remerciait de le faire... et tu te souviens : au début j'avais réussi à lui faire abandonner ce Santoro... »

Je me remis à rire : « Probablement pour l'abandonner, elle lui aura répété point par point les mêmes phrases que dans le temps tu lui ressassais... elle aura fait avec ce malheureux Santoro ce qu'aujourd'hui elle t'a fait... elle lui aura dit que tu étais un constructeur et lui un destructeur... alors pas plus qu'aujourd'hui, ce n'était de son invention... tu ne crois pas que les choses se sont passées ainsi ? »

« Ça s'est passé ainsi, répondit-il avec stupeur. Mais c'était la vérité... j'étais le seul qui pût lui faire du bien. Et elle le sait... et c'est pourquoi elle est autant acharnée contre moi... »

Nous nous retrouvâmes soudain dans une bourrasque, sur un terre-plein dont deux escaliers descendaient vers le fleuve. Ici, les feuilles se soulevaient de terre en tournoyant vers le haut, comme si elles avaient voulu s'enrouler aux branches avec le désir de se rattacher et se retrouver suspendues et vivantes. Mais les autres feuilles qui se détachaient des branches et tombaient se heurtaient à celles qui montaient, comme si elles avaient voulu les convaincre qu'il n'y avait rien à faire : une fois détachées, elles ne pouvaient plus se rattacher et redevenir verdoyantes et vigoureuses.

« Ton tort, dis-je, a été de prendre trop au sérieux ton rôle de moraliste, de constructeur, comme dit Silvia... tu aurais dû penser que rien n'est plus facile pour un moraliste que de se révéler par la suite immoral, et pour le constructeur d'hier de devenir le destructeur de demain... qu'est-ce qui vous passe par la tête ? Cette Silvia me semble être une femme que n'approchent que des hommes qui veulent la sauver... il est compréhensible qu'elle finisse par croire alternativement à chacun d'entre eux. »

Il secoua la tête et répondit : « C'est peut-être comme tu dis... mais ce qui me rend différent des autres, c'est que tout le temps où je faisais mille efforts pour la changer, je sentais que c'était en vain... et que malgré cela ou plutôt à cause de cela ça valait la peine de le tenter... peut-être n'as-tu jamais éprouvé cette sensation... j'avais l'impression d'être engagé dans une entreprise qui n'avait aucune chance de succès... mais ce sentiment de vanité fondamentale était justement ce qui me faisait persister et me faisait aimer Silvia... le sentiment de faire une chose en pure perte... »

Le crépuscule désormais s'était mué en une pénombre presque nocturne. La masse grise d'un autobus aux phares rouges allumés, passant et disparaissant sur une rue transversale, le fit sombrer dans toute sa brume, et ce fut la nuit. Marchant dans le noir, je dis : « Et alors ne te plains pas... tu as eu ce que tu désirais... elle t'a inspiré la volonté de la changer, chère à ton cœur, et en même temps, non moins cher, le sentiment de l'impossibilité d'un tel changement... d'elle, tu ne pouvais rien attendre de plus. »

« C'est vrai, admit-il, mais il n'empêche que c'est très amer de la perdre... »

Je ris : « Tu voudrais tout à la fois. » J'avais buté sur un grand tas de feuilles, sans les voir, et j'éprouvais presque du plaisir à remuer les pieds en faisant le plus de bruit possible. « Arrête à la fin ! protesta Livio. Qu'est-ce qui te prend ? » J'avais des feuilles jusqu'à mi-mollet, tant elles étaient hautes et épaisses. Livio ajouta : « C'est donc fini. »

« Oui, c'est fini. » répétai-je en traînant les pieds dans les feuilles. J'étais incapable de prendre au sérieux le supplice de mon ami. J'éprouvais même une sorte de sentiment de gaieté, comme si tout s'était déroulé selon un ordre préétabli et supérieur.

Le misanthrope

Au temps de ma jeunesse, j'ai connu un garçon nommé Federico auquel me lia une amitié deux hivers durant. Nous étions tous deux étudiants, nous avions le même âge, mais nos points communs s'arrêtaient là. Pour tout le reste, les différences étaient profondes, et bientôt elles nous séparèrent. Après avoir raréfié nos rencontres, nous nous perdîmes de vue. J'ai dit que nous étions différents, mais cela n'aurait peut-être pas suffi à nous séparer si ces différences avaient été, comment dire, complémentaires. Il s'agissait, au contraire, de différences beaucoup plus embarrassantes, qui auraient fait, si je m'étais adapté de façon à vivre comme lui, que je n'aurais plus été moi et vice versa. J'étais plutôt sauvage et concentré sur mes études, Federico, lui, accordait la plus grande importance à ce que, non sans emphase, il appelait la vie et qui, plus ordinairement, pourrait être défini comme les rapports humains.

Il était d'une nature curieuse, mais d'une curiosité étrangement contradictoire, parce que, alors qu'il s'approchait des personnes avec un sentiment d'attente, qui les lui rendait mystérieuses et attirantes, il y avait, en même temps, sous-jacente et toujours présente dans cette curiosité même, une volonté réductrice, classificatrice qui tendait à annuler ce mystère et cette attraction et à leur substituer quelques causes rationnelles et précises. Federico abordait-il, par exemple, une fille dont la beauté lui paraissait cacher, à première vue, Dieu sait quel esprit profond et insondable, il n'était pas satisfait tant qu'à la place de cet esprit fuyant et séduisant, il n'avait mis un petit mécanisme logique, à fonctionnement prévisible et nécessaire. La chose bizarre, c'était qu'il avait vraiment des moments presque de mysticisme face à tout nouveau venu et qu'il attendait sincèrement de ces rencontres, comme il me le confia souvent, des découvertes de zones inconnues, des aventures, des émotions rares et ineffables, et ensuite tout cela disparaissait devant des phrases de ce genre : « Tu connais Machin... un jaloux... Et tu ne sais pas, madame Truc... elle ne pense qu'à se marier avec... Chose... cet avare, il n'y a que l'argent qui existe pour lui », et ainsi de suite. Je dois admettre que ces réductions pauvres et schématiques d'hommes en chair et en os en espèces de marionnettes lui procuraient une satisfaction suffisante pour lui donner envie de continuer ses recherches. Une satisfaction cruelle, très semblable à celle de l'enfant qui, après avoir cassé son jouet, découvrirait le ressort qui le faisait bouger et jouer de la musique. Mais ce qui me demeurait incompréhensible, c'était cette duplicité, cette capacité si humaine et affectueuse d'attendre beaucoup et même tout des autres, et ensuite de ne trouver en eux que des raisons misérables et matérielles de comportement.

Évidemment, il y avait en Federico une espèce de fracture entre le premier et le second moment. Le premier moment lui permettait d'aborder les personnes avec cette grâce et cette familiarité sans lesquelles les rapports ne sont pas possibles. Mais ensuite, dans le second, devaient prévaloir en lui l'ennui de ne rien savoir de ces personnes et le sentiment d'infériorité qui découlait de cette ignorance ; rien que pour échapper à cette situation, il se hâtait d'effacer toute ombre de sentimentalisme et de mystère et de réduire la personne à un schéma ou à un code. Naturellement, cela se produisait à son insu, mais le fait même que cela se produisait prouvait la facilité avec laquelle il perdait tout intérêt pour des personnes qui, jusque-là, lui avaient semblé attirantes et fascinantes au plus haut point. C'est pourquoi ses amitiés ne duraient guère ou plutôt n'existaient pas. Et ses amours se fanaient avec une alarmante aisance. Au point que de découvrir dans la femme qui lui plaisait un caractère fixe et récurrent la lui rendait laide et déplaisante ou plutôt la dépouillait du vif attrait de la chair, en lui révélant un squelette froid et commun. En jargon philosophique, on aurait pu dire que Federico « transcendait » les personnes comme les penseurs peuvent transcender les systèmes. Simplement ces transcendances de la pensée sont le plus souvent fécondes en constructions nouvelles, alors qu'il était impossible de comprendre où Federico voulait en venir avec sa continuelle dévalorisation de l'être humain.

Par son aspect physique, Federico ne laissait vraiment pas présager de la présence de ce démon de la déception. Il était grand, flegmatique, blond, avec un visage un peu enfantin, aux yeux bleu clair et fixes, à la bouche parfaite, aux joues roses. Il semblait tout le contraire de ce qu'il était en réalité et cela ne manquait pas de le servir dans les vicissitudes de la vie mondaine. Il était riche et j'ai rarement vu des personnes s'habiller avec autant d'assurance et d'élégance. Seule sa voix, froide, maniérée, grave et, dans les moments de confidence, brutale, révélait à ceux qui, comme moi, le connaissaient à fond, son être véritable.

Federico et moi, nous nous disputions pas mal sur son attitude envers autrui. J'essayais de lui faire comprendre qu'une fois qu'il avait trouvé le ressort secret d'un caractère, il ne pouvait pas prétendre pour autant connaître l'homme qui lui échappait, avec toute sa complexité et son mystère. Il me demandait alors de lui expliquer en quoi consistait le mystère d'une personne qui ne vivait que pour une chose et ne pensait qu'à elle. Je lui répondais que le mystère, pour ainsi dire, était la chaleur d'une main ou le ton d'une voix : bref, justement ces apparences qu'il tenait dans un tel mépris. Il m'accusait de misanthropie, me voyant aussi solitaire. Je répliquais que c'était lui, le vrai misanthrope, étant donné son peu d'amour pour son prochain et son absence de respect pour l'intégrité de la personne humaine. Un jour, j'en vins à lui faire la facile prophétie qu'il serait réduit à une complète solitude, parce que bientôt cela l'ennuierait de vivre dans un monde d'automates et de marionnettes. Il dit qu'il aimait les hommes, ne fût-ce qu'à sa façon.

Tant et si bien que je le vis de plus en plus rarement, comme je l'ai dit. Puis, je partis et changeai de ville, et pendant de nombreuses années je ne sus plus rien de lui.

J'avais complètement oublié son existence quand je passai, plusieurs années plus tard, par la ville où il vivait. Le travail m'y amenait et, comme parfois, entre deux engagements je ne savais pas quoi faire. J'eus une idée typique du provincial que j'étais devenu à présent : me promener dans le zoo.

C'était une après-midi d'hiver, rigide, nue, brillante de soleil. À cette heure, le jardin était vide. Dans les allées désertes, on ne voyait que les animaux se regarder mutuellement à travers les barreaux des cages. Dans ce silence écrasé de soleil, se trouvait dévoilé dans toute sa cruauté l'artifice de cette espèce de leçon vivante d'histoire naturelle. Renfrognés, les grands félins étaient étendus à l'ombre de leurs faux rochers de ciment bleuté. Les chameaux, les girafes, les éléphants se déplaçaient dans les espaces étroits de leurs enclos, avec une lenteur empreinte d'un malaise circonspect, comme s'ils sentaient vraiment leurs bosses, leur cou, leur trompe, tels des monstruosités encombrantes et anormales. De temps à autre, un rugissement agacé qui faisait s'envoler les moineaux dans les bosquets exotiques, ou un hurlement fort, spasmodique de perroquets. Les poches pleines de morceaux de pain, les gardiens savouraient le soleil en somnolant sur les bancs.

Je me mis à marcher lentement le long des cages. Les bêtes sauvages captives m'ont toujours semblé au plus haut point pathétiques. Ainsi découvertes aux yeux des curieux, avec leur toison épaisse et leurs mouvements précautionneux qui exigeraient le secret des bois, la liberté mystérieuse des terres vierges. Il suffit de penser à l'impudeur d'une exposition semblable de l'intimité humaine. On est presque surpris qu'elles soient aussi indifférentes à la curiosité des oisifs, en dormant, en se léchant, en se caressant sous les yeux de tous. Mais il est vrai qu'elles sont sauvées par l'air compact de sauvagerie qui les entoure. La forêt, le maquis, le désert, la solitude rupestre sont en elles, dans leurs instincts, dans leurs yeux féroces et innocents.

Observant ainsi ces prisonniers, je butai presque, devant l'enclos des kangourous, sur un homme de haute taille, au manteau clair, qui, comme moi, regardait entre les barreaux des cages. Je le reconnus tous de suite : c'était Federico.

J'en étais resté, à son sujet, à l'opinion que je viens d'exposer ; mais je n'y reviendrai pas après tout ce temps. Ce fut lui qui, après un premier salut, me rappela nos conversations. Il dit qu'il avait dû reconnaître que j'avais eu raison. En effet, s'était produit ce que j'avais prévu : en peu de temps, il avait tout à fait cessé de fréquenter les autres, ennuyé et déçu, et il s'était enfermé dans une totale solitude. « Comme tu vois, ajouta-t-il en souriant, j'ai beaucoup changé. »

Je le regardai. À vrai dire, il ne s'était guère transformé. Habillé avec un soin extrême, le visage rosé, imberbe et plaisant, vraiment en homme du monde, la bouche rouge sous ses moustaches blondes. Seuls ses yeux bleus avaient un cercle de rides sombres qui dénotaient je ne sais quelle humeur hypocondriaque et qui, même quand il riait, maintenaient dans ses iris une couleur sombre.

Entre-temps, nous nous étions assis sur un banc, devant les kangourous. Le soleil, passant à travers les larges barreaux, reflétait leur ombre sur la terre nue et battue de leur enclos. Sautillant sous ce soleil, les kangourous allaient et venaient entre la grille et la cabane australienne à toit de paille qui leur servait de tanière. Je demandai à Federico ce qu'il faisait de sa solitude. Il me répondit qu'en dehors de s'occuper de ses terres, il ne faisait rien. Il pensait qu'en se laissant vivre, en se promenant au soleil et en réfléchissant, peu à peu, il verrait son vieil état d'âme se modifier. Alors peut-être, ayant perdu orgueil et préjugés, il aborderait les autres à nouveau. Il ajouta qu'il était convaincu que cette transformation était déjà advenue en lui.

Pendant un long moment, nous restâmes ensuite silencieux. J'observai les kangourous qui, sur ce terrain pâle et sans un brin d'herbe, partaient en biais dans leur enclos, sautant légèrement sur leurs lourdes pattes, leur queue massive appuyée sur le sol. Un grand mâle était étendu, les yeux à demi fermés au soleil, les pattes allongées avec une langueur singulière, comme les jambes d'une femme allongée. Je fis remarquer à Federico la bizarrerie de ces étranges animaux, avec leur poche velue à demi ouverte entre leurs pattes antérieures atrophiées. Il dit que les kangourous étaient ses animaux préférés et il se mit à m'expliquer la façon qu'ils avaient de procréer et d'élever leurs petits. Je me levai et, toujours avec Federico, je passai à la cage de l'orang-outang. J'essayai de faire observer à Federico la tristesse archaïque et immuable des petits yeux chassieux du grand singe, mais lui, en écho, me donna de nouvelles informations sur la vie et la reproduction de l'animal. Devant d'autres cages, le même phénomène se produisit. Je tentais de faire admirer à Federico la beauté et la singularité des fauves, et lui, sans même les regarder, me parlait de leurs habitudes et de leurs mœurs. Maintenant je comprenais que Federico n'avait pas du tout changé et que sa curiosité abstraite d'autrefois envers les personnes, maintenant il l'orientait vers les animaux. Il avait dû lire des livres ou interroger les gardiens, je n'en sais rien. Les anciennes phrases de jadis revenaient même : « Tu vois cette bestiole à l'air si innocent, eh bien... » Bref, il s'amusait, comme naguère, à découvrir *ce qu'il y a audessous.* Il avait *transcendé* les fauves, comme par le passé les hommes. Mais cette fois-ci, je me gardai bien de lui communiquer ces réflexions qui me venaient.

De cage en cage, nous nous retrouvâmes à la sortie du zoo. Federico resta parce que c'était le moment des repas et qu'il voulait voir comment fonctionnaient ces appétits bestiaux. Je m'en allai.

La conversion

Mon ami Lucio, après des années de doute et d'aridité, s'était converti. Mais la différence entre sa conversion et tant d'autres qui sont justement appelées retentissantes, tient à ce qu'il refuse absolument de me révéler à quelle religion il s'est converti. « À quoi sert-il de le savoir ? me demande-t-il. Contente-toi d'apprendre que je me suis converti, sans plus. Quant à la foi que j'ai embrassée, je n'ai à en rendre compte à personne. Elle me donne la certitude dont j'avais besoin. Ça devrait tout de même te suffire.

— Ça ne me suffit pas, protesté-je, parce que nous sommes tous, comme il convient, assoiffés de vérité. Or, en ne voulant pas me communiquer ta croyance, tu commences par me prouver en quelque sorte que tu n'y crois pas. Celui qui croit, désire que d'autres croient. En taisant ta foi, tu prouves que tu doutes encore.

— Possible, répond-il avec résignation. Mais maintenant, écoute-moi plutôt. Je veux te dire comment je me suis converti. Par aventure, cela pourrait peut-être t'être plus utile que de connaître le nom de ma nouvelle foi. En prenant donc les choses par le début, tu sais comment j'étais depuis longtemps fatigué de mener une existence totalement égoïste et matérielle, sans autres justifications que celles des appétits les plus changeants et les plus provisoires. Je me demandais souvent si je n'étais pas plus égaré moi qui, ne vivant que pour moi-même, pouvais sentir chaque jour la misère et la médiocrité de mon destin, que tous ceux qui, pris dans le courant d'une quelconque idée fausse et éphémère, pouvaient avoir l'illusion d'exister pour quelque but qui les dépassait. Je dois dire que je n'aurais pas mieux demandé que d'embrasser l'une des innombrables fois vers lesquelles, de nos jours, les hommes se tournent. Mais chaque fois que je les confrontais avec ce dont je pensais avoir besoin, je les trouvais insuffisantes. À cette insatisfaction s'ajoutait, presque inconsciemment, mon attachement tenace à une ancienne vie que je sentais corrompue et inutile, mais qui tout de même me semblait encore pleine de douceurs et susceptible de rester telle jusqu'à la mort. Une ancienne vie, dis-je, dans laquelle, si disparaissait le stimulus qui me la rendait dégoûtante, je n'aurais plus trouvé que commodités et plaisirs. Bref, une ancienne vie, comme disent tous ceux qui ne veulent plus entendre parler de vivre en hommes, normale. Assez, je me trouvais dans cette situation quand, soudain, une idée ou une représentation, ou foi, qu'on l'appelle comme on voudra, que jusque-là j'avais considérée avec mépris et ironie et que je n'avais jamais prise au sérieux, je ne sais par quelles voies ni par quel moyen, se révéla à moi soudain comme le pivot même du monde, le point vers lequel toute l'énorme masse des hommes se dirigeait, l'héritage final, en somme, de toutes les fortunes idéales de l'humanité. Remarque bien que cette foi était irritante d'absurdité, artificielle, répugnante au bon sens du terme et partagée par très peu de monde. Mais en même temps dotée d'une vitalité irréductible, grâce à laquelle, au lieu d'en périr, elle semblait recevoir de la force des coups qu'elle recevait. Naturellement, je ne cédai pas tout de suite. Je continuai même à tourner en dérision et à persécuter la foi qui devait me conquérir, auprès de ses partisans. Mais, le temps passant, je m'aperçus que les arguments opposés par moi devenaient de plus en plus fragiles, captieux, particuliers, presque dictés par la honteuse tentation d'y céder plutôt que d'une hostilité raisonnée. Le sol se dérobait sous mes pieds, en quelque sorte. Ou, pour adopter une formule proverbiale non moins claire, je me sentais, non sans dépit, au pied du mur. J'expérimentais donc pour la première fois de ma vie la force irrésistible de quelque chose qui n'était pas matériel et qui, malgré tout, avait toute la vigueur, le poids et la consistance de la matière. Par ailleurs, en même temps, mon ancienne vie, sous cette lancée sourde et quotidienne, comme un vieux mur sous la pression du tronc d'un jeune arbre, allait se dégradant de plus en plus et se corrompant, se remplissant de plus en plus, comme un corps en cours de putréfaction, des germes mortels de l'inconfort et de l'ennui. Et toutes les existences semblables à la mienne, dans lesquelles autrefois je m'étais reflété comme dans autant de miroirs réconfortants, se révélaient à moi soudain comme non moins inutiles et déliquescentes que la mienne. Je m'apercevais que la vie abandonnait les racines mêmes de mon être et que moi, en partie, je pourrissais dans une enflure de désirs troubles et en partie, je me desséchais dans une aridité rigide et convulsive. Mais la foi était plus forte que moi et me sauvait, à mon corps défendant, de cette mort lente. En effet, même sans le vouloir, il m'arrivait de plus en plus souvent de juger à travers elle non seulement les hommes, mais la nature aussi, les animaux et les choses. Quelle est la force qui fait que, comme par magie, les débris épars du monde se réunissent à un certain moment pour former un dessin unique et inédit ? Je ne sais pas. Mais elle existe en tout cas et c'est par elle et par elle seule que tout le reste existe. Je changeais et mes tentatives d'empêcher, ou tout au moins de retarder ce changement, en hâtaient bien au contraire la progression. Finalement un jour, peu importe lequel, je déclarai forfait, ou plutôt je crus déclarer forfait alors qu'en réalité je ne faisais que me reconnaître sous ma nouvelle apparence, me dépouillant, avec une extraordinaire facilité, de mon ancienne répugnance, de la même façon que le serpent, au printemps, s'éveillant de son sommeil, quitte sa mue légère et irisée au bord des sentiers herbeux. Ce jour-là, je m'aperçus que je pensais, je parlais, j'agissais naturellement, selon ma nouvelle foi. Et en même temps, il me sembla que tout le monde, à mon instar, avait changé, était régénéré. Le soleil resplendissait, c'est vrai, comme toujours, mais lui aussi, en dépit de sa souveraineté, ne paraissait rien de plus que le symbole d'un autre soleil qui, pour moi, éclairait désormais pour l'éternité les hommes. »

Ainsi parla Lucio. Depuis lors, je le surveille, en espérant surprendre dans ses gestes le secret qu'il ne veut pas me révéler. Mais il ne m'apparaît nullement changé. Quelle est donc cette foi, me demandé-je donc souvent, qui ne se laisse en aucune façon découvrir dans les actes de celui qui l'a embrassée ? C'est ainsi que je passe ma vie, à attendre de la reconnaître.

Un homme austère

Pendant qu'il me parlait, je le regardais fixement avec cette attention que la distraction rend tranchante et acérée comme la pointe d'un diamant sur la surface polie d'un cristal. « Amusements ? demanda-t-il soudain. Et qui a jamais su ce que sont ces fameux amusements ? Le jour, je travail... et le soir... le soir, je lis un beau livre... peu de temps, du reste... et puis au lit. »

Ce qui m'attirait le plus, maintenant, en lui, c'était sa bouche. À première vue, on aurait dit une bouche normale et carrément moins charnue que la normale. Même en s'avançant légèrement à la manière d'un museau, elle n'avait presque pas de lèvres : une fente, c'est tout. Mais en regardant à l'intérieur, pendant qu'il l'ouvrait pour parler, je m'aperçus que toute la chair que cette bouche ainsi taillée niait était à l'intérieur de la bouche même, pas à l'extérieur. Étrange à dire, il avait dans la bouche des lèvres énormes, rouges, impudiques, de vraies lèvres de nègre. Ces lèvres avaient dû être rentrées à force d'être serrées et réprimées. Mais il lui suffisait de rire, ce qui lui arrivait rarement, pour que ces lèvres se projettent à l'extérieur, congestionnées par une trop longue répression, ivres de liberté, et détruisent en un instant tout l'artifice d'une vie entière. Lèvres que l'on imagine aisément se tendre et claquer, moites de salive désirante. Lèvres, à vrai dire, à ne montrer que dans l'intimité de quatre murs. Lèvres qui faisaient un peu penser à celles du chimpanzé, qui de l'extérieur n'apparaissent pas, mais, dans les grimaces de la bête, se retournent comme les pétales d'une fleur, se révélant à l'intérieur aussi rouges et enflammées qu'à l'extérieur elles sont grises et ridées.

« Ma vie est très simple, continua-t-il. Comment pourrait-elle ne pas l'être ? Je ne tiens ni à bien manger, ni à m'habiller avec recherche, ni à posséder une maison luxueuse... j'ai toujours été pauvre. Aujourd'hui encore, où je pourrais me permettre quelques écarts, je veux conserver mes habitudes de pauvre... »

Je ne dis rien, mais je pénétrai du regard, comme on enfonce une pointe aiguë dans une blessure, au fond de ses pupilles. C'était vraiment la première fois que je m'apercevais de la façon dont ses yeux, à l'abri de ses cils très longs et courbés, étaient provocants, étincelants, enflammés, agités. C'étaient des yeux à l'iris large, d'une couleur marron clair avec des paillettes vertes, me semble-t-il. Creusés, profondément marqués par en dessous, par des cernes violets. Mais tellement désarmés qu'ils semblaient pathétiques. Bref, des yeux de femme mûre dont le corps se fane au sommet de sa splendeur et qui n'a plus que ce truchement pour manifester la jeunesse obstinée dont elle est affligée. Il n'y avait pas d'austérité dans ces yeux, mais une folle indiscrétion, une avidité brûlante, un désir toujours aussi ardent que la lanterne d'un phare. Qu'est-ce qui les avait brûlés, soumis, rongés ainsi ? On avait envie de tendre une main et de baisser les paupières, par pitié, comme on rabat la robe d'une pauvre folle qui s'agite sans pudeur. Du reste, il devait le savoir parfaitement car, la plupart du temps, il gardait les yeux baissés, fronçant les sourcils et le front soucieux, comme s'il priait ou méditait.

« Bref, continua-t-il, mon idéal est humaniste... qu'est-ce qui compte le plus, l'homme ou les choses, à savoir les plaisirs, les biens, les ambitions ? Voilà toute la question. Ma réponse est : l'homme. »

Tout en parlant, il porta une main à la bouche et toussa légèrement. Dans ce geste, je remarquai que la main présentait certains caractères très semblables à ceux de la bouche et des yeux. Le dos était fort, maigre, osseux, mais les doigts se terminaient, de manière impure, par des ongles ovales, pointus, et quelque peu recourbés comme pour contenir le moelleux de la chair de leur pointe. Et la paume surprenait par sa rondeur pulpeuse et pâle, tellement bombée et encombrante qu'on ne comprenait pas que la main pût se refermer. Surtout le pouce me frappa, court à l'extérieur, mais à l'intérieur long et massif avec sa partie tendre en forme de jambon. Il baissa la main et me la tendit. « Assez... je dois aller travailler... m'amuser devrais-je dire, puisque pour moi le travail est un amusement. » Je le regardai s'éloigner. C'était un homme grand et fort. Mais il avait des jambes courtes et des hanches féminines et lourdes. En marchant, ce contraste s'accentuait. Il gardait ses bras, qui étaient trop longs par rapport à son buste, légèrement tournés en arrière, exactement comme font certains grands singes.

La chance de vivre

J'ai toujours pensé que naître timoré doit procurer certaines satisfactions que les hommes courageux ignorent. Mon ami Maurizio, homme lâche s'il en est, m'a récemment conforté dans cette idée. Il avait gravement diffamé R., un autre de mes amis. Quand R. l'apprit, il vint chez moi pour m'annoncer qu'il voulait se battre en duel avec Maurizio. J'éclatai de rire en lui répondant qu'il n'y parviendrait jamais : mieux valait, pour punir Maurizio, se servir de son extraordinaire couardise. Finalement R. accepta mon idée. Nous nous mîmes d'accord sur le tour que nous jouerions à Maurizio.

Le jour dit, le malheureux se trouvait avec moi dans son bureau, assis près de la fenêtre grande ouverte, à digérer le bon repas qu'il m'avait offert. C'était le printemps, un canari que Maurizio garde dans une cage accrochée à la poutre centrale faisait résonner les barreaux avec ses sauts violents et nous étourdissait de son chant infatigable. À travers la fenêtre située au rez-de-chaussée on pouvait suivre le lent passage d'une quantité de gens qui prenaient le soleil dans cette large avenue aérée des faubourgs. Maurizio était assis d'un côté de la fenêtre et moi de l'autre. Le visage de Maurizio, pâle et plat, comme une espèce de lune ou de fromage, criblé de grains de beauté, exprimait une satisfaction délicate : ce pépiement du canari, ce soleil, ce passage, ce repos profond étaient pour lui autant de gorgées d'un goût ineffable savourées en connaisseur dans la tasse inépuisable de la vie. Puis, soudain, je le vis tressaillir et blêmir : R., le visage sombre, traversait, comme convenu, l'avenue rapidement en se dirigeant vers la maison de Maurizio.

« R., balbutia-t-il, vient chez moi... que peut-il vouloir ? »

Je lui dis qu'il devait mieux le savoir que moi. Je l'incitai à se conduire en homme. Peine perdue. Quand la bonne parut, nous annonçant que R. effectivement l'attendait dans l'antichambre, il commença à s'agiter dans la petite pièce entre les étagères et le bureau, les pupilles dilatées par la terreur. « C'est un violent, répétait-il. Il est capable de me frapper. » Et, en parlant ainsi, il enfonçait sa grosse tête entre ses épaules malingres, comme s'il avait déjà senti les coups pleuvoir sur sa caboche.

Je n'avais jamais vu une épouvante aussi forcenée. Je lui proposai d'aller présenter ses excuses à R. Il eut un rire convulsif : « Beaux conseils... je lui fais toutes les excuses qu'il voudra... mais lui il me frappera. » Je lui dis qu'après tout une gifle ou deux n'étaient pas la fin du monde : c'était comme de se faire arracher une dent. Mais il secoua la tête : on voyait que ce n'était pas moi qui allais recevoir les coups. Nous discutâmes ainsi un moment, lui à faire les cent pas en se tordant les mains d'angoisse, et moi à proposer différentes manières d'affronter la fureur de R. Je finis par lui faire la suggestion suivante : qu'il se cache derrière un rideau, pendant que j'informerais R. qu'il n'était pas à la maison. Proposition absurde, mais Maurizio bondit aussitôt derrière la tenture, en me suppliant, d'une voix pressante et étouffée, d'agir vite.

La farce se déroula comme prévu, sans grande invention. R. feignit de protester violemment : « Ce n'est pas vrai qu'il est sorti ! Où est-il ? Où est-il ? » Et, m'ayant repoussé quand je faisais semblant de lui barrer le passage, il fit irruption dans le bureau. Là, R. lâcha toutes sortes d'horreurs sur Maurizio sans que ce dernier, caché derrière le rideau, soufflât mot. Le soleil, le canari qui chantait à perte d'haleine dans sa cage, les gens qui, passant devant la fenêtre, jetaient des regards curieux dans la pièce, nous rendaient mous et hésitants, R. et moi, dans la réalisation de la mise en scène. Pour finir, R. cassa une atroce petite bonne femme nue en porcelaine qui se trouvait sur le guéridon et lança un bon coup de pied dans le rideau qui dévoilait, plus qu'il ne dissimulait, les formes rachitiques de Maurizio recroquevillé. « Je reviendrai », annonça-t-il en s'en allant. La porte claquée avec violence fit trembler tout l'appartement. En se frottant le tibia qui avait reçu un coup, Maurizio sortit de sa cachette.

Je ne m'étais pas beaucoup amusé à me moquer de lui : probablement pour ce genre de farce faut-il une cruauté expérimentale qui me fait défaut. Mais j'étais curieux d'entendre ce qu'il allait dire. Le voyant donc encore très pâle et tremblant, je lui proposai de sortir prendre un verre en ville. Il accepta volontiers.

Je m'attendais à ce que, une fois seul avec moi, Maurizio épanchât sa haine contre R. ou qu'il fût déprimé par la peur qu'il avait endurée et l'humiliation qu'il avait subie. Mais, quand nous fûmes sur l'avenue, je constatai que ses sentiments étaient tout autres. À cause du coup qu'il avait reçu au tibia, il boitillait. Tout en marchant doucement à mes côtés, il se tenait à mon bras. Je m'aperçus qu'il n'était nullement pressé et que, sous ce doux soleil, dans cette avenue pleine d'enfants, de vieux et d'autres présences oisives semblables, il avait surtout envie de se promener. « Quelle belle journée ! » dit-il soudain en se renfonçant dans son épais manteau, comme un oiseau qui gonfle sa poitrine et se secoue avant de se mettre à chanter. J'essayai de lui rappeler R., mais il me pria de ne pas parler de lui. Il y avait du soleil, pourquoi penser à ces choses déprimantes ? Je ferais mieux de voir combien le spectacle de l'avenue était plaisant, avec cette double rangée de platanes aux troncs blancs et aux branches toutes garnies de tendre verdure, comme était joyeuse cette foule encore engoncée dans ces sombres vêtements d'hiver, éparse sous le soleil... À un certain moment, un vieux bateleur aux cheveux blancs et touffus nous offrit de nous photographier avec un appareil démodé doté d'un tissu noir. Maurizio voulut absolument nous faire poser devant l'objectif. Plus loin, il s'arrêta pour acheter un paquet de marrons grillés. « Mais enfin, lui demandai-je, tu as eu une drôle de peur... sans compter l'humiliation... tu ne t'es pas senti avili... mortifié ? »

Il haussa les épaules et répondit qu'il n'y pensait plus. Puis, avec sa voix amorphe, aiguë et sirupeuse, il dit, d'un air hébété : « Tu vois, il se peut que tu aies raison... mais moi, il me suffit de vivre... parfois j'ai carrément l'impression que c'est une chance de pouvoir vivre... le tout est de savoir se contenter... »

C'est ainsi que la farce était tombée complètement à plat, ne pus-je m'empêcher de penser. Il n'était pas vexé, au contraire, par contraste, elle avait accru en lui une capacité cachée de jouir de la vie. Il mangeait les marrons l'un après l'autre, picorant les miettes dans le creux de sa main, avec sa bouche sans lèvres, sa bouche de poisson. Je remarquai qu'il plissait les yeux à cause du soleil. Et tout à coup, j'éprouvai une antipathie pour cette tiédeur et cette douceur, craignant presque d'être gagné par elles, à l'instar de Maurizio.

La famille Vert-de-gris

Ces trois amis que j'avais, père, mère et fils, nommés Vert-de-gris, se donnaient la main, pour construire des édifices de mensonges dont il était difficile de deviner le but. De même qu'il était difficile de comprendre à quoi servaient les arcades et les colonnes de certains immeubles modernes, qui ne soutiennent plus rien et ne semblent avoir d'autre fonction qu'ornementale. La mère était menteuse avec sollicitude, bienveillance, cordialité, affection. Le fils avec subtilité, sournoiserie, ruse. Le père, enfin, avec sérieux, pondération, gravité, autorité. C'étaient trois instruments accordés à la même chanson ; le premier doux, le deuxième aigu, le troisième profond. Quelle amitié peut naître avec des personnes qui ne cessent de mentir ? Ce serait comme d'être ami du rôle qu'incarne un acteur et non de l'acteur lui-même. Et le rôle, une heure après la représentation, prend fin lui aussi. En réalité, j'étais ami avec eux parce que maintenant je les comprenais parfaitement. J'éprouvais une sorte d'aigre plaisir à les voir, justement, mentir.

Je montai un jour chez eux pour la raison suivante : j'avais été invité quelque part, je savais qu'ils l'avaient été aussi et je voulais voir, en m'attardant chez eux, quel mensonge ils inventeraient pour me renvoyer. Remarquez bien qu'ils n'avaient aucune raison de me cacher la vérité, même par snobisme. Mais j'étais tout de même certain qu'ils allaient me mentir. Par la suite, en me retrouvant au même endroit qu'eux, je les aurais silencieusement confondus.

En pénétrant dans le salon des Vert-de-gris, j'eus la sensation de faire mon entrée, non pas dans un salon, mais dans un petit théâtre, où entre les fauteuils, les portraits de famille, le piano à queue et le buffet recouvert de bibelots, j'allais assister à quelque comédie à quatre sous, gracieuse et bien ficelée. Cinq minutes ne s'étaient pas encore écoulées que la porte s'ouvrit et que la mère vint me serrer chaleureusement les deux mains : « Comment vas-tu ? Il y a si longtemps qu'on ne te voit plus... Et ta maman ? La chère femme... j'aimerais tant la voir... mon cher ami... tu as bien fait de passer... comme Giulio va être content... »

C'est alors que je lui demandai si je ne les dérangeais pas par hasard. Le visage fané et rubicond de Mme Vert-de-gris exprima une incertitude douloureuse, lointaine, tentée, qui ne dura qu'un moment. Puis, avec une plus grande emphase : « Nous déranger ?... Mais tu plaisantes ! » Et avec un mouvement en avant de tout le corps, presque agressif : « Et comment va ton papa ? » La porte s'ouvrit et leur fils, Giulio, entra. « Je pensais justement à toi », dit-il de sa voix lente qui semble toujours surprise de parler, comme si chaque mot était une découverte et une invention. « Je voudrais vraiment savoir quel lien il y a entre la personnalité d'un visiteur et la façon dont retentit la sonnette... tout à l'heure, en entendant retentir la sonnette d'une certaine manière, je me suis dit : c'est lui.

— Giulio, commença sa mère sur un ton affectueusement alarmé, Enrico est venu nous faire une longue visite...

— Parfait, répliqua le fils, de toute façon on avait prévu de rester à la maison ce soir.

— Oui, de toute façon, répéta la mère en me couvant de son regard amical.

— Mais.. au fait... est-ce qu'on ne devait pas aller tous les trois chez le notaire ? demanda innocemment le fils.

— Rappelez-vous qu'aujourd'hui, à cinq heures... c'est-à-dire dans une demi-heure, nous devons être chez le notaire », dit soudain le père en apparaissant à son tour dans l'encadrement de la porte, comme un croque-mitaine. Je souris, amusé que lui aussi, chauve comme il était, avec ses lunettes, sa barbe et sa chevalière à l'auriculaire, se prêtât à cette bouffonnerie. Mais il me regarda sévèrement par-dessus ses verres et ajouta : « Je suis désolé pour Enrico... qui était certainement venu nous faire perdre agréablement notre temps... mais avant tout, les choses sérieuses.

— Bien sûr, le notaire », dit la mère. Et elle me raconta, à brûle-pourpoint, l'histoire compliquée d'un héritage contesté que les deux autres, père et fils, devant l'entendre pour la première fois, écoutèrent et confirmèrent avec le plus grand sérieux. « Nous avons le droit de notre côté », fit le père en guise de conclusion. Et le fils : « Mon père croit encore au bon droit... »

Ensuite le père fit gravement claquer le couvercle de sa montre et dit qu'ils devaient sortir. Je répondis que j'allais sortir avec eux. Nous voici dans la rue. Mon autobus arrive. Ayant pris congé, je monte, mais ils me suivent en riant et en commentant le hasard qui nous réunit encore. Dans l'autobus, nous continuâmes à parler de l'héritage et du notaire. À eux trois, ils perfectionnèrent si bien leur mensonge qu'ils me donnèrent l'impression qu'ils y croyaient eux-mêmes. Mais à mesure que les arrêts passaient et que les gens descendaient sans que je descende moi-même, j'observai une légère gêne, chez mes trois amis si bien accordés.

« Où vas-tu ? » me demanda soudain le fils.

Je voulais voir si, pour assumer le mensonge, ils auraient renoncé à leur invitation ou s'ils allaient accepter de se voir découverts. Je répondis : « Je suis invité.

— C'est bien, répliqua la mère. Giulio est si sauvage...

— La vie moderne, enchaîna le père, empêche de répondre aux invitations.

— Quel intérêt d'aller voir les gens ? demanda le fils. Quatre ou cinq personnes se réunissent dans un salon et échangent des nouvelles qu'ils ont pêchées dans quelque journal... ou dans quelque livre... ou dans un autre salon... et puis ils se saluent et s'en vont. »

J'étais arrivé à destination. Cette fois-ci, je pris congé des Vert-de-gris avec fermeté et je descendis. Mais ils descendirent eux aussi. J'essayai de m'éloigner d'eux sur le trottoir, mais inutilement, leur chemin était le mien, ils marchaient sur mes pas. Souriant, je leur dis : « Je vais là » et j'indiquai l'immeuble vers lequel je me dirigeais.

« Je vais chez Pietro », expliquai-je en entrant le premier dans le hall. Je vis mes trois amis échanger des coups d'œil de reproche mutuel. Et j'ajoutai : « Mais vous le connaissez, non ?

— Plutôt », répliqua la mère.

Mais le père, autoritairement, s'adressa au concierge et demanda : « Maître X. à quel étage ?

— Il n'y a pas de Maître X. ici », répondit le concierge.

Nouvelle comédie de stupeur. Comment ça pas de Maître X. ? L'adresse était pourtant bien celle-ci, étrange, c'est impossible, etc. Si à ma place s'était trouvé un plus malin que moi, il aurait certainement joui de les faire repartir à la recherche de ce mythique Maître X. Mais j'ai le cœur compatissant et je m'étais assez amusé comme ça. « Une idée, dis-je. Pourquoi ne monteriez-vous pas, tous les trois, chez Pietro... je suis sûr qu'il sera ravi de vous voir. »

Ils sourirent tous trois. « Vraiment, Pietro n'est pas le notaire », dit le père. « Mieux vaut un Pietro vivant qu'un notaire mort », surenchérit le fils. « Il est si gentil, Pietro, ajouta la mère, je suis sûre qu'il sera si content de voir Giulio. »

Nous montâmes ensemble l'escalier. Cependant, la mère continuait à m'expliquer, avec un accent d'une profonde sincérité, comment, vraiment, ce jour-là, ils allaient chez le notaire. Et le père et le fils lui prêtaient main-forte, chacun à sa manière. Ils étaient père, mère et fils. C'étaient des personnes adultes et respectables. Et pourtant ils mentaient tous les trois comme des enfants qui viendraient de découvrir que mentir est plus facile que de dire la vérité.

La rencontre

Dans l'autobus, la voyant s'approcher de la place restée libre près de la sienne, il éprouva un violent trouble, en tout point pareil à celui qu'il ressentait, dix ans auparavant, quand il la découvrait, au bout de la rue, en train de s'approcher sans hâte de leur lieu de rendez-vous. Dès qu'elle se fut assise et qu'il la vit tout d'abord ajuster ses énormes lunettes noires cerclées de blanc et, avec des gestes secs et mondains, ouvrir le grand sac de cuir clair et en retirer l'argent pour le billet, il pensa que ce trouble n'avait rien à voir avec la femme qui se trouvait à ses côtés, mais qu'il ne s'agissait que d'un reflet mécanique de la mémoire de ses sens. Cependant il comprenait qu'elle ne l'avait pas remarqué, et il se demandait s'il devait ou non se faire reconnaître. Il finit par décider, du moins pour quelques instants, de ne pas lui parler. Il voulait la regarder à son aise et vérifier avec précision ce qui était resté en elle de la personne qu'il avait aimée.

Elle avait évidemment vieilli. Son visage, sous la poudre et le rouge, non seulement n'avait plus rien de la fraîcheur d'autrefois, mais manifestait ce côté ranci de la chair molle et fatiguée, cette dureté involontaire et inconsciente qui sont propres à l'âge mûr dans son déclin. Semblable à un bourgeon pourri avant l'éclosion, la bouche paraissait desséchée et contractée, et, autour des lèvres, se dessinaient déjà clairement quelques rides fines, comme celles qui, dans la vieillesse, les coupent transversalement comme pour les sceller dans un silence définitif. Sous le menton, la gorge formait un sac, vraiment comme chez les personnes âgées. Les joues semblaient elles aussi se resserrer sévèrement et l'on distinguait déjà les sillons qui se creuseraient à partir des narines, le long de la bouche et jusqu'au cou. Elle était encore belle peut-être, mais plus par un reste d'habitude présomptueuse que par libre éclat. On se disait que ce peu de beauté qui lui restait attendait encore une extrême passion amoureuse avant de se dissiper à jamais. Comme un soleil au crépuscule qui rougirait de ses froides lumières un paysage déjà nocturne, son ancien charme prêtait encore à son visage fané quelques superbes reflets. Mais il s'éteindrait bientôt définitivement.

La vieillesse imminente, beaucoup plus que dans l'abandon de la chair, se révélait dans le caractère qui, pour la première fois de sa vie, affleurait impitoyablement sur son visage, sans plus aucune de ces adorables confusions qui rendent mystérieux le visage des femmes jeunes. Il la connaissait à fond, par expérience ; toutefois, il ne put s'empêcher de frémir en la voyant si clairement trahie dans chaque trait de son visage flétri. Il la savait égoïste, mais toute la déception de son amour avait été nécessaire pour découvrir en elle ce caractère ; or, à présent, on notait le froid glacial dans l'air même qui l'entourait. Même la prudence coquette avec laquelle, autrefois, elle avait dissimulé son incertitude, son ignorance et sa stupidité ne suffisait plus à masquer ces déficiences : incertaine, obtuse et inerte, telle elle apparaissait, fût-ce à l'œil le plus distrait. Désertée par le plaisir, la bouche révélait irrémédiablement une expression de vaine et conventionnelle suffisance ; on comprenait que le sourire joyeux et ingénu l'effleurait rarement.

Maintenant, après avoir obtenu son billet, elle le replaçait avec soin dans son sac à main. Elle avait ôté ses grandes lunettes et se tournait un peu de son côté en regardant la rue à travers la vitre. Il craignit à nouveau d'être reconnu, mais il fut rassuré quand il comprit qu'elle était trop arrogante pour qu'il existât à ses yeux. Il put donc regarder tout son soûl ces yeux qu'il avait vus tant de fois s'embuer de vague désir. Eux aussi, ils avaient changé. Rapetissés, aurait-on dit, par les cernes macérés et bleutés qui les entouraient ; avec quelque chose de frémissant dans les iris, de faux et de flatteur. Ils n'avaient plus rien de leur lenteur, de leur sérénité d'autrefois. Ils brillaient trop, d'une manière alarmante et impudique. Ces yeux scintillants et mourants regardaient à travers la vitre avec une indéfinissable expression de curiosité insatisfaite. Puis elle remit sagement ses lunettes et, ayant réuni les mains sur son sein, par-dessus son sac, elle sembla se plonger dans une attente méditative.

Il éprouva encore la tentation de se faire reconnaître et il ouvrit la bouche comme pour articuler « Elena ». Mais il la referma sans proférer ce prénom et, presque sans le vouloir, il tendit la main et saisit le dossier du siège devant lui, dans l'espoir qu'elle la reconnaîtrait. Mais c'est une bien étrange requête, pensa-t-il aussitôt, qui sait combien de mains avaient, ces dix dernières années, serré les siennes, et avec la même affection. Saisi par une soudaine, absurde impatience, il bougea et effleura avec ses hanches celles de sa voisine. Elle ne se tourna pas, mais se contenta de s'écarter légèrement. Ce contact le déçut définitivement. Des lacets et des ceintures semblaient même sangler ce corps qu'il avait connu si libre et impétueux et affleuraient visiblement sous la jupe étroite.

Elle se leva enfin et se fraya un chemin dans la foule vers la porte de sortie. Il la suivit, bien qu'il fût encore loin de son arrêt. Tandis que l'autobus ralentissait, il se tint derrière elle rien qu'un moment, dans son dos, le nez dans sa nuque où quelques boucles pointaient. Elle était parfumée, mais il ne reconnut pas le parfum qu'elle se mettait dix ans auparavant. Il lui parut si lourd et si froid, un parfum indiscret et aguicheur de femme mûre.

La portière s'ouvrit et les gens commencèrent à descendre, en mettant le pied sur la marche mobile et en faisant chaque fois un bruit sourd qui, en cet instant, lui sembla angoissant. Il espéra qu'elle descendrait avec légèreté, comme d'habitude. Mais elle se mit en travers de la porte, à la manière des personnes corpulentes et âgées, et inséra gauchement son pied, de tout le poids de sa personne, produisant un bruit non moins net que les autres. D'un bond, il descendit à son tour.

Mais dans la rue, il n'eut pas le courage de la suivre. Elle marchait en bombant de buste, d'un pas décidé et disgracieux, la tête dressée sous son petit chapeau trop jeune. Il y avait une lumière paresseuse et aveuglante, car le ciel était légèrement voilé. Elle s'éloignait le long des grilles des jardins et, à mesure qu'elle s'éloignait, sa silhouette semblait devenir de plus en plus ordinaire, insignifiante, commune. Deux villas plus loin, une femme de sa stature et habillée, apparemment, comme elle, sortit par une porte et se mit à marcher à ses côtés. Était-ce à cause du reflet du ciel ou de l'éloignement, soudain elles lui parurent identiques et il ne la distingua plus entre les deux. Puis l'une d'elles franchit un seuil et il renonça alors à comprendre si celle qui marchait là-bas était la femme qu'il avait aimée ou si c'était cette autre qui par hasard avait marché à sa hauteur en cours de route.

L'indécis

Je rencontrai Alessio sur une place à midi, l'un des jours les plus torrides et les plus gris de ce début d'été. Il semblait attendre l'autobus, mais dès qu'il m'aperçut, il vint vers moi avec soulagement, comme si ce n'était pas son autobus mais moi qu'il avait attendu. « Reste avec moi, ordonna-t-il aussitôt. Reste avec moi quelques heures... la journée entière... j'ai besoin de ta compagnie. »

Je lui répondis que, si c'était vraiment nécessaire, j'obéirais, quoique, à vrai dire, moi aussi, j'eusse des affaires à terminer... « Oui, insista-t-il sur un ton suppliant, c'est nécessaire... c'est même indispensable... tu vois, par moments, j'ai l'impression de devenir fou. »

Je ne lui demandai pas les raisons de cette singulière nouvelle, car j'avais compris qu'il allait me les fournir de lui-même. Nous nous mîmes à marcher au hasard, dans la chaleur torride de ce jour sans soleil, sur les dalles des trottoirs qui refoulaient dans nos pantalons un air brûlant. « Tu vois, reprit-il, je me trouve depuis quelques jours dans cet état... je dois prendre une décision... faire cette chose. » Il me précisa de quoi il s'agissait, mais par discrétion je me contenterai de la formule générale de « cette chose », d'autant plus que ce n'était pas tant la chose elle-même qui m'intéressait que la manière dont Alessio devait se décider s'il la ferait ou non ; « ou cette autre » et il me précisa également l'autre chose qu'il aurait pu faire ; et que moi, toujours pour les mêmes motifs de discrétion, je tairai également. « Ces deux choses ne peuvent être faites ensemble... l'une exclut l'autre... mais je n'arrive pas à me résoudre à sacrifier l'une ou l'autre. »

C'étaient, en effet, des choses très différentes, opposées, contradictoires. Au point qu'on s'étonnait qu'elles pussent cohabiter dans la même tête. Je lui répondis qu'il était nécessaire qu'il choisît, car, vraiment, il n'était pas possible de les réaliser ensemble toutes les deux. « Oh, la grande découverte !... Le beau conseil que tu me donnes ! » dit-il, agacé. Mais il semblait content de pouvoir au moins parler. Cependant, nous étions entrés dans un café et nous nous étions attablés dans la pénombre.

Il se mit à parler et me raconta dans les moindres détails, avec une parfaite et intelligente sincérité, ce qui lui était arrivé et qui continuait de lui arriver. Je l'écoutais et j'étais surpris de constater une fois de plus comment la conscience, la lucidité, l'honnêteté mentale, l'esprit de rigueur ne servaient, dans de tels cas, qu'à rendre plus infranchissables certaines barrières, plus profondes certaines incompatibilités, plus inadmissibles certains compromis. Il se trouvait déchiré entre deux passions qui, apparemment, avaient une force égale, étaient également légitimes et sollicitaient avec une égale intensité son imagination et ses désirs. Ces deux passions le divisaient jusque dans ses pensées les plus secrètes et les plus lointaines, et rendaient son esprit semblable à un champ de bataille où, malgré le massacre, la fatigue et la destruction, deux adversaires de valeur identique ne voulaient à aucun prix céder l'un à l'autre. Bref, c'était une balance en équilibre parfait et c'était l'aspect désespéré de l'affaire. J'essayai de la faire pencher avec un argument qui me sembla valide, mais lui, aussitôt, il m'en opposa un autre, non moins valide. Il ne mettait aucune complaisance dans cette clairvoyance et l'on voyait même qu'il en souffrait beaucoup et qu'il était désespéré jusqu'au fond du cœur de ne pas savoir prendre de décision.

Nous discutâmes une heure, moi m'investissant de plus en plus et m'enfonçant dans cette chose qui ne me concernait pas, et lui contrecarrant mes arguments avec les siens. Je comprenais, à la promptitude de ses répliques, que ce dialogue, il l'avait déjà mené tout seul, avec cet autre lui-même dans lequel il s'était désormais dédoublé, et que, s'il le reproduisait, ce n'était pas tant dans l'espoir de trouver ces lumières que, de lui-même, il n'avait pas été capable d'allumer, que par le soulagement de se sentir à nouveau entier et de transférer sur un autre le poids et l'oppression de la contradiction. Il se faisait tard et j'avais faim. Je proposai d'aller manger. Peut-être qu'en déjeunant nous aurions une idée. Il accepta avec scepticisme, mais de bonne grâce.

Durant le repas, nous n'abordâmes pas du tout son dilemme. Mais, de temps à autre, je lui demandais s'il avait trouvé une échappatoire et il secouait la tête en signe de dénégation. Il paraissait en proie à un profond malaise et je comprenais que manger de bon appétit, comme il le faisait, devait lui sembler une ironie : comme un trait de décision du corps qui, dans son irrésolution générale, lui paraîtrait étrange et invraisemblable. Après le déjeuner, la chaleur nous imposa le silence devant les soupières pleines d'eau glacée, où, parmi des bribes de glaçons fondus, nageaient quelques cerises véreuses. Je lui proposai de retourner dans un café. Il me suivit sans un mot.

Au café, je remis le sujet sur le tapis. Je lui dis que si les deux choses entre lesquelles il devait choisir étaient vraiment de valeur égale, il valait mieux n'en réaliser qu'une et oublier l'autre. Advienne que pourra. Mais il secoua la tête en répondant qu'elles étaient de poids égal évidemment, mais que, tout en s'excluant mutuellement, elles s'englobaient, pour ainsi dire. Je lui proposai alors de se fier au hasard. Pile ou face. Il répondit qu'il y avait pensé. Mais il avait senti, ensuite, que le hasard lui-même ne suffirait pas à déterminer son choix.

« Non, dit-il soudain, il faudrait que quelque chose d'indépendant de moi survienne... de plus fort, incommensurablement, que moi... par exemple, que cette nuit, un tremblement de terre fasse s'écrouler tout la ville... ou bien que, pour une faute quelconque, on vienne, on me prenne, on m'enchaîne dans une prison... ou encore que j'aie une maladie très grave... bref, quelque chose qui ait un pouvoir matériel tel qu'il m'ôte tout recours à mon libre arbitre... parce que ce qui me détruit est justement cela : avoir la pleine et entière liberté de choisir... Or, ajouta-t-il sur un ton exaspéré et larmoyant, je ne peux... je ne veux pas choisir. »

Après ces paroles, nous gardâmes le silence un moment. Ce qu'il m'avait dit sur la force extérieure, brutale, aveugle, d'acier, qui seule aurait pu le libérer de l'angoisse du choix me faisait réfléchir et me distrayait en un certain sens de son dilemme. Je pensais à l'adolescence où l'on est en bute à ce genre d'indécisions auxquelles coupe court l'autorité paternelle ou maternelle. À la maladie où l'on est soumis à d'autres autorités qui conjurent toute irrésolution. À toutes les autres situations où la dure nécessité indique une route qui n'est ni commode ni avantageuse, mais présente l'intérêt d'être la seule. Et en dehors d'elle, il ne reste qu'à se laisser périr. Je pensais qu'il avait parfaitement expliqué son tourment, mais que, de toute évidence, il ne distinguait pas en lui ce genre de nécessité. Bref, il me semblait presque avoir de la chance. Comme un homme qui pourrait se permettre le luxe de douter, parmi une foule de gens auxquels n'étaient concédées que de rares certitudes, sordides et inévitables.

Le secret de sa vie

Dans ce village où j'étais allé chez un ami passer un mois d'été, il n'y avait guère de promenades. La plus belle, à partir de mi-pente sur le flanc de la colline qui domine le bourg, tourne tout autour de la pente, toujours dans l'épaisseur des bois de châtaigniers encore jeunes. C'est un sentier que les feuilles mortes entassées sur plusieurs couches rendent moelleux et silencieux ; d'un côté l'immense panorama se devine plus qu'il ne se voit à travers les feuillages adultes émaillés des coques claires des châtaignes, de l'autre la côte grimpe et surplombe le foisonnement des troncs plongés dans un océan de fougères et d'autres plantes des sous-bois. Le plus grand attrait de ce chemin n'est pas, comme je l'ai dit, le panorama, qui est presque invisible au milieu de tant d'arbres, mais le fait qu'il tourne et se dénoue à travers ces bois sur un très long trajet, au point de laisser supposer qu'il conduit dans quelque endroit particulièrement important ou agréable, alors qu'en réalité, après tant de boucles, il meurt dans une clairière noircie et brûlée, de celles où, en automne, les charbonniers préparent leurs feux. En outre, ce sentier court constamment à plat et cela, en été, n'est pas un mince avantage.

Un jour, marchant lentement dans la canicule estivale, sur ce chemin obscur, mais sans fraîcheur, j'entendis des voix de personnes assises sur le rebord, adossées au talus. Je ne suis pas d'une nature curieuse, mais, ce jour-là, le premier mot que je saisis sans le vouloir, dans le silence forestier, me fit m'arrêter soudain et tendre l'oreille :

« ... le secret de ma vie », disait pour conclure une voix masculine, avec un accent singulier de solennité désenchantée. « Tu es la première personne à laquelle je l'aie jamais dit.

— Mais tu n'en éprouves pas de remords ? » demanda une voix de femme. C'était une voix à la fois réfléchie et distraite. J'imaginais une personne un peu évanescente, un brin d'herbe aux lèvres, les yeux tournés vers le panorama en dessous.

« Personne... comme je te l'ai dit, j'y avais pensé pendant des années et des années... pendant que je le faisais, je ne pensais qu'à le faire... et après l'avoir fait, je n'ai éprouvé qu'une grande déception... Je me suis dit : ce n'est donc que ça ?

— Quelle heure est-il ?

— Trois heures... tu comprends, si j'avais prévu que cette grande chose devait terminer en eau de boudin... Évidemment, je ne l'aurais pas faite. Mais qui aurait pu l'imaginer ?... et puis j'avais l'impression d'accomplir une action juste... un devoir dans un certain sens... tu comprends ?

— Oui, oui, je te comprends », dit la voix féminine avec une sorte d'impatience. Peut-être que l'homme lui parlait de très près, sur le visage.

« Après, je me suis senti d'un coup vide... complètement vide... j'ai compris que ce désir et ce plan avaient, pour ainsi dire, rempli ma vie... mais mon désir satisfait, il ne me restait plus rien à quoi penser... pendant dix ans, j'avais eu un but... maintenant je ne l'avais plus. »

— Et personne ne s'est aperçu de rien ?

— On en a parlé dans les journaux... et la chose est morte d'elle-même. »

Il y eut un moment de silence. Je me rapprochai du bord du chemin et, m'appuyant à deux mains aux deux troncs d'arbre, je regardai en bas, faisant en sorte de n'être pas vu. Mais je ne distinguai rien. « À quoi penses-tu ? demanda la voix de l'homme.

— À rien.

— Comment ça, à rien ? Tu es tellement pensive.

— On peut être pensif sans penser à rien.

— Non, tu pensais à quelque chose. »

La femme se mit à rire. « Eh bien, si tu veux vraiment le savoir... je pensais à quelque chose d'absurde.

— Qui me concerne ? »

Elle se mit à rire de nouveau. « Non... ça ne te concerne ni de près ni de loin.

— Qu'est-ce que c'est ? »

La femme rit encore. « Mais enfin, qu'est-ce qui te prend ? dit la voix de l'homme avec irritation.

— Je ris en pensant que tu attends Dieu sait quoi... alors que c'est vraiment un absurdité... comment peux-tu imaginer que, nous, les femmes...

— Mais qu'est-ce que c'est ?

— Eh bien, dit la voix de la femme qui semblait continuait à rire, j'ai regardé mes chaussures... je me suis rappelé qu'en ville, avant de partir, j'avais vu une autre paire de chaussures qui me plaisaient... et tout à coup, j'ai regretté de ne pas les avoir achetées... tu es content maintenant ? »

Il y eut encore un silence. Ensuite, la voix de la femme demanda : « Qu'as-tu ?... Tu es en colère ?

— J'ai eu tort de te raconter cette chose... pour l'effet que ça t'a fait, mieux valait que je m'adresse à cet arbre...

— Mais non, tu as très bien fait... et ça m'a beaucoup impressionnée...

— Ça ne t'a fait ni chaud ni froid.

— Mais que voulais-tu que je fasse ?... Que je pousse un cri ?... ou que je m'évanouisse ?... Du reste, tu dis toi-même que ça ne t'a fait aucun effet de le faire... Alors, tu penses, moi, à l'entendre...

— Je dis ça comme ça... manière de parler... en réalité, ça m'a fait un effet terrible... ça a changé toute ma vie.

— Mais puisque ça s'est produit il y a six mois... comment peux-tu savoir que ça a changé ta vie ?

— Eh bien... il suffirait d'une observation comme celle-ci pour faire comprendre que la chose que je t'ai racontée ne t'a fait ni chaud ni froid...

— Alors, d'accord... on s'est compris... ça ne m'a fait aucune impression.

— Tu vois... c'est moi qui avais raison.

— Je dis ça parce que tu insistes tellement... pour te faire plaisir.

— Moi, ce qui me ferait plaisir, c'est que ça t'ait impressionnée, au contraire.

— Mais enfin, je t'ai déjà dit que ça m'avait impressionnée.

— Eh bien, écoutons, alors... quelle impression ça t'a fait ?

— Quelle impression ça m'a fait ?... Que c'était... comment dire ?... un drame... une tragédie même.

— Et ensuite ?

— Et ensuite rien du tout... Ça ne te paraît pas assez ?...

— Non, ce n'est pas assez.

— Mais que voulais-tu que je pense ?

— Qu'est-ce que j'en sais, moi ? ... que c'était pour moi quelque chose de terrible... que je n'avais pas le droit... que personne n'a le droit...

— Oui, maintenant que tu me le rappelles, je crois que j'ai pensé aussi cela.

— Tu crois ? Tu n'en es pas sûre ?

— Non, j'en suis sûre... je me suis dit exactement cela : que personne n'avait le droit.

— Mais tout à l'heure, pourtant, tu as dit que j'avais bien fait.

— J'ai dit ça comme ça, c'était une façon de parler... mais je pensais vraiment qu'on n'a pas le droit.

— Alors, d'après toi, j'ai eu tort ?

— Tu as eu tort et tu as bien fait.

— Mais enfin, peut-on savoir une bonne fois pour toutes ce que tu en penses ? » La voix de l'homme était exaspérée.

« Moi ?

— Oui, toi.

— Moi... moi, à vrai dire, je ne pense rien... c'est une de ces choses qui ne font penser à rien... c'est un fait, c'est tout. »

J'entendis alors un craquement de branches, un bruissement de feuilles. Quelqu'un avait dû se lever. « Où vas-tu maintenant ? » demanda la voix, torturée et amère, de l'homme.

« Il faut y aller... et puis il y a plein de fourmis ici... je les sens sur mes jambes. Allons-y. »

Je me penchai de nouveau, mais une roche moussue, dépassant du bas-côté, bouchait toute la vue. « Oh, tous ces genêts ! » entendis-je encore la femme s'exclamer. « Comme ils sont beaux !... écoute... ramassons-en un bouquet chacun... tu prends à droite... moi, à gauche... on se retrouve au fond. »

L'homme dut exécuter l'ordre sans dire un mot, car je n'entendis plus rien. Des voix confuses m'arrivèrent encore, mais lointaines et comme se mêlant à la lumière du soleil et au frémissement de la vaste plaine. Puis silence. Je repris ma promenade.

Après déjeuner

Ils avaient déjeuné dans la lumineuse salle à manger, sur la table trapue et massive en sycomore blanc. Après le repas, la maîtresse de maison dit à la bonne qu'ils prendraient la chicorée et les digestifs sur la terrasse ; et elle se leva en se dirigeant vers la fenêtre. On était en mai et le soleil sur cette terrasse avait cet éclat frais et précieux qui convient si bien au cristal, à l'argenterie et aux meubles de bois blanc. La terrasse en forme de pont de navire dominait un vaste paysage urbain et agreste. D'un côté se dressaient des maisons nouvelles, de luxe, avec leurs façades en briques rouges, leurs petits jardins suspendus, verts sur le fond de ciel serein, leurs fenêtres claires, encadrées de marbre blanc, de l'autre, des collines toutes quadrillées de potagers avec des cyprès et des oliviers. Sur d'autres terrasses, lointaines ou proches, on apercevait des familles qui mangeaient, ou qui prenaient le soleil. Des chaises et des tables de jardin, en métal léger peint en blanc, les attendaient sur la terrasse. Il y avait un hamac attaché à deux poteaux métalliques. La bonne posa le plateau avec les bouteilles et la cafetière sur la table basse et s'en alla.

« C'est beau ici, fit remarquer l'invité en s'avançant et en regardant.

— N’est-ce pas ? dit la maîtresse de maison en s’allongeant de côté sur le hamac, laissant pendre une de ses jambes.

— Tu devrais venir la nuit, ajouta le maître de maison en servant une liqueur jaune. Surtout pendant la pleine lune.

— Et puis il y a toujours de l’air, précisa la femme.

— Oui, dit le mari, mais le soleil commence à taper. » Il se leva, alla vers le mur et se mit à tourner une manivelle. Progressivement, une tenture à raies rouges et blanches se baissa, au-dessus de la table, et la recouvrit de son ombre.

« J’ai l’intention, commença la femme en glissant une main derrière sa nuque et en se renversant sur les coussins du hamac, de faire construire une tonnelle en automne... Une tonnelle en bois peint en vert. Le long du parapet j’alignerai une série de pots en terre cuite ou en céramique...

— Moi, je préfère la céramique, décida le mari en faisant claquer devant la pointe de sa cigarette un gros briquet en argent.

— Avec des plantes grimpantes... j’aime tant les jardins suspendus. »

L’invité ne dit rien. Il sirotait son digestif et regardait les maisons voisines ou lointaines. « Vous voulez entendre un disque ? demanda la maîtresse de maison. On en a de nouveaux. » Elle se leva du hamac et rentra dans la salle à manger. À travers la vitre, l’invité la vit examiner quelques disques, en mettre un sur le tourne-disques électrique. Elle revint. Aussitôt après, résonnèrent les premières notes d’un quatuor de Mozart.

L’invité avait bu la moitié de son verre de liqueur. Avant le digestif, il avait avalé une tasse de chicorée. Avant la chicorée, il avait mangé un repas normal de trois plats, mais très bien cuisiné et très bien servi. Le déjeuner avait été précédé d'un cocktail alcoolisé et glacé battu par la maîtresse de maison elle-même dans un shaker en nickel. Il se sentait étourdi et irrité. Il n'était lié par aucune amitié à ce jeune couple. La femme lui semblait avoir un beau corps, élancé et élégant, mais une tête insupportablement ordinaire et dépourvue de beauté, quoique gracieuse. Quant au mari, il était correct et peut-être même sympathique, mais il y avait une ostentation fastidieuse de simplicité et de pondération dans la façon dont, de temps à autre, il réajustait ses lunettes sur son nez, ou bien fumait, ou encore se penchait pour considérer ou toucher les objets. L'invité dit lentement : « Oui, vous avez tout ici pour être heureux...

— Et nous le sommes, l'interrompit la femme, avec un entêtement empressé, en arrangeant les coussins du hamac derrière son dos.

— Quoique d'un bonheur bourgeois. »

Le tourne-disques cessa de jouer. Mais la femme ne bougea pas. « Qu'entendez-vous par bonheur bourgeois ?

— Ça, répondit l'invité en faisant un geste circulaire. Ce que vous êtes tous les deux.

— Oh, mais... » Elle avait un visage dur et déçu. « Nous, on ne peut pas dire que nous soyons bourgeois...

— Pourquoi ? demanda l'hôte. Il n'y a rien de mal à être bourgeois.

— Peut-être, mais nous ne le sommes pas... tu ne crois pas, Riccardo ? Est-ce que nous serions bourgeois ?

— Moi, je dirais que non, répondit le mari.

— Sans doute me suis-je mal expliqué, insista l'invité. Par bourgeois, j'entends exactement ce que vous êtes... rien de plus.

— Peut-être, mais nous ne sommes pas bourgeois, dit

la femme avec une voix sèche et obstinée. Des bourgeois, c'est par exemple... les R., vous les connaissez ?

— Non.

— Eh bien... enfin... eux, c'est vraiment des bourgeois.

— C'est-à-dire ?

— Je ne sais pas... c'est vraiment des bourgeois, c'est tout... Ils ont le beau salon où ils ne vont jamais... Madame ne pense qu'à la cuisine et aux vêtements du mari et des enfants... ils économisent... ils ne se voient qu'en famille... je ne sais pas, moi... c'est eux que j'appellerais bourgeois, pas nous.

— Eux, dit impitoyablement l'invité, sont un autre genre de bourgeois... c'est tout... mais vous aussi, vous êtes bourgeois.

— Permettez, commença le mari en ajustant ses lunettes sur le nez. Permettez, il ne suffit pas d'affirmer une chose... il faut la prouver... qu'y a-t-il de bourgeois en nous ?

— Tout.

— C'est la meilleure ! s'exclama la femme en faisant roucouler un rire affecté et en se renversant dans le hamac. Et nous qui croyions que nous l'étions trop peu... tu es servi, Riccardo.

— Un instant, continua le mari en essayant toujours d'être objectif. Par bourgeois, on entend des choses très différentes... Avant tout, une classe sociale bien définie... et ensuite une façon de vivre et de penser... enfin on dit bourgeois comme autrefois au aurait dit imbécile ou égoïste... or nous ne faisons décidément pas partie de la bourgeoisie... toutes nos connaissances sont ou des artistes ou des gens comme nous, sans classe... en deuxième lieu, nous ne pensons pas, nous ne vivons pas comme des bourgeois... enfin, je ne crois pas que vous ayez l'intention de nous dire bourgeois dans un sens injurieux... je ne le crois pas... ou du moins je l'espère...

— Le bourgeois, dit l'invité de façon tranchante, est précisément celui qui croit et prétend ne pas l'être. »

Le mari, à ces mots, regarda l'invité et secoua la tête sans rien dire. Mais la femme partit d'un autre de ses rires hystériques. « C'est inutile, Riccardo... nous sommes bourgeois et il n'y a rien à faire. »

Un silence s'ensuivit. « Du reste, ajouta l'invité, dites-moi, vous, plutôt, pourquoi ça vous ennuie tant que ça qu'on vous dise que vous êtes bourgeois.

— Ça ne nous ennuie pas, protesta la femme. Seulement, ce n'est pas vrai. C'est tout.

— Essayez, dit l'homme plaisamment, de n'avoir pas honte d'être bourgeois... de vous en vanter, et vous verrez comme tout change.

— Mais pourquoi devrions-nous nous vanter d'être bourgeois ? demanda la femme, le visage un peu rouge. Puisque nous ne le sommes pas.

— Vous voyez, dit le mari, sans cesser de tenter d'être objectif, de nos jours, il ne plairait à personne de s'entendre traiter de bourgeois.

— Et pourquoi ?

— Je sais ce que je veux dire quand je traite quelqu'un de bourgeois, interrompit la femme avec rancœur. Je veux dire que c'est un homme mesquin, plein de préjugés, conventionnel, bref un être odieux.

— Alors excusez-moi, dit l'invité. Je ne voulais vraiment pas dire cela.

— Il n'y a pas de quoi, répondit le mari avec soulagement, il suffit de s'entendre.

— Je voulais simplement dire que vous étiez bourgeois, conclut l'invité. C'est tout. »

Cette fois, plus personne ne parla. La femme et le mari, offensés, se taisaient. Et c'était comme, pensa l'invité, s'il les avait accusés d'être atteints d'une maladie répugnante. Mais qu'il doutait qu'ils voulussent guérir.

La promenade en barque

Il s'étaient connus parce qu'ils étaient voisins de cabine de bains et, rapidement, ils étaient devenus tous trois inséparables. À vrai dire, c'est la femme qui la première avait adressé la parole au jeune homme, mais ensuite, contrairement à ce qui se produit d'habitude, c'est le mari qui s'était lié d'amitié avec lui. La femme, jeune et charmante, croyait avoir beaucoup de qualités pour plaire, mais elle avait dû rapidement se rendre compte que ce jeune homme ne manifestait pas la moindre curiosité à son égard. Elle ne désirait pas grand-chose en vérité : qu'on lui fît un brin de cour, avec quelques compliments sur ses robes, sur sa manière de s'habiller, qu'on se souciât de la distraire avec une conversation légère et élégante, adaptée au lieu et aux circonstances, qu'on lui accordât, bref, un peu d'importance. Cela, elle avait depuis belle lurette renoncé de l'obtenir de son mari, brave homme, mais terne. Et cela avait été un manque de chance tout particulier pour elle, de choisir entre tous ce jeune homme pour s'adresser à lui. À ce qu'il semblait, il n'avait pas d'autre passion que celle de certaines recherches auxquelles le mari lui aussi s'était autrefois consacré. Ainsi, dès les premiers contacts, les deux hommes s'étaient mis à bavarder et à discuter ensemble et ils n'avaient plus un regard pour elle, qui ne comprenait pas un seul mot de ce qu'ils disaient et qui s'ennuyait.

Elle commença à détester le jeune homme, d'une haine capricieuse et tenace. Ce qui l'agaçait surtout, c'était qu'il fût si avenant et en même temps si peu galant et léger. Au moins, le mari, blanc, maigre, chauve, on voyait bien ce qu'il était. Mais ce jeune homme, en apparence si jeune, en réalité si vieux, lui semblait appartenir à une nouvelle espèce d'hypocrites et de traîtres. Elle le haïssait et essayait, par tous les moyens, de le lui faire comprendre. Mais lui, il ignorait toute cette haine de la même manière qu'il ignorait tout ce qu'elle pût faire ou dire.

Elle eut l'impression, un jour, d'avoir fait une grande trouvaille en proposant à son mari une promenade en barque. Elle espérait que leur maussade compagnon resterait à terre. Mais le mari se hâta d'inviter son nouvel ami. Ainsi, les deux hommes, discourant toujours passionnément, et la femme sombre et mécontente, partirent à lents coups d'avirons vers le large.

Il s'agissait d'aller dans une certaine grotte, en longeant les falaises de l'île. Le mari ramait de ses bras osseux et pâles, tout en discutant avec le jeune homme. La femme s'était allongée vers la poupe, les yeux fermés, le corps à demi nu exposé au soleil. Il y avait une lumière forte, estivale, sur une mer crêpée et scintillante à chaque vaguelette. Le mari pensait plus à discuter qu'à ramer. De temps à autre, il donnait un coup trop violent, faisant osciller la barque, ou bien il s'empêtrait avec les rames. Mais il ne cessait pas de parler.

Dès qu'ils eurent doublé un certain promontoire, un vent rasant, frais, impétueux les attaqua de face. Toute la mer se fronçait sous ce vent, l'écume jaillissait, blanche, à la crête des vagues, et leur éclaboussait le visage. La barque tanguait.

C'est dans ce vent qui soulevait les vagues et faisait rouler et vaciller la barque que les deux hommes commencèrent une discussion particulièrement passionnée. Il était question, à ce qu'elle put comprendre, d'un personnage historique au nom étranger. Il s'agissait de savoir si il avait eu raison ou tort, dans certaines circonstances, d'agir de telle ou telle manière.

Elle éprouva soudain, ainsi étendue en poupe, les yeux clos, le violent désir d'interrompre la discussion. Retenant entre ses mains son soutien-gorge dénoué, elle s'assit et regarda les hommes d'un œil mauvais.

« Dis-moi, lança-t-elle à son mari, tu ne crois pas que mes jambes sont moins bronzées que le reste de mon corps ? » Elle souleva ses jambes, qu'elle avait droites, rondes et pleines. Elle était petite mais avait un corps parfait.

« En effet », répondit distraitement le mari. Ensuite, s'adressant au jeune homme : « Ce que vous me dites... » La discussion se poursuivait.

« C'est dommage, dit-elle au jeune homme, que vous soyez dans la barque avec nous.

— Pourquoi ? demanda-t-il sans se retourner, pardessus son épaule.

Parce que j'aurais pu me déshabiller entièrement et prendre le soleil sur tout le corps... c'est tellement moche, ces marques blanches... »

Le jeune homme ne répliqua rien. Il expliquait quelque chose au mari. La barque affronta une vague plus haute que les autres, elle monta et redescendit. Le mari, pendant un instant, semblable à une araignée sur son banc de rameur, se débattit dans le vide avec ses rames.

Elle les regarda avec haine et dit en haussant la voix : « Quand j'étais plus jeune... j'ai fait une promenade, justement dans ce coin... avec un beau garçon... on était amoureux... »

« Oui... mais vous avez tort parce que... » Les deux hommes continuaient à discuter. La barque à rouler.

« Il était très amoureux, poursuivit-elle en haussant la voix de plus belle. Et justement dans ce coin, il m'avait fait une terrible scène de jalousie... j'étais très coquette alors... et lui, à vrai dire, il n'avait pas entièrement tort... En parlant, il se mettait de plus en plus en colère, de plus en plus... et moi, je ne sais pas pourquoi, j'ai eu soudain envie de rire... il criait, il criait, il me menaçait avec les mains, avec la rame, et je riais, je riais, je riais... comme ça. » Elle renversa la tête et éclata de rire.

« Dora ! » dit le mari en accordant une pause à sa conversation et en la regardant. Le jeune homme également se retourna et l'observa, puis il interrogea le mari du regard. Ce dernier secoua la tête avec perplexité, comme pour dire : « Je ne comprends rien. » La femme cessa de rire et lança un coup d'œil autour d'elle. Ils étaient entrés dans une espèce de crique, au pied d'un escarpement élevé. Sur les flancs on apercevait des buissons verts entre des rochers dispersés et les traînées poussiéreuses des effondrements. La mer se brisait rageusement contre ces rocs, la barque roulait.

« Il était très beau, recommença-t-elle soudain de sa voix forcée et stridente, mais jaloux... jaloux... quand on s'est retrouvés dans la grotte, il est allé en poupe et il a plongé dans l'eau. Quand il a réapparu à la surface, je lui ai dit de s'éloigner s'il le voulait... mais il m'a répondu qu'il ne le voulait pas... dans la grotte, il y avait un canot... avec un garçon que je connaissais, un blond, et qui me faisait la cour... et l'autre avait peur que j'en profite, pendant qu'il nageait, pour lui parler... et en effet, le garçon du canot me jetait de ces regards... de ces regards... et l'autre était jaloux même dans l'eau, nageant autour de la barque comme un fou... et alors je me suis mise à rire encore... et dans la grotte, il y avait de l'écho... le garçon du canot me regardait... et l'autre furieux qui nageait autour de moi... et moi qui riais, qui riais comme ça. » Elle se renversa de nouveau et éclata de rire. Une mouette, comme bousculée par le vent, lui passa sur la tête.

« Dora ! » supplia de nouveau le mari.

Mais elle ne prêta pas attention et poursuivit : « Je riais... et la grotte baignait dans une lumière verte qui tremblotait sur les rochers... et l'autre qui nageait autour de moi, furieux, me parlant à ras de l'eau, me disant de cesser de rire parce qu'il pensait que moi, avec ce rire, je voulais aguicher l'autre, dans son canot... et finalement, voyant que je ne lui prêtais pas attention, toujours à la nage, il s'approcha de l'autre et lui dit de s'en aller... et l'autre a répondu : Pourquoi ?... Je suis ici et j'y reste... et lui : C'est ce qu'on va voir... Alors ils ont commencé à s'injurier... stupide, vaurien, imbécile... vraiment comme ça, l'un dans l'eau, l'autre dans son canot... à la fin, il a essayer de faire chavirer le canot... il a grimpé d'un côté, pendant que l'autre tentait de le frapper avec la rame, et il fit tant et si bien que le canot s'est soudain renversé et que le garçon est tombé lui aussi dans l'eau... mais une fois dans l'eau, tous les deux ont recommencé à s'insulter, et puis ils se sont mis à s'éclabousser, à s'envoyer cette eau verte au visage... alors j'ai saisi précipitamment les rames et sans plus me soucier d'eux, je me suis éloignée... pas tant que ça... tout juste à l'extérieur de la grotte... de manière à pouvoir les voir qui se disputaient au pied de ces rochers verts... tout seuls dans cette eau tranquille... à les voir, ainsi, de loin, j'ai eu envie à nouveau de rire... un monsieur est passé, que je connaissais, en canot lui aussi, et il m'a demandé comment je me retrouvais seule et pourquoi je riais... et je ne lui ai donné aucune explication... il s'est éloigné, et les deux autres, pendant ce temps, continuaient dans la grotte à se battre... et le canot du blond, tout doucement, poussé par le courant, sortait de la grotte avec sa rame qui flottait de côté... et je riais, je riais...

— Dora, enfin, tu as fini ? demanda le mari avec violence.

— Mais oui, j'ai fini », répondit-elle en redevenant soudain sérieuse. Sans ajouter un mot, elle s'enfonça dans le fond de la barque, où elle se recroquevilla, le visage contre les genoux, les mains sur les yeux.

« Dora, qu'as-tu ? » demanda le mari alarmé.

Elle secoua la tête et ne répondit pas.

« Peut-être se sent-elle mal ? » hasarda le jeune homme.

« Tu te sens mal ? Tu veux qu'on regagne la rive ? » demanda le mari.

De la tête, elle fit signe que oui et n'ajouta rien.

« Regagnons la rive », décida le mari en recommençant à ramer et en s'employant à tourner la barque.

De son coin, dans les ténèbres de ses yeux fermés, elle sentit la barque tourner et reprendre sa lente avancée. Le soleil tapait. Au bout d'un moment, les deux hommes, comme si de rien n'était, avaient recommencé la conversation interrompue.

L’expérience

Un ami m’a raconté qu’il y a quelques années, se trouvant en montagne pour les sports d’hiver, il s’était cassé la jambe et qu’il avait été transporté dans le sanatorium local. Contraint à passer deux mois au lit, il s’était lié d’amitié avec un voisin de chambre, un étudiant étranger qui avait eu, lui aussi, une jambe cassée dans un accident tout à fait analogue. Les deux infirmes, comme souvent dans de tels cas, devinrent rapidement intimes, sans pour autant vraiment s’attacher l’un à l’autre. Le caractère de l’étudiant empêchait que cette intimité forcée se transformât en un sentiment affectif libre et spontané. Orgueilleux, froid, honteux de toute expansion, renfermé, l’étudiant semblait plus désireux de dominer que d’attirer la sympathie d’autrui. Et dès qu’il s’apercevait que ses rapports avec mon ami tendaient à la tendresse, il se hâtait de les réorienter avec quelque ironie ou carrément avec une hostilité ouverte. Toutefois, étant très intelligent et cultivé, il offrait la compagnie, dans certaines limites, la meilleure que l’on pût désirer dans ces conditions.

Parmi toutes les préoccupations ou plutôt fixations qui dominaient son esprit trouble et agité, il y avait celle de posséder un esprit si bien détaché, si victorieux de toute passion, si libre des conventions qui régissent les rapports humains, si imperturbable et serein qu'il serait supérieur à toute offense.

Tous ces affects qui sont propres à l'être humain, il affirmait qu'il les avait ou bien dominés ou carrément anéantis. Cette prétention irritait mon ami, qui lui répondait qu'il n'y avait rien au monde qui pût la réaliser et que, où qu'il allât, il y aurait une personne très différente de lui, capable de contrebalancer une telle inhumanité par des qualités non moins extraordinaires et inhumaines qui, manifestement, lui faisaient défaut. Il n'était, par conséquent, ni un saint ni un sage de l'Antiquité, mais seulement un petit étudiant présomptueux et fat. Comme on le voit, la discussion avait vite atteint un certain degré d'aigreur. Mais l'étudiant, à chaque protestation et à chaque argument de mon ami, répondait avec suffisance qu'il était tel qu'il affirmait être. Et il ne demandait pas mieux que d'être mis à l'épreuve.

D'une querelle à l'autre, ils parvinrent à l'accord suivant : mon ami commencerait à injurier et à offenser l'étudiant en tout ce que les hommes ont de plus jalousement défendu et de plus sacré : l'honneur, la famille, le rang, la nation, la religion. Et l'étudiant essaierait, par l'attitude la plus imperturbable, de lui prouver que toutes ces offenses et ces injures ne l'atteignaient pas. S'obligeant, parallèlement, à avouer à mon ami, en toute sincérité, si certaines de ses paroles avaient, le moins du monde, égratigné le granit de son âme. À vrai dire, la proposition étrange et antipathique vint de l'étudiant. Pendant un moment, mon ami la refusa. Mais finalement il était tellement agacé et irrité de cette singulière vanité qu'il se déclara prêt à tenter l'épreuve. Ainsi, à une heure convenue, les deux adversaires s'affrontèrent.

Mon ami était vraiment gêné, comme s'il avait dû s'entraîner avec une arme sur une cible vivante. Il commença toutefois et, pour ce faire, avec la gaucherie typique des débutants, il jeta au visage de l'étudiant une insulte grossière et déplaisante. L'étudiant lui avait recommandé de procéder par ordre, c'est-à-dire du particulier à l'universel, de la personne à la famille, à la classe sociale, à la nation, puis à la religion. Et quelques insultes concernaient justement l'étudiant pris individuellement. Mon ami s'attendait à le voir du moins frémir ; mais l'étudiant resta immobile et serein. Mon ami éprouvait à présent une réelle antipathie pour l'étudiant. Il ne lui fut donc pas difficile de lui dire tout ce qu'il pensait de pire et même d'injuste à son propos. Sans toutefois obtenir d'autre effet qu'un sourire moqueur et une incitation magnanime à poursuivre. Mon ami, ayant alors perdu tout égard et toute honte, s'attaqua à la famille de l'étudiant, qu'il avait rencontrée quand le père, la mère et la sœur étaient venus rendre visite au patient. C'étaient des personnes dignes de respect et mon ami me dit qu'il souffrait réellement de les injurier et de les diffamer, mais l'étudiant, sous cette pluie d'outrages dont chacun, ainsi que mon ami me le révéla, aurait été plus que suffisant à justifier ce que, en langage chevaleresque, on appelle un duel de troisième degré, se contenta de hausser les épaules. Fatigué et dégoûté, mais non vaincu, avec l'obstination d'un paysan qui bêche un potager stérile, mon ami passa alors au rang social. L'étudiant était d'une famille aisée et bourgeoise, mon ami lui lança au visage tout ce qu'on pouvait penser de pire sur sa classe et ses habitudes, vices, défauts et détails manifestes dans son attitude et son caractère. Mon ami voyait la victoire lui échapper, mais il ne désespérait pas. Il y a tant de gens, pensait-il, qui se montrent indifférents aux choses familiales, mais qui possèdent en revanche une invincible sensibilité sociale. L'étudiant ne cilla pas. Il ne restait plus qu'à prendre à partie la nation et la religion. Mon ami, pendant une dizaine de minutes, s'échina à déballer tout ce qu'on avait dit et écrit, de tout temps et en tout lieu, de plus grossier et de plus insultant sur le pays de l'étudiant. Chacune de ces mises en cause, me déclara mon ami, aurait suffi à faire éclater la guerre entre les deux pays, mais ils ne purent ébranler la sérénité inaltérable et ironique de son adversaire. Restait la religion. Mon ami annonça soudain qu'il ne parvenait pas à blasphémer une foi qui était aussi la sienne. Qu'il le croyait, sans aucun doute, d'une trempe différente de celle des autres, qu'il se déclarait vaincu et qu'il le félicitait pour le splendide résultat de l'épreuve. L'étudiant, à peine plus pâle que d'habitude, parut accepter avec satisfaction ces compliments aigres-doux.

Mais une des conditions de l'expérience était qu'après l'affrontement, les deux garçons retrouveraient leurs rapports originaux et cordiaux, sans une ombre de rancœur. Or mon ami s'aperçut tout de suite que l'attitude de l'étudiant envers lui avait changé. Taciturne, plein d'on ne sait quelle passion sordide, il paraissait incapable, en dépit de ses efforts, de retrouver la désinvolture habituelle et la familiarité de leur ton. Mon ami lui rappela l'engagement solennel de dénoncer l'offense s'il y avait lieu. Mais l'étudiant, comme s'il se fût réveillé d'une profonde distraction, lui garantit avec énergie que son esprit était serein comme jamais. Mais qu'il ne se sentait pas bien. Sur ces mots, il se retira dans sa chambre. Les jours suivants, il fut évident pour mon ami qu'il y avait eu une offense et que l'étudiant, malgré sa vantardise, avait été incapable de l'avaler. Il ne lui parlait plus, c'était à peine s'il lui disait bonjour, avec une mine sombre et renfermée, il finit par cesser de se manifester.

Mon ami brûlait de la curiosité de savoir laquelle des insultes variées qu'il lui avait jetées au visage avait eu le pouvoir de le blesser. Mais l'étudiant, dont la guérison approchait désormais, partit un matin à l'improviste, sans lui dire au revoir.

Quelques années s'écoulèrent. Mon ami fit un voyage d'affaires dans le pays de l'étudiant et une des premières personnes qu'il eut l'occasion de rencontrer fut précisément son ancien compagnon de sanatorium. Il ne le trouva pas beaucoup changé, c'était toujours le même homme orgueilleux, renfermé, froid, revêche. Mon ami n'avait pas oublié ce singulier duel et dès qu'il fut possible, il dit à l'étudiant qu'il était convaincu qu'il l'avait offensé et qu'il désirait savoir quelle avait été l'offense. L'étudiant d'abord nia et ironisa, puis, acculé par les arguments de mon ami, il avoua qu'effectivement ce jour-là il avait réussi à l'offenser, de telle sorte que par la suite il n'avait plus été en mesure de recouvrer sa sérénité d'âme ni de rétablir son assurance dans leurs rapports. Mon ami demanda quelle avait été l'offense. L'autre se fit encore prier et finit par avouer, avec un sourire humilié, que ça n'avait été aucune des choses très graves et irréparables que mon ami lui avait dites, mais une bêtise que, parmi tant d'autres insultes, mon ami, presque sans s'en apercevoir, dans la fougue de la dispute, avait insinuée. Mon ami lui avait reproché de faire avec les lèvres, en mangeant de la soupe, un certain bruit désagréable de succion. Cela avait suffi à planter dans son cœur un dard empoisonné. Dans ce même cœur que des injures tellement plus cuisantes n'avaient pas même effleuré.

En guise de conclusion, mon ami me dit que, même après cette révélation, leurs rapports étaient restés tout à fait gênés. L'ancien étudiant l'invita à dîner et, au moment du potage, il lui fit observer, avec un sourire aigre, qu'il s'était corrigé et qu'il ne faisait plus ce bruit avec les lèvres. Mais il était manifeste que, même après toutes ces années, il n'avait pas encore pu lui pardonner cette observation innocente et fortuite. Puis mon ami partit et ne revit plus l'homme qui s'était vanté de ne pouvoir être offensé.

L'infériorité

Pourquoi le cacher ? Ce qui me lie à Cosimo n'est pas un sentiment de libre et mutuelle affection, mais une sensation d'infériorité dont, en dépit de mes efforts, je ne parviens pas à me libérer.

Il arrive souvent, lorsqu'on rencontre quelqu'un pour la première fois, que l'on se sente subjugué, fasciné, emporté. Puis, en poursuivant la relation, cette même personne révèle ses défauts, ou simplement sa vraie nature et permet de reconduire notre sentiment à son égard à de justes proportions. En d'autres termes, cette personne restait enveloppée de mystère, par certains aspects, et, le mystère étant dissipé, le charme qu'elle exerçait sur nous s'évanouit à son tour. Mais avec Cosimo, c'est exactement le contraire qui s'est produit. Je le connais maintenant depuis des années. Plus aucun mystère ne l'entoure à mes yeux. Avec une négligence méprisante, il s'est même montré devant moi sous les apparences les plus diverses, même les plus blâmables. Toutefois le charme tient. Mais il est peut-être déplacé de le nommer charme.

Il s'agit d'un sentiment très semblable à ce que pourrait éprouver le célèbre pot de terre de la fable pour son non moins célèbre compagnon, le pot de fer. Le pot de terre a beau être décoré de couleurs gracieuses, il a beau être de forme élégante, il a beau être apprécié et recherché, il se brise au premier choc, alors qu'il est totalement exclu qu'il puisse jamais briser le pot de fer. Impuissance : tel est le sentiment que j'éprouve envers Cosimo. Impuissance de l'affection à susciter une affection analogue, de la haine à imposer la haine, du mépris à blesser, de l'envie à se dissimuler, de l'intelligence à surpasser son intelligence, de ma vitalité à surmonter l'obstacle de l'impuissance même. Je sais que Cosimo, comme tout le monde, doit avoir son point faible, mais jusqu'ici je ne suis pas parvenu à le découvrir. Quant à moi, il ne s'agit pas de points faibles : face à lui je ne suis que faiblesse, de la tête aux pieds.

Voici à présent quelques-uns des aspects de nos rapports. La première fois que je l'ai vu, après les formules habituelles de prises de contact, je lui ai dit, par pure courtoisie : « J'ai entendu dire beaucoup de bien de vous par R.

— Ah, oui, a-t-il lâché négligemment. Je suis désolé de ne pas pouvoir en dire autant à votre sujet.

— Pourquoi ? demandai-je alarmé. Il dit du mal de moi ?

— Pas précisément... mais enfin... allez, je vois que vous êtes déjà inquiet, que vous pâlissez... diable, quel amour-propre... je ne veux pas vous faire souffrir... je ne vous en dirai pas davantage. »

Remarquez que je n'étais pas du tout inquiet alors, que je n'imaginais même pas avoir pâli et encore moins souffert, que mon amour-propre n'était nullement en jeu. Toujours est-il qu'avec ces simples phrases, il avait atteint le but qu'apparemment il s'était fixé : me déconcerter, bref, me placer dans une situation d'infériorité.

Quelque temps plus tard, de même, nous parlions de femmes, avec tout un groupe d'amis. Chacun racontait une aventure. Il y avait une atmosphère cordiale, je ne me méfiais pas encore de Cosimo. J'avais en tête une histoire qui me semblait intéressante et j'attendais avec une certaine impatience que S. eût fini la sienne pour commencer à mon tour. Mais S. s'était à peine tu que Cosimo déclara : « Maintenant laissez parler Ernesto... vous ne voyez pas qu'il en meurt d'envie ?

— Pour moi, répondis-je dépité, je pourrais m'en passer.

— Allons, insista-t-il, on voit bien que tu ne tiens pas en place... je parie que c'est une histoire qui te donne le beau rôle... n'est-ce pas ? »

Que pouvait-on faire après une telle introduction ? Renoncer à raconter voulait dire manifester un ressentiment encore plus déplacé, du moins en apparence. D'autre part, raconter équivalait à lui donner raison, que je mourais vraiment d'envie de le faire. Je me suis mis à raconter mon histoire, mais j'étais irrité et ce fut un four.

Une autre fois, il m'arriva de dire incidemment :

« Bref, d'amis comme Giovanni, comme toi, comme Valerio, jamais je n'aurais attendu une chose pareille...

— Un moment, m'interrompit-il aussitôt. Dois-je comprendre que tu me considères comme ton ami ?

— Oui, dis-je confus et déjà irrité. Mais si tu n'y tiens pas, tu n'as qu'à le dire.

— Au contraire, répondit-il avec une douceur affectée. Je considère cela comme un honneur... de toute façon, c'est bien de le savoir... tu me considères comme un ami... très bien... »

— Très bien, mon con, oui !

— Tu vois comme tu perds vite ton calme... quel

caractère, mon Dieu, quel caractère !... eh bien, très mal, alors, si tu préfères... »

Je renonçai à lui répondre. Mais dans cette brève anecdote se révèle un de ses systèmes préférés pour me déconcerter et me faire ressentir mon infériorité. Qui est de m'attendre au tournant d'une phrase, d'un mot, et quand je m'y attends le moins, au moment où je suis de la meilleure foi possible, de la plus grande candeur, de me glacer par quelque observation perfide et ambiguë.

Ce fut après cette discussion que je sentis naître en moi une hostilité décidée envers Cosimo. Jusque-là, je m'étais montré courtois, gentil, affectueux même. Je devins déplaisant, agressif. Je croyais être déjà son ennemi, mais, en réalité, mes sentiments n'avaient pas changé. Je cherchais seulement de nouvelles voies pour me libérer de mon sentiment d'infériorité. Je lui dis, peu de temps après : « Ton plus grand défaut est de n'avoir pas de cœur.

— En revanche, toi, tu en as beaucoup », répondit-il en me regardant malicieusement.

Je ne compris pas si je devais en être offensé ou me réjouir.

« Que veux-tu dire ?

— Que tu as du cœur... énormément de cœur...

— Pour toi, demandai-je agressivement, avoir du cœur serait un défaut ?

— Non, au contraire... c'est une qualité... du moins pour la grande majorité des gens... du reste, toi-même, qui fais partie de cette majorité et en un certain sens en es un représentant, comment dire, autorisé, tu prouves, par tes paroles, que tu considères cela comme une qualité...

— Et toi, dis-je avec colère, qui ne fais pas partie de la majorité, mais d'une exquise minorité... tu considères cela comme un défaut, hein ?

— Voilà que tu te mets en colère... regarde où va se nicher l'amour-propre... dans le refus d'être considéré comme bon...

— Si par bonté tu entends le conformisme...

— Mais non, bon sang... et puis, écoute, on ne peut pas être tout à la fois... d'ailleurs, à bien y regarder, sans les bons que vous êtes, qu'adviendrait-il de nous, les méchants ? » Etc, etc. Tout cela avec une fausse et excessive bonhomie.

Mais je n'ai pas besoin de faire remarquer : 1) que selon lui, je faisais partie de la majorité, c'est-à-dire que j'étais médiocre, commun, quelconque ; 2) qu'il laissait entendre qu'il se fichait éperdument de la bonté en général et de la mienne en particulier.

J'eus recours à d'autres armes. Je lui dis un jour : « Écoute, Cosimo... mieux vaut qu'on ne se voie plus, ta seule présence m'exaspère... et puis, avec toi, je suis obligé de peser mes mots, de surveiller mes gestes, de calculer jusqu'à mes moindres regards... c'est intolérable et terriblement épuisant... c'est pourquoi, je t'en prie, cessons de nous voir... »

Il me regarda et me dit avec un sourire : « Je ne savais pas que je produisais un tel effet sur toi... pour tout l'or du monde, je ne voudrais pas troubler ta paix... eh bien, d'accord, ne nous voyons plus... »

Vous avez compris ? Après presque deux ans durant lesquels nous avions passé ensemble nos soirées, je lui proposais, comme ça, à titre expérimental, de cesser de nous voir. Et lui, au lieu de protester, de manifester au moins une légère déception, il acceptait tout de suite la proposition, en affichant la plus parfaite indifférence. Comme pour me faire comprendre que, avec ou sans moi, c'était pour lui exactement la même chose.

Naturellement nous continuons à nous voir plus que

jamais. Probablement a-t-il besoin de moi de la même manière que j'ai besoin de lui. Parce que, au fond, je suis le seul qui le prenne au sérieux et lui donne de l'importance. J'imagine que ça le flatte. Pour ses autres amis, Cosimo n'est qu'un brave et sympathique garçon, rien de plus.

Nous nous voyons. Et moi, renonçant à lutter, j'évite soigneusement d'engager avec lui ces duels verbaux qui, autrefois, étaient si fréquents. J'essaie de donner à la conversation un ton plat, terne, ordinaire. Mais je sens quand même sa supériorité, entre nous, comme une mouche agaçante qui tantôt se pose sur mon nez, tantôt se balade sur mon front, suscitant une insupportable démangeaison et que, malgré mon exaspération, je me suis engagé à ignorer.

Le casino

Le golfe, très étroit, s'ornait sur toute sa courbe d'une quantité de maisons blanches enfoncées dans la verdure de jardins touffus. Éparses çà et là irrégulièrement, sur les basses collines qui entouraient le golfe, ces villas, toutes très grandes, ne donnaient pas la sensation d'étroitesse et de modestie de certains môles encombrés de maisonnettes : on pensait plutôt à de superbes villégiatures, solitaires, privilégiées. Mais en regardant mieux, nous découvrîmes que ces villas avaient un aspect démodé et négligé. Construites pour la plupart en style liberty, comme il était encore en vogue il y a quarante ans, elles présentaient sur leurs façades noircies de grandes taches d'humidité ; les persiennes étaient délavées ; à travers les grilles, les allées des jardins apparaissaient à l'abandon, envahies de mauvaises herbes. Ce jour-là, le ciel d'hiver, sombre et nuageux, et les eaux agitées du golfe qui en reflétaient la triste couleur, semblaient accroître cet air de saleté et de déshérence. Attilio me dit que le lieu avait été à la mode environ un demi-siècle plus tôt et qu'alors les familles les plus riches de la ville avaient procédé à une course à la construction. Puis, pour différentes raisons – la principale était la présence d'une usine dont on voyait en effet fumer les cheminées à une extrémitié du golfe, et qui remplissait les eaux de ses déchets –, le lieu avait connu une décadence. Les villas, désormais, n'étaient plus qu'un poids pour les propriétaires. De sorte qu'aujourd'hui il était possible de louer pour un prix dérisoire une de ces fastueuses demeures. Mais le plus souvent, elles ne trouvaient pas amateur.

Entre les villas et la plage, tout autour du golfe, courait une route défoncée et privée de revêtement, avec deux trottoirs plantés de gros platanes. Les platanes réunissaient au-dessus de la route leurs branches sous lesquelles on passait comme sous un tunnel. Mais c'était maintenant l'hiver, et les branches, dépouillées, laissaient voir à travers leurs ramilles tachetées de blanc un ciel noir d'orage. Les villas donnaient sur la route avec leurs grilles élaborées, pleines d'arabesques et de boucles. De l'autre côté, le trottoir tout effrité se confondait avec le sable épais et sale de la plage étroite. Nous marchions lentement, pris nous aussi par la torpeur hivernale de l'endroit, quand tout à coup les premières gouttes commencèrent à s'écraser sur les pierres de la rue, si grosses qu'on aurait dit des crachats. « La pluie », annonça Attilio. Je me tournai et vis un nuage noir et déchiré en forme d'étendard naviguer rapidement sur le fond immobile des nimbus et, de son flanc lacéré, cracher sur les flots du golfe la blanche averse. Nous nous mîmes à courir en cherchant refuge, mais tous les portails des villas étaient fermés, de même que les rares cabines de la plage. « Il ne nous reste plus qu'à nous abriter ici », dit Attilio. Je levai les yeux et reconnus ce qui avait été autrefois le casino local. C'était une espèce de rotonde ventrue, avec une coupole écrasée, flanquée de deux tours surmontées elles aussi de coupoles. On y accédait par d'amples escaliers qui se croisaient et se séparaient dans un jeu de paliers et de terrasses. Le style liberty faisait, de toute évidence, dater le casino de la même époque que les villas. Sur les piliers de l'entrée on pouvait encore voir collés des lambeaux d'affiche sans couleur ni forme. Les portillons étaient ouverts, nous montâmes en courant l'escalier, que nous découvrîmes sous nos pieds fêlé comme par un tremblement de terre. Le casino était dans un total abandon et tombait en ruine. Nous sommes arrivés à bout de souffle sur la dernière terrasse, la porte était fermée, mais nous avons trouvé une grande partie des fenêtres privées de vitres et, en chevauchant le rebord qui était assez bas, nous avons pu facilement nous mettre à l'abri.

La rotonde correspondait à une grande salle circulaire. Dans l'ombre, il nous a semblé que nous voyions fuir sur le sol poussiéreux quelques rats effrayés. Le plafond était voûté, avec quatre femmes en stuc, une par coin, sous des voiles qui voletaient, la poitrine libérée et les chevelures sinueusement fluctuantes qui se réunissaient en un point central où autrefois avait été accroché, sans aucun doute, un lustre. Chacune de ces quatre femmes serrait dans une main un flambeau dont la flamme s'allongeait sur la voûte, démesurément, comme leurs chevelures. Quant aux murs, on y voyait dépeintes, sur un fond sombre, des figures de femmes en robe de soirée et d'hommes en frac. C'étaient les clients idéaux de l'endroit, représentés dans des attitudes mondaines et satisfaites.

Quelque chose entre Zuloaga et Sartorio. Le peintre s'en était donné à cœur joie avec les robes des femmes, aux modèles exubérants et variés ; en revanche, les visages se ressemblaient tous. Encore plus monotones, apparaissaient les hommes dans leurs queues-de-pie. Les visages des femmes étaient souriants et réservés, ceux des hommes audacieux et cupides. C'étaient des figures gauches, mais énormes, les couleurs demeuraient encore brillantes, mais çà et là l'humidité avait fait tomber de larges morceaux de peinture, de sorte qu'il manquait ici un visage, là une main ; là-bas un homme avait un trou à la place du plastron, ici une femme n'avait plus de cou. L'effet général était une galanterie obscène et sordide.

Il n'y avait rien d'autre à faire que d'attendre la fin de la pluie. Mais Attilio, qui, toute la journée durant, un peu à cause du mauvais temps qui avait gâché notre promenade, un peu pour des raisons personnelles, avait accumulé son aigreur, partit soudain dans une étrange colère. « Voilà ce qu'ils nous ont laissé, commença-t-il avec fureur, en arpentant la salle et en indiquant les peintures. Un casino à l'architecture répugnante, plein de ces horribles peintures, miroir idéal de leurs vies... et ailleurs, des hôtels, des thermes, des villas, des *buen retiri* et des choses dans ce genre, tous moches, tous ignobles, tous commerciaux... voilà ce qu'ils nous ont laissé. » Je lui demandai de quoi il parlait. Il me répondit qu'il faisait allusion aux générations précédentes, à celles de nos pères, de nos grands-pères, de nos arrière-grands-pères. Il me dit que cette idée le hantait depuis un bon bout de temps : autrefois, il y avait quelques siècles, on pouvait regarder avec fierté, admiration, envie, les œuvres des ancêtres. Maintenant, en revanche, nous nous trouvions dans cette singulière situation de haïr et de mépriser les œuvres, les idées et les actions de nos pères et de ne pas pouvoir éprouver pour eux (il disait « pour leurs cheveux blancs ») le moindre respect. Il s'ensuivait, continua-t-il, un renversement des relations traditionnelles. Alors qu'autrefois qui disait vieux disait homme de bon sens, respectable sous tout rapport, aujourd'hui qui disait vieux devait forcément entendre... Mais je ne veux pas rapporter les mots grossiers qu'Attilio, dans sa fureur, lança contre deux qu'ironiquement il appelait « nos grands hommes ». « Il n'y a pas d'homme au monde, conclut-il, qui, s'il était vraiment honnête et sincère, n'aurait pas honte de ses propres parents. » Je lui répondis qu'il exagérait. Du reste, pendant tant de siècles, les pères avaient affirmé avoir honte de leurs fils. Il était juste que, pendant au moins autant de siècles, le contraire se produisît.

La pluie s'était arrêtée. Nous sommes sortis comme nous étions entrés, en chevauchant le rebord. De là-haut, sur la terrasse de la rotonde, on avait une vue sur tout le golfe et sur les villa avoisinantes. Les nuages étaient restés, plus noirs qu'auparavant. Mais un arc-en-ciel aux couleurs très vives se dessinait derrière la tour en faux style médiéval d'une de ces villas, et, après avoir décrit son demi-cercle, allait se perdre entre les chevelures vertes des pins. « Demain il fera beau », annonçai-je à Attilio.

La douleur

J'avais été camarade de Pietro au lycée ; je fus son ami à l'université. Il nous arriva ce qui arrive à la plupart de ceux qui se croient inséparables et qui, sans raison particulière, alors qu'ils se sont dit au revoir un beau soir en se donnant rendez-vous pour le lendemain, ne se revoient plus de toute leur vie. Un jour, j'ai cessé de le voir. Bien que, pendant plusieurs mois je me sois promis de lui téléphoner, je n'en ai rien fait. J'imagine que la même chose s'est passée pour lui, car il ne se manifesta pas davantage.

Mais, en disparaissant, il m'avait laissé une image de lui d'autant plus prometteuse et flatteuse. De sorte que, pendant longtemps, chaque fois que j'en avais l'occasion, je parlais de lui en termes enthousiastes. C'était peut-être pour libérer ma conscience du remords de ne l'avoir plus contacté.

Bref, je dirai de lui qu'il était un de ces jeunes gens dont on pense tout de suite qu'ils iront loin. Il était grand, bien bâti, avec un visage d'une pâleur glaciale, une bouche ferme et des yeux noirs très pénétrants. Ce qui frappait surtout en lui, c'était le contraste entre la froideur, la pondération, la délicatesse de ses manières et l'intensité des passions qui semblaient l'agiter. Il était ambitieux, mais ne s'en rendait pas compte, pensant de bonne foi qu'il luttait pour le succès de certaines idées qui lui tenaient à cœur. Ce qui ne l'empêchait pas d'être, à sa façon, avisé et rusé. S'ajoutait une vitalité rentrée, réprimée comme un parfum entêtant dans un flacon. À son sujet, on pensait que son élan ne retomberait pas de sitôt.

Puis, pendant de nombreuses années, j'attendais d'entendre parler de lui. D'une manière quelconque, mais spectaculaire. Un silence profond, en réalité, s'étendit sur son nom de sorte qu'on pouvait le penser mort. Je l'oubliai rapidement.

Mais je n'avais pas oublié sa voix. Une voix profonde, inspirée, à certains moments cinglante et sans pitié. Cette voix, un jour, me fit tressaillir en autobus : je me tournai et vis Pietro qui se disputait avec le contrôleur pour une question de billet.

Il me reconnut aussitôt et pour me montrer sa cordialité, il me fit même un geste affectueux, mais vulgaire, qui consiste, quand on revoit quelqu'un après longtemps, à lui prendre la taille des deux mains. Il avait lui-même grossi, il était devenu un peu chauve, sa barbe de quelques jours jetait une ombre sale sur la pâleur sinistre et machiavélique de son visage avenant. Je remarquai qu'il était vêtu avec une élégance riche et stéréotypée, tout en gris, avec une belle chemise de soie à raies rouges, une perle sur la cravate, une grosse montre en or au poignet. Comme chez certains curés on a l'impression de sentir, bien qu'elle n'y soit pas, une odeur d'encens, il me semblait qu'émanait de lui le relent, gras et froid, des billets de banque.

On descendit de l'autobus et l'on fit quelques pas ensemble. Je lui demandai ce qu'il faisait et découvris qu'il avait, comme on dit, une « position » très importante quoique sans éclat : disons qu'il était adjudicateur ou quelque chose dans le genre. Il m'annonça qu'il avait une femme et des enfants et qu'il gagnait bien sa vie. Tout cela, avec une espèce de forfanterie sombre, sans réelle gaieté.

Tout en lui parlant et en l'écoutant, je m'aperçus que j'avais devant moi un homme profondément épuisé. Il me manifestait une cordialité empressée, autoritaire et, au fond, agressive, typique de ceux qui ont l'habitude de voir trop de monde. Il passait du coq à l'âne, se débattant entre des lieux communs, comme un cerf à la curée entre les chiens qui le lacèrent. On comprenait qu'un rien l'aurait égaré. Et que, pour dissimuler cet égarement, il aurait dû recourir à la grosse voix. Son insécurité se révélait dans ce besoin fréquent de me palper le bras, de me donner des tapes dans le dos, comme s'il avait voulu me convaincre de son amitié, alors que c'était justement lui qui n'était pas sûr de la mienne. On comprenait qu'il était vidé, sans espoir de ressaisissement, bousculé par ce qu'il possédait et ce qu'il faisait. Dix ans auparavant, il donnait l'impression de n'être présent qu'en partie, le reste, peut-être le meilleur de lui-même, il semblait le garder ailleurs, loin des regards indiscrets. Maintenant, au contraire, il était entièrement là, avec son beau costume, sa perle, sa chemise de soie.

J'imaginai, pendant qu'il parlait, que c'était un de ces hommes qui, sentant obscurément qu'il perdait du terrain, croient qu'il s'agit d'une carence physique et se consacre furieusement aux soins corporels, en mangeant bien, en dormant beaucoup, en essayant toujours d'être de bonne humeur et d'arborer une mine resplendissante. En réalité, chaque jour qui passe, ils s'affaiblissent et s'épuisent davantage, perdent de plus en plus cette force à laquelle ne contribuent ni la nourriture, ni le repos, ni l'aisance matérielle.

Puis, à une de ces phrases, je ne me rappelle plus laquelle, j'eus soudain un sentiment de douleur atroce : comme si ces lieux communs, ces anecdotes, ces bêtises qu'il déballait étaient imprégnés d'une insupportable amertume, comme si, avec ce langage si nouveau, loin de bavarder, il se plaignait du fond du cœur.

Ce sentiment de douleur me surprit ; d'autant plus que, même à l'époque de notre amitié, j'avais éprouvé pour lui plus d'admiration que d'affection. Il parlait et me semblait se plaindre continuellement d'une voix beaucoup plus forte que celle qui, en réalité, sonnait à mes oreilles. Il marchait à mes côtés et il me donnait l'impression de s'essouffler à courir, sans espoir de repos. Il était habillé et j'avais l'impression qu'il était nu, les membres lacérés et ensanglantés, le corps vanné. De sorte que j'eus du mal à me retenir de lui demander avec pitié : « Comment as-tu fait pour te réduire ainsi ? »

Mais je doutais qu'il en fût conscient. Puis il fit un mot d'esprit, déplorable, pêché dans les articles des journaux humoristiques. Alors, à un éclair qui traversa ses yeux, je compris soudain qu'il ne se respectait plus. On pense communément qu'un homme qui a perdu le respect de lui-même doit forcément faire le bouffon, commettre des actes répréhensibles, ou bien boire et s'abandonner à d'autres vices. Mais ce sont des représentations exagérées d'un état d'esprit qui parfois trouve son expression dans un mode de vie, au contraire, habituel, normal, routinier.

« Je te laisse, viens me voir, nous parlerons du bon vieux temps », me dit-il à un coin de rue. Je le regardai s'éloigner : il marchait vite, avec une assurance remarquable, les épaules et la tête rejetées en arrière comme d'habitude. Mais l'espace d'un instant, je le vis, dans la clarté du ciel de sirocco, lever les bras en l'air et fuir en se dédoublant, la tête tournée vers moi, la bouche ouverte en un noir appel.

La véranda [1]

Après le déjeuner, nous sommes allés nous asseoir, mon ami et moi, sur une espèce de terrasse recouverte, qui donnait sur le flanc de la colline où se dressait la villa. Nous prîmes le café, à cette heure où un soleil d'hiver baignait la véranda, éclatant et précieux. On avait envie de fermer les yeux et de s'assoupir dans cette tiédeur tamisée. Devant nous, au-delà de la baie vitrée, s'étendaient des prés en montée. Jusqu'à l'ancien mur qui les entourait, de briques brunes avec certaines fenêtres ovales encadrées de pierre blanche. À travers les fenêtres, on voyait filer, de temps à autre, les rares passants de ce quartier de banlieue. Le mur, m'expliqua mon hôte, avait à l'origine entouré le potager d'un pavillon de chasse. Et ces fenêtres avaient eu des grilles. Mais les grilles manquaient maintenant, et le terrain, en attendant qu'on y construise quelque maison, était un lieu de rencontre pour les couples cherchant la solitude.

Cette vue de prés verts en jachère parsemés de rares

1. Cette nouvelle, republiée sous le titre *La Faute au soleil*, a servi de scénario au seul film (court métrage) qu'ait tourné Moravia, sous ce deuxième titre (voir la note bibliographique en fin d'ouvrage). (Toutes les notes sont du traducteur.)

arbustes et du vieux mur d'enceinte qui dessinait sa haute ligne sur le fond vide du ciel bleu me plut singulièrement : j'ai toujours aimé les terrains vagues que l'on découvre parfois au centre des villes. Tandis que, lézardant dans cette chaleur de serre, je contemplais les prés et le mur, je découvris une femme et un homme qui enjambaient une de ces fenêtres et qui entraient dans le terrain vague. Lui était un jeune homme en simple veste malgré le froid intense de cette journée d'hiver. Grand et vigoureux, de ces hommes qui arborent des poignets rouges et forts sous leurs manches trop courtes. Sa casquette de cycliste ne cachait qu'en partie un visage rond, presque d'adolescent. Elle, pauvrement attifée d'un manteau moulant, était nue tête et ses cheveux longs et ondoyants lui cachaient le visage, mais ils suscitaient l'affection, comme les oreilles pendantes de certains chiens. Dès qu'ils furent sur le terrain, ils regardèrent autour d'eux, puis s'isolèrent dans un coin où le mur formait un angle droit. Arrivés à cet endroit, ils commencèrent à parler debout, la fille un peu écartée de son compagnon qui s'appuyait au mur avec sa main.

« Qui sait ce qu'ils ont d'important à se dire pour se cacher ainsi ? » demandai-je à mon ami. Et presque aussitôt, comme pour répondre à ma question, l'homme se redressa, enlevant sa main du mur et la plongeant dans sa poche. La fille esquissa un geste d'adieu et, tournant le dos à l'homme, se rapprocha de la fenêtre par laquelle ils étaient entrés. L'homme resta où il se trouvait, mais sortit la main de sa poche et j'aperçus un objet sombre, puis un coup retentit, sec et sonore, dans quelque endroit du ciel bleu et immaculé. Une bande de corneilles, troublées par le coup, s'envola au-dessus des collines. La fille tomba sur le terrain en pente, sur le dos, une jambe en avant, l'autre maladroitement repliée. Elle fit un mouvement pour relever la tête, comme si elle avait été plaquée au sol par les épaules, et sa tête retomba en arrière. L'homme courut à la fenêtre, et la dernière chose que je vis de lui était sa jambe qui chevauchait l'ouverture pendant que son bras s'agrippait à la partie supérieure du mur.

La scène avait été si rapide et tellement imprévue que je n'eus pas le temps de troquer mon rôle de témoin inerte contre un autre plus actif. Mais, comme disparaissait le meurtrier, je me tournai brusquement excité vers mon ami : je voulais l'appeler, l'inciter à courir avec moi au secours de la victime. Le premier regard que je lui adressai me fit changer d'idée.

Il était assis dans le soleil qui inondait la véranda, renversé dans son fauteuil, un verre plein de liqueur jaune dans la main. Il ne pouvait pas ne pas avoir vu le crime et cela me fut confirmé par le regard d'entente par lequel il répondit au mien. Ce regard semblait dire : « Ne bouge pas. » Il vida son verre sans détacher les yeux de la baie ; et il le reposa sur la table. Stupéfait, je retombai en arrière et la vague de soleil dans laquelle jusque-là je me prélassais se remit à m'envelopper.

Ensuite, pendant un moment qui me parut interminable, nous gardâmes le silence en contemplant le champ en pente, le mur, la femme étalée dans l'herbe. Le terrain était désert, la silhouette de la femme immobile, avec cette jambe écartée et repliée qui donnait si bien la sensation d'une tragédie. Cette immobilité et ce désert ne durèrent que quelques secondes durant lesquelles j'entrai dans un état d'âme inerte et béat.

Je pensais au sang de la femme qui devait imbiber la terre sous son dos, à ce qu'elle devait éprouver si elle vivait encore, se voyant ainsi abandonnée, les yeux figés vers le ciel bleu, je pensais avec un ravissement amer qu'elle mourait et que nous ne la secourions pas. Entre elle et nous, il y avait la baie de la véranda et ce soleil si doux. J'enviais presque la solitude, l'abandon où elle se trouvait. En réalité, je participais à son agonie d'une manière bien plus profonde que si, en cet instant, je m'étais penché sur elle pour la prendre entre mes bras.

Quelques secondes à peine, puis je criai enfin : « Il faut y aller » au prix d'un pénible effort. Mais au même moment, je constatai qu'il était trop tard. Une, deux, trois personnes s'étaient déjà approchées de la fenêtre du mur. L'une d'elles l'enjambait, se trouvait près de la femme, une deuxième la suivait, la troisième était partie en courant, semblait-il, pour chercher du secours. Deux policiers entrèrent alors sans hâte dans le terrain vague. Derrière eux, un groupe de six ou sept passants. Soudain tout le coin du mur fut plein de monde. Un policier s'était placé devant la fenêtre et repoussait les nombreux badauds qui voulaient pénétrer de force. Deux ou trois têtes d'adolescents dépassaient au-dessus du mur.

Mais tout ce qui advint par la suite, l'arrivée de l'ambulance, le transport de la femme, l'affluence de curieux sur le lieu du crime, me parut infiniment moins important que ces dix secondes où, cloué par un sentiment d'impuissance amère et stupéfaite, j'étais resté immobile à regarder la femme qui mourait et j'avais envié son sort. « La faute au soleil », me dit par la suite mon ami quand je lui confiai cette impression. Le bien-être, comme des jumelles à l'envers, rend lointain le malheur des autres. Et plus il est terrible, plus forte est sur nous l'emprise du bien-être qui tire de ce contraste un goût et un sens nouveaux.

Échange d'idées

Un certain Moroni m'avait téléphoné à diverses reprises, pour me demander un rendez-vous. À cette époque, j'avais beaucoup à faire et je différais sans cesse cette rencontre dont j'ignorais les raisons. Je finis par dire à Moroni de venir.

Il se présenta avec une telle ponctualité que j'imaginai même qu'il avait attendu au pied de mon immeuble, montre en main, pour pouvoir faire son entrée ni plus tôt ni plus tard qu'à l'heure convenue. Il s'assit face à moi, de l'autre côté de mon bureau, et, tandis qu'il me parlait, je l'observai avec attention. C'était un jeune homme ni beau ni laid, ni grand ni petit, habillé avec le plus grand sérieux d'un manteau bleu clair à col de velours noir. Certains détails recherchés, une perle sur la cravate, des gants de chamois qu'il serrait dans son poing, des boutons de manchette en onyx, un étui à cigarettes en or que dès qu'il fut assis il me présenta ouvert, me firent penser qu'il était riche et tenait vraiment à paraître élégant. Il avait des cheveux touffus et oints de pommade, qui poussaient jusqu'à mi-front, des yeux féminins, grands, aux cils épais, aux reflets veloutés et chargés de mille autres intentions, une bouche légèrement tordue. C'est la bouche surtout qui me fit de l'effet : quand elle était sérieuse, elle paraissait devoir s'ouvrir de force comme celle d'un sac trop plein ; et elle était en effet surchargée de dents. Grosses, épaisses, qui se chevauchaient et se superposaient sur les côtés, comme s'il avait eu une dentition deux ou trois fois trop importante. Tout ce que prononçait cette bouche était agrémenté d'une voix grasse, dense et froide, semblable à une sauce qui a tourné.

Au lieu de m'annoncer, comme je m'y serais attendu, le but de sa visite, Moroni commença à me parler de lui. Pendant qu'il parlait, il ne cessait de sourire. Ce sourire insistant, qui n'avait rien à voir avec ce qu'il disait, m'inspirait un certain malaise, surtout à cause de cet excès de dents qui, de toutes parts, surgissaient dans sa bouche. Il me disait qu'il était diplômé en jurisprudence, avec félicitations du jury ; non pas qu'il eût l'intention d'exercer cette profession, mais parce qu'« un diplôme, ça peut toujours servir ». Je désapprouvai, avec agacement : un diplôme pouvait aussi ne servir à rien. Il en rit, avec indulgence, comme d'une bizarrerie, et il poursuivit : « Après le diplôme, j'ai senti que le milieu où j'avais grandi était étroit, provincial. J'ai éprouvé le besoin d'élargir mon horizon... et je me suis mis à voyager. Je me suis tout de suite très bien organisé. Chaque année, durant les mois d'été, je m'inscrivais pour une de ces innombrables croisières... Croisière en Norvège, croisière en Espagne, croisière en Grèce... j'ai contourné toute l'Europe... ces croisières sont beaucoup plus utiles que les voyages en solitaire... on rencontre des gens qu'on n'aurait jamais connus autrement... des journalistes, des hommes d'affaires, des personnages influents... sans compter qu'elles sont fréquentées par les filles en quête d'un parti... je laissais courir le bruit que je voulais me marier, je choisissais la plus jolie et c'est ainsi que je passais agréablement mon temps... et puis je descendais brusquement à terre et salut... »

« Comment ça "salut" ?

— Salut, répéta-t-il avec un sourire convaincu. Je ne me faisais plus voir...

Et maintenant qu'il n'y a plus de croisières [1], insistai-je, comment faites-vous ?

— C'est très simple... je vis dans une pension... dans les pensions aussi, on trouve des filles en quête de parti... je change constamment de pensions. » Il souriait comme un prestidigitateur qui aurait fait un beau numéro. « Mais le plus amusant, ajouta-t-il, c'est que je réussis vraiment dans tout ce que j'entreprends... il suffit que je décide de faire quelque chose... et c'est assurément un succès...

— Ah, vraiment ? demandai-je, étonné.

— Oui, répliqua Moroni. Pour vous donner un exemple... vous connaissez l'ambassadeur de... » Et il nomma un petit pays asiatique. « Non ? Moi non plus il y a encore trois mois... mais j'avais grande envie d'être invité à une de ses réceptions... Pourquoi ? Pour mille raisons, par snobisme surtout, puisque nous sommes tous snobs, n'est-ce pas ?... Eh bien, je me suis mis à la recherche de quelqu'un qui pourrait me présenter à lui... je n'ai trouvé personne disposé à m'aider... qu'auriez-vous fait, vous ? Vous auriez renoncé... mais moi, je ne renonce jamais à rien... je savais que la fille de l'ambassadeur allait tous les jours faire du cheval au manège... j'y suis allé moi aussi... notez bien que jusque-là je n'avais jamais monté un cheval... Je passe sur la manière dont je suis parvenu à parler avec la demoiselle... une manière, du reste, très simple et très pratique... Conclu-

1. La nouvelle a été publiée en pleine guerre, en mars 1943.

sion ? Hier, j'ai reçu ma première invitation... Qu'en dites-vous ? N'est-ce pas amusant ? »

Je lui répondis qu'en effet, c'était très amusant, mais qu'il ne m'avait toujours pas dit la raison de sa visite. Il m'arrêta d'un geste et d'un sourire... « J'y arrive... je vous ai dit que je réussis dans tout ce que j'entreprends... il faut que vous sachiez que depuis quelque temps, pas plus de deux mois, je me suis mis en tête de devenir écrivain... Pourquoi ? Comme ça, parce que j'aimerais voir mon nom sur la couverture d'un livre, parce que je sens que j'ai beaucoup à dire, parce que écrire est une des innombrables manières de se faire connaître, enfin pour mille et une raisons... remarquez que je n'avais pas écrit une ligne de ma vie... un autre, à ma place, se serait découragé... mais je me suis dit : Si tu te mets en tête de devenir écrivain, tu y parviendras... aussitôt dit, aussitôt fait, je me suis mis à écrire... et voici mon livre. » Il glissa la main dans sa poche et en sortit un livre qu'il posa sur la table.

Je regardai et constatai que l'éditeur était une imprimerie de province. Dans le titre, imprimé en lettres italiques rouges, je crus remarquer le mot « passion ». Moroni sourit et poursuivit : « Mais il ne suffit pas d'écrire un livre... après l'avoir écrit, il faut le lancer, obtenir des critiques, en faire parler... je me suis informé, beaucoup m'ont cité votre nom... alors je suis venu et je suis sûr que j'obtiendrai là aussi gain de cause : que vous vous occupiez de mon livre. » Il sourit et me contraignit à sourire à mon tour, tout en regrettant de ne pouvoir lui présenter le même nombre de dents que les siennes. « Vous ne le regretterez pas, ajouta-t-il vivement. Je suis membre d'un cercle culturel... j'y ai déjà fait quelques conférences sur mes voyages... à vrai dire, je n'ai jamais rien lu de vous... bien que, comme je vous l'ai dit, j'aie entendu dire le plus grand bien de vous... mais si vous me donnez vos livres... je ferai une conférence sur vous. »

Que pouvait-on opposer à une telle candeur ? Rien. Je ne dis donc rien. Moroni interpréta à sa manière mon silence et dit : « Avouez que tout cela est très amusant... jusqu'à il y a un instant, nous ne nous connaissions pas du tout... maintenant, vous allez lire mon livre et moi les vôtres... je vais parler de vos livres et vous du mien... mais la chose la plus amusante, c'est que, comme je vous l'ai dit, tout me réussit... figurez-vous qu'il y a un an... »

Il parlait et je l'écoutais. Il resta encore un moment, toujours à monologuer sur lui-même. Tandis qu'il discourait, je réfléchissais et je me disais : « Ce n'est ni un fou, ni un idiot, ni un indiscret, ni un ambitieux, bien qu'il paraisse tout cela à la fois... c'est seulement un homme qui pense exclusivement à lui-même... au point d'avoir l'illusion que les autres ne doivent rien faire d'autre que de s'occuper de lui... Que peut-on faire pour lui ? Rien. Que peut-il faire pour les autres ? Rien. Ainsi la partie se termine avant même de commencer. »

Au bout d'un heure, Moroni prit congé. « Alors, j'attends vos livres, me dit-il sur le seuil, ça m'a fait plaisir d'avoir eu avec vous cet échange d'idées... Téléphonez-moi... Restons en contact. »

Je lui promis de le faire. Il me sourit une dernière fois par-dessus l'épaule, de toutes ses dents, et il disparut.

Coups de chance d'une belle journée

Tous les jours, aux premières heures de l'après-midi, je prends l'autobus qui conduit au centre-ville. À cette heure, les gens mangent ou font la sieste et les autobus sont vides. J'aime bien les trouver vides, comme par une chance inespérée, après les avoir vus, le reste du temps, bondés.

Il y a quelques jours, je suis monté dans un de ces autobus vides. La journée était magnifique et le coup de chance de l'autobus se redoublait d'un autre coup de chance, pour ainsi dire, météorologique. Car les belles journées sont rares, et il est encore plus rare que l'on ait le temps et l'envie de les savourer.

Aussi était-ce avec une satisfaction particulière que je m'assis au hasard sur une des innombrables places libres. Je remarquai que le contrôleur avait un brin d'herbe entre les dents, et, au gré des virages, le soleil se retirait et réapparaissait dans l'autobus, il était doux, à cette heure de lassitude encore empreinte, aurait-on dit, de l'étouffement de la foule, comme dans une chambre de convalescent, après la période de la crise aiguë de la maladie.

Or, voici que quelqu'un s'assoit à mes côtés. Je me retournai et vis une fille toute jeune, qui ne devait avoir guère plus de dix-huit ans. Elle était pauvrement vêtue, mais non sans prétention, exactement comme quelqu'un qui mettrait le plus grand soin à revêtir le peu d'affaires en sa possession. Sur le revers de son manteau étriqué à grosses raies était plantée une épingle à quatre sous, avec un ornement métallique en forme de petit bateau aux voiles déployées. Le manteau était ouvert et laissait apparaître un chemisier rouge. La jupe, d'un tissu mou et tout déformé, était très courte ; ses longues jambes étaient musclées, avec des bas opaques, couleur chair ; ses pieds, plutôt grands, étaient chaussés de souliers massifs, de facture grossière. Elle arborait une mine saine et gourmande de petite fille. Une masse de cheveux blonds comme les blés retombaient tout autour de son cou, rond et fort. Elle avait de petits yeux, d'une couleur floue et vive, presque violets, un nez minuscule, une bouche épaisse, proéminente, comme prête à donner un baiser boudeur. Son chemisier rouge ne semblait pas tant souligner le dessin de sa poitrine que gonfler irrépressiblement sous une pression constante et volumineuse. Elle avait les mains posées au niveau du ventre sur un petit sac en tissu, et je constatai qu'elles étaient épaisses et rouges.

Dès les premiers arrêts du centre-ville, dans mes fantasmes, c'était une dactylo ou une manucure qui se rendait au travail. Mais le centre-ville, avec ses places gardées par les hautes bâtisses, ses feux, ses groupes d'hommes repus et lents qui sortaient des restaurants, passa sans que la fille bougeât. Je décidai de ne pas bouger davantage. Je n'avais pas l'intention de lui parler : je voulais seulement voir où elle allait, c'était tout.

Pendant ce temps, l'autobus continuait sa course, toujours à demi vide, ouvrant inutilement, avec une espèce de joie, ses portes aux arrêts déserts. De certains gestes répétés de la fille, qui sortait de son sac son poudrier et, se regardant dans le miroir, appliquait sur ses joues d'une incomparable fraîcheur une poudre rose épaisse avec une houppette pelée, je déduisis qu'elle rejoignait un amoureux.

Le contrôleur, toujours avec son brin d'herbe entre les dents, allait et venait entre les sièges, semblant pensif. La fille fronça soudain les sourcils comme un enfant et compara, presque avec angoisse, l'heure de sa montre en argent avec celle de la pendule de l'autobus. Je l'entendis pousser un soupir de soulagement : les deux coïncidaient.

Je me sentais un peu ridicule et j'avais même assez honte de mon indiscrétion. Mais je mettais tout sur le compte de l'autobus vide et de la belle journée. Dans ces conditions, je pensais, brinquebalé aux côtés de ma voisine : qui ne se serait pas laissé aller au plaisir d'une curiosité innocente autant qu'oisive ?

J'essayais aussi de me représenter l'amoureux de cette fille. Un beau garçon sans doute, me dis-je, un athlète de banlieue, aux cheveux bruns, sûr de lui. Ce genre d'homme tombe d'habitude amoureux de ces filles solides et boudeuses. En l'imaginant ainsi, je me rendais compte que j'obéissais à une polémique instinctive. Mais toujours est-il que je pense souvent que certaines bonnes fortunes arrivent justement aux personnes qui sont le contraire exact de ce que nous sommes.

J'enviais à ce jeune homme surtout la mythologie dont il s'était prévalu pour conquérir le cœur de la jeune femme. Ce sont elles, les filles, qui tapissent les murs de leurs chambrettes de photos d'acteurs de cinéma. Ce petit jeune, dans une certaine mesure, devait ressembler à une de ces stars de l'écran, photographiées mille fois.

J'étais plongé dans ces réflexions quand l'autobus

arrêta enfin sa course au terminus. Le chauffeur descendit boire au jet d'eau d'une petite fontaine, au milieu d'un terre-plein poussiéreux, entouré de fermes. Le contrôleur descendit également et se mit à tirer le câble du trolley, pour invertir le sens de la marche.

Je suivis la fille. Une de ces fermes portait une pancarte d'auberge. Au-delà d'une haie, on apercevait une tonnelle et quelques tables. Mais la fille dépassa l'auberge et alla tout droit vers la route principale, à l'ombre de grands cyprès qui la bordaient.

Elle était grande et marchait royalement, la tête raide, d'un pas léger et comme dansant sur ses longues jambes. De temps à autre, comme si elle en était importunée, elle secouait discrètement la masse de sa chevelure blonde. Sa personne traversait les rayons du soleil et l'ombre des cyprès avec une tranquillité sereine et majestueuse. C'était avant tout cette démarche de reine qui décourageait ma curiosité. De ce pas, elle pouvait continuer sur des kilomètres. Mieux valait faire demi-tour.

Mais au moment même où j'allais lui tourner le dos, je vis surgir, entre des ruines de briques rouges, sur un côté de la route, une masse trapue, un bossu. Il était très petit, avec un manteau tout neuf qui lui descendait pratiquement aux chevilles. La bosse, haute et charnue, avait la pointe imperceptiblement déplacée de biais. Le manteau avait des épaulettes, comme en cousent les couturiers à quatre sous, et la largeur du dos en était accrue. Plus épais que haut, le bossu avait un chapeau à larges rebords enfoncé jusqu'au nez.

En quelques enjambées, il rejoignit la fille et lui posa une main sur le bras. Elle s'arrêta aussitôt, joyeuse, lui tendant la main et, pendant un moment, ils restèrent immobiles, debout, le bossu et elle, dans la pleine lumière du soleil. Puis le bossu lui prit un bras et ils se remirent à marcher. La fille riait et se penchait pour parler au bossu, qui, engoncé dans son manteau, le chapeau sur les yeux, lui arrivait à la taille. Je me rendis compte de la gaieté et du ravissement de la fille surtout à cause d'un minime changement d'allure. Non plus majestueuse, mais chaloupante, plus molle, comme flattée. Pour ne pas fatiguer son compagnon, elle marchait à tout petits pas, pleine d'égards et de docilité.

Je la vis montrer au bossu, sur une ruine, je ne sais quelle plante. Le bossu, agile, bondit, s'agrippant comme un chat aux aspérités des briques, cueillit une fleur qu'il lui offrit. Elle la porta aux narines, gracieusement ; et j'eus presque l'impression qu'elle l'effleurait avec les lèvres.

Le bossu lui redonna le bras, se contorsionnant à cause de la taille de la fille, avec sa bosse tournée vers l'extérieur de la route. Puis je les vis disparaître dans un sentier transversal.

Je revins sur mes bas et retrouvai le même trolley dans lequel j'étais venu et qui était sur le point de partir. Mais il n'était pas vide, il était même bondé, les gens devaient se tenir debout. Les bonnes fortunes du jour étaient terminées.

Le défenseur

Je me trouvais chez Lotario quand notre ami Tullio se présenta. Lotario accueillit Tullio avec cette cordialité généreuse et désarmée qui est son trait de caractère le plus remarquable. Après les formules de politesse, il lui demanda des nouvelles d'un voyage récent qu'il avait fait dans plusieurs villes d'Italie : voyage qui, selon les termes mêmes de Tullio, avait eu pour objectif de contacter le plus d'écrivains et de critiques possible, en prévision de la prochaine parution d'une revue préparée depuis longtemps. Je signalerai, pour commencer, quelques différences entre ces deux amis : Lotario est gros et gras comme un chartreux ; Tullio, renfermé, sec et tout en muscles ; Lotario est sanguin, Tullio dévoré de pâleur ; Lotario souriant, Tullio plutôt lugubre. Enfin, cette fondamentale différence les sépare tous deux : Lotario croit que Tullio est un ami, alors que Tullio est parfaitement conscient qu'il n'en a jamais été question, et qu'il n'a pas la moindre intention de le devenir. Pauvre Lotario. Le moment même où, s'enfonçant dans un fauteuil, il demanda à Tullio de lui raconter son voyage, je le vis perdu.

Tullio commença, en célébrant l'accueil très cordial

qu'il avait partout reçu. À n'y pas croire : il avait été partout fêté, invité, on se l'était disputé ; il avait trouvé des amis partout, même dans ces groupes qui étaient le plus loin de lui par leurs goûts, leurs tendances, leur âge. En particulier, ajouta-t-il comme pour ouvrir une parenthèse destinée à être très brève, il avait découvert avec stupeur que son dernier livre avait éveillé en tout lieu un immense intérêt. « Mais je t'assure, ajouta Tullio avec emphase, en s'adressant à Lotario, des gens dont je ne me serais jamais attendu à ce qu'ils m'apprécient... bref, des gens qui, je l'aurais juré, ne pouvaient pas me voir en peinture... ils venaient me féliciter... me dire combien ils avaient adoré mon livre...

— Ah, vraiment ?... ça me fait plaisir... un grand plaisir... », dit Lotario avec candeur. J'admirai sa naïveté de ne pas penser que Tullio, écrivain plus que décrié, n'aurait jamais reçu un tel accueil s'il n'avait pas entrepris ce voyage pour chercher des collaborateurs à sa revue.

« Je ne te parle pas des critiques, continua Tullio. Parler d'enthousiasme serait un euphémisme... R. par exemple... tu sais combien il est difficile... eh bien, R. m'a dit : C'est le meilleur livre de l'année. Textuellement.

— Ça me fait plaisir... un grand plaisir », répétait Lotario.

— Et S., continua Tullio, tu sais que rien ne trouve grâce aux yeux de S. ? Enchanté.

— Ça me fait plaisir... un grand plaisir.

— Même V. qui n'est pas le dernier venu...

— Ça me fait plaisir... un grand plaisir.

Je remarquai cependant que la satisfaction de Lotario pour les succès de son ami se voilait d'une déception légère, agacée et néanmoins très courtoise. Et je me souvins alors tout à coup que lui aussi, cette année-là, avait publié un livre. Cette expression du visage de Lotario, à la fois aimable et déçue, signifiait : « Je suis vraiment content... mais ne crois-tu pas qu'il serait maintenant temps de parler aussi un peu de moi ? » Mais Tullio est retors : il était évident qu'il voulait que l'autre s'humiliât à le lui demander. Et en effet, au bout d'un moment, profitant d'un silence, Lotario se hasarda audacieusement : « Et dis-moi... puisque tu es si bien informé... dis-moi un peu... qu'entends-tu dire à propos de mon livre ?... »

Je précise que Tullio est légèrement bègue. Mais il ne l'est que quand il doit prononcer quelque méchanceté ou une phrase désagréable pour son interlocuteur. Et l'on comprend pourquoi : l'infime bégaiement le contraint, pour ainsi dire, à articuler et en même temps prête à son propos une espèce de caractère impersonnel, comme si, au lieu de parler, il avait lu à voix haute. Atteignant ainsi le double objectif de répéter plusieurs dois la même perfidie de manière à bien la faire savourer par sa victime et de mettre sur le compte d'un défaut physique cette insistance sournoise et non pas sur celui d'une volonté perverse de sa part. Donc, ce jour-là, à la candide question de Lotario, il répondit en bégayant et en se répétant : « Que dit-on de ton livre ?... Le... le... plus... plus... gr... grand mal.... »

Lotario, à ces mots, eut le geste instinctif de quelqu'un qui aurait reçu sur le crâne une brique ou un objet pesant : il porta la main à la tête et balbutia : « Et tu me le dis avec ce calme ?

— Comment veux-tu que je te le dise ? répliqua l'autre. Mais, ajouta-t-il, repris soudain par son complaisant bégaiement, je t'ai défendu... oh, ça oui, je t'ai défendu...

— Ah, tu m'as défendu ? répéta Lotario, n'ayant guère l'air consolé.

— Bien sûr. Par exemple, R. disait que tu écrivais mal...

— Comment ? R. dit ça ?, l'interrompit Lotario, consterné.

— Évidemment... et je vais même te dire plus... “Pourquoi n'arrête-t-il pas ?” Voilà ce qu'il répète partout. “Ce n'est quand même pas avec de la bonne volonté qu'on devient artiste.”

— Il disait ça ?, répéta Lotario à qui chaque mot semblait faire l'effet d'un poignard.

— Oui, tout à fait... Et S. lui répondait : “S'il s'en rendait compte, cela prouverait déjà un minimum d'intelligence...”

— S. lui aussi ? gémit Lotario.

— Lui aussi. Mais... peut-être que la phrase de T. est la pire de toutes... Écoute : “Lotario, a-t-il dit à un certain moment, est un vrai crétin... en revanche, il a parfois des éclairs d'imbécillité.” Il aurait fallu que tu voies comment ils riaient... Mais je t'ai défendu.

— Eh, qu'est-ce que ça me fait que tu m'aies défendu ? s'exclama Lotario, accablé de malheur et exaspéré.

— Merci, répliqua l'autre. Je te défends... au risque de me faire des ennemis de chacun d'eux... et tu me traites de cette manière...

— Non... non, se hâta de corriger le malheureux Lotario, tu es un vrai ami... je le sais... mais tu reconnaîtras... découvrir que des gens qui se disent tes amis parlent de toi de cette manière... » Il ne termina pas la phrase ; mais tout son visage, angoissé et aigri, suggérait éloquemment la conclusion. « Et ils ne me reconnaissaient rien pour me sauver, ajouta-t-il soudain dans un dernier espoir. Pas la moindre qualité ?

— Si, répondit Tullio. Ils disaient que tu es bon... »

C'était le coup de grâce, la bonté étant la seule qualité

qui soit non seulement volontiers reconnue, mais, quand les autres viennent à manquer, offerte, et carrément imposée de force. Le sombre silence de Lotario prouva qu'il était pleinement conscient de la valeur de cette reconnaissance. Tullio, entièrement satisfait de l'œuvre accomplie, profita de ce silence pour prendre congé et s'en aller.

Le chevalier

Je ne sais pas comment, je me retrouvai un jour dans ce salon. Je dis « je me retrouvai » parce que ce salon, comme c'est parfois le cas, dans un sens bien plus agréable, avec certains paysages qui donnent l'impression inexplicable qu'on les a déjà vus, me fit penser, dès que j'en eus franchi le seuil, que j'y avais déjà été dans une autre vie, infiniment pire et surtout beaucoup plus ennuyeuse, si la chose est possible, que la mienne. Dans une pièce entièrement nue, à l'exception de deux minuscules aquarelles accrochées l'une en face de l'autre, autour d'une table de style, comme on dit, 1900, avaient pris place sur des tabourets très inconfortables, en forme de demi-boîtes sans couvercle, sept ou huit femmes mûres, extrêmement guindées et couvertes de fanfreluches, toutes ou presque d'une totale laideur. Sur mon visage, à ce spectacle, devait se lire une telle consternation que la maîtresse de maison elle-même me dit sur un ton débonnaire : « Vous êtes épouvanté à la perspective d'être le seul homme parmi tant de femmes... vous devriez être content au contraire... du reste, ne vous inquiétez pas... tout à l'heure vous ne serez plus seul... Perotti doit venir. »

Elle dit Perotti, sans faire précéder ce nom d'aucun titre, comme chevalier ou docteur par exemple, chose déjà étrange dans un milieu pareil où les titres étaient d'usage courant ; elle-même, qui sait pourquoi, m'avait accueilli en m'affublant du qualificatif d'« architecte », profession que je n'ai jamais exercée. Elle prononça donc Perotti, avec un air d'importance, comme on prononce, que sais-je, moi ?, le nom célèbre d'un artiste ou d'un homme politique. Je répondis que je n'étais nullement épouvanté, bien au contraire, et que je rivaliserais avec Perotti pour faire honneur, parmi toutes ces dames, à la réputation des hommes.

Mais à l'épreuve des faits, mes paroles se révélèrent encore plus mensongères que je ne l'avais imaginé en les prononçant. J'avais été averti : le salon de cette dame était ce qu'on appelle un salon intellectuel. J'avais naïvement cru que toutes ces femmes parleraient, certes avec l'incompétence et les approximations inévitables en pareil cas, de sujets et de personnes qui m'auraient été familiers. Mais je dus m'apercevoir que j'étais tombé dans un monde entièrement nouveau pour moi, avec des valeurs, des célébrités, des jugements et des goûts que, en dépit de ma meilleure volonté, je ne parviendrais jamais à apprécier et encore moins à partager.

Je m'étais à peine assis et la maîtresse de maison, me posant l'inévitable question « Fort ou léger ?... avec du citron ou du lait ? », m'avait à peine offert une tasse de thé, que toutes ces dames entamèrent une discussion passionnée sur les œuvres du peintre Canestrini. Recroquevillé sur mon tabouret, renfrogné et tendu dans l'effort d'entendre et de comprendre, je me rendis aussitôt compte que ce Canestrini était autant connu dans ce milieu qu'il m'était inconnu.

« Je l'adore comme portraitiste, annonça une des

dames. Parce que ses portraits sont vraiment ressemblants... Mais ses natures mortes me laissent un peu perplexe.

— Moi, au contraire, ce sont ses natures mortes que je préfère, enchaîna une deuxième.

— Bien sûr, rares sont ceux qui peignent comme lui aujourd'hui, commenta une troisième.

— Vous savez combien Canestrini fait payer ses portraits ? demanda une quatrième. Cinquante mille lires !

— C'est beaucoup... mais au fond... à bien y regarder... c'est leur prix, conclut une cinquième.

— Et vous, que pensez-vous de Canestrini ? » m'interrogea une sixième.

Je répondis du mieux que je pouvais : Canestrini, à mon avis, était certainement un des meilleurs peintres que l'on eût aujourd'hui dans notre pays. Je fus approuvé avec une espèce de soulagement : l'expression de mon visage avait peut-être laissé supposer une réponse différente. Mais déjà la conversation abandonnait la peinture pour la littérature. Je respirai en pensant que, du moins en matière de livres, il ne serait pas possible que leurs auteurs me fussent aussi radicalement inconnus que leurs peintres. Mais c'était me tromper et je m'en aperçus sur-le-champ. Le nom d'un romancier, à ce qu'il semblait profondément apprécié et discuté dans ce monde, nom étranger, inutile de le préciser, m'était tellement inconnu que, croyant avoir mal compris, je dus me le faire répéter deux fois. Pendant ce temps les dames, sans se soucier de moi, dialoguaient sur leur préféré. Elles parlaient de lui avec une admiration infatuée, non seulement de lui, mais aussi de ses créatures, chose extraordinairement gênante pour moi, parce que, s'il m'était possible, peut-être avec des éloges très vagues, de laisser croire que je connaissais l'écrivain, je ne pus en faire autant quand une de ses lectrices fanatiques me demanda ce que je pensais de Szabo, s'il me semblait que Lena avait raison, page tant, de céder à Costantino, où si j'avais jamais vu une figure plus poétique de Mattia. La discussion, du reste, n'était guère empreinte d'un esprit critique : la grande question était de savoir si tel roman était plus beau que tel autre, rien de plus. À ce qu'il semblait, l'écrivain, non moins connu que fécond, en avait écrit au moins une dizaine. « Je les aime tous, dit enfin une des dames. Dès qu'il en sort un nouveau, je me précipite en librairie, et le vendeur le sait si bien qu'il ne me demande même pas ce que je veux... il me tend le livre déjà emballé... Quels beaux romans... dommage qu'il n'en écrive plus. »

Je vis que la maîtresse de maison m'observait avec ravissement, comme si elle avait pensé : « Ce n'est pas un salon comme les autres, que le mien... On aborde des sujets élevés. » Et je me hâtai de faire observer : « Je ne savais pas qu'il y eût encore un tel enthousiasme pour l'art...

— Avez-vous lu les poèmes de Pandimiglio ? » demanda à brûle-pourpoint une des convives.

Pris de court, j'avouai que je ne les avais pas lus.

Aussitôt deux ou trois s'exclamèrent : « Comment ? Vous ne les avez pas lus ? Quel dommage... Vous devriez les lire... »

J'aime la poésie, je connais deux ou trois poètes dignes de ce nom, et ce sera toujours pour moi un incommensurable ennui d'entendre aborder ce terrain avec présomption et incompétence comme c'était alors le cas. Comme si cela n'avait pas suffi, les poèmes de ce poète si célèbre se trouvaient justement sur la table et le livre me fut présenté avec un éclair d'admiration dans le regard et l'expression des lèvres, comme pour dire :

« Voici un chef-d'œuvre. » Je le feuilletai, de mauvaise humeur, en pensant que le moment était venu de filer. Mais je n'eus pas le temps de lire un de ces poèmes imprimés avec le plus grand luxe sur un papier poreux aux bords effrangés. La sonnette de la porte retentit, la maîtresse de maison annonça : « C'est Perotti. » Et elle se précipita hors de la pièce. Au bout d'un moment, en effet, Perotti en personne entra dans le salon.

Je le regardai avec une certaine curiosité. C'était ce qu'on appelle, ou plutôt qu'on aurait appelé il y a vingt ans, avant la vogue du type sportif, un bel homme. De grands yeux noirs, inexpressifs, un beau front, un nez bien découpé, imposant, une bouche noble. Les cheveux, épais et parfaitement peignés, étaient blancs sur les tempes. Perotti avait une tête de séducteur, qui n'était que trop conscient de son propre charme. Et cette vanité, ainsi découverte, le rendait à la fois aimable et irritant. Il était vêtu avec soin, mais au fond pauvrement. Son costume de coupe démodée, luisant aux coudes, révélait en plus d'un endroit une usure avancée. Son pantalon avait du mal à tenir le pli. Ses petits pieds étaient chaussés de souliers à pointe fine qui, sous le brillant du cirage, trahissaient divers accrocs. Il portait un col amidonné sur une chemise à fines raies. Il exhalait, ainsi que je le sentis en lui serrant la main, une forte odeur d'eau de Cologne. Perotti, d'un âge plus qu'avancé, comme le prouvait l'affaissement de ses joues et de la peau du cou, semblait soutenir son buste, tant il se raidissait et se bombait. Tous ces détails, je les remarquai du premier coup d'œil. Et j'éprouvai, d'instinct, une forte antipathie pour ce m'as-tu-vu trop mûr.

Après qu'il eut fait le tour de la table et baisé la main, cérémonieusement, à chacune des dames, il se mit à parler, et ce premier sentiment d'aversion se transforma insensiblement en un autre, presque de sympathie, quoique mêlé de compassion. Perotti, bien sûr, était vaniteux, ce qu'indiquaient l'expression de son visage et sa manière de se placer constamment de profil, probablement même était-il stupide, mais il semblait posséder, au plus haut degré, je ne sais quelle douce civilité, d'un autre temps, typique d'un chevalier servant, qui, dans la vogue actuelle d'une certaine brutalité qui se fait passer pour de la virilité, produisait son effet. J'ai précisé que ces dames, assises autour de la table, étaient toutes mûres et laides, mais, pour Perotti, c'était comme si elles avaient été toutes jeunes et charmantes. Tout d'abord avec surprise, car je n'y étais pas habitué, puis avec amusement, je me mis à observer avec quelle courtoisie élégante et urbaine, il les servait, tantôt leur tendant une tasse de thé, tantôt leur offrant dans un vieil étui d'argent des cigarettes ordinaires et médiocres, tantôt se levant pour approcher un briquet allumé, tantôt les écoutant simplement et leur répondant. Il semblait vraiment né pour évoluer dans les salons, et ce n'était pas sa faute si, en ce lieu et avec ces personnes, ses manières si bien modulées et si sophistiquées paraissaient gâchées. J'ai toujours trouvé un peu méprisables ces hommes qui, au moment où les autres travaillent, se plongent parmi les froufrous féminins à siroter des boissons et à colporter des commérages. Mais, pour Perotti, je faisais exception à la règle. Il était là, parmi toutes ces femmes, dans son élément. C'était le survivant d'une espèce disparue, et l'arracher aux bavardages et à sa tasse de thé pour l'envoyer travailler, cela aurait été faire preuve d'une cruauté inutile, comme d'extraire de son bocal un poisson rouge ou de sa cage un canari.

J'ai dit que cette sympathie n'allait pas sans compassion. Et, à ce propos, je veux noter qu'induisent à la pitié non seulement les personnes malheureuses ou qui souffrent, mais aussi celles que nous avons l'impression de comprendre jusqu'au fond, auxquelles nous croyons être supérieurs dans une certaine mesure et dont nous pensons que nous pourrions aisément leur faire du mal si nous le voulions. La compassion que j'éprouvais pour Perotti était de cette seconde espèce. Je pensais qu'il m'aurait suffi d'un mot pour détruire sa dignité cauteleuse de sigisbée, mais je ne le faisais pas parce que je le sentais trop désarmé et exposé. J'en concevais de la pitié. Une pitié irritée, dois-je ajouter : car rien ne m'irrite plus que d'être forcé à manifester des égards pour quelqu'un. Il n'y a aucune raison, me semble-t-il, pour que la faiblesse qui ne peut ou ne veut être tenue pour telle devienne, grâce à la compassion qu'elle inspire, une espèce de force.

Plongé dans ces réflexions, je suivais avec attention les propos et les gestes de Perotti. Les dames, après les premières formules de politesse, avaient repris leur conversation intellectuelle. Perotti, qui ne semblait pas en savoir plus long que moi sur tous leurs peintres, écrivains et poètes, s'en tirait manifestement bien mieux. Il avait toujours le mot courtois qu'il fallait, l'approbation flatteuse et, dans le pire des cas, le grommellement confus : tout ce qui sert à dissimuler n'importe quelle ignorance majeure. Bref, il suivait la règle aussi vieille que le monde, de donner raison à tous et à tout. Mais il semblait avoir acquis dans cette science une maestria, une légèreté de touche, une agilité vraiment inhabituelles. Qu'il fût souple, c'était peu dire. On finissait par penser que si on avait fait courir dans son dos le scalpel de l'anatomiste, on n'aurait pas trouvé, comme chez certains animaux, la moindre trace de colonne vertébrale. J'essayai à titre d'expérience de lui faire reconnaître pour vraies, à peu d'intervalle, deux affirmations exactement contraires. Mais je fus presque déçu de voir avec quelle habileté il sut me donner raison les deux fois, tout en parvenant, en même temps, à ne pas se démentir lui-même. C'était une anguille et, dans une certaine mesure, cela suscitait de l'admiration de le voir louvoyer tout en conservant cette urbanité serviable, inaltérable, de chevalier du XVIIIe siècle. Toutes ces dames, du reste, paraissaient le tenir en haute estime, le jugeant, de toute évidence, cultivé et expert. À présent, je comprenais pourquoi la maîtresse de maison me l'avait présenté sous son simple nom de Perotti, sans titre ni qualité.

Mais les plus beaux jeux sont de courte durée et je m'impatientai soudain, décidant d'envoyer au diable la compassion et de le mettre au pied du mur, pour voir si, sous ces belles manières et cette apparence si lisse, il n'y avait pas, je ne dis pas une intelligence, mais au moins un sentiment authentique. On en vint à parler, comme parfois, d'une de ces questions qu'on appelle actuelles, bien qu'elles soient de tous les temps, mais prennent diverses formes. Perotti émit une de ses opinions courtoises et vides dont, comme d'habitude, il aurait été impossible de déduire ce qu'il pensait vraiment. Je le contredis rapidement avec véhémence. Immédiatement, autour de cette table, si bavarde, un grand silence s'installa. Il me regarda avec ses yeux noirs, il sembla avaler sa salive et risqua aux coins de sa noble bouche un fin sourire. Il dit que vraiment, d'un certain point de vue, il se pouvait que j'eusse raison ; d'autre part, cependant, il était de l'avis que, toujours en considérant les choses avec objectivité, on pouvait même affirmer que... bref, il réussit parfaitement dans son intention qui était de ne rien dire du tout.

Mais, moi, obstinément, d'une voix vibrante, je répétai, en la renforçant, ma première affirmation. Il me regarda de nouveau et je compris qu'il avait parfaitement compris où je voulais en venir. Mais il désira gagner du temps et demanda : « À savoir ? »

Je lui expliquai en d'autres termes ce que j'avais déjà dit. Mais, en parlant, je compris soudain qu'il souffrait. Non pas tant de ce que je disais, mais parce que, de manière crue et naïve, j'y énonçais une minuscule vérité. La vérité, dans son monde si bien organisé, devait détonner comme un acteur en chair et en os dans un théâtre de marionnettes.

Il eut de nouveau son sourire subtil et noble et répondit enfin, en haussant les épaules :

« Il me semble que, dans ce domaine, nous ne pouvons nous entendre, pas plus vous que moi... laissons s'en occuper ceux qui en sont chargés... excusez-moi... mais à quoi ça sert ? Nous ne pourrions que dire des bêtises... et puis, en admettant qu'on n'en dise pas, les choses resteraient comme elles sont. »

Il y eut un chœur d'approbations autour de la table. « C'était simplement pour parler, dis-je enfin conciliant. On parle de tant de choses... pourquoi pas de ça ? »

Il s'attaqua aussitôt imprudemment au prétexte que je lui fournissais. « Et pourquoi précisément de ça ? répondit-il en secouant la tête. Non, non, non... permettez-moi de vous le dire, moi qui, malheureusement, ai quelques années de plus que vous... quel besoin a-t-on de parler de ces choses au milieu de tant de belles dames ? » Et il eut un geste déférent, presque une révérence, vers les dames. « Par une journée pareille, sous un beau ciel bleu ? » Et il indiqua à travers la fenêtre le ciel qui, en effet, était serein, sans le moindre nuage. « Vous, vous êtes jeune, je comprends, soyons clair, que vous vous passionniez pour ces problèmes... vous me donnez raison : ça ne sert à rien... il faut prendre le monde comme il est, sans faire tant d'histoires, avec philosophie. »

— À propos, l'interrompis-je, quelle philosophie ?

Cette fois, il fut vraiment surpris et me jeta un regard interrogatif. « Avec philosophie... on dit comme ça... aucune et toutes... c'est une manière de parler.

— Excusez-moi, dis-je hypocritement, je croyais que vous parliez d'une philosophie en particulier... ou d'une école philosophique... comme par exemple, que sais-je, moi ? l'école idéaliste... ou le positivisme...

— Non, non... », se hâta-t-il de répondre avec sérieux, un peu gêné et en même temps flatté que je lui attribue une discipline que certainement il ne possédait pas. « Je n'entendais aucune école en particulier... j'ai voulu seulement dire avec philosophie... comme on dit d'habitude... comme ça, simplement...

— Excusez-moi », répétai-je.

Il accepta mes excuses avec un regard et un sourire reconnaissants, fit encore quelques considérations générales sur le tour que prenaient certaines conversations, et ensuite, peu à peu, sans hâte et non sans élégance, changea de sujet. Je me tus, décidé à me retirer au plus vite. Ce qui me poussait à partir, plus que l'ennui, c'était une image bizarre, amère ou comique, je n'aurais su le dire. Il me semblait que toutes ces femmes autour de la table, avec leurs petits bibis, leurs fanfreluches, leurs voix maniérées, ressemblaient énormément à autant de poules enflées et geignardes. Perotti, bel homme, vaniteux, obséquieux, était vraiment le coq de ce poulailler fort peuplé. Mais après cette discussion, je ne savais même plus à quel propos, il me semblait que ce coq, malgré ses belles plumes et son port majestueux, n'était pas un coq, mais un chapon. Toutefois, les poules ne s'en apercevaient pas et continuaient à lui tourner autour, dans l'illusion qu'il les protégeait et les courtisait.

Cette image m'agaçait, comme une mouche importune. Également parce qu'il s'y mêlait de la cruauté, faisant apparaître à mes yeux la main de la ménagère qui, ayant saisi le faux coq, le retournait, la tête en bas, le palpait pour voir s'il était bien gras et ensuite l'éventrait, les pattes liées, sur le marbre de la cuisine. Toujours avec cette image en tête, je me levai et pris congé. « Que dites-vous de Perotti ? » me demanda la maîtresse de maison sur le seuil, retenant ma main dans la sienne.

Je lui répondis que, jeune, il avait dû être un très bel homme.

« Je le lui dirai... je sais que ça lui fait un tel plaisir... », répondit-elle.

Je sortis.

Vie dans l'étable

Le huit septembre[1] me prit au dépourvu. J'avais toutes les bonnes raisons de croire que les fascistes allaient m'arrêter (et en effet, par la suite, ils vinrent souvent me chercher chez moi) et je ne savais pas où me cacher. Je finis par décider de m'en aller le plus au sud possible, dans l'espoir de franchir le front ou du moins d'aller à la rencontre de l'avancée alliée.

Si j'étais allé du côté des Abruzzes, comme le firent tant d'autres, j'aurais passé le front avec une relative facilité. Le malheur voulut que je me dirige vers Naples, par le chemin de fer, le long de la mer. Arrivé à Fondi, qui était le terminus de la voie ferrée, des personnes que je connaissais dans cette ville me convainquirent de rester pour attendre l'avancée alliée que tout le monde considérait comme imminente. J'ai ensuite beaucoup regretté de ne pas avoir continué par des moyens de fortune, du moins jusqu'à Volturno, chose alors assez aisée ; mais après la campagne de Sicile, si rapide, il

1. Le 8 septembre 1943 est le début de l'occupation allemande, conséquence du débarquement allié du 9 juillet, de la chute de Mussolini (23 juillet) et de l'armistice signé par le gouvernement Badoglio et Eisenhower (3 septembre).

était impossible de prévoir que la guerre se serait arrêtée sur fleuve pendant tant de mois. J'allai habiter chez des paysans non loin de la ville. J'eus alors l'occasion de connaître à mes dépens la mythomanie qui naît partout où viennent à manquer les journaux et les autres moyens habituels d'information. Les alliés, selon les bruits qui couraient, devaient arriver, chaque fois, le jour même. Mais ils n'arrivaient toujours pas, tant et si bien que les Allemands et même les fascistes réapparurent, proclamèrent la République sociale de Salò et pendirent aux fenêtres du « Fascio » local leur drapeau noir. J'éprouvais plus que de la haine pour les fascistes, presque une phobie de leur apparence physique : de ces chemises noires, de ces gestes, de cette morgue, de tout cet insupportable apparat que j'avais subi pendant vingt ans sans jamais parvenir à m'y habituer. Un peu à cause de cette phobie, un peu parce que les Allemands rôdaient et prenaient tous les hommes qu'ils trouvaient pour leurs travaux de fortification, un matin, je laissai la maison dans la plaine et, ayant chargé un âne du peu d'affaires que j'avais apportées de Rome, je m'en allai vers la montagne.

On gravit pendant trois heures des sentiers caillouteux, plus semblables à des lits asséchés de torrent qu'à des chemins, entre les maquis et les rochers dispersés, dans un beau paysage sauvage ; en haut de la montée, nous trouvâmes une espèce de gorge solitaire avec deux ou trois maisonnettes juchées sur les flancs, au pied de la crête rupestre de la montagne. Ces maisons construites sur la pente dominaient les cultures en espaliers que les paysans arrachaient à la montagne, en défrichant les maquis et les champs pierreux. Je rencontrai un de ces paysans, je lui demandai l'hospitalité, il n'avait qu'une petite étable adossée à sa maison et j'acceptai. Je croyais devoir passer quelques jours seulement dans cette étable. J'y restai neuf mois.

Mon séjour à Sant'Agata, car c'est ainsi que se nommait cette localité, peut être divisée en trois périodes : la première où l'on espérait encore être libéré par l'avancée alliée, entre septembre et janvier ; la deuxième où l'on espérait être libéré par le débarquement d'Anzio, entre janvier et mars ; la troisième où l'on n'espérait plus rien et où l'on s'apprêtait à passer un deuxième hiver là ou ailleurs, sous la domination allemande. Durant la première période, pendant environ un mois, je dus me lever tous les matins, à cinq heures, et courir au sommet de la montagne pour échapper aux réquisitions des Allemands. Ces promenades étaient très belles : on montait tout d'abord dans le maquis, en contournant certaines grottes gigantesques, puis à travers une carrière toute blanche, toute parsemée de chênes, finalement on rejoignait les petits prés verts et frais qui tapissaient la cime de la montagne. De là-haut, on voyait tout autour des gorges et des ravins profonds et plus loin les monts déjà enneigés de la Ciociaria. Au sud, scintillait la mer, qui ne me parut jamais aussi libre qu'alors. Et que de fois, en regardant le contour de l'île de Ponza, occupée par les Alliés, j'imaginai de m'embarquer pour la rejoindre à n'importe quel prix. Ces lieux étaient restés tels que les avait connus le légendaire berger de Fondi quand il s'y était réfugié après son crime ; des lieux vierges, solitaires, majestueux, pleins de grottes, de cavernes, de broussailles, de maquis, d'anfractuosités ; des lieux, en effet, idéaux pour des brigands et des fuyards. Je restai là-haut bien des heures sans rien faire, car je n'avais pas de livres, et vers le crépuscule, je descendais dans mon étable.

Puis vinrent les pluies, non pas comme en Italie en général, mais plutôt comme dans les pays tropicaux. Un déluge qui commença à la fin d'octobre et dura jusqu'aux fêtes de fin d'année. Je dois maintenant décrire l'étable où je vivais avec ma femme. Quand on était debout, on touchait presque le plafond, les murs étaient sales et pleins de toiles d'araignées, par terre il y avait de la boue, le mobilier comprenait un lit fait de planches, avec un sac de paille en guise de matelas, une table et, malheureusement, un métier à tisser de type médiéval dont le vacarme, les jours de pluie, nous tenait compagnie de huit à dix heures d'affilée. Il n'y avait qu'une seule chaise, pour enfant, et cela parce que les paysans, qui considéraient les chaises comme des accessoires de luxe, à n'adopter que dans les occasions extraordinaires, les gardaient accrochées au plafond et ne voulaient à aucun prix nous les donner. Ma femme s'asseyait sur ce petit tabouret et je restais allongé sur le lit. De cette manière, nous avons passé des mois entiers, sans rien faire, à regarder la pluie qui dégoulinait dehors et formait une brume liquide qui bouchait la vue. La seule occupation était de cuisiner, mais c'était une occupation ingrate parce qu'il n'y avait ni fourneau ni cuisinière et qu'il fallait cuire les choses sur un trépied posé à terre, dans une cabane obscure et puante. Nous avions toujours le plus grand mal à mettre le feu au bois vert et humide et, une fois qu'il était allumé, il en sortait une telle fumée que dans cette cabane même les chats avaient les yeux constamment larmoyants. Et pourtant, malgré la fumée, le noir, la boue et la saleté, les jours de pluie, la cabane était toujours pleine de monde, tous accroupis à l'africaine sur des bûches, autour du feu. Les femmes filaient, les hommes raccommodaient leurs sandales, les enfants hurlaient et pleuraient, et moi, agenouillé à terre, je soufflais dans le feu qui menaçait à tout moment de s'éteindre. C'était la première fois que je vivais dans une cabane et, me rappelant avoir lu chez nos écrivains provinciaux, des descriptions carrément poétiques d'une telle vie, je m'étonnais qu'ils aient pu le faire. De toute évidence, leurs cabanes, ils les avaient vues de loin, pittoresques, sans aucun doute, avec leur toit de chaume qui descend presque à terre. Mais je dois reconnaître que ces paysans dans la cabane se sentaient parfaitement à leur aise et étaient stupéfaits quand j'en déplorais les inconvénients.

En janvier, le sirocco tomba, la tramontane souffla, chassant les nuages, et dans un grand froid, sous un ciel glacial et bleu on apprit le débarquement d'Anzio. De grands espoirs furent formulés, qui s'évanouirent bientôt dès qu'on découvrit que le débarquement s'était arrêté. Les mois les plus durs commencèrent. Les gens, dans l'espoir naïf d'une prompte arrivée des Alliés, avaient stupidement gaspillé leurs provisions, et le peu de victuailles qui restaient coûtaient très cher. Les bombardements, d'autre part, commencèrent à se multiplier. Presque chaque jour, nous voyions dix, vingt avions apparaître derrière les montagnes, fondre sur Fondi et piquer l'un après l'autre. La plaine retentissait d'explosions, les champs étaient ponctués de feux qui formaient une fumée noire, on distinguait clairement dans la ville les maisons qui sautaient en l'air entre des langues de feu et des volutes de fumée. Les Allemands, de leur côté, tourmentaient continuellement la population par des réquisitions d'hommes et des déprédations. Ils venaient rarement en montagne, mais ces rares fois-là tout le monde courait cacher entre les roches ou dans le maquis le sac de farine, le lard, le collier d'oignons. Les paysans se prévenaient entre eux de l'arrivée des Allemands par un mot qu'ils criaient d'une colline à l'autre : Malaria. Les Autrichiens étaient mieux : ils ne cachaient guère leur désir de voir finir la guerre au plus vite. Les autres répétaient le refrain habituel que l'Italie avait trahi et que les Italiens étaient tous des traîtres.

Tous ces mois, on les passa à chercher de quoi manger et à discuter de la situation militaire. Il y avait là-haut, outre les paysans, beaucoup de gens qui s'étaient échappés de Fondi, presque tous des commerçants. Il faut dire que si j'avais dû juger de la maturité politique du peuple italien à partir de ce petit monde, j'aurais désespéré. Les paysans, tous analphabètes, ne savaient même pas ce qu'était le nazisme, le fascisme, l'Allemagne ou l'Angleterre ; les autres n'en savaient guère plus et ne pensaient qu'à leur peau. En neuf mois, je n'entendis pas une seule fois parler de l'Italie et de la catastrophe de l'Italie. Tout cela était excusable, étant donné les terribles conditions où vivaient ces personnes amassées dans des cabanes et dans des taudis. Mais, malheureusement, on sentait que même dans de meilleures conditions, leur esprit ne se serait jamais élevé au-dessus de l'aspect matériel le plus immédiat de la vie quotidienne. Souvent, j'entendais dire : Qu'arrivent les Allemands, qu'arrivent les Anglais, qu'arrive n'importe qui à condition qu'on puisse retourner chez nous. Mais c'était un discours dicté par le désespoir. En général, les Allemands étaient haïs et les Alliés attendus avec angoisse. Mais les raisons politiques et patriotiques n'entraient pas en ligne de compte, il s'agissait toujours de préférences inspirées par le profit et par d'autres considérations strictement locales et personnelles.

En avril commença la faim. La montagne s'était faite belle dans cet air doux et poétique, avec de grandes floraisons tremblantes d'amandiers, de poiriers, de pêchers, et des champs de blé d'un vert tendre, alternant avec des champs de lin bleus. Mais sous cette beauté fleurie se dissimulait la pénurie, ou plutôt l'absence complète de fruits, de légumes, de tubercules comestibles, bref de choses à manger. Tout le monde allait dans la montagne cueillir des herbes mangeables et moi avec eux. Ces herbes s'appelaient, dans le langage local, de l'herbe Sainte-Marie, du *crispigno*, du chasse-lièvre, de la *quaiozza*, de l'orobanche, chacun en faisait de gros bouquets qui, après cuisson, se réduisaient à deux ou trois boulettes vertes. Qui avait de la matière grasse, y ajoutait un peu de saindoux ou d'huile. La plupart les dévorait sans condiment. Les gens se lançaient des regards soupçonneux, les démunis enviaient les nantis ; il se produisait des vols et des disparitions, certaines familles avaient les visages creusés, un teint vert pâle, le ventre gonflé, les membres squelettiques. Quand les Américains arrivèrent, on parlait déjà de former des bandes afin de réquisitionner le peu de choses qui restaient. La libération nous épargna, après tant de souffrances, celle d'assister à une espèce de pillage organisé.

Les Américains se firent précéder par un terrible feu d'artillerie. Les projectiles sifflaient sur nos têtes, les Allemands répondaient par les mortiers, et il n'était pas rare d'entendre des grenades éclater dans la montagne. Enfin, le vingt et un mai, les Allemands s'en allèrent et les premières patrouilles alliées arrivèrent. Six Allemands fuyards, haves et affamés, se laissèrent de bonne grâce désarmer par moi et par les paysans. L'un d'eux pleurait, les autres semblaient contents. Je descendis dans la vallée et trouvai ce spectacle devenu depuis lors si ordinaire : les soldats américains, avec leurs armes, leurs camions sans nombre, leurs boîtes et leurs cigarettes, et, tout autour, des multitudes d'Italiens en haillons, affamés, admiratifs, qui les interpellaient, leur demandaient de quoi manger, les applaudissaient. J'allai à Fondu et j'y trouvai faim, décombres et guenilles. Une nouvelle vie commençait.

Massacre et mélancolie

Âme sans pensée
Massacre et mélancolie.
(Vers d'un fou.)

Après la visite à l'asile, j'imaginais qu'un des fous d'origine plus bourgeoise retrouvait la raison non pas lentement, mais d'un seul coup : par exemple ce professeur ou cet avocat, et soudain se retrouvait dans une de ces grandes salles nues et sonores et se voyait lui-même parmi des hommes à têtes rasées, au visage inexpressif ou bouleversé, aux yeux pétrifiés, habillés de blouses constamment salies et lacérées par eux-mêmes, et lui-même, dégoûtant, le crâne pelé, en uniforme de fou. J'imaginais la surprise, l'horreur, la répugnance à rester une minute de plus dans un pareil endroit. En même temps, je me disais que nous aussi, prétendument sensés, nous passions inopinément de notre état normal à un autre, bien supérieur, qui ferait apparaître notre sagesse tant vantée comme une folie honteuse, innommable, intolérable, absurde ; et que nous nous voyions brusquement avec les yeux de cette nouvelle sagesse, dans ce monde plein de gens qui tuent et de gens qui incitent à tuer, de ministres d'empires qui font de graves discours et d'autres ministres qui démissionnent, de riches qui parlent de liberté et de pauvres qui parlent de révolution, d'hommes habillés d'une certaine manière parce qu'ils tuent et d'autres habillés d'une autre parce qu'ils ne tuent pas, de disputes religieuses, politiques, nationales, économiques, raciales, culturelles : bref, dans ce monde, dont l'absurdité frappe non seulement l'homme hautement intelligent, mais aussi le simple individu de bon sens ; je pensais que selon un mouvement identique à celui du vrai fou guéri, nous voudrions sortir aussitôt de ce monde sans attendre une seconde de plus, fût-ce au prix d'un saut dans le vide, c'est-à-dire d'un suicide. Et ce n'est pas un paradoxe, mais un sentiment précis que n'importe qui peut éprouver. Il suffit, en effet, que nous nous arrêtions, autrement dit que nous nous détachions, un seul moment, de ce monde et que nous le laissions tourner sur lui-même et autour du soleil, par lui-même, en dehors de nous, pour que sa folie nous apparaisse très clairement. En d'autres termes, notre sagesse n'est qu'une question de participation à une folie quelconque.

Revenons aux fous véritables. Me voici dans les allées à gravillons de l'asile. De maigres plates-bandes, des arbres et, entre les arbres, çà et là, les tristes façades des nombreux pavillons. Le médecin qui m'accompagne me fait tout d'abord visiter quelques pièces où se déroulent des travaux scientifiques. Avant les fous eux-mêmes, dans un bureau propre et froid, avec des rayonnages et des vitrines, il me montre les cerveaux de fous plongés dans la paraffine, à l'intérieur de bocaux et de flacons. Les cerveaux sont, pour certains, blancs, pour d'autres, jaunâtres, pour d'autres enfin, légèrement verdâtres.

Écheveaux de matière molle et brillante, ils ont un aspect qu'il est difficile d'associer avec l'extravagance et la hideur de ceux qui en étaient les propriétaires dans leur boîte crânienne. Le médecin plonge la main dans la paraffine et, avec délicatesse (j'imagine que, s'il serrait, ses doigts entreraient dans le cerveau comme dans du beurre), il en sort une partie d'un de ces cerveaux, coupée nettement du reste (pourquoi pensé-je aux vers de Rimbaud : « Tant que la lame n'aura / Pas coupé cette cervelle, / Ce paquet blanc, vert et gras...[1] » ?) me fait remarquer combien sont parfois simples les plis. Le cerveau d'un idiot à ce qu'il semble. La vue du cerveau entre les doigts du médecin, ni plus ni moins qu'un cerveau de chapon, l'odeur de paraffine et peut-être de cerveau (qui sait si le cerveau d'un fou a une odeur différente de celui d'un homme sensé) me donnent un léger malaise. Je me hâte de sortir.

Tandis que nous entrons dans le pavillon le plus proche, celui des folles agitées, une autre odeur frappe mes narines. Qui n'a pas visité d'asile ne peut savoir ce qu'est l'odeur d'un pavillon de fous. Que l'on imagine le remugle d'un antre de bêtes, mais en moins chaud, en moins innocent, en plus subtil, plus âcre, pas vraiment humain ni non plus animal, je dirais presque sous-humain. Ce remugle est rendu d'autant plus remarquable par la propreté et la nudité des locaux. Où rien ne se trouve, tissu ou accessoire, qui pourrait l'exhaler et où tout est réduit à l'essentiel. De sorte que l'on soupçonne presque qu'il s'agit d'une odeur morale, l'odeur même de la folie.

Nous franchissons la première porte, nous franchissons la grille intérieure. Dans le couloir, nous rencon-

1. Premiers vers de *Honte*.

trons une religieuse au bras d'une folle. Et cette dernière, un échalas en blouse rayée, aux cheveux gris, au visage de bouc, moustachue et affligée d'un long nez. Dès qu'elle voit le médecin, elle s'élance et lui fait une caresse lascive et tendre autour du visage. Puis elle se met à rire, en ouvrant sa large bouche où il ne reste plus qu'une seule dent jaune. Tandis que nous montons les escaliers qui conduisent aux salles supérieures, je me tourne et je constate qu'elle continue à rire, là-bas, au pied des marches, immobile et figée, d'un rire lubrique, démesuré, très joyeux, comme quelqu'un qui aurait fait une bonne farce et s'en réjouit derrière sa victime. On aurait envie de penser : « Sale petite. » Mais ces moustaches, cette bouche édentée, ces cheveux gris, cette blouse rayée ?

Au deuxième étage, nous collons l'œil au judas de plusieurs cellules où sont enfermées les folles dangereuses. Parfois, on ne voit rien, vraiment rien, sauf un lit défait et vide, la folle est hors du champ visuel, recroquevillée dans un coin ; dans telle autre, s'offre à notre vue un spectacle de fureur et d'horreur : la folle sur le lit, à demi nue, ses membres blancs et hâves entrelacés, la tête pendante avec les cheveux ébouriffés, la bouche baveuse, en train de menacer avec le poing. Plus souvent, la folle se tient contre la fenêtre et l'on ne l'aperçoit que de dos. On dirait qu'elle reste des heures entières à contempler le jardin.

Dans la salle commune, les folles gisent sur des lits alignés le long des murs, dans la lumière blanche des grandes baies sans rideaux. Certaines se tiennent avec la tête sous les couvertures, réduites à un tas informe. Je remarque tout de suite qu'il y a deux catégories de folles. Les premières sont les folles intégrales, méconnaissables, les autres sont les folles les plus tristes : il suffirait, en effet, d'un peu moins d'excitation dans leur élocution, un peu moins d'éclat dans leurs yeux, et nous les verrions aisément à table avec leurs fils ou dans un salon avec leurs amis. Je ne dirais pas que ce serait agréable de partager un repas avec elles ou de les écouter dans un salon. Mais chez elles, la folie, au lieu de l'annuler, accentue l'odieuse normalité des propos.

À la première catégorie, celle des folles absolues, appartient sans aucun doute cette femme qui, à notre apparition, se dresse violemment sur son lit. Ses cheveux sont raides tout autour de son visage, avec cette vitalité de méduse propre aux chevelures des fous, l'expression est désormais modifiée depuis longtemps en une grimace d'inflexibilité oratoire et démagogique. Elle crache certaines de ses paroles incohérentes avec une véhémence inouïe en crispant les tendons de son cou et en ouvrant et refermant ses yeux perçants comme des épingles. Il est impossible de comprendre ce qu'elle dit. Avec la main, elle esquisse un geste curieux, comme celui d'un témoin qui, dans un tribunal, ferait un serment avant d'entamer sa déposition. Ses paroles se précipitent comme les eaux d'une cascade hors de sa bouche, à chaque conclusion de ce qu'elle prend pour une période, elle referme la bouche avec une telle force que l'on pense que le nez en bec d'aigle pourrait rejoindre son menton en galoche. Elle retourne sa fureur avant tout contre nous. Mais comme une folle plus calme, qui rôde dans la salle et dont la folie semble consister dans le fait de se croire sensée, lui fait un geste comme pour dire « Allez, arrête ! », elle commence à l'invectiver. Et l'autre, avec un sourire de compassion vers moi qui les regarde : « Pauvre petite, elle est vraiment folle. »

Mais à la deuxième catégorie, appartient en revanche cette folle qui reste au lit, avec une petite veste sombre, ses cheveux blancs tirés, le visage exprimant une morgue mondaine dans une grimace. Voici un échantillon de ses propos : « Parce que moi je suis une femme mariée, une femme bien sous tous rapports, une dame, pas une de celles-là (geste et grimace de mépris). Je suis une enseignante, moi. Si je suis des Pouilles ? Oui, je suis des Pouilles, mais il y a longtemps que je vis à Rome. Je préfère Rome, comment peut-on vivre en Province ? (Attitude de conversation de salon.) Qui a dit que je n'étais pas mariée ? (Avec fierté, en se redressant.) Je suis mariée et mon mari est baron, commandeur (moment de réflexion), il est même ingénieur. Je suis une dame, bref, pas une de celles-là (geste de complicité). Vous devriez avoir honte, vous ne savez pas à qui vous avez affaire. Une dame comme moi. Regardez (montrant un médaillon accroché à son cou) il y a là une attestation. Je suis une dame, mon mari est baron », etc. Toutes choses, comme je l'ai dit, que sans cet éclat des pupilles et sans la fébrilité de la voix, j'ai l'impression d'avoir déjà entendu dans nombre d'autres lieux.

Alors une folle m'interpelle en faisant claquer un baiser. Une autre commence à hurler, de façon presque burlesque : « Au secours, au secours ! » Une troisième me dit, en se levant comme elle peut de son lit où elle est attachée : « Pourquoi me tenez-vous prisonnière dans cet endroit ? Est-ce un endroit où l'on peut garder les gens ? Est-ce une vie, cela ? Pourquoi ne me renvoyez-vous pas chez moi ? » Comme elle a même les bras attachés, elle ne peut écarter les cheveux qui lui tombent en grosses mèches sur le visage. Elle parle d'une voix douce, suppliante, sensée. Mais elle a les yeux ahuris d'une folle. Nous sommes déjà sortis et elle continue à supplier.

Une femme qui pourrait être mercière ou marchande de tabac dans un village, avec un visage blanc et rouge, plein de bon sens, qui parle sans arrêt comme si elle rendait compte d'un événement qui se serait réellement produit : « Pourquoi ont-ils frappé Alfonso ? Alfonso, on l'a frappé ? À mort. On a frappé Alfonso. Ils s'y sont mis à cinq pour le frapper. Ils ont frappé Alfonso. » Une fille au visage triangulaire, une bouche sans lèvres, pareille à une boutonnière, et les cheveux raides comme des épingles sur une pelote, qui demande si son fiancé doit venir.

Dans une cellule, sur un petit lit, sortant d'un tas de couvertures, point un visage riant, rond et vert, comme une lune malsaine, entouré de mèches hérissées. Près du lit, debout, étendant un bras de ténor sur ce visage riant, une folle gigantesque, habillée d'une espèce de caftan, le visage martial, le front ceint d'un turban, chante sur un air de chanson des rues des strophes de son invention où il est question de fous et d'asile. Quand elle nous voit, la folle chantonnante plante là le visage rieur et improvise à notre intention d'autres strophes. Voix profonde, burlesque, bien modulée. Gestes éloquents, larges, de chanteur des rues ravi. Le visage rieur rit plus que jamais, dans le naufrage de ses couvertures. La folle cesse soudain de chanter et commence très sérieusement à arranger certains de ses chiffons pour s'en faire un nouveau déguisement. De profil, elle fait penser à un personnage du XVIIIe siècle, en peignoir sale et en bonnet de nuit.

Dans le pavillon des hommes, je me demande qui sont les plus tristes, les femmes ou les hommes. Peut-être les premières, puisque, la réflexion n'a rien de neuf, elle est inévitable, nous sommes habitués à lier, du reste injustement, une idée de réserve, de grâce et de sérénité à l'aspect féminin. Les hommes ont cependant, parfois, eux aussi, des aspects très pénibles. Voici l'avocat dont j'ai parlé au début de ces notes. Il a le visage rond, plaisant, avec un large front chauve. Seulement, son visage a le teint répugnant, jaune-rouge, qui est le teint des fous. Et, quand il me tend cérémonieusement la main (dans l'autre il serre un quignon de pain grignoté et moite de salive), je vois que la main est noire et pareille à une branche morte. Il me dit, en montrant son quignon : « En voulez-vous ? » et il s'incline avec politesse. Mais sa narine laisse échapper je ne sais quelle matière blanche.

Les fous, quand nous entrons dans la chambrée, espèce de salle de classe avec des bancs et des bureaux, où ils s'agitent en se donnant des coups comme des enfants avant l'entrée du maître, se serrent autour de nous. Je pense qu'ils pourraient nous agresser, mais une simple réflexion me tranquillise : la folie est solitaire, chacun va son chemin, même pour une agression il faudrait un minimum de concertation. Ils nous entourent, pauvres fous, avec des gestes de déférence et de gentillesse, et nous glissent dans les poches des lettres et des paquets à envoyer à leurs parents, car, comme le médecin nous l'apprend, ils ne se fient pas à la direction de l'asile. Ils ont tous la tête rasée, des vêtements noirs ou gris, et des visages bouleversés. Dans la nudité de cette salle, sur ces bancs et autour de ces bureaux, contre les baies que remplit le ciel blanc, ils donnent le sentiment d'une maudite oisiveté, pareille à celle des fauves dans leurs cages.

On pense, comme pour les fauves, que s'ils étaient libres, ils iraient dans la ville en suivant le fil de leurs pensées déviées, sans se soucier de la circulation et de la foule. Quelque chose de semblable se produisit effectivement dans je en sais quelle ville des Balkans après un bombardement allemand. Le front de l'armée hitlérienne fut accueilli non pas par les citadins (ils avaient tous pris la fuite), mais par des fous en camisole, qui faisaient des gestes démesurés et burlesques de cordialité.

Les fous savent qu'ils sont fous, mais ils ont de la folie une idée curieuse, triste et résignée, tout à fait dépourvue de honte. Un soldat qui tient la tête tournée vers une épaule (le médecin la lui redresse, mais dès qu'il lâche prise, la tête reprend sa torsion, dans un déclic mécanique) attribue sa folie à un petit furoncle qu'il a à l'oreille gauche. Un autre, le cas est fréquent, à l'antipathie d'un supérieur. Un troisième à une simple erreur d'adresse : on s'est trompé et au lieu de le conduire chez lui on l'a amené à l'asile. Dans les trois cas, aucune rébellion. Il semble qu'ils veuillent dire : Ainsi va le monde.

Un fou explique comment il a été placé là parce qu'il était partisan. Cela aussi, je le savais : chaque événement politique, chaque fait public rend fou quelqu'un. Il y a quelques années, nombreux étaient les fous qui se vantaient d'être parents ou amis de Mussolini. Où sont-ils passés ?

Un autre fou me confie une lettre, en me prévenant que je ne dois pas me laisser voir par le médecin. C'est un petit jeune homme au visage tout égratigné, comme par un chat. En tête de la lettre, de cette écriture toute en volutes et en fioritures, propre aux fous, je lis : « Cent soixante-dixième jour après l'agression que m'a fait subir le médecin de l'asile. »

Dans une chambrée, un homme menu se lève et s'approche, avec condescendance et pas avant d'y avoir été invité par le médecin. Ce pourrait être un petit commerçant ou un concierge. Il a une face mièvre, des yeux fixes et convaincus. Il explique son cas de cette manière : « Je me suis aperçu à un certain moment que le pape était le Père, le cardinal M. le Fils. Alors, j'ai pensé : il faut un complément. À savoir le Saint-Esprit. Le Saint-Esprit, ce ne pouvait être que moi. Par des temps comme les nôtres, seule la Trinité peut apporter la paix. Mais il était encore trop tôt et l'Église m'a fait enfermer ici. Il faut attendre que le fruit soit mûr. Dès qu'il est mûr, il tombe. » D'autres fous autour font de grands gestes d'approbation comme pour dire : « Exactement. »

Ce fou qui se croit un membre de la Trinité, est au milieu d'une marmaille d'enfants microcéphales. Têtes sans front, crânes écrasés, regards perdus comme par une incessante volupté. Il revient à son banc et les enfants s'éparpillent en sautillant et en balançant leurs têtes diminuées, pareilles à des citrons flétris.

Un fou au fond de la chambrée hurle : « Ver de terre, regarde-moi. Fauve, regarde-moi. » Et nous nous retirons, nous dirigeons vers la sortie du pavillon.

Quand nous sommes sur le seuil, un fou plus gentil que les autres se précipite, ouvre un des battants et s'emploie à dégager l'autre, comme si nous avions la largeur de grosses caisses. J'ai envie de rire. Mais le fou nous met en garde : « Attention, car vous pourriez laisser une partie de vous à l'intérieur. Comme ça, vous sortirez entiers. »

Deux Allemands

Ils s'arrêtèrent et me regardèrent. Je les regardai à mon tour. Le sergent pouvait avoir trente ans. Il était grand, maigre, robuste, avec des hanches étroites, une taille mince, des jambes que son pantalon glissé dans les bottes paraissait rendre plus longues. Sa tunique courte laissait à découvert ses fesses plates. Il était blond, mais d'un blond moche et sans lumière, comme délavé. Il avait le visage pâle, tout cabossé et asymétrique, comme un fruit tombé, ayant roulé par terre, le front étroit surmonté d'une touffe, les tempes rasées, les joues enflées, le menton un peu tordu sous des lèvres tuméfiées. Il avait des yeux bleus, mais, comme ses cheveux, laids et privés d'éclat. Des cernes donnaient à son regard sans cils un air torve et presque furieux. Entre les pommettes et le nez, la peau avait une cicatrice, et sur sa joue il y avait deux signes longs, semblables à deux estafilades : des blessures de guerre et de duel. Pendant sur sa cuisse, il portait un gros revolver dans sa gaine de cuir.

Le soldat avait assurément plus de quarante ans. Il était de taille moyenne, mais la largeur des épaules le faisaient paraître petit. C'étaient des épaules, non seulement larges, mais grosses et épaisses. On imaginait que sous le cou il était velu comme un singe. Il avait le visage plat, très large, noiraud et comme huilé, auquel ses yeux petits et renfoncés, clignant sans cesse, donnaient un air brutalement sournois. Son uniforme suggérait l'idée qu'il dormait avec et qu'il ne l'avait pas enlevé durant toute la guerre, tant la tunique et le pantalon épousaient les formes de son corps mal fait. Voûté, relâché, négligé, presque débonnaire, il inspirait un sentiment de férocité professionnelle, d'homme qui aurait tué et détruit désormais par métier et il faisait penser à la guerre comme à une chose ancienne, normale, acceptée. Il avait la mitraillette en bandoulière et dans le poing une poignée d'amandes qu'il écrasait l'une après l'autre sous ses dents en plissant les yeux et en baissant la tête.

Nous, les Italiens, nous étions une dizaine, en haillons, nos chaussures déchirées, glacés dans cet air d'un après-midi d'hiver. C'était la première fois que les Allemands s'étaient avancés jusque dans les montagnes où je m'étais replié avec d'autres réfugiés. Comme je savais un peu d'allemand, les réfugiés épouvantés me poussaient à leur parler pour savoir ce qu'ils voulaient.

J'esquissai un salut et je demandai s'ils avaient besoin de quelque chose. Le sergent m'interrogea : « Où as-tu appris l'allemand ?

— À Munich.

— Tu as été à Berlin ?

— Oui.

— Je suis de Berlin », dit-il, mais sans fierté. Et il ajouta : « Berlin, Kaputt » en faisant un geste expressif de la main.

Je ne dis rien. Il poursuivit : « Nous, les Allemands, nous faisons la guerre... pourquoi vous autres, Italiens, vous ne faites pas la guerre ? »

J'essayai de changer de sujet, en lui demandant s'il

avait été en Russie. Tous les autres malheureux retenaient leur souffle à m'entendre manipuler des mots allemands comme si c'étaient des armes dangereuses. Le sergent les regarda et les indiquant : « Des hommes comme eux, dit-il, en Allemagne, ils seraient sous les armes. » Il paraissait furieux et, dans ses yeux bleus, s'était allumée une lumière rouge et cruelle.

« Qu'a-t-il dit... qu'a-t-il dit ? demandèrent aussitôt les autres en se voyant désigner.

— Il a dit que vous devriez faire la guerre », répondis-je. Ils se turent, effrayés. L'un murmura : « Connard. » Le sergent poursuivit : « En Allemagne, tous les hommes combattent... des millions sont déjà morts... des millions, ajouta-t-il d'une voix exaspérée. Ils sont sous terre en Russie. »

Je ne dis rien, je me contentai de secouer la tête en signe de désapprobation. Mais je pensais que ce n'était pas un si grand mal si tous ces Allemands étaient sous terre. Il parut deviner mes pensées et agitant un doigt sous mon nez, il cria : « Les Italiens sont tous des traîtres. »

« Qu'a-t-il dit... qu'a-t-il dit ? recommencèrent les autres.

— Selon lui, nous sommes tous des traîtres », traduisis-je avec ressentiment. L'Allemand regarda l'effet que produisaient ses paroles et confirma avec un signe de la tête. Ensuite, il annonça : « Mais nous, bientôt, nous ferons une offensive et nous jetterons les Anglais à la mer.

— Quand ? »

Il consulta du regard le ciel nuageux et répondit avec sérieux : « Dès que le temps sera meilleur. » Il me considéra un moment, comme en réfléchissant, puis il ajouta : « Nous ferons l'offensive et vous autres, Italiens, vous mourrez de faim.

— Pourquoi ?

— Parce que les trains serviront à porter des munitions et du matériel, tandis que la nourriture, c'est nous, les soldats, qui devrons nous les procurer sur place... alors nous viendrons dans vos maisons. » Et il indiqua les pauvres cabanes et les masures éparpillées sur ces hauteurs. « Et on vous prendra vos provisions. »

Cette déclaration me consterna, je sentais que ce n'étaient pas des paroles en l'air. Les réfugiés aperçurent l'effroi de mon visage et recommencèrent : « Qu'a-t-il dit... qu'a-t-il dit ?

— Qu'on va mourir de faim. »

Quelqu'un dans mon dos murmura : « Il a raison. » Moi, pour me venger, mais arborant un air respectueux et appréhensif, je demandai : « On dit qu'en Russie les choses ne vont pas trop bien *pour nous* ? »

Il ne se laissa pas leurrer par ce « pour nous », il me lança un coup d'œil rageur et marmonna avec mépris : « Rectifications de front. » Ensuite, étrangement, se calmant soudain, il expliqua : « Nous avons une ligne de bunkers... nous nous arrêtons à la ligne. »

Je me rappelai que tous les militaires allemands avaient pour idée fixe les armes secrètes. « Du reste, ajoutai-je, vous n'avez pas de souci à vous faire... vous avez des armes secrètes.

— Oui, répondit-il sans noter l'ironie, les armes secrètes nous feront gagner la guerre... c'est le Führer qui l'a dit. » Il me scruta un moment et ajouta : « La guerre finie, les traîtres seront châtiés.

— Que faites-vous dans la vie civile ? demandai-je pour dévier la conversation.

— J'avais une usine de cartons », dit-il. Il poursuivit avec un geste de la main, obéissant à un curieux scrupule d'exactitude. « Pas très importante... cent ou cent cinquante ouvriers.

— Et lui ?, demandai-je en indiquant le soldat.

— Il était maçon.

— Eh bien, dis-je, quand la guerre sera finie, après que vous aurez châtié les traîtres, vous retournerez à votre usine et lui à son chantier. »

Ces paroles allumèrent une fois encore cette lumière rouge et furieuse dans ses yeux. « Mon usine est détruite, cria-t-il, et lui, il a perdu sa maison... sa femme est morte, ses deux enfants sont morts... nous, nous continuerons à faire la guerre... Ce n'est pas vrai, dit-il, en s'adressant au soldat qui avait suivi ses propos en approuvant de la tête et en écrasant des amandes, que nous continuerons à faire la guerre ? »

Alors le soldat prit la parole pour la première fois. Il dit, en me regardant à la dérobée, sans hargne, avec une placidité sordide : « Nous continuerons à faire la guerre... ici », indiquant de la main la plaine lointaine, « tout sera détruit : maisons, arbres, routes, ponts, vignes, récoltes... et si nous nous retirons, tout sera détruit quand même pour ne rien laisser à l'ennemi... vous verrez. » Il esquissa, avec la bouche, un sourire et il glissa une amande entre ses dents.

« Combien de temps durera la guerre ? » demandai-je.

Le sergent réfléchit un moment, puis répondit avec un haussement d'épaules : « Deux ans, trois ans, quatre ans, qu'importe ? »

De nouveau, l'effroi se dépeignit sur mon visage, de nouveau les auditeurs m'interrogèrent : « Qu'a-t-il dit, qu'a-t-il dit ?

— Que la guerre durera quatre ans. »

Le sergent fit un signe au soldat et sans nous saluer il s'éloigna sur le sentier. Il avait commencé à tomber de la bruine sous un ciel sombre et bas. Les réfugiés s'en allaient sous la pluie en répétant : « Quatre ans... » Je pensais que l'air de l'Allemagne était monté là-haut avec ces deux Allemands et que Dieu sait combien de jours encore nous devrions le respirer.

L'Évangile en Ciociaria

Il n'est pas facile de trouver des livres dans un coin sauvage des montagnes, parmi des paysans en grande partie analphabètes. Toutefois, après bien des recherches, je suis parvenu à découvrir une vieille Bible, dans une édition protestante. C'est un émigrant qui l'avait rapporté des États-Unis.

Je me mis à lire la Bible à voix haute à ma femme, dans l'étable qui était notre logis dans cette zone montagneuse près du front. Ma préférence allait aux parties historiques et aux Évangiles. Un soir, une paysanne, après avoir écouté ma lecture, debout sur le seuil, dit avec chaleur : « Toi, Alberto, tu devrais venir nous lire ce livre ce soir à la cabane. »

Il faut savoir que ces paysans de montagne ont tous une double habitation. Ils ont une maison en pierre, qui n'a pas plus de deux pièces, sans cuisine, sans cheminée, sans commodités. Dans ces deux pièces, ils dorment et gardent leurs provisions. Et puis ils ont une cabane. Les maisons n'existaient pas il y a trente ans, la cabane survivra un bon moment parce que les paysans sont conservateurs, et il passera bien du temps avant que leur vienne l'idée de construire un foyer chez eux. Les cabanes ont une forme ovale et sont très semblables à celles que l'on trouve en Abyssinie ou en Australie. Le paysan construit avant tout un mur de base, massif et peu élevé, en pierres à sec, puis, sur ce mur, il fait reposer deux grandes branches surmontées d'une troisième horizontale. Le toit, en forme de quille de bateau renversée, est constitué d'un ajout de branches recouvertes d'herbes fibreuses cueillies dans les maquis environnants. On pénètre dans la cabane par une petite porte très basse. L'intérieur de la cabane est totalement sombre. Les paysans allument un feu de brindilles à même le sol, ils y placent un trépied métallique avec une marmite et s'assoient autour des flammes sur de grosses souches. Une lampe à huile éclaire difficilement, les femmes filent, le fuseau à la main, les hommes ravaudent leurs sandales, les enfants ronflent dans la boue parmi les chats et les chiens.

Ce soir même, ma Bible sous le bras, exactement comme un missionnaire protestant qui se présenterait aux indigènes païens, je fis donc mon entrée dans la cabane. La famille était au complet. Il y avait la maîtresse de maison, vieille femme sentencieuse, joyeuse et criarde, dont le visage ridé, plongé dans le travail au fuseau, apparaissait et disparaissait dans le noir au gré des éclairs du feu. Il y avait quatre ou cinq belles filles robustes, femmes et sœurs d'hommes prisonniers et dispersés dans diverses parties du monde. Il y avait les enfants. Il y avait le seul homme de la maisonnée, réformé à cause d'un œil déficient. La soupière commune posée au-dessus de la petite table du dîner était vide. Les paysans avaient terminé leur repas et rotaient doucement en regardant le feu.

« Ce soir, c'est toi, Alberto, qui lis », me dit l'homme dès mon entrée. Il parlait toujours en chantonnant légèrement, probablement par timidité. Ce sentiment de légère farce paraissait confirmé part le regard fixe de l'œil abîmé, dans lequel une grande partie de l'iris était envahi par une tache jaune. Comme souvent chez les paysans, il était beau de profil, mais, de face, il avait les mâchoires trop larges et le front bas.

« Ce soir, Alberto lit », dit en écho la vieille avec un ravissement tout particulier. Comme si elle avait lancé : « Ce soir, Alberto va faire des tours de magie. »

Nous nous assîmes non sans difficulté sur les habituelles souches. Le maître de maison prit, dans un trou du mur de la cabane, une fiasque et un seul verre qu'il remplit et tendit à ma femme. Quand elle eut bu, il le remplit de nouveau et me l'offrit. Après moi, ce fut le tour de tous les autres, y compris les enfants. Chaque fois qu'il tendait le verre, il disait seulement le nom, sur un ton affable et doux : « Alberto, Maria, Agnesina, Rosaria, Natalino, Giovannino », etc. On aurait dit l'appel. Tous burent avec componction. Le vin était de la région, léger et un peu âpre, mais frais.

Pour mettre en train la conversation, on commença, comme d'habitude, à parler de la guerre. Les femmes soupiraient à cause de leurs maris et de leurs frères déportés ou prisonniers, dont elles n'avaient plus de nouvelles. Ce jour-là, on avait entendu le canon de Cassino retentir du matin au soir, derrière les montagnes, et beaucoup s'étaient mis en tête que l'offensive anglaise était imminente. Or on était à peine à la fin novembre 1943. « La guerre est bientôt finie, dit une des femmes avec une profonde conviction.

— Comment le sais-tu ?

— C'est cette dame de Lenola qui tire les carte, qui me l'a dit.

— Aujourd'hui le coiffeur est venu et a dit qu'il y a de bonnes nouvelles, annonça une autre.

— Quelles bonnes nouvelles ? »

Leur crédulité m'irritait. Celle à laquelle je m'adressais, une *Ciociara* très charmante, éclata de rire : « Comme tu es sombre, Alberto !... Il a dit que la Pologne avait capitulé.

— La Pologne ?

— Oui, la Pologne... les Anglais l'ont attaquée et elle a capitulé. » Un enfant se mit à crier. Sa grand-mère le rabroua durement, hurlant violemment. Une autre femme déclara : « On dit que le jour de Noël, vingt mille avions survoleront toute l'Italie... mais sans bombarder... ils seront précédés d'un avion sirène... qui ne fera que hurler tout le temps. »

Je dis brusquement : « Alors, vous voulez qu'on commence à lire ?

— Commence... commence », répondirent-ils en chœur.

Je leur annonçai que je lirais un chapitre des Évangiles. Et comme je n'avais pas l'impression qu'ils sachent ce que c'était, je fournis quelques explications. « Que de choses il sait, Alberto », commenta sentencieusement la vieille.

J'avais choisi, pour ma lecture, la résurrection de Lazare. Je ne l'avais pas retenue sans intention. C'étaient vraiment des mois ténébreux et sépulcraux dans ma vie et dans celle de toute l'Europe. Je ne comptais évidemment pas communiquer à mes auditeurs les sentiments très complexes qu'éveillait dans mon esprit cette lecture, mais enfin j'espérais que quelque chose se produirait en eux. Je commençai à lire doucement en scandant les mots. Mais je compris aussitôt que je m'étais trompé de texte. Leurs visages étonnés semblaient dire : « Rien de plus ? Un homme qui tombe malade et qui meurt ?... Mais nous aussi, nous tombons malades et nous mourons.. comme l'oncle Michele... ou la mère Agnesina... » Au milieu de la lecture, un incident eut lieu. Un châtaigne non fendue mise en catimini dans le feu par un des enfants explosa avec fracas. La vieille gifla le coupable, qui éclata en sanglots, le père le gronda, et pendant un moment, entre les hurlements et les reproches, on ne s'entendit plus. J'attendis que le silence revienne et je finis ma lecture. Au bout d'un instant, une des femmes dit : « Toi, Alberto, ce matin tu lisais une chose bien plus belle.

— Tu l'as aimée ? » demandai-je à l'homme.

— Eh bien, dit-il en hésitant avec gêne, c'est une invention... c'est imaginaire. »

J'essayai de lire l'épisode de Joseph qui ce matin avait tant plu à une des filles. Mais maintenant ils s'ennuyaient franchement. Les enfants se balançaient et bâillaient, les femmes bavardaient entre elles, seul le paysan m'écoutait, les yeux écarquillés et les mains sur les genoux, en tout semblable au Scribe égyptien. Tout à coup, j'interrompis ma lecture à un endroit quelconque et je refermai le livre. L'interruption n'éveilla aucun étonnement. Peut-être pensèrent-ils que c'était vraiment terminé. Une des femmes réunit les enfants et les emmena dormir. Le paysan se pencha en avant pour attiser le feu, soupira et dit : « Une bonne nouvelle pour toi, Alberto... demain on tue la vache de Francesco.

— Quel Francesco ?

— Mon cousin. »

La vieille cessa de filer et me cria avec une joie envieuse : « Combien tu en achèteras, Alberto ?

— Je ne sais pas, trois, quatre kilos.

— Alberto mange de la viande tous les jours, dit la vieille comme en pensant à voix haute.

— Toi, Alberto, tu t'en fiches de la guerre... tu

achètes de la viande et tu manges... tu as de la chance, Alberto. »

Toutes les femmes me regardaient avec admiration. C'était ma seule vraie supériorité sur elles, que cette façon de manger de la viande. Je dis en frappant de la main sur la Bible : « La lecture de l'Évangile vous a ennuyés... mais dès qu'on parle de viande, vous vous secouez... comment est-ce possible ? »

La jolie *Ciociara* répondit en riant : « Nous, Alberto, nous ne mangeons jamais de viande.

— Fayots le matin, fayots le soir, cria la vieille.

— J'ai peur que nous ne devions tuer toutes les bêtes, continua le paysan. Les Allemands rôdent et les prennent... les salauds. »

Je me levai et dis : « Les Allemands font ça parce qu'ils ne lisent pas ce livre. »

Il haussa les épaules et répondit : « Ils le font parce que ce sont des Allemands. »

La mignonne *Ciociara* lança joyeusement : « Tu sais ce qu'ils disent quand ils prennent les bêtes ? C'est Badoglio qui paye. »

Nous dîmes au revoir et, en baissant la tête, nous sortîmes par la porte basse. C'était une belle nuit balayée par la tramontane. Derrière la montagne noire, la forte lumière de la bataille de Cassino faisait pâlir les étoiles. On entendait même le canon, avec deux échos différents, l'un de départ et l'autre d'arrivée. Le paysan observa sarcastiquement : « Boum, boum, boum ! Mais la guerre ne finit jamais. »

Puis on se souhaita bonne nuit et on alla au lit.

Saint Jean

Je sortis de la cabane au son d'un fifre. Il avait juste cessé de pleuvoir et entre le ciel et les montagnes, des haillons et des lambeaux blancs de nuages pendaient dans l'air comme du linge usé mis à sécher D'autres vapeurs montaient de la vallée par bouffées ; d'autres encore, plus denses, encapuchonnaient les cimes. Il n'y avait pas de soleil, mais une lumière crue et déplaisante. Le fifre, creusé dans une souche de roseau, c'est un des petits paysans de la famille qui en jouait, assis sur une pierre carrée. Il ne savait jouer que quelques notes et ces quelques-unes fort mal. Je me rappelle encore les mots de cette espèce de refrain, rudes et absurdes comme la musique « Le pastoureau mange-fromage / Sur son prie-Dieu ne s'agenouille / Ni ne se croise et c'est dommage / Le pastoureau est une andouille. » Paroles sans aucun sens, musique élémentaire. Mais ils me faisaient l'effet d'être ironiques, avec une signification tout autre, comme se moquant de moi, de mon séjour en ce lieu et de mon espoir tenace et toujours déçu de m'en aller. En écoutant la musique du fifre, en frissonnant dans l'air humide, je me mis à faire les cent pas devant la cabane comme un fou. Le paysan, père du fifre, déboula d'un coup de l'autre cabane en contrebas, en ne laissant voir que sa tête, et cria : « Hé, le fifre, tu arrêtes, oui ? » Le fifre se tut un moment, puis se remit à jouer.

Mon attention fut attirée par la silhouette de quelqu'un qui montait lestement sur le sentier. Dans cette montagne passait si peu de monde que toute présence était remarquée par moi avec curiosité et soulagement. Je le regardai venir. C'était un paysan très maigre et très grand, vieux, espèce d'épouvantail aux vêtements en lambeaux et trop larges. Il avait une petite tête décharnée et mauvaise de rapace, avec des yeux enfoncés dans le noir de l'orbite et un grand nez busqué, rouge et fibreux. Il passa près de moi et me salua. Je le vis poursuivre en direction d'une masure de réfugiés, un peu plus haut sur le chemin.

J'entendis les cris pendant que je tournais le dos à la maison et je n'y fis pas attention parce que, par ici, tout le monde criait toujours, pour un oui ou pour un non. Mais les cris crûrent en intensité, révélant en même temps une qualité douloureuse tout à fait inaccoutumée. Je revins sur mes pas et grimpai vers la maison. C'était une toute petite construction, avec une seule fenêtre sur la façade principale. À cette fenêtre étaient apparues deux femmes qui hurlaient, pleuraient fort et s'arrachaient les cheveux. De part et d'autre de la maison, deux femmes, une de chaque côté, pleuraient également et hurlaient. Enfin, sur le terre-plein devant la maison, le chef de famille et la femme se disputaient avec le paysan à tête de rapace. La brume entourait presque la maison, et ces hurlements et ces gestes étaient étonnants dans cette atmosphère épuisée et ouatée. Ils produisaient l'effet d'une représentation théâtrale, entre autres raisons, à cause de cette disposition symétrique des personnes.

Je grimpai jusqu'au groupe qui se disputait et j'écoutai. « Je dormais, quand on me réveille... c'étaient les Allemands en camion... ils sont entrés, ils ont frappé sur les murs, ils ont pillé, ils ont emporté les affaires et ils sont repartis.

— Tu mens.

— Que je meure, si je ne dis pas la vérité... les Allemands sont venus. Ils ont pillé et ils ont emporté les affaires.

— Mais enfin, tu mens !

— Que la Vierge et tous les saints en témoignent ! Les Allemands sont venus, ils ont dévalisé et ils ont emporté les affaires.

— Et moi je te dis que tu mens. »

Le propriétaire des affaires en question, homme fortuné, grossiste en vin, agitait un doigt sous le nez du paysan. Ce dernier faisait un geste avec les bras, comme pour dire « C'est pourtant vrai ». Les quatre femmes, deux à la fenêtre et deux sur les deux côtés de la maison, continuaient à hurler. Le fifre, au bout d'un moment d'hésitation, avait repris sa petite chanson moqueuse. Mais la femme du grossiste, qui, sans ouvrir la bouche, regardait le paysan, d'un air abruti et fasciné, poussa soudain un cri suraigu et se jeta sur lui avec les ongles en criant « Assassin ! ».

Tout à coup, la scène changea. Le fifre se tut, épouvanté. Les quatre femmes de la maison se précipitèrent vers le groupe de la place. Le grossiste leva sa canne, en essayant de frapper le paysan. Je vis cet homme fuir, s'engager dans un sentier, tomber sur le fils du grossiste, étudiant en droit, qui revenait alors d'une promenade. Je vis l'étudiant interroger les femmes hurlantes, en recevoir une brusque réponse, son visage se contracter et rougir de colère et lui aussi lever sa canne. Pendant un moment, le paysan disparut sous une quantité de bras qui se levaient et se baissaient pour le frapper. Le père frappait avec son gourdin, le fils frappait avec sa canne, la fille Elisa, si délicate et charmante, frappait de ses petits poings, la mère corpulente frappait de ses deux bras et avec une telle violence que soudain elle glissa et se retrouva dans les jambes de leur victime. Le père estima que ça ne suffisait pas, il rejeta son bâton, sortit un couteau à cran d'arrêt, saisit le paysan par le collet, et, levant le bras, fit le geste de l'égorger. La vue de la lame réveilla le paysan, qui se dégagea et, sautant sur la côte escarpée, se mit à s'enfuir vers le bas. Les autres le suivirent.

Je ne sais pas ce qui se produisit, au bout d'une demi-heure ils revinrent tous, serrant le fuyard par les bras. Mais au pied de la maison, ils durent s'arrêter parce que le vieux, entre les coups et l'essoufflement, n'en pouvait plus. Je m'approchai et vis qu'il avait le visage tout tuméfié et égratigné, et que le sang jaillissait de son nez et de ses oreilles. Ses grosses mains brunes et terreuses tremblaient et son menton tremblait également. Il clignait des yeux et haletait. Mais il ne semblait ni effrayé ni abattu.

Les autres étaient sur lui et lui criaient : « C'est toi qui as volé... avoue... »

Et lui, d'une voix brisée, tremblant de tous ses membres : « Plutôt mourir.

— C'est toi qui as volé.

— Que la Vierge en témoigne. »

L'étudiant, désespéré, se jeta à genoux devant lui, dans la boue, le suppliant : « Dis-nous la vérité... dis-nous où est ton larcin... et je te promets qu'on te pardonnera... »

Je demandai à une des filles : « Qu'est-ce que c'était ? »

Elle répondit en sanglotant : « Mon trousseau... tout en quarante exemplaires... le trousseau de Natalia... elle aussi tout en quarante exemplaires... et maintenant qui va se marier avec nous ? Et les draps de maman. »

Tout en quarante exemplaires. Quarante draps, quarante chemises, quarante housses, quarante nappes... Je commençais à comprendre le désespoir des filles. Je demandai encore : « Et vous, pourquoi lui avez-vous fait confiance ?

— Il est le compère de papa, dit une des filles en pleurant.

— Il a trahi saint Jean », dit l'autre avec emphase.

L'étudiant s'était tu et observait avec attention le paysan. Il indiqua une petite grosseur dans la poche supérieure de sa veste : « Qu'est-ce que tu as là ?

— Mon tabac », répondit-il sans hésiter.

L'étudiant glissa une main dans la poche et en sortit un petit objet enveloppé de papier pelure. Une fois l'emballage déplié, apparut un étui en maroquin rouge. L'étudiant fit claquer le couvercle et montra triomphalement une bague en or avec une pierre colorée : « La bague de maman. »

Aussitôt les filles recommencèrent à invectiver le paysan et à le frapper à la tête de leurs poings. L'étudiant lui tenait la bague sous le nez en répétant : « Voleur... voleur, voleur », mais il ne le touchait pas. Le paysan dit : « Eh bien, d'accord... c'est moi... j'avoue tout. »

D'une voix tranquille, il raconta comment c'est lui qui avait tout pillé, de nuit, aidé par un voisin. Les affaires étaient en partie enterrées dans le potager et en partie scellées sous le dallage du voisin. « J'ai eu de la fièvre, conclut-il, mes mains tremblaient... à la fin, ç'a été plus fort que moi et j'ai pillé. »

Toute la famille planta là le paysan et dévala la pente

pour récupérer les affaires. Il se réfugia dans une cabane, parmi les paysans qui m'hébergeaient. Il fut accueilli avec sympathie et écouté avec compréhension. Il se remit à raconter comment il avait eu de la fièvre, etc. La vieille paysanne, de l'air d'un pécheur qui écoute la confession d'un autre pécheur, s'échinait à répéter : « C'est une passion... c'est une passion... tu as pensé à toutes ces belles affaires scellées et tu as eu la fièvre, hein, Michele ? » Les autres ricanaient et lui faisaient répéter l'histoire. Le paysan, en la racontant, semblait se consoler des coups et de la malchance.

Six heures plus tard, la famille entière revint en portant sur la tête d'énormes paquets. Mais quand ils les ouvrirent chez eux, ils découvrirent que tous les draps avaient été coupés sous les initiales pour les rendre méconnaissables.

Le paysan resta à raconter l'histoire de sa fièvre jusqu'à la nuit. Ils lui donnèrent à manger et à boire. Il ne me semblait pas que le fait qu'il eût trahi saint Jean avait indigné ces gens. C'était surtout l'idée qu'il eût rejeté la faute sur les Allemands qui amusait les auditeurs. Je demandai si le grossiste licencierait son compère et métayer si peu scrupuleux. Ils me répondirent qu'il n'en aurait pas le courage, parce que le métayer savait où le grossiste avait caché son vin.

Le village le plus heureux du monde

Nous sortîmes du maquis et débouchâmes sur un plateau. Des érosions de glaciers préhistoriques y avaient poli et creusé de manière bizarre des myriades de roches. Parmi ces roches d'une blancheur lépreuse, le sol herbeux était d'un vert intense. Au bout du plateau, on apercevait un grand roc carré au-delà duquel un vide bleu indiquait un précipice. Nous marchâmes entre ces roches qui, sur le terrain vert, ressemblaient à des couches de neige à l'époque de la fonte ; nous grimpâmes sur le roc et nous nous y assîmes, les jambes pendantes dans le vide, face au paysage immense. Un millier de mètres plus bas, la plaine paraissait toute divisée en carrés et en rectangles les uns bruns, les autres verts, d'autres encore presque rouges. Les routes blanches et sinueuses tournaient paresseusement entre ces molles diaprures. Plus au sud, le front courait sur ces monts déserts et bleus. Entre deux sommets, au-delà de la plaine, on pouvait apercevoir la mer, diaphane et scintillante sous les rayons de soleil. Mon compagnon indiqua un groupe de maisons et de tours au milieu de la plaine et dit : « Pauvre R. »

Il était de R., petit bourg, et il avait fui sur la montagne pour échapper aux rafles des Allemands et aux bombardements des Américains.

Je dis : « Allons, bientôt les Alliés arriveront et tu y retourneras, à R. »

Il secoua la tête : « Oh, ce ne sera plus la vie d' avant.

— Pourquoi ?

— Mais que veux-tu, la guerre, les bombardements, les déportations, les frayeurs... on ne sait pas comment tout ça finira.

— Mais comment était-ce, la vie d'avant ? »

Il s'anima soudain, et même une espèce de rougeur excitée envahit ses joues. « Avant tout, on ne manquait de rien... on sortait de chez soi, deux pas, et on était au marché et on n'avait que l'embarras du choix... des montagnes de légumes, de fruits, de la viande de toutes qualités, des paniers de poissons de mer et de lac, des poulets, des œufs, du vin... on vivait dans l'abondance... on n'avait que l'embarras du choix, je te dis... par exemple, si on voulait du poisson, on pouvait s'en acheter un kilo, deux kilos, trois kilos, un quintal même... frais, vivant, savoureux, des loups magnifiques, du poisson à la coupe, des soles grandes comme ça, des anguilles qui s'échappaient. Si on voulait de la viande, on nous en coupait sur le moment autant qu'on en voulait, un kilo, deux kilos, trois kilos... tout maigre, les parties les meilleures, la cuisse, les côtes, le filet... si on voulait... mais mieux vaut ne pas en parler... imagine un peu que nous, à la maison, quand on faisait du bouillon, on jetait la viande... dans le cellier, il aurait fallu que tu voies le lard pendu, la panse de porc, les jambons... et jamais nous n'avions à la maison moins de cinquante œufs frais, qu'on pouvait gober... la pâte pour les macaronis on la faisait rien qu'avec des œufs, d'un jaune qu'on aurait dit en or... ça suffit... » Il soupira et fit un geste comme pour dire : « Mais toi, de toute façon, il y a des choses que tu ne comprendras jamais. »

« Et puis on allait bien, poursuivit-il au bout d'un moment, bouleversé par la douceur des souvenirs. On allait vraiment bien... après le déjeuner, on dormait trois ou quatre heures, pour le plaisir, dans des lits moelleux... on prenait un bon café... on sortait en fin d'après-midi... tout le pays était dans la rue... d'un côté les jeunes gars, de l'autre les femmes... on se promenait, on plaisantait, on riait... et puis on allait dîner... il y avait la soupe : un bon bouillon de poulet... de la viande, du poisson... après le dîner on allait jouer.

— Vous jouiez ?

— Et comment !... comme des diables... poker, macao, baccarat... comme les jeux de hasard étaient interdits, on changeait de maison chaque soir... oh, mais on jouait costaud... les cartons de mille lires en paquets gros comme ça... Rien qu'à regarder, c'était intéressant, surtout quand venaient certains marchands de bétail des villages voisins... si tu savais combien de fois j'ai vu perdre et gagner jusqu'à cent mille, deux cent mille lires...

— Et à part jouer, que faisiez-vous ?

— Rien... mais je ne sais pas, moi... on était tout une famille... on se connaissait tous... tu sais comment ça se passe dans les villages... les filles se fiançaient, parmi les gars il y en avait qui se mettaient au commerce du père, d'autres qui ne faisaient rien et se contentaient de dépenser leur argent sans le moindre scrupule... il y avait évidemment les rares personnes qui s'occupaient de politique... le secrétaire du *fascio*, les fascistes locaux... mais ils n'y croyaient pas... tout au plus, ils le faisaient par intérêt... le fascisme chez nous, ça n'a jamais pris... le fascisme, c'était le Gouvernement, et donc tout le monde était fasciste, naturellement en paroles... demain, le Gouvernement sera antifasciste et alors tout le monde deviendra antifasciste... Tu sais quelle était la devise de notre village ? *Ca nisciuno è fesso.* (“Ici personne n’est bête.”) »

Il soupira de nouveau en regardant le petit amoncellement de maisons, là-bas, dans la plaine et reprit : « Je te dis, je n’aurais pas donné R. pour Milan ni pour Rome... C’était le village le plus heureux du monde... toutes ces choses dont on parle à Milan et à Rome... la politique, le fascisme, l’Angleterre, l’Amérique, l’Allemagne, la guerre et le diable sait quoi encore... à R. on n’en a même pas entendu parler... chacun s’occupait de ses affaires... sans arrêt on se disait : R. pourrait constituer un État à part... il a tout... il a un port pour le poisson... il a du bétail pour la viande... il a du blé... il a du vin... il a du lait, des fromages... il a des fayots... et il a fallu qu’apparaisse cet idiot de Mussolini... »

Il se tut et tourna soudain vers le ciel bleu son visage soucieux. Un ronflement fort, métallique, accompagné d’un vrombissement plus sombre, remplissait les airs. Puis, au-delà du sommet du mont, nous vîmes poindre la première escadrille d’avions. Ils étaient six, argentés et légers, comme en filigrane, et ils volaient de conserve, trois par trois, vraiment bas, scintillant dans le soleil. Nous les avions à peine comptés qu’une autre escadrille apparut non loin d’eux.

« Ils vont bombarder », dis-je.

Il regarda les avions, en se protégeant les yeux de la main, puis lâcha une exclamation de rage et de peur et se laissa glisser derrière le rocher. On entendait en effet le martèlement menu et acharné des mitrailleuses antiaériennes qui saluaient l’arrivée des avions. Tout à coup, devant la première escadrille, le ciel fut piqué de petits nuages noirs et, après un long moment, toute la vallée retentit d'explosions. L'artillerie allemande entrait en action.

Les avions, toujours volant de conserve, passèrent indifférents à travers tous ces tirs. Mais l'un prit feu soudain en formant un flamboiement rouge et jaune, étrange à voir dans ce soleil, comme la flamme d'une chandelle. La flamme grandit, libéra une trace de fumée noire, l'appareil perdit de l'altitude, se précipita d'un seul coup, flamme et fumée derrière la montagne. « Ils en ont touché un », cria l'ami en laissant poindre sa tête derrière le rocher.

Les avions continuaient leur vol inflexible dans un ciel tout agité de petits nuages noirs. Mais quand ils furent au-dessus de la ville, je vis les trois premiers fondre verticalement, comme d'un tremplin immatériel et invisible. Le grondement des moteurs changea de son, devint une espèce de long râle plaintif. Non loin des toits de la ville, les trois avions redressèrent leur vol, s'éloignèrent en remontant et en ondoyant à travers la plaine, se perdirent dans le miroitement du soleil et de la mer. Pendant ce temps, trois autres se laissaient tomber de la même manière. Et encore trois autres. Et trois encore.

De petits nuages ronds de fumée sombre, semblables à cette poussière grise qui explose de certains champignons d'automne, fleurissaient çà et là dans la plaine et parmi les maisons. Deux ou trois flammes formèrent des langues furtives au milieu de la fumée et s'éteignirent. Ensuite les explosions.

Pendant un moment, on eut l'impression qu'il n'y avait pas de place dans le ciel pour un tel fracas. Les tirs alternaient, augmentaient d'intensité. Le silence même qui finit par s'installer me parut encore engourdi et résonner d'échos. Dans la plaine, la fumée s'effilait au gré du vent. La ville entière apparaissait enveloppée d'une brume grisâtre.

« Ils ont lâché au moins six bombes », cria l'ami en se juchant sur le rocher et en regardant avec une avidité douloureuse sa ville. « Ils ont frappé l'église... la tour... la maison de Mancuso... les entrepôts... l'école... »

Je ne comprenais pas comment il s'y prenait pour distinguer tous ces bâtiments à travers ce nuage de fumée. Les avions étaient désormais loin, mais il me semblait que l'air vibrait encore de leur ronflement. En baissant les yeux, j'aperçus un frelon qui volait autour de certaines fleurettes jaunes qui poussaient dans les failles du rocher. Le bombardement était terminé.

Récolte de la chicorée

La faim se déclara au printemps. L'arrivée des Alliés, donnée pour certaine d'abord de jour en jour, puis de mois en mois, avait fait gaspiller à ces gens imprévoyants une grande partie de leurs provisions. Dès qu'il fut évident que, du moins pour l'hiver, les Alliés n'arriveraient pas, la plupart d'entre eux rationnèrent, mais c'était trop tard. Une après l'autre, disparurent les victuailles rudimentaires de ces villages. En premier, s'évanouirent les fayots, qui, à cause des inondations provoquées par les Allemands, avaient toujours été rares. Puis, tout à coup, les Allemands et les Italiens ayant abattu tout le bétail, c'est la viande qui s'en alla. Les autres légumes, qui venaient d'ailleurs, comme les lentilles, les pois chiches et les petits pois, nous n'en avions jamais eu. Les farines jaunes et blanches manquèrent également après le bombardement d'une bourgade où les trafiquants se rassemblaient pour leurs affaires. Restèrent les caroubes, que d'habitude on donne aux chevaux, et aussi un peu de son, qui, en d'autres temps, servait à engraisser les poulets et les porcs. Les gens se mirent à raper les caroubes comme si c'était du fromage et à en faire des fougasses noires et sucrées. Avec le son, ils pétrissaient des petits pains durs, sombres et amers. Les plus chanceux ajoutaient à cette nourriture des poireaux sauvages, des oignons et des figues sèches conservés de l'été précédent.

Cependant, ironiquement, le temps était redevenu beau et tiède et tous ces monts se recouvraient d'herbe et de fleurs. Avec les premières journées de ciel bleu, je vis sur les côtes escarpées des femmes vêtues de noir qui marchaient penchées, les mains dans l'herbe, la tête baissée, occupées à examiner le sol, avec une sacoche ou un tablier retourné qui leur pendait au ventre. Je demandai à Maria, une fille de la famille qui m'hébergeait, ce qu'elles faisaient. Elle répondit : « Eh, les pauvres... elles cherchent de la chicorée. » « Chicorée », au cas où on ne le saurait pas, dans cette région signifie n'importe quelle herbe sauvage comestible.

« Et c'est bon ? » demandai-je

Elle répondit, à la manière locale, par une question : « Et ce n'est pas bon ? » Je lui demandai comment on faisait pour la reconnaître. Elle dit en riant que, si je voulais, elle me l'enseignerait. J'acceptai volontiers parce que moi-même je n'avais pas grand-chose à manger. Maria, brave fille, se leva du seuil de la ferme où elle était accroupie à coudre, et elle me dit de la suivre.

Dans cette montagne, les paysans cultivaient les flancs escarpés par le système des espaliers. Ils commencent par détruire le maquis de genêt et les brandes, puis ils enlèvent les cailloux et ils en font autant de murs à sec pour soutenir un peu de terre. Ils cultivent ensuite un espace de terrain pas plus large que deux mètres. La montagne vue d'en haut ressemble à un immense escalier. Chaque paysan possède pour ses besoins une portion de cet escalier et ne fait que monter et descendre de la journée.

Au bout d'un moment, nous marchions, Maria et moi, le long des murs de soutènement. J'avais apporté un panier et Maria avait pris dans son corset le couteau à cran d'arrêt qui ne la quittait jamais. C'était une belle journée d'avril, avec un air doux, un ciel gonflé et clair. On voyait déjà les différentes cultures : ici une bande bleue indiquait la floraison du lin ; là verdoyait le blé encore en herbe ; plus loin, la terre se rayait de rangées symétriques de haricots. Des arbres fruitiers aux fleurs blanches ou roses mettaient des taches légères, tremblantes, étonnées sur les espaliers herbeux. Je dis à Maria : « Des fleurs, des fleurs... mais rien à manger.

— Avril », confirma-t-elle, distraite. Ensuite, elle tourna la pointe du couteau dans une fente du mur à sec et me tendit une plante en disant : « Chasse-lièvre. » C'était une plante aux feuilles fines, charnues, presque bleues. Je la mis dans mon panier, pendant qu'elle disait : « C'est bon. »

Nous cueillîmes pendant un moment ces chasse-lièvre. Puis Maria s'accroupit par terre en s'exclamant : « C'est de la *quaiozza*... viens que je t'en donne. » La *quaiozza* était une plante écrasée, avec les feuilles adhérant au sol, vertes, lancéolées de rouge, velues. Maria en arracha une motte entière et le panier en fut à moitié rempli. Plus loin, ce fut le tour d'une plante haute, prospère, aux feuilles triangulaires, d'un vert clair, qui, à ce qu'il semblait, s'appelait *crispigno*. Excité par la recherche, je me mis à cueillir avec acharnement, penché, derrière Maria qui me précédait, elle aussi penchée. Je ne sais pas combien d'autres plantes nous trouvâmes, dont j'ai oublié le nom. Je découvris avec étonnement que les plantes sauvages sont, en grande partie, comestibles. Même l'orobanche, aux feuilles grasses, dures, impures. Même certains chardons hérissés d'épines. Nous ramassions sans parler, pliés en deux sous le soleil brûlant, le sang montant à la tête. Enfin, le panier fut plein à ras bord. Épuisés, nous nous assîmes sur l'herbe, à l'ombre d'un chêne vert.

Maria me regarda et me demanda en chantonnant : « Ça te plaît de cueillir la chicorée, Alberto ? » Je dis : « Non, ça ne me plaît pas... j'ai le dos en capilotade. » Elle répondit : « Il faut pourtant manger. » Je dis : « Quand je n'aurai plus à manger, je m'en irai... je monterai là où il y a les Allemands. » Elle riposta : « Tu as dit tant de fois que tu préférerais mourir plutôt que d'aller où il y a les Allemands. » Je répondis, humilié : « C'est vrai. »

Elle poursuivit : « Même le maréchal des carabiniers jurait qu'il n'irait jamais chez les Allemands... mais il a fini par avoir faim et il y est allé... maintenant il est gros et gras... tu sais quoi ? Avec l'estomac, il est inutile de raisonner. »

Je ne dis rien et je regardai autour de moi. Plus haut que nous, deux ou trois femmes étaient lentes, muettes et penchées, semblables, sur ces cercles de la montagne, à des âmes de quelque mystérieux purgatoire. Plus bas, d'autres femmes, dans la même attitude. Je demandai : « Combien dure la chicorée ?

— Un mois encore, puis elle fleurit et elle n'est plus bonne. »

Je me dirigeai vers la maison. J'étais extrêmement fatigué, le dos engourdi, les mains terreuses et les yeux éblouis. Chez moi, je coupai les racines et les feuilles jaunes et je mis la chicorée dans un chaudron plein d'eau bouillante. La cuisson terminée, toute cette quantité d'herbes ne donna que deux ou trois boulettes vertes que nous mangeâmes, à la nuit tombée, revenues dans de l'huile.

La nuit j'eus du mal à trouver le sommeil. Un avion de reconnaissance anglais volait au-dessus de ma tête, bas et très lent, remplissant de son ronflement les ténèbres de la montagne. Je gardais les yeux fermés, mais au lieu de dormir, je me voyais passer devant des plantes, des plantes et des plantes, toutes différentes par leurs couleurs et la forme de leurs feuilles. À force de rester penché et de scruter le sol pour y découvrir la chicorée, elle était restée imprimée sur ma rétine. Les plantes défilaient sous mes paupières ; si je fermais les yeux, de vertes, elles devenaient rouges comme le feu. Je me rappelais avoir éprouvé une sensation semblable, de très nombreuses années auparavant, un hiver où je m'étais laissé aller à jouer tous les soirs aux cartes. Comme maintenant pour la chicorée, alors, après être rentré tard, fatigué et excité, et avoir fermé les yeux pour dormir, au lieu de trouver le sommeil, j'avais vu défiler devant moi les figures des cartes : les rois à la barbe frisée, les valets menaçants en train de brandir leur massue, les reines à l'œil flatteur et rapace. Enfin, l'avion s'éloigna, s'évanouit dans la nuit et je tombai tête la première dans un océan de chicorée, en m'endormant.

Deux Anglais

La nuit du nouvel an, un vent impétueux se leva. À l'aube, impatient d'observer le temps, je me levai et sortis de la cabane.

Le ciel était encore brun au-dessus de ma tête, vert devant moi, et presque bleu à l'horizon. Quelques étoiles brillaient. La lumière froide et sévère du soleil qui n'avait pas encore surgi enveloppait la montagne. Plus haut, entre les oliviers, une grande flamme rouge et jaune se tordait et s'allongeait, obscurcissant l'air de sa fumée. Derrière la flamme se dressait le haut rocher couronné de verdure, brillant de rosée nocturne.

Un garçon accourut, les joues rougies de froid et il me dit que le vent avait mis le feu à la cabane de certains réfugiés. Habits, provisions, tout avait brûlé. Il riait, heureux de m'en donner la nouvelle.

« Les femmes se sont enfuies nues, répétait-il, comme des gitanes nues. » Dans cette région, gitan est synonyme d'indigent.

« Beau nouvel an ! » dis-je. Je pensais à eux, mais aussi à moi. Pour me réchauffer, je pris une hachette et je commençai à couper du bois dans la cour. Levant les yeux de ce travail, je vis soudain trois hommes devant moi. L'un d'eux, avec une veste de velours et un fusil en bandoulière, était Valentino, le chasseur. Les deux autres étaient des inconnus. Valentino dit : « Ce sont deux Anglais. »

Je jetai la hachette et je courus tendre la main aux deux nouveaux arrivants. Ils étaient tous deux habillés de haillons, mais sur leurs chemises déchirées ils portaient des cabans de style militaire. L'un était petit, blond, le visage rose qui se terminait par une barbe en pointe. L'autre, brun, long, avait un visage émacié et mélancolique. Valentino expliqua qu'il les avait gardés chez lui pendant deux mois, dans une cabane qui lui appartenait sur le mont des Fées. Ils étaient de la marine, débarqués en mission et restés à terre. Ils voulaient traverser le front. Après une brève conversation, Valentino prit congé et me laissa avec eux.

Plein d'enthousiasme, je les amenai dans ma cabane. On commença à parler. Pendant ce temps, je faisais bouillir l'eau pour le thé dont j'avais emporté un paquet dans ma fuite ; ensuite, avec un couteau aiguisé, je coupai des feuilles de tabac et confectionnai une vingtaine de cigarettes. Ils burent le thé et fumèrent avec satisfaction. Il y avait deux mois qu'ils ne buvaient plus de thé et ne fumaient plus. Une fois réchauffés, ils me racontèrent leurs péripéties et moi les miennes. Durant cette conversation, une foule de paysans s'était amassée à ma porte et nous observait stupéfaite et muette. Puis les adultes retournèrent au travail, mais les petits restèrent.

La matinée passa bien vite, presque sans que je m'en aperçoive. Je remarquai cependant que tous nos propos suivaient la ligne la plus attendue, étant donné les circonstances où nous nous trouvions. Bref, nous nous racontions nos aventures et nous parlions de la guerre. Nous parlions, le blond et moi ; le brun se taisait et écoutait. Nous étions tous les deux enthousiastes et cette ferveur fit voguer la conversation presque jusqu'à midi. Puis, soudain, je m'aperçus que nous tournions en rond et que, en gros, nous répétions les mêmes choses déjà dites sur la guerre qui ne finissait pas, mais dont l'issue était certaine, sur les Allemands stupides et féroces, sur l'Italie qui n'était pas fasciste, sur l'Angleterre qui voulait la libération de l'Italie et des choses de ce genre. Je sentis ma bouche se sécher, mais il n'y avait rien à faire, nous étions enfermés ensemble dans la cabane et il fallait parler. Lui aussi, me sembla-t-il, était devenu moins chaleureux et plus fatigué.

Heureusement, l'heure du déjeuner arriva. Repas de nouvel an avec toute la déchirante pauvreté imposée par la situation, à laquelle l'occasion de la fête ajoutait quelque chose d'amer. Pommes de terre frites, un peu de saucisson du paysan, une poule très coriace de la même origine, un gâteau rustique non moins dur. Nous bûmes le vin de là-haut, un peu âpre et léger. Le blond, ranimé par la nourriture, se remit à parler avec une confiance renouvelée.

Je remarquai de nouveau que cette fois-ci, le sujet de la guerre était entièrement abandonné, et chaque fois qu'on l'effleurait, on le laissait tomber presque avec dégoût. Cette fois-ci, la conversation tournait sur des choses plus personnelles. Elle concernait nos métiers, notre société, nos familles, nos lieux d'habitation. Je lui dis ce que je faisais, d'où j'étais, avec qui je vivais. Il m'informa qu'il était étudiant en ingénierie, qu'il était néo-zélandais, qu'il était fiancé. Je lui décrivis Rome du mieux que je pouvais, il me décrivit Wellington. Nous nous en tînmes à ces sujets, suffisamment animés jusqu'au crépuscule. Puis je recommençai à sentir ma bouche desséchée et je m'aperçus que la conversation languissait de nouveau. Heureusement, le thé arriva.

Il était très fort, ce thé. Et je roulai d'autres cigarettes. Le thé nous excita et, presque sans nous en apercevoir, nous nous remîmes à parler, dans la cabane presque obscure, à la faible lumière d'une lampe à huile.

Cette fois-ci, nos propos prirent un tour abstrait, réflexif. On parla de politique, de littérature. Et peut-être que sur ces thèmes nous aurions pu tenir indéfiniment si je ne m'étais heurté presque aussitôt à une limite prévisible de connaissances et d'intérêts. Il n'avait pas de notions particulières de la littérature et de la politique de son pays, et de celles des autres il ignorait tout. Je m'aperçus soudain que je parlais seul tandis que tous deux m'écoutaient avec bienveillance. Sur une explication du communisme, je me tus tout à coup, déconcerté par une sentiment aigu d'ennui. Ils ne s'en rendirent pas compte parce que juste à ce moment la paysanne frappait à la porte avec les plats du dîner.

Il n'y avait guère à manger, mais en revanche nous bûmes plus que le matin. On trinqua à la victoire, à l'Italie, à l'Angleterre, à la Nouvelle-Zélande et à beaucoup d'autres choses. Mais le vin s'épuisa et je découvris alors que nous n'avions vraiment plus rien à nous dire. Et qu'au fond nous ne nous étions rien dit après nous être sincèrement, affectueusement serré la main. Je les regardais et je pensais que pas même la guerre ne suffisait à lier les hommes que rapprochaient les mêmes risques et la même cause. Toutes ces grandes choses s'en étaient allées en bavardages dans l'espace de quelques heures. Même la langue que nous parlions ne suffisait pas à nous lier. Ni même l'extravagance de nous trouver là-haut, sur cette montagne, dans cette cabane, couverts de haillons, derrière le front. Et pourtant c'étaient des hommes comme moi, me répétais-je.

Le brun eut une idée qui permit toutefois de terminer

heureusement la soirée. Il demanda si je croyais qu'ils pourraient d'une manière ou une autre se raser. Or, le paysan industrieux chez lequel j'habitais savait tout faire, y compris le barbier.

Nous nous transportâmes donc tous autant que nous étions dans la cabane du paysan. Je me rappelle la scène étrange avec attendrissement : eux deux accroupis sur des souches basses, avec de rustiques serviettes autour du cou, le visage recouverts de mousse de savon ; un garçon plus âgé, occupé à donner le savon, et le paysan, son visage appliqué tendu en avant, se concentrant pour passer délicatement le rasoir, à la lumière forte et blanche d'une lampe à acétylène. Et alentour, toutes les femmes avec leurs fuseaux, emplies d'admiration, comme elles le disaient naïvement, pour la peau rose et enfantine du blond. Et les enfants en cercle, stupéfaits. Quelques jours plus tard seulement, lors d'une des visites des Allemands en perquisition, je me rendis compte que cette scène de rustique salon de coiffure aurait pu tourner à la complète tragédie.

Rasés de frais, reposés et sûrs d'eux, les deux Anglais partirent à l'aube pour traverser le front. Nous échangeâmes nos adresses et des promesses de nous revoir, puisque c'est l'usage. Mais bien des mois plus tard, à Naples, j'appris qu'ils n'avaient jamais passé le front et j'en déduisis qu'il avaient dû être capturés ou tués.

Lorenzino mort de peur

Je descendais le sentier quand j'entendis les avions déboucher derrière la montagne. L'avion, même sur le front, est préférable au canon. On sait d'où il vient, où il va, on peut même deviner à un certain signal l'endroit où il lâchera les bombes. Le canon, lui, on ne le voit pas, on a l'impression qu'il tire au hasard, puis, tout à coup, il devient terriblement précis et paraît tirer justement sur nous. Désormais, après tant de bombardements, les avions m'étaient devenus familiers. Sans la moindre peur, je m'arrêtai et me mis à les compter. Tandis que je comptais, l'escadrille avançait ; elle était au-dessus de moi. Je vis l'avion de tête libérer un petit flocon rouge : le signal du lâcher de bombes. Je ne vis naturellement pas les bombes, mais presque aussitôt, avec une explosion terrifiante, une salve de terre et de détritus monta des flancs de la montagne et obscurcit l'air. Des mottes, des pierres, des éclats de bois jaillirent tout autour de moi et entre mes jambes pendant que je prenais la fuite. La bombe était tombée sur la gauche du sentier dans le maquis ; sur la droite, à peu de distance, il y avait de grands rochers étendus, presque des strates de la montagne, qui avaient glissé les uns sur les autres. Je courus m'abriter dans la cavité qui s'ouvrait sous ces strates. J'entendis alors derrière moi une voix fébrile et plaintive qui répétait : « Sainte Vierge et tous les saints du ciel, au secours ! Sainte Vierge et tous les saints du ciel, au secours ! » Je me retournai et j'aperçus Lorenzino au fond du trou. Désormais, de la bombe ne restaient que la fumée et la poussière, même le ronflement des avions avait cessé. Je dis à Lorenzino : « On peut sortir, c'est terminé.

— Non, ils reviennent.

— Ils ne reviennent pas, ils sont passés. »

Il sortit tout doucement de la cavité et dit : « Je suis mort.

— Tu n'es pas mort, répondis-je. Heureusement, il n'y a pas de mort. » Je me trompais : une vache était morte, dans les hautes prairies. Et nous mangeâmes de la vache pendant toute la semaine.

« Je suis mort », répéta-t-il. Je remarquai qu'il avait les yeux écarquillés, comme quelqu'un qui essaierait de regarder à travers une vitre embuée. Pour lui donner du courage, je tentai de changer de sujet et lui demandai : « À propos, et ces fayots ? »

Lorenzino était le chef du marché noir sur cette montagne et vendait de tout à des prix exorbitants. Il leva les bras au ciel : « Le commerce est fini, cria-t-il, je suis mort. » Sans plus se soucier de moi, il avançait en boitant comme si ses jambes ne le soutenaient plus, mais qu'il voulût tout de même se presser, vers une maisonnette adossée au rocher. « Maria, Filomena ! », appela-t-il désespérément.

Sa femme et sa fille apparurent, effrayées, à la porte. Il cria : « Je monte... je monte là-haut. » Et il indiqua le sommet de la montagne qui s'élevait vers le ciel comme une tour, au-dessus de nos têtes.

« Mais Lorenzino... » essayai-je d'intervenir, mû de compassion par le visage épouvanté des deux femmes.

« Je monte », répéta-t-il. Et il se mit vraiment à monter, sans même suivre le sentier, entre les rochers et les arbustes du maquis. Il était très agile ; je le vis grimper un moment et ensuite disparaître. Les deux femmes demeurèrent stupéfaites, immobiles au milieu de la cour, à me regarder. « J'enverrai le paysan prendre le matelas », lançait la voix de Lorenzino, déjà loin sur la pente.

Au bout de quelques jours, je voulus rendre visite à Lorenzino dans sa nouvelle demeure. Je montai un peu à travers le maquis, puis sur un sentier praticable dans un bois clairsemé de chênes. Juste au-dessous du sommet, la montagne est proéminente, comme un éperon, et forme une énorme avancée rocheuse, noire, luisante d'eau de source, couronnée de verdure. Devant ce rocher, il y a un petit espace herbeux d'où l'on jouit d'une vue immense. Cet endroit est célèbre pour ses cavernes profondes, autrefois repaire de fameux brigands. Lorenzino était monté là-haut.

Dès que je débouchai dans la clairière, je l'aperçus, appuyé au rocher, paraissant plutôt petit, semblant prendre le soleil. « Hé, Lorenzino ! » criai-je de loin.

Il ne me répondit pas. Je me rapprochai et vis qu'il avait le col de sa veste remonté sur la nuque et le rebord de son chapeau enfoncé sur les yeux. On ne voyait que son nez. Il avait les mains dans les poches, il se tenait tout engoncé, et il semblait trembler.

« Hé, Lorenzino ! répétai-je, déconcerté.

— Je suis mort », dit-il sans me regarder.

Au pied du rocher, il y avait une espèce d'ouverture irrégulière. Je m'en approchai et découvris une caverne spacieuse, très propre. La moitié de la grotte était occupée par une large couche pour deux personnes, avec une couverture rouge. Le long des murs, des sacs de provisions. Au milieu, sur un feu de branchages, une marmite. « Mais tu es très bien ici, commentai-je, en essayant de paraître jovial. C'est un abri idéal.

— Tu crois ? fit-il sans bouger ni détourner les yeux.

— Ici, les bombes n'arriveront jamais, c'est sûr.

— Tu crois ? »

Sa femme arriva sur le terre-plein, apportant un seau d'eau. Elle regarda avec inquiétude son mari et s'adressa à moi : « Dites-lui, vous, qu'ici il ne doit pas avoir peur.

— Je le lui ai dit... J'aimerais bien avoir une caverne comme celle-ci.

— Il est toujours là à penser à ces bombes, poursuivit-elle. Ce n'est plus lui. »

Elle porta le seau d'eau dans la caverne, elle en ressortit. « Il ne veut plus manger, dit-elle. Hier, je lui ai fait des gnocchi et il n'y a pas touché.

— Lorenzino, demandai-je, pourquoi tu ne manges pas ? »

Il secoua la tête et ne répondit pas, se recroquevillant contre le rocher et regardant de côté. « Lorenzino, qu'as-tu ? insistai-je.

— Je suis mort.

— Il dit toujours qu'il est mort et il ne veut pas manger, expliqua sa femme. De nuit, il bondit au moindre bruit et il hurle que ce sont les avions.

— Ici, dis-je, en essayant de paraître scientifique, c'est le meilleur abri de toute l'Italie... tu as au-dessus de ta tête trente mètres de roche... de quoi as-tu peur ?

— Je suis mort. »

Sa femme se rapprocha et me demanda à voix basse : « Mais que peut-il avoir ?

— Rien, répondis-je. La peur... ça lui passera. »

Après ce jour-là, j'eus de temps à autre des nouvelles

de Lorenzino. Il continuait à vivre comme un ermite entre ses rochers, se torturant de plus en plus. Les nouvelles finirent par empirer et je remontai lui rendre visite. Mais cette fois-ci, je ne le vis pas. J'appris qu'il gardait le lit depuis quarante-huit heures et qu'il ne reconnaissait plus personne. Sa peau semblait avoir verdi et gonflé. Sa femme pleurait, assise sur une pierre. Elle me dit que le médecin avait parlé d'un empoisonnement du sang. Je m'approchai de la caverne, mais c'était déjà le crépuscule : la caverne était dans le noir et je ne distinguais pas Lorenzino. Il mourut dans la nuit même.

On le descendit sur une brancard de branchages. À mi-chemin, les inévitables escadrilles apparurent dans le ciel, la défense antiaérienne commença ses tirs, plusieurs bombes tombèrent dans la vallée. Les porteurs posèrent le brancard sur une roche découverte et s'abritèrent dans une crevasse. Lorenzino, enveloppé dans un drap, resta seul sous le ciel qui vibrait de grondements et d'explosions. Il me sembla étrange, à l'idée de sa terrible peur, de le voir rester immobile, sans qu'il se lève et prenne la fuite, dans son drap. Mais ensuite je me dis qu'il n'en avait plus besoin, puisque la peur l'avait quitté.

Les paysans aiment l'argent

Je fus forcé de fuir précipitamment, mais depuis un moment, pour tout le monde, il était évident que les Allemands feraient un coup de force, aussi ne fus-je pas pris au dépourvu. Durant ces jours troubles et angoissants, je parvins à récupérer ce que les éditeurs me devaient et je retirai mes maigres économies sur mon compte. Le jour de ma fuite, j'emportai tout l'argent, que je plaçai dans une poche latérale de mon pantalon. C'est là qu'il resta pendant toute la durée de mon séjour sur le front. De temps à autre, sans regarder, avec le bout des doigts, je détachais un billet de la liasse et je payais. Les premiers jours, l'argent formait une bosse épaisse qui se voyait. À la fin, ne restaient que quelques billets.

Les paysans, tout d'abord, nous prirent pour des réfugiés privés entièrement de moyens. Ma femme et moi avions souillé de boue nos chaussures et déchiré nos vêtements dans les montagnes et nous n'avions pas d'habits de rechange. Encore inexpert, craignant de vexer, et imaginant patriotisme et conscience là où, dans le meilleur des cas, il n'y avait qu'un sens de l'hospitalité traditionnelle plus fort que toute avarice, je n'offrais pas d'argent, bien que j'eusse réclamé des choses que, comme j'en fis l'expérience par la suite, l'on ne pouvait obtenir en quantité suffisante qu'avec de l'argent. Je me contentais de promettre, pudiquement, qu'ils ne le regretteraient pas, mais, ainsi que je le compris plus tard, c'étaient plutôt des formules de mendiant que d'homme disposé à payer. Et, en effet, j'avais beau demander, rien ne venait, ou les choses ne me venaient qu'en quantité dérisoire. J'eus tôt fait de m'apercevoir que les paysans, sans le manifester ouvertement, me traitaient avec une compassion mêlée d'un léger mépris. Puis, tout changea soudain. Un jour, un homme, portant sur les épaules deux chevreaux égorgés, passa sur la crête, et je demandai à l'un des paysans si on pouvait acheter ces chevreaux. Il répondit avec une espèce de sombre ironie que ce n'était pas pour moi, car on devait payer. Soudain éclairé sur tout, je compris mon erreur et je me mis à monter la côte en courant, j'arrêtai l'homme et lui achetai sur-le-champ le chevreau en puisant dans ma poche le premier billet de mille. Les paysans ouvrirent de grands yeux en m'observant sortir l'argent. Ce jour-là, ils trouvèrent moyen de s'excuser, en avouant qu'ils m'avaient pris pour un pauvre. Ils s'en excusèrent, comme si, dans cette illusion, il y avait eu quelque chose d'injurieux à mon égard.

Je me rendis rapidement compte que l'argent exerçait sur eux une fascination indépendante même de sa valeur et de ses possibilités d'achat. Il faut se rappeler, pour comprendre cette cupidité, que ces paysans de la montagne sont, pour ainsi dire, autarciques, cultivant, fabriquant et tissant, avec leurs moyens, tout ce dont ils ont besoin et que, pour cette raison, ils voient, en temps normal, très rarement l'argent et seulement en petites quantités, quand ils se hasardent à descendre en ville pour y vendre quelques fagots de bois ou quelques paniers d'œufs. Je compris cette fascination surtout à un geste fréquent qu'ils faisaient quand je les payais. Quand ils avaient l'argent en main, leur visage arborait une expression sérieuse de componction presque religieuse, ils baissaient les yeux et semblaient, l'espace d'un instant, oublier jusqu'à mon existence. En réalité, ils comptaient mentalement la somme et, en même temps, s'en réjouissaient. À partir du jour où j'ai acheté le chevreau, j'ai même bénéficié d'une considération particulière. Ils disaient de moi, avec un haussement d'épaules flatteur : « Alberto est riche. »

Ces paysans n'étaient ni mauvais ni inhospitaliers. Plus d'une fois, je les vis, quoique de mauvaise grâce peut-être, donner à manger à des soldats en fuite, à des réfugiés de passage. Mais, me sachant doté de moyens, ils n'hésitèrent plus à me faire payer les services les plus menus et les plus naturels. À vrai dire, ils ne me demandaient pas de rémunération, mais ils soulevaient mille difficultés que j'eus la naïveté de croire réelles, du moins au début. Ils disaient : « La marmite de cuivre est fêlée... les draps font partie du trousseau... dans l'étable nous entreposons les outils... la housse nous sert à nous : si on te la donne, où dormirons-nous ? » Ces difficultés, par la suite, disparurent comme par enchantement, ne fût-ce qu'avec quelque réticence décente, dès que je me décidai à annoncer que je paierais volontiers un forfait mensuel pour la location de la marmite, des draps, de l'étable, de la housse. Il n'y eut qu'une chose qu'ils ne voulurent jamais ni me vendre, ni me prêter, ni me louer : les chaises, qu'ils considéraient comme des objets précieux et inhabituels et qu'ils gardaient accrochées au plafond, ne s'en servant qu'en de rares occasions de fête. Ils s'asseyaient sur des souches d'arbre renversées et je dus les imiter.

Mais, comme je l'ai dit, étant par tradition hospitaliers, ils ne parvenaient pas à se convaincre qu'ils faisaient le commerce de l'hospitalité, comme n'importe quel propriétaire de chambre à louer, ce qui est pure justice et nullement blâmable. Ils conservaient, au contraire, toujours le sentiment d'un abus un peu honteux, justifié par la licence de la guerre et par la nécessité où nous nous trouvions. Ils se sentaient cupides et ils avaient une manière à eux un peu sombre de s'en vanter : « Autrefois, me dit l'un d'eux, les paysans étaient moins que rien... mais aujourd'hui ce sont eux qui ont de quoi manger... les billets de mille, les riches ne peuvent pas les manger tout de même... les paysans aujourd'hui comptent plus que les riches. » Les riches, du reste, ce n'étaient pas nous, qui avions dû fuir Rome, mais ceux qui avaient été évacués de la ville voisine, des commerçants pour la plupart, pour lesquels les paysans nourrissaient beaucoup de méfiance et beaucoup de rancœur. Ces riches leur avaient mis le couteau sous la gorge, chaque fois qu'ils étaient venus essayer de vendre leurs pauvres produits agricoles. Aujourd'hui était venu leur tour de se venger.

Mais les paysans, tout en les haïssant, n'estimaient que les riches : pour les pauvres, ils avaient un sentiment mêlé de tolérance et de mépris. Que de fois je les entendis faire ce raisonnement : « Ceux-là, ils n'ont pas d'argent... ils mourront de faim », avec la même sérénité que celle avec laquelle on parle d'un phénomène naturel, de la grêle, de la sécheresse ! Et les pauvres effectivement mouraient de faim. Ces mêmes paysans qui nous vendaient à prix d'or l'huile, les légumes, la farine, laissaient certains de leurs parents crever d'inanition dans une cabane misérable. Je rendis visite à ces malheureux pour les aider : les enfants étaient squelettiques, le ventre gonflé et les genoux gros comme leur tête, les adultes avaient le visage gris et leurs cheveux tombaient par mèches entières, comme par alopécie. » Hé oui, disaient les paysans, ces gens-là n'ont pas d'argent. »

L'argent les rendait gentils et – dans certains cas, rares toutefois, car c'étaient des personnes dignes et orgueilleuses – même obséquieux et serviles. Ils admiraient qu'on pût dépenser de l'argent pour manger, puisque pour eux la nourriture était, avant même le linge et la maison, le signe le plus évident de richesse. Ils disaient : « Untel mange de la viande tous les jours », comme en ville on dit parfois : « Untel a une voiture et une maison à la mer. »

Ils parlaient même avec avidité des indemnités fabuleuses que les Anglais accorderaient à tous ceux qui auraient hébergé des soldats ou des prisonniers alliés. Mais ils étaient meilleurs que leurs propos. Et quand se présentèrent les soldats et les prisonniers alliés, ils les hébergèrent avec élan, partageant avec eux leurs repas rudimentaires sans réclamer ni apparemment espérer la moindre rémunération.

Les trompettes de Jéricho

Ce n'avait pas été une mauvaise idée que de se cacher sur le front où n'existait aucune police, ni italienne ni allemande, où la population était laissée libre de mourir de faim dans les cabanes et dans les décombres et où les rares gendarmes rôdaient, habillés misérablement et humbles, demander non pas les papiers, mais l'aumône de quelques œufs ou de quelques kilos de fayots. Mais cette suspension de toute vie civile était totale et, à côté des avantages, présentait de nombreux désavantages. Avant tout le manque de nouvelles. Au début de l'hiver, quelques rares fois, des avions anglais avaient lancé des prospectus appelés *frontpost*, rédigés en allemand, à l'usage des Allemands ; et comme j'étais le seul à savoir un peu de cette langue sur un rayon d'au moins trente kilomètres, les paysans faisaient des marches de trois ou quatre heures pour m'apporter ces feuilles fripées, mouillées de rosée, trouvées au fond des ravins ou accrochées aux branches des arbres. Ces tracts étaient extrêmement bien conçus : si bien que, au moment où l'issue de la guerre semblait très incertaine, ils donnaient, avec l'honnêteté et la précision de leurs nouvelles, le sentiment décourageant que le conflit durerait Dieu sait combien de temps encore. Les paysans écoutaient, ensuite s'éloignaient en secouant la tête : tant de route pour s'entendre dire qu'à Cassino les Allemands contre-attaquaient ! Puis, même les prospectus cessèrent et, comme il n'y avait ni journaux ni radio, ce fut le silence total. À cette occasion, j'eus le moyen d'observer les déformations et les délires imaginaires que produit l'analphabétisme. Ces paysans étaient en majorité analphabètes et, rapidement, je remarquai qu'ils étaient complètement incapables de rapporter une nouvelle sans y ajouter quelque fioriture fantasque ou la transformer radicalement.

Je compris alors l'origine des légendes du Moyen Âge, époque d'analphabètes, et comment des personnages tels que Richard Cœur de Lion ou Barberousse, par le bouche à oreille, avaient fini par devenir des figures poétiques, des mythes, des héros de contes. Les paysans ignoraient tous parfaitement ce qu'étaient le fascisme, la démocratie, la Russie, l'Allemagne, l'Angleterre... La guerre même leur était tombée dessus comme la sécheresse ou la grêle : malheur obscur aux causes encore plus obscures. Tout au plus, ils s'attaquaient à quelques figures : le roi et Badoglio, qu'ils voyaient comme un roi et un valet de tarots, avec la couronne ou le béret sur la tête, l'épée à la main et le manteau sur les épaules. Churchill, qui devenait Ciccillo, espèce de guerrier bienveillant qui s'opposait au génie maléfique de Hitler. Staline et Roosevelt, semblables à deux géants lointains, faits de brume. De Mussolini qui les avait entraînés dans la guerre, ils disaient, sur un ton de mystérieux dégoût, que c'était un « salaud ». Pareillement « salauds » furent les Allemands dès qu'ils commencèrent à réquisitionner hommes et vaches.

Le paysan fabrique la légende, comme le ver son cocon. Et puis il reste dedans, bien enfermé, et Dieu sait quelle chrysalide en sortira. Une jour, une belle fille qui portait sur la tête un panier d'oranges pesant bien trente kilos, arrivée au sommet de la montée, s'arrêta, un pied posé sur une pierre et, ajustant son tortillon de soutien, dit : « À Rome, la révolution a éclaté. » Je lui demandai pourquoi. Elle répondit le plus sérieusement du monde : « Les Allemands ennuyaient les demoiselles... alors les Romains les ont tués tous autant qu'ils étaient.

— Mais quelles demoiselles ? demandai-je, déconcerté.

— Les demoiselles, répéta-t-elle, étonnée de mon incompréhension. Les demoiselles, enfin. »

Elle croyait que les révolutions se faisaient par amour des femmes, comme la guerre de Troie et les Vêpres siciliennes. Elle était sûre d'elle, tranquille, et s'en alla répandre la nouvelle dans la montagne. Avant le soir, la nouvelle, enrichie de nouveaux détails, était crue de tous.

L'échec du débarquement d'Anzio donna libre cours à pas mal de légendes. La plus remarquable fut la suivante : le général en chef américain était, en fait, un Allemand nommé Anders (qui s'avéra être le commandant des forces polonaises à Cassino) et, en bon Allemand, avait trahi, sabotant le débarquement. Mais maintenant ils avaient découvert la trahison et ils l'avaient fusillé. Pointait ici, sous le béret du général allié, le visage anguleux et gothique du traître des traîtres Ganelon.

Au milieu de tant de doutes, un jour, je payai un paysan pour que, au cours d'un de ses parcours en montagne, il allât jusqu'à Lenola écouter la radio du curé. Il marcha huit heures dans les montagnes, il acheta de la farine et des fayots, il écouta la radio et ensuite revint avec cette nouvelle ahurissante : les Anglais avaient averti que le jour de Noël ils enverraient sur toute l'Italie vingt mille avions précédés par un avion qui ferait constamment retentir sa sirène. Les avions ne lâcheraient pas de bombes, mais, tout de même, devant un tel déploiement de forces, dans un tel vacarme, les Allemands se rendraient tous. C'était, comme je crus comprendre, une version moderne des bibliques trompettes de Jéricho. Mais en dépit de tous mes efforts, je ne parvins pas à comprendre comment la nouvelle simple et schématique du bombardement d'une ville allemande avait pu prendre, dans cette tête, un aspect aussi étrange et aussi pittoresque.

Plaisanteries de la guerre

Les fascistes d'avant le 25 juillet, du moins dans cette petite ville méridionale, n'avaient rien à voir avec les prétendus républicains[1]. Les fascistes d'avant le 25 juillet étaient pour la presque totalité des personnes aisées et bourgeoises, c'est-à-dire, comme cela se produit dans l'Italie méridionale où l'on fait plus attention aux ministères qu'aux partis, des personnes qui étaient du côté du Gouvernement, quel qu'il fût. Les républicains, eux, étaient la lie ou plutôt l'imbécillité de la ville. Des pauvres types qui, avant la république sociale, n'arrivaient pas à joindre les deux bouts, considérés par tous comme des idiots et des paumés, qui n'en croyaient pas leurs yeux de pouvoir profiter de l'illégalité généralisée pour instaurer leur règne fictif : « Il y a de quoi se faire de l'argent », fut la devise de ces enrôlés de la dernière heure.

Ils étaient soixante-dix environ, qui, aux premiers bombardements américains, quittèrent la ville et allèrent

1. Le 25 juillet 1943, Mussolini fut renversé par le débarquement des Alliés en Sicile. L'Italie fut alors divisée. Tandis que le roi allait dans le Sud libéré, le Nord était occupé par les Allemands, qui créèrent avec les fascistes la république fantoche de Salò, dite Repubblica sociale italiana, qu'ils confièrent à Mussolini.

se barricader sur une montagnette non loin, dans un groupe de maisons réquisitionnées de force. Ils avaient emmené avec eux leurs femmes et leurs enfants s'ils en avaient, et certains de pauvres putains rustiques et surtout leurs provisions. Pour ces malheureux, la république sociale voulait dire pour la première fois s'en mettre plein la panse, élargir sa ceinture et ouvrir son pantalon après le repas. De grandes assiettes de « *pettola e fasuli* », c'est-à-dire de tagliatelle et haricots, des chapons, du jambon, des chevreaux et autres bombances. Il arriva de Rome une vingtaine de quintaux de blé pour la population affamée et ces tyranneaux en gardèrent quinze pour eux. Ils laissaient affleurer dans leurs costumes la forfanterie qui sommeille toujours au fond du tempérament italien. J'en vis quelquefois qui se baladaient avec une grenade dans la poche, les petits fusils quatre-vingt-onze en bandoulière, tous vêtus de neuf, en arborant des expressions où ne manquait que la mèche manzonienne, empreintes d'un très beau mélange de morgue et de pusillanimité. Ils suivaient les Allemands, qui les traitaient plus mal que des esclaves. Et ils en ramassaient des miettes comme de vrais laquais. L'un d'eux me parla une fois, les yeux brillants d'admiration, des victuailles qui trônaient aux mess des Allemands. « Le porc, ils n'en mangent que la viande et ils jettent les pieds, la tête, les entrailles, et même le foie... ils ne sont vraiment pas comme nous. »

Parfois, j'essayais d'imaginer quelle sorte de réflexions et de sentiments pouvaient loger dans ces âmes misérables, dans ces esprits obscurcis. Et je concluais qu'avec toute la « *petolla e fasuli* » ils devaient faire des rêves qui n'avaient rien de serein. Mais ils n'étaient pas féroces et toute leur tyrannie s'arrêtait aux provisions, celles des paysans, bien entendu, que, chaque fois qu'ils le pouvaient, ils confisquaient impitoyablement.

Les gens qui avaient des biens en ville, avant de s'enfuir dans les montagnes, les avaient emmurés, dans le naïf espoir de les soustraire ainsi à la rapacité germanique. Mais c'était compter sans les républicains, vrais chiens de chasse pour ces trésors cachés, qui, dès que la ville se fut vidée, se mirent à perquisitionner dans les maisons, en frappant contre les murs et en bêchant la terre dans les potagers. Je me rappelle un petit tailleur qui devait se marier et avait emmuré tout son patrimoine, une vingtaine de pièces de tissus, sous un escalier. Le malheureux faisait de nombreux projets pour la libération : mariage et vêtements à tailler. Mais un jour, sa mère se présenta en pleurs et annonça que la cachette avait été violée et les pièces dérobées. Aujourd'hui peut-être le tailleur examine-t-il encore les manteaux et les vêtements fantaisie de la vallée pour reconnaître ses tissus. À d'autres, on prit, de la même manière, leurs trousseaux, leur argenterie, leur vaisselle. Les victimes de ces vols sentaient qu'ils entraient de plus en plus dans le climat obscur et atroce de la guerre. Qui était avant tout une espèce de vendetta médiévale, faite d'inconscience, d'insensibilité, de misère et de bestialité.

Un républicain toutefois, surnommé gentiment le Petit Singe, trouva carrément la mort. Il était allé voler, un jour, dans la ville déserte et délabrée. Tandis qu'il déterrait et tendait déjà les mains vers le mort, les inévitables avions alliés se mirent à piquer l'un après l'autre sur ces ruines. Je vis le bombardement du haut de ma montagne, mais je ne savais pas que, dans une de ces flambées rouges qui jaillissaient en lançant des langues de feu dans la fumée des explosions, l'âme du Petit Singe s'envolait vers le ciel, elle aussi.

On lui fit des funérailles « nationales » : char funèbre, bannière noire avec le *fascio* d'or, peut-être quelques discours évoquant le « camarade de la veille » tombé au combat. Mais ces entêtés d'avions américains revinrent et piquèrent de nouveau. Des bombes tombèrent, éventrant les décombres déjà éventrées de ces pauvres maisons. Les républicains prirent la fuite, le char funèbre se renversa, le cercueil s'ouvrit et le Petit Singe se retrouva au milieu de la rue, entre les flaques et les gravats, les bras ouverts et le visage tourné vers le ciel. Pauvre Petit Singe.

Fuite en montagne

Un jour, je croiserai peut-être de nouveau des Allemands et de toute la fureur que je conservais dans mon cœur, il ne restera qu'une légère gêne dans mon comportement. Ou peut-être ne demeurera-t-il rien, parce que j'oublie aisément et j'oublie avant tout les choses qui m'ont fait souffrir. Mais oublier une fois ne signifie pas pour autant pardonner. D'ailleurs, à quoi sert-il de pardonner quand le pardon n'est pas requis ?

Quand, cet hiver-là, après soixante jours de pluie, la terre fut bien imprégnée d'eau, les routes transformées en bourbiers et la plaine inondée, alors, un matin, les Allemands accrochèrent aux coins de la ville délabrée un de leurs *Befehl*. Cette affiche me fut apportée trois heures plus tard par un paysan qui, malgré sa course à travers la montagne, arborait, sur son visage, la pâleur des futures frayeurs. En dix ou douze articles, le commandement militaire annonçait l'évacuation de toute la zone, indiquant son jour pour chaque canton. On ne pouvait pas emporter de valise, mais seulement quelques vivres. Il fallait avancer par colonnes, et marcher jusqu'à une gare éloignée d'une cinquantaine de kilomètres. De cette mesure, sanctionnée par les habituelles peines de mort, seuls étaient exclus de rares fonctionnaires républicains.

Je vis l'accueil que firent les paysans à cette affiche car ce fut moi qui la leur lus, dans la mesure où ils étaient presque tous analphabètes. Ces paysans, il y a des années, vivaient encore dans des cabanes. Au prix d'un travail acharné, ils avaient défriché ces montagnes redoutables, transformant les flancs escarpés en espaliers gigantesques et réguliers. Sur chaque terrasse de bonne terre arrachée aux cailloux ils avaient cultivé le blé et les autres plantes nécessaires à la vie. Avec les pierres, ils avaient édifié leurs terre-pleins et leurs maisons. Maintenant, en quelques lignes, le commandement allemand leur ordonnaient d'abandonner toute chose et de se diriger avec leurs femmes et leurs enfants vers quelque funeste camp de concentration.

Les paysans, consternés et silencieux, regardaient la feuille et regardaient autour d'eux, comme s'ils avaient déjà voulu lancer un adieu anticipé à leurs maisons et à leur terre. Mais une femme dont le mari se trouvait en Russie (et qui l'attend peut-être encore) dit : « Plutôt que de m'en aller, je me tue avec les enfants. » C'était une femme belle et jeune, sa maison avait été détruite à Terracina et elle était venue se réfugier là-haut, chez sa mère, avec ses deux jeunes enfants. Elle savait ce que voulait dire fuir sans toit et sans aide.

Cependant, comme on parlait de rafles, je fus contraint, avec un autre réfugié, de m'enfuir tous les matins au sommet de la montagne. On partait dans le noir et l'on grimpait par des sentiers de chèvres sur le flanc escarpé du mont. Pendant deux heures, on marchait, cachés jusqu'à mi-buste parmi les brandes de bruyères. Dans la lumière verte et hallucinée du premier jour, on entrait dans un bosquet clairsemé de chênes. Entre deux chênes, la montée n'était qu'un éboulis de caillasse blanche. Si je regardais vers le sommet, je ne voyais que des troncs et des troncs, sur le fond pâle de la pierraille et puis, très haut, un carré de ciel bleu : le col. Au bout de quatre heures d'escalade, nous atteignions le col, qui était un petit pré entre deux cimes nues et caillouteuses. De l'autre côté, il y avait un vallon désert, brûlé par le gel, nu, et ensuite d'autres montagnes, serrées, enneigées.

Nous nous étendions sur l'herbe fine et froide et nous attendions que le soleil tourne dans le ciel et se couche. La vue était immense, on apercevait au loin la côte, d'un bleu vaporeux, et parfois même l'ombre de l'île de Ponza. À Ponza se trouvaient les Anglais, cette ombre signifiait la liberté inaccessible. Autour de nous régnaient la sérénité et le silence religieux de l'antique terre d'Italie, mère indifférente et inaltérable d'hommes angoissés et persécutés. Un troupeau de moutons qui paissaient dans le vallon que nous dominions faisaient résonner de temps à autre leurs clochettes paisibles et trompeuses. Le soleil tapait, quelques insectes bourdonnaient. On pouvait presque avoir l'illusion que nous nous trouvions là-haut en promenade, pour le plaisir.

À midi, nous mangions un peu de pain et de fromage. L'eau, nous la puisions dans un puits destiné aux bêtes, profond, vert de cheveux de Vénus, peuplé de grenouilles. Le berger du troupeau venait parfois vers nous et répétait dans son dialecte en riant : « Vous fichez le camp, hein ? Mais les boches vous choperont quand même. » Parfois, nous tombions sur des soldats en déroute, en haillons, épuisés, qui voulaient passer le front. Dès qu'ils nous voyaient, ils se cachaient derrière les rochers, craintifs, et nous en faisions autant : on se prenait mutuellement pour des Allemands. Puis, ils sortaient et nous racontaient les mêmes histoires que toujours, sur leur fuite, leurs persécutions.

On rentrait à la maison au crépuscule, dévalant dans les ruines et les bruyères. La nuit, on ne dormait que d'un œil, tressaillant au moindre bruit. Cette vie dura ainsi plus d'un mois, à savoir jusqu'au débarquement d'Anzio.

Le père de famille

Il y avait un bon bout de temps que je n'avais pas vu Giulio T., depuis au moins un an avant la guerre. J'avais appris qu'un bombardement avait détruit sa maison et tué sa femme et leur fille unique, je lui avais aussitôt écrit pour lui présenter mes condoléances. Mais je n'éprouvais pas le moindre désir de le revoir. Que pouvais-je lui dire, en effet, qui ne lui semblerait pas déplacé ? Le malheur des autres nous rend égoïstes et j'éprouvais un vrai dégoût à l'idée de retrouver Giulio vieilli, délabré, anéanti. Il avait été un mari et un père exemplaire et ne pouvait avoir changé que dans ce sens.

Mais, à ma grande stupeur, dès le premier coup d'œil, je m'aperçus qu'il n'avait pas du tout changé. La même chevelure épaisse et argentée, le même visage florissant et frais, les mêmes yeux noirs et vifs, la même bouche rouge. Et même une expression identique : maligne, facétieuse, gourmande, mais empreinte d'autorité. Nu tête, la poitrine bombée, il marchait rapidement et, comme on était en été, il portait, tel un jeune homme, sa veste sur un bras. Lui aussi m'aperçut et vint aussitôt à ma rencontre.

« Tiens, tiens, tiens... un revenant ! »

Je le saluai, il me prit par le bras et me posa de nombreuses questions sur ce que j'avais fait et où j'avais été pendant toutes ces années. Il parlait avec cordialité et gaieté, avec légèreté, exactement comme un homme insouciant. Après lui avoir répondu du mieux que je pouvais, je hasardai, avec embarras : « J'ai su... je t'ai écrit d'ailleurs... crois-moi... même pour moi, ç'a été épouvantable. »

Il m'interrompit en disant : « Merci... tu es un vrai ami... oui, ç'a été vraiment épouvantable. »

Je le dévisageai et j'eus l'impression qu'il souriait. En tout cas, il n'avait pas l'air affligé. Je dis, en me raccrochant au premier lieu commun qui me passa par la tête : « Mais maintenant il faut que tu penses à reconstruire ta vie.

— Je l'ai déjà fait », répondit-il. Et il ajouta sur son ton facétieux d'autrefois : « J'ai toujours été un constructeur, moi... aujourd'hui, je continue à l'être... et même, pour me mettre au diapason de mon temps, je suis un reconstructeur.

— À savoir ?

— Je me suis remarié, dit-il. Et j'ai même un enfant...

Je n'osai pas l'en féliciter. Mais lui, comme s'il avait lu dans mes pensées : « Tu me vois, toi, sans un foyer, sans une épouse fidèle, sans une progéniture, sans une famille, quoi ? » Cette façon d'adopter grotesquement des mots démodés ou solennels était une vieille manie qu'il avait. « Je suis un paterfamilias par vocation... c'est ainsi que je me suis empressé de me refaire un foyer, à savoir une demeure campagnarde, pour rallumer l'autel aux côtés d'une épouse et mettre au monde les fruits sacrés de l'amour... pour l'instant un seul à vrai dire... mais leurs frères ne sauraient manquer... »

Je le dévisageai. C'était vraiment le vieux Giulio qui

plaisantait toujours sur tout. Mais sur certaines choses, autrefois, je ne l'avais jamais entendu s'exprimer légèrement. Je demandai : « Es-tu heureux ? »

Il répondit : « Heureux ? Y a pas plus heureux. » Et même cette phrase, qu'il avait prononcée dans un dialecte napolitain approximatif, je ne m'y attendais pas et je gardai le silence un instant. Il reprit, en me serrant le bras : « Écoute un peu... si tu n'as rien de mieux à faire, viens casser la croûte avec nous... ma conjointe sera bien contente de te connaître... et tu verras le bambin et goûteras aux saines joies familiales. »

J'acceptai et, durant tout le trajet jusque chez lui, il ne cessa de plaisanter, saisissant mes paroles au vol et les déformant malicieusement, détournant les proverbes et les lieux communs, enfilant mot d'esprit sur mot d'esprit. J'ai dit qu'il avait toujours été d'humeur badine. Toutefois, mon oreille nota une différence imperceptible de ton, quelque chose de convulsif, de mécanique, de nerveux, qui autrefois n'existait pas. Ainsi, entre les traits d'esprit et les jeux de mots, plutôt laborieux et pénibles, nous parvînmes à la villa de Giulio, au fond d'un quartier moderne. La villa semblait toute neuve, le jardin était encore nu et sans la moindre plantation. De rares meubles de qualité, anciens, ornaient le vestibule. « Montons, dit Giulio en me devançant dans l'escalier. À cette heure, ma conjointe m'attend dans le salon. »

Nous montâmes au premier étage et Giulio me précéda dans une grande pièce lumineuse, quasi vide elle aussi. Il y avait un piano à queue, quelques chaises et, au fond de la salle, un groupe de fauteuils et un divan sur lequel était assise une dame. « Mon épouse, annonça Giulio en me présentant, toujours sur un ton facétieux. On dit ainsi, n'est-ce pas. Mon épouse et mon vieil ami Giovanni. »

Je serrai la main à sa femme. Elle devait avoir un peu

plus de trente ans et je fus frappé par sa beauté. Elle était grande, mince, avec un visage à l'expression sereine, au teint de pêche, doux et doré. Elle se tenait dans une position indolente, et dans les lignes longues et alanguies de son corps on devinait une séduisante lassitude, faite de maturité et d'abandon. Elle avait les bras nus, lourds, mais beaux et chauds. Et par le décolleté profond de sa robe légère à fleurs on voyait la moitié de sa poitrine opulente, mais lasse, elle aussi, et basse. Elle prononça quelques paroles insignifiantes de bienvenue, puis, s'excusant, elle se leva et sortit.

« Que t'en semble de ma tendre moitié ? » s'enquit aussitôt Giulio dès qu'elle fut sortie.

Gêné, je fis je ne sais quel compliment sur la beauté de la femme. « Oui, confirma-t-il en secouant la tête. Ce n'est pas trop mal... c'est un bel échantillon... tu sais où je l'ai rencontrée ?

— Où ?

— Dans l'hôtel où je me suis installé, après que l'état de guerre eut été institué.

— Ah...

— Elle était préposée au vestiaire, poursuivit-il. Mais de bonne famille, comme on dit... quoique fortement déchue.

— Je comprends.

— Elle a cru gagner au tiercé, ajouta-t-il. Elle n'avait pas de quoi s'acheter une chemise... sans moi, Dieu sait où elle aurait fini... avec une mère à entretenir... ou plutôt une Madame, hé, hé...

— Comment ça une Madame ?

— Je dis ça parce que sa mère la poussait à... tu m'as compris. »

Je ne savais pas quoi dire. Je demandai étourdiment :

« Mais vous êtes mariés ?

— Je te crois ! répondit-il. Avec tous le rituel de notre sainte mère l'Église... ne te l'ai-je pas présentée comme mon épouse ? »

Pour changer de sujet, je demandai : « Et vous avez donc un fils.

— Oui, un rejeton... Un amour de bambin qui aujourd'hui compte presque trois ans.

— Comment s'appelle-t-il ?

— Leonida. »

Il me sembla également dans ce prénom inhabituel et héroïque noter une ombre de facétie. Décidément, pensai-je, il était inutile de se lancer dans les sujets les plus innocents : la musique était toujours la même. « Et tu éprouves de l'amour ?

— Pour qui ?

— Pour ta femme et pour ton fils...

— Je te crois... un trésor du ciel... n'ai-je pas toujours été bon père et bon mari ?

— En effet, dis-je, mais tu pourrais avoir changé.

— Changé, moi ?... Le monde peut s'écrouler, du reste le monde s'est écroulé, mais moi, je ne change pas. »

Il se leva, fit quelques pas dans la pièce. Je demandai :

— Comment s'appelle ta femme ?

— Graziella... mais je l'appelle Iella.

— Iella... mais est-ce que ce n'est pas une façon de désigner le mauvais œil ?

— Si. Ça veut dire, en effet, le mauvais œil.

— Et ça lui fait plaisir, à elle, que tu l'appelles comme ça ?

— Qui sait ?.... Pour elle, tout va bien... si elle n'était pas tombée sur moi, que serait-elle devenue maintenant ? Une pauvre malheureuse dans son vestiaire.

— Vous vous entendez bien ?

— Si on s'entend bien ? Comme deux tourtereaux. »

C'est alors que sa femme réapparut. Giulio lui demanda : « Iella, c'est prêt ?

— Dans un moment », répondit-elle. Paresseusement, majestueusement, elle se dirigea vers le divan et s'y rassit, étendant un bras, dans une pose élégiaque, sur le dossier. Giulio prit place à ses côtés et dit : « Giovanni veut savoir si nous nous entendons bien. Dis-lui, toi, si on n'est pas deux tourtereaux ? »

Elle me regarda et dit d'une voix tranquille : « Pourquoi ne devrions-nous pas nous entendre ?

— Bien répondu, Iella ! » lança Giulio. Et ensuite, lui entourant la taille avec le bras : « Allez, donne-moi un petit bisou... Giovanni est de la famille... il n'y a pas de quoi avoir honte. »

Docilement, la femme tendit les lèvres et l'embrassa sur la joue. « Diable, dit Giulio en la repoussant, j'oubliais que vous, les femmes, vous avez toujours je ne sais combien de rouge à lèvres sur la bouche... allons, enlève-moi tout ce rouge. »

Cette fois non plus, Graziella ne se fit pas prier, et avec une pointe de son mouchoir elle nettoya la joue de son mari. « On s'entend bien, poursuivit Giulio, et comment pourrait-il en être autrement ?... grâce à moi, elle ne manque absolument de rien... dis, Iella, est-ce que je te refuse quelque chose ?

— Non, rien, répondit-elle en se regardant les ongles avec une espèce d'affection distraite.

— Toutes les robes qu'elle veut... une belle maison... des vacances de luxe... une bonne, une cuisinière, une gouvernante... n'est-ce pas, Iella ?

— Oui, tout à fait.

— Je suis un bon mari, dit Giulio. Iella, je ne suis pas un bon mari ?

— Excellent.

— Tu le dis du bout des lèvres, mais... tu aurais peut-être préféré continuer à t'occuper du vestiaire ?

— Tu sais bien, dit-elle calmement, que je suis très satisfaite de mon état. »

Au fond de la salle, une timide bonne brune apparut sur le seuil, en tablier blanc, avec un bonnet de la même couleur, pour annoncer que le déjeuner était servi.

« Allons-y, dit Giulio en se levant. J'ai la dalle... on ne dit pas comme ça ?... j'ai la dalle. »

On descendit au rez-de-chaussée, on entra dans une petite salle à manger très bien décorée. Sur une table ronde près de la fenêtre, trois couverts étaient mis. Nous nous assîmes et mangeâmes en gardant le silence quelque temps. Giulio dévorait avec voracité, sans le moindre respect des règles de bienséance. Il mastiquait bruyamment, introduisait la lame de son couteau dans sa bouche, buvait à grandes lampées sans attendre d'avoir avalé la bouchée qui gonflait ses joues. Sa femme picorait avec grâce et sobriété. Après avoir englouti la moitié d'un bifteck, Giulio piqua l'autre moitié avec sa fourchette et la jeta sur l'assiette de sa femme en disant : « Tiens, finis ça... je n'en ai plus envie. » Elle ne cilla pas et se contenta de faire remarquer : « Sincèrement, je n'ai plus faim.

— Ça te fait du bien, ça te fait du bien... tu dois te nourrir... sinon, comment pourras-tu mettre au monde la marmaille qui viendra ? »

J'étais tellement écœuré par ses façons que je ne parvenais presque pas à manger. La bonne changea les assiettes et sortit. Giulio observa, en se curant les dents avec sa fourchette : « J'aime cette bonne... je l'aime énormément... si mignonne... Iella, qu'en dirais-tu, si je tombais amoureux de la bonne ?

— Elle est fiancée, répondit sa femme. Je ne crois pas qu'elle t'écouterait.

— C'était pour parler. »

La bonne réapparut et nous servit un gâteau vraiment excellent. Mais à la place de la chantilly, il y avait des œufs en neige. Giulio cria soudain : « Ce gâteau est une vraie merde... putain !... j'invite un vieux copain et tu lui sers du blanc d'œuf !

— Tu sais bien, répondit imperturbablement sa femme, qu'on ne trouve pas de chantilly... c'est déjà beaucoup de pouvoir trouver le reste des ingrédients.

— Ce n'est pas vrai... avec un peu de bonne volonté, tu en aurais trouvé.

— C'était impossible.

— On voit bien que tu t'occupais d'un vestiaire... Si tu avais été cuisinière, tu ne m'aurais jamais répondu comme ça. »

Il me semblait inimaginable que la femme encaissât en silence tout ce fiel. Après le gâteau, nous nous levâmes et remontâmes au salon. Le café nous fut servi par la bonne, avec la même grâce. Giulio but sa tasse debout et, se rappelant qu'il avait un coup de fil à donner pour son travail, sortit. Sa femme s'était rassise sur le divan, son beau bras nu étendu sur le dossier. Pendant un long moment, nous nous regardâmes sans prononcer un mot. Puis elle sourit et je dis : « Je suis désolé. »

Elle répondit : « Oui, mais il est si bon.

— Enfin il ne devrait pas se conduire ainsi avec vous.

— Il était bien pire, dit-elle, au début, après le malheur, il était vraiment intraitable... il me frappait même.

— Mais pourquoi ? »

Elle haussa les épaules. « Vous croyez qu'il aimait beaucoup sa femme et sa fille ?

— Énormément.

— Eh bien, c'est la raison... J'ai pris la place de la femme qu'il aimait et il met un peu de temps à me le pardonner.

— Mais vous...

— Moi, je l'aime. »

Giulio rentra et dit : « Ça m'ennuie, mais je dois m'en aller... une affaire urgente... Iella, j'emmène notre invité... Mais si tu veux qu'il reste et si tu veux rester, ne faites pas de manières. »

Je déclinai son offre, quant à sa femme, elle ne dit rien. Giulio se donna un coup de poing sur le front et s'exclama : « Mais à propos... on ne lui a pas encore montré le mioche, à notre invité... putain... c'est un manquement grave...

— Il doit dormir maintenant, protesta sa femme.

— Il se réveillera, répondit Giulio. Un tel bambin... ne pas le montrer à notre invité !... ça ne se fait pas... dans toutes les familles, les parents orgueilleux montrent leur bambin à leur invité... Giustina, Giustina !... »

À ces cris, la bonne réapparut et Giulio lui ordonna d'avertir la gouvernante d'amener le petit Leonida. Sa femme, tandis que Giulio donnait ces ordres, regardait le bout de ses ongles, comme d'habitude. Une minute s'écoula et l'on vit entrer une Suisse moche et sèche, tout enveloppée de voiles bleus, avec un bébé dans les bras. C'était un enfant de peut-être deux ans, brun, splendide, avec le visage rond, des yeux noirs malicieux, une expression joyeuse et intelligente. « Quel bel enfant ! » ne puis-je m'empêcher de m'exclamer dans un mouvement de sincère admiration.

« C'est un beau bambin », dit le père d'un ton facétieux. Et tendant la main pour caresser le bébé : « Comment t'appelles-tu ? »

« Leonida », articula l'enfant en regardant son père et en riant.

« Quel amour ! », s'écria son père avec emphase et presque avec colère. Il saisit l'enfant, le renversant, découvrant son derrière blanc et gras, l'embrassa sur une fesse, disant ensuite : « C'est là qu'on doit embrasser les bambins. » L'enfant, quoique renversé, continuait à rire.

« Allons, Giulio, donne-le-moi », dit la mère avec calme.

Giulio le lui tendit en disant : « Rendons le bambin à sa maman. »

Elle le prit sur ses genoux, le recoiffant et l'embrassant. Le bébé riait et avec sa menotte grassouillette il saisit le collier de sa mère, en le secouant comme pour le casser. « Tire... tire ! criait son père. Tire, étrangle-la ! » Et puis, avec un soudain et grotesque sérieux, s'adressant à la Suisse : « Il a fait caca ?

— Oui, répondit la gouvernante, sans manifester la moindre stupeur devant ces manières insolites. Il a été très gentil... mais maintenant il doit aller faire dodo... *Komm, Didino... Komm zu schlafen.* »

La mère rendit le bébé à la gouvernante qui, après avoir écouté quelques recommandations de sa patronne, s'en alla. « Le foyer, cria Giulio dès qu'elle fut sortie. Ne sont-elles pas belles, les joies de la famille ?... Maintenant tu me crois, Giovanni, quand je te dis que je suis un reconstructeur... est-ce que je l'ai reconstruit, oui ou non, le foyer familial ?

— Il n'y a aucun doute, dis-je, tu l'as reconstruit.

— Oui, je l'ai reconstruit... il faut reconstruire... qui a dit qu'il ne fallait pas reconstruire ?

— Personne.

— Reconstruisant filait la locomotive, récita Giulio en modifiant un célèbre vers de Carducci [1]. J'ai peut-être

---

1. Il s'agit du vers 109 de l'ode *En passant devant San Guido*, de Giosuè Carducci (1835-1907) : « Haletant filait la locomotive ». Le poète romantique et néoclassique y évoque le paysage de son enfance.

reconstruit hâtivement, mais... avec du bon matériau... une bonne maison », et il fit un geste qui embrassait le décor, « une belle femme », il indiqua sa femme, « un bambin de premier ordre.

— Moi, à ta place, dis-je, je serais heureux.

— Je le suis, répéta-t-il, je le suis... y a pas plus heureux. »

Il se rapprocha de sa femme, se pencha, fit claquer un baiser sur sa joue, en disant : « Au revoir, *uxor*... allons-y, Giovanni. »

Nous descendîmes au rez-de-chaussée ; Giulio, qui devait prendre des dossiers, entra dans un petit bureau adjacent au vestibule et moi, mécaniquement, je le suivis. Je remarquai, pendant qu'il fouillait, la tête baissée dans le tiroir de son secrétaire, deux grands portraits encadrés : celui de sa première femme et celui de sa fille. Je lui dis alors, en lui indiquant les photographies : « Et à elles, tu penses parfois ? »

Il continua à fouiller, puis, ayant trouvé les papiers qu'il cherchait, il referma le tiroir et s'avança en disant : « Allons-y. » Je n'osai pas répéter ma question.

Nous sortîmes dans la rue. Juste à côté de la villa de Giulio se dressaient les ruines d'une maison frappée par un bombardement. Une partie de la façade était encore debout, mais par les fenêtres on apercevait le ciel bleu. Giulio indiqua les ruines et dit : « Si tout le monde avait pensé à reconstruire comme moi... on ne verrait plus de ces décombres. »

Je le quittai à l'arrêt de bus.

Les fous aussi se mettent à jour

Il y a presque deux ans, tandis que je passais par une ruelle d'un quartier pavillonnaire, je m'entendis appeler de la grille d'un jardin. Je m'en approchai et vis, derrière les barreaux, quelqu'un qui me faisait des signes d'appel et de complicité. C'était une fille qui devait avoir une vingtaine d'années. Mais ses gestes excessifs, la gaieté effrénée de son visage et la robe qu'elle portait, une espèce d'informe blouse rayée, faisaient penser à une fillette trop grosse et maladive, qui aurait poussé trop vite et d'une façon anormale. Quand je fus près d'elle, elle me murmura, laissant briller dans son regard un incompréhensible éclair de complicité et de mystère : « Nous avons beaucoup de provisions.

— Tant mieux pour vous », aurais-je voulu lui répondre. Car nous étions en pleine disette, juste après l'arrivée des Alliés. Toutefois cette étincelle dans ses yeux, ce rire, cette agitation me retinrent de manifester une ironie aussi raisonnable. Elle poursuivit : « Des tas et des tas de corned beef... et du jambon... et de la farine... plein de sacs de farine. »

Je commençais à comprendre et fis mine de m'en aller. Elle tendit la main entre les barreaux de la grille et me saisit avec une force crochue qui me fit tressaillir. J'éprouvai le sentiment d'être dans les griffes d'un fauve d'un nouveau type, enfermé dans une cage aux proportions inhabituelles. « Si tu la tues, toutes les provisions seront à toi. » Elle prononça ces mots en me tenant fortement. Puis elle me relâcha, sortit d'une poche de sa blouse une feuille froissée qui semblait arrachée à un cahier et, en sautillant et en riant tout le temps, elle dit : « C'est la liste des provisions... sacs de farine : trois cents... conserves : mille... Mille conserves ! répéta-t-elle en me regardant par en dessous, d'un air tentateur. Saucissons, jambons, fromages : deux mille !... » À ce moment, d'un buisson jaillit une robuste femme mûre en blouse blanche, et, ayant pris par le bras la gamine qui avait poussé trop vite, sans violence mais avec une autorité agacée et revêche, répétant « Allons, allons, Mademoiselle, on y va », elle l'emmena. J'entendis la voix de l'heureuse propriétaire de provisions continuer un moment à lire la liste, puis plus rien. Je regardai encore un instant, étonné, en direction des buissons et des arbres du jardin, puis je m'en allai.

J'ai dit que nous étions en pleine crise de famine. Et auparavant, il y avait eu les neuf mois allemands, eux aussi de terrible pénurie. La pauvre folle, de toute évidence, avait saisi l'occasion de la disette pour perdre définitivement la tête. En d'autres termes, la psychose de la faim, qui angoissait toute la population de la ville, avait brûlé, tel un court-circuit qui fait sauter les fusibles, l'appareillage affaibli de sa raison. C'était une folle de guerre : une folle qui n'était pas devenue folle pour des raisons personnelles, mais pour des motifs d'actualité. Une folle mise à jour. En des temps plus cléments, elle se serait peut-être contentée d'un engouement pour la mode, espèce de folies cycliques qui, à des époques fixes (ce qu'on appelle les « saisons »), font que les femmes changent toutes de coiffures et de robes. Elle serait devenue folle quatre fois par an, ce qui est, après tout, dans la mesure où la folie est immobile et inaltérable, une manière parmi d'autres de rester sensé.

Je visitai quelques jours plus tard un asile et je fus conforté dans ces réflexions. C'est incroyable ce que les fous se tiennent, comme on dit, au courant. Je vis deux ou trois folles qui se prétendaient les femmes ou les filles de Mussolini, mais leur folie remontait exactement à dix ans en arrière, en gros à l'époque où le fascisme avait célébré ses plus grands triomphes. Les fous les plus récents se gardaient bien, en revanche, d'être fascistes. L'Italie était encore divisée en deux, les armées alliées étaient encore sur la ligne gothique, et pourtant les fous n'avaient pas attendu la victoire : deux d'entre eux se proclamaient partisans, ils exhibaient des attestations de généraux anglais, parlaient de plans stratégiques contre les Allemands. Comment ils avaient fait pour devenir fous avec de semblables motifs et si vite (c'est après la libération du Nord qu'on devait surtout parler de partisans), cela resta pour moi un mystère.

Cette ponctualité de la folie ferait penser qu'il y a plus de démence qu'on ne croit dans les événements solennels et tragiques de ce monde. Autrement, il ne serait pas aussi facile aux fous de devenir tels pour des raisons qui sont liées à la politique, à la pensée, à la religion. La normalité, c'est le soleil qui fait le tour du ciel une fois par jour, les saisons qui reviennent, le froid, la chaleur, la pluie, le vent. Bref, la nature. Les animaux qui vivent dans la nature ne deviennent pas fous. La folie est automatisme, absurdité, logique. Les fous ressentent l'attraction pour ce je ne sais quoi d'automatique, d'absurde et de logique que la civilisation possède. Ils se soustraient involontairement aux limites naturelles. Ils deviennent entièrement civilisés. C'est-à-dire entièrement fous.

La veuve

J'avais connu Clara enfant, et alors, vraiment, toute sa personne paraissait justifier son prénom. C'était une belle fille, vraiment claire, limpide, carrément insipide à force de clarté. Dans son corps lisse et tranquille de nageuse et de joueuse de tennis, dans son visage inexpressif, régulier et serein de demoiselle de bonne famille, il aurait été difficile de trouver la moindre de ces imperfections significatives qui indiquent en même temps la présence d'un caractère et la possibilité d'un rapport non quelconque. C'était une enfant silencieuse, même trop, sûre d'elle, peut-être même un peu orgueilleuse, de cet orgueil inconscient et un peu bête qui vient de l'ignorance et de la facilité d'une vie privilégiée et oisive. Clara était une fille de riches, elle n'avait reçu aucune véritable éducation, elle était inculte quoique charmante et vivait en compagnie de jeunes de son âge non moins incultes et non moins riches qu'elle. Elle me semblait inaccessible, même si courait une rumeur insinuant le contraire. De cette inaccessibilité ennuyeuse et peu tentante des personnes qui se croient supérieures à nous et que nous savons inférieures. Du reste, son milieu n'était pas le mien et je la perdis bientôt de vue. Deux années plus tard, j'appris qu'elle s'était mariée avec un jeune homme de sa classe et de son âge. Deux autres années peut-être passèrent et des nouvelles surprenantes me parvinrent à son propos : elle, si claire et si tranquille, avait trompé, semblait-il, son mari, spectaculairement, suscitant un scandale, dans des circonstances aptes à suggérer un caractère totalement différent de celui que je lui avais jusque-là supposé. Mais, malgré le scandale, les deux époux ne se séparèrent pas. J'appris par la suite que Clara continuait à faire scandale avec sa conduite effrénée. La guerre avait entre-temps éclaté et son mari partit pour le front.

Survinrent le désastre, l'invasion ; et j'appris que le mari de Clara, qui s'était révélé un partisan valeureux, était tombé au combat contre les Allemands, près de Vérone, sa ville natale. Devant passer par Vérone, je fus chargé par quelques amis du mari de Clara d'apporter à sa veuve des papiers du défunt. Il s'agissait d'une liasse de lettres écrites par lui pendant la guérilla : pour la plupart, des feuillets griffonnés au crayon avec des ordres, des informations, des communiqués et parfois quelques jugements, quelques réflexions sur la guerre. C'étaient les lettres d'un homme simple. Quiconque aurait voulu y trouver les signes de cette extraordinaire valeur n'aurait rien pu y dénicher. Cet homme s'était entièrement dépensé dans l'action.

Clara me reçut dans un vaste salon, avec tous les meubles recouverts de housses grises. Du papier journal enveloppait chaque ampoule du lustre central. Dans un coin, un drap piqué d'épingles à nourrice dissimulait les formes irrégulières d'un grand piano à queue. Clara m'expliqua qu'après la mort de son mari, en accord avec sa belle-mère, elle avait fermé la maison et ne recevait plus personne. Elle était en deuil strict et portait, épinglé à son corsage, le symbole du parti auquel son mari avait été affilié.

Je ne savais pas quoi dire, j'étais embarrassé par la tristesse lugubre de l'endroit, par la personne de Clara, par tout ce que je savais de ses trahisons passées aux dépens de son mari, et par le respect qu'il m'inspirait. Mais ce fut Clara elle-même qui me tira d'embarras, en me demandant, sans autre façon, si j'avais connu le défunt et où et de quelle façon. Je lui répondis que je l'avais croisé quelques fois, avant et durant la guerre. Mais, remarquant qu'elle semblait avide de m'entendre parler de lui, j'ajoutai quelques phrases générales d'admiration pour sa mort exemplaire. Je suis opposé à toute rhétorique, et j'ai un ton égal pour dire toutes ces choses, même celles qui peut-être mériteraient un accent ému. Poussé par le désir de lui faire plaisir, je dis avec sincérité que son mari avait fait son devoir jusqu'à la fin. À bien y réfléchir, c'était le plus grand éloge que je pouvais faire ; mais ce ne fut pas l'avis de Clara. Elle répondit, sur un ton aigri, que son mari avait fait beaucoup plus que son devoir, que parler de devoir dans le cas de son mari était simplement ridicule, que le devoir n'avait rien à voir avec l'héroïsme de ce sacrifice. Je résume les propos pour en donner le sens, mais je dois préciser qu'elle me parla beaucoup plus longtemps, avec un flux de paroles où l'exaltation de son mari ne semblait jamais devoir se dissocier d'un sentiment de rancœur, de mépris et de répugnance à mon égard, coupable selon elle de ne pas avoir suffisamment admiré sa valeur. Elle exaltait son mari, mais elle semblait surtout désireuse de me rabaisser. Et donc, dans cette exaltation, comme dans ce rabaissement, elle mettait une sorte de fureur vindicative, fanatique, intolérante, injurieuse, rhétorique. J'ai dit que Clara était ignorante, et, en effet, son sentiment, qui était authentique, apparaissait tout empêtré et gonflé de quantité de lieux communs et de clichés qui, en l'absence d'expressions appropriées, lui revenaient en mémoire après Dieu sait quelle ancienne lecture de journaux verbeux. Elle parlait, hélas, comme un orateur de cinquième ordre dans un meeting houleux. Et il était si triste de voir sa bouche charmante cracher, avec enthousiasme, comme si cela avait été de l'or, tant de formules sinistres et ennuyeuses. Elle finit rageusement : « Du reste, des gens comme vous n'ont pas la moindre idée de ce que peut être un mari comme le mien. »

Je fus tenté de lui répondre qu'elle avait attendu, pour le savoir, qu'il fût mort. Mais je me retins, et après une pause raisonnable, je hasardai, pour changer de sujet, qu'il aurait été utile et intéressant d'écrire quelque chose, un article, un compte rendu, pour honorer la mémoire du mort. Elle m'interrompit sèchement, mais déjà un peu amadouée, en disant qu'en effet elle était déjà en train d'écrire carrément un livre à cette fin.

Je pensai à la rhétorique qu'elle avait déployée à l'instant et je n'osai l'interroger davantage.

Puis nous parlâmes d'autre chose, pour ne pas nous quitter sur une discussion désagréable. Mais, tandis qu'elle discourait, je l'observais et je ne pouvais m'empêcher de penser à toutes les fois où, par le passé, avec autant d'enthousiasme et d'assurance, elle avait trompé l'homme qu'elle venait d'exalter. Je voyais ce corps, maintenant enveloppé de deuil, courir rapidement et gaiement vers le plaisir, cette bouche grandiloquente murmurer des rendez-vous et sourire aux tentations, ces mains s'allonger vers des caresses, ces yeux se révulser. Je n'aime guère le moralisme à la petite semaine et vraiment, si je l'avais trouvée arborant le chagrin de manière conventionnelle et hypocrite de toutes les veuves qui n'ont pas aimé leur mari, qui s'apprêtent à l'oublier au plus vite, je n'aurais rien trouvé à redire. Mais il m'était difficile de comprendre comment pouvaient cohabiter dans le même esprit l'image ancienne du mari trompé et la nouvelle, du héros regretté et exalté. Je m'aperçus que j'éprouvais une répugnance instinctive à la pensée que cette belle personne, si claire en apparence, recelait dans son âme le pouvoir si trouble de transmuer, hors de tout contrôle de la raison, un sentiment conjugal pour le moins vacillant en une passion posthume, si furieuse et si verbeuse. Elle n'avait plus rien de clair.

En guise de conclusion, je me dis que cela se produisait plus ou moins chaque fois que l'on fait de l'éloquence sur les morts. Éloquence orale ou écrite, sur la pierre ou sur le bronze, en couleurs ou en dessin. Des morts, il faudrait s'occuper le moins possible, et jamais en rapport avec les vivants, pour les opposer ou les renvoyer aux vivants. Autrement on fait comme Clara, adultère à l'égard de son mari de son vivant et encore plus adultère après sa mort.

Mort en mer

Je voulais montrer la plage de Torre Astura à deux amis qui n'y étaient jamais allés, et, malgré le mauvais temps, on partit donc un matin. Le ciel était couvert, et vers le port, entre les nuages et l'horizon, on distinguait une espèce de brume épaisse et rayée qui semblait se déplacer et avancer vers nous : la pluie. Après Genzano, la pluie, en effet, s'abattit sur nous, violente et éphémère. Nous continuâmes à rouler dans un air enfumé, sous le ciel resté bas et menaçant, sur une route abrupte où l'averse n'avait fait qu'effleurer la poussière. On arriva à Anzio, dans les coulisses blanchâtres de maisons bombardées dressées sur le fond d'un ciel de poix ; et l'on alla manger sur le port, entouré lui aussi de ruines. Les voitures s'arrêtaient devant le restaurant : à l'odeur de soupe de poissons se mêlait la puanteur dc l'essence, les tables étaient pleines de gens endimanchés qui savouraient la chaleur, la suffocation des pots d'échappement, les décombres et l'eau du port souillée de taches de fioul et de détritus.

Après le déjeuner, on repartit en direction de Torre Astura. On longea un moment la mer, ou plutôt les ruines des maisonnettes qui autrefois faisaient face à la mer, puis, à un carrefour, on s'engagea sur un sentier et la voiture roula le long d'une pinède : à travers les branches, on distinguait la mer. Un klaxon retentit, je me retournai et vis une voiture qui nous suivait de près. Poussés par cette auto qui voulait nous dépasser et n'y parvenait pas, à cause de l'étroitesse du chemin, on avança sans cesse à travers les pins qui étaient de plus en plus petits et torturés, sur le sable de plus en plus épais. La mer à présent était très visible, orageuse, grise et blanche, avec des vagues et des vagues qui déferlaient sur la plage. Le littoral, en cet endroit, décrivait un demi-cercle ; à une extrémité, au sommet d'une falaise, se dressait un petit château qui donne son nom au lieu. Nous nous arrêtâmes parce que désormais le sentier se perdait dans la plage. Mais un bras, sortant de la fenêtre de l'autre voiture, nous fit signe de continuer. Nous obéîmes et, en effet, après avoir parcouru quelques mètres sur des planches étalées à travers la plage, la voiture s'arrêta pendant que les roues tournaient à vide dans le sable. De l'auto qui nous suivait, bondirent deux hommes et deux femmes, et l'un d'eux s'approcha, hors de lui, et nous dit de nous ôter tout de suite de son chemin, parce qu'il devait rejoindre le château. Il y eut une brève et vive altercation et les deux couples s'éloignèrent, laissant là leur auto. Ils étaient tous les quatre en succincts maillots de bain, très élégants, aux couleurs vives. Tandis qu'ils couraient vers le château, la pluie avait recommencé entre-temps et nous nous abritâmes dans la voiture. Les vagues déferlaient avec rage sur le rivage presque au point de lécher les roues. Après la pluie, nous sortîmes de la voiture et nous essayâmes vainement de la désenliser. À ce moment, là-bas, sur le promontoire, toute une bande d'hommes et de femmes sortit du château et se dirigea vers nous. C'étaient ceux qui nous avaient fait nous enliser, accompagnés d'autres personnes habillées de la même manière. Ils paraissaient gais et tranquilles, ils descendaient en bavardant. L'un d'eux était toutefois en uniforme de général américain, me sembla-t-il. Il vint également deux ou trois serviteurs, armés de pelles. Celui qui paraissait être le maître de maison, nous expliqua qu'il fallait enlever le plus vite possible notre voiture du sable, parce que le général devait passer en auto et qu'on ne pouvait pas faire attendre le général : cela semblait être la préoccupation essentielle. Les serviteurs se mirent gaillardement au travail avec leurs pelles. Pendant ce temps, les jeunes gens et les femmes s'éparpillèrent sur la plage, colorés comme des perroquets dans leurs maillots éclatants sous le ciel noir. Ils caquetaient, dans des poses élégantes, dédaigneuses et indolentes, en attendant que notre voiture leur permît de s'en aller. J'entendais répéter que le général devait passer, que le général ne pouvait pas attendre, que le général était pressé, et je ne pouvais m'empêcher de regarder le général qui palabrait avec une de ces femmes, à quelque distance. Je protestai auprès du maître de maison, qui me répondit avec sérénité que rien n'était pis que la mort. Et en effet, ajouta-t-il, à peine une heure plus tôt, un de ses invités avait trouvé la mort, en se noyant en mer, là, devant nous. La nouvelle me prit de court, car elle avait été introduite de biais, comme une digression fortuite, passant, dirais-je, par la porte de service. Je demeurai perplexe, doutant d'avoir bien entendu. Cette incertitude me rendit soudain toute chose irréelle : la voiture enlisée, le groupe de baigneurs, le général, le château. Finalement, n'en croyant toujours pas mes oreilles, je m'approchai d'un autre vacancier et lui demandai s'il était vrai qu'un des leurs s'était noyé. Il me répondit que rien n'était plus vrai, ajoutant que c'était une mauvaise journée et que le courant entraînait au large : si jamais nous nous baignions, il fallait faire attention, nous aussi. Je lui demandai qui était le défunt, il me répondit qu'il s'appelait Mario P. Le nom me semblait familier et je pensai qu'il avait dû être prononcé devant moi avant ce jour. Je me rappelai alors que, quelques années auparavant, je l'avais entendu évoquer dans un salon, comme un homme très élégant, raffiné, connu dans les milieux mondains, une espèce d'arbiter elegantiarum, et, également, me semblait-il, diplomate de carrière. Dans ce salon, on avait parlé de lui sur un ton de légère et envieuse médisance, car il s'agissait de gens snobs qui l'admiraient sans le connaître vraiment. Je me rappelai aussi que j'avais pensé qu'un jour peut-être je le rencontrerais. Mais c'était désormais exclu, je ne pourrais même pas apercevoir son cadavre car, comme me l'apprit mon informateur, le corps avait été emporté par le courant et on ne l'avait pas encore retrouvé. Tout à coup, plus fort que jamais, me revint le sentiment d'irréalité que j'avais éprouvé à la première nouvelle. L'idée de l'élégance se mêlait à celle de la mort, avec l'inévitable effet de rendre cette dernière sinistrement futile et esthétique. L'indifférence des amis du noyé enlevait à la mort toute sensation de tristesse et de fatalité, la rendait gratuite et fortuite au plus haut point, puisque le hasard commence là où cesse le sentiment. Je regardais la mer qui déferlait rageusement sur la plage et je me disais qu'en quelque endroit le cadavre filait sous l'eau, les yeux clos, tourné et retourné par les courants houleux. Il filait vers le large, vers des profondeurs plus importantes, ou bien s'en allait le long du littoral, tantôt submergé, tantôt affleurant à la surface, sous un ciel de tempête. Je ne parvenais pas à séparer la pensée de ce mort abandonné sans regret aux vagues de celle des compagnies joyeuses sur lesquelles le défunt lui-même avait régné pendant tant d'années de sa vie. Cela me semblait être un destin très humain, que celui de mourir seul et sans sépulture, après avoir eu tant d'amis et avoir aimé tant de femmes. Les yeux secs de toutes ces personnes qui attendaient que notre auto se fût libérée étaient tout à fait en accord avec le succès mondain qui avait souri au mort durant sa vie. Car les plaisirs ne lient pas, et, s'ils lient, leurs liens ne sont certes pas ceux de l'affection. Par ailleurs, j'étais poussé à excuser, sinon justifier, cette attitude indifférente parce que je pensais que la mort avait choisi au hasard et que, si quelqu'un d'autre de la compagnie était mort, le résultat n'aurait pas été différent. Bref, il y avait réciprocité et ils devaient bien le sentir. Je me dis aussi qu'il était difficile d'adopter une attitude convenable dans un tel cas, parce que l'élégance que l'on peut arborer dans la vie se révèle tout à fait inadaptée face à la mort.

Un vrombissement de moteur m'arracha à ces réflexions, je levai les yeux et découvris notre voiture, enfin libérée, rouler et aller s'arrêter non loin, hors du passage. Aussitôt une agitation saisit le groupe des invités, j'entendis dire : « Le général... maintenant le général peut passer... l'auto du général... » Et, déboulant d'on ne sait où, une énorme voiture américaine s'engouffra dans le chemin et s'arrêta. Le général s'avança sans hâte vers son véhicule, suivi de deux femmes. C'était un homme d'âge moyen, avec une grande casquette, je pensai qu'il était de mauvaise humeur parce que Mario P., avec sa mort, lui avait gâché sa journée à la plage. Il monta dans la voiture et les deux femmes s'assirent à ses côtés, très contentes. Ensuite, l'auto nous passa sous le nez, avec un ronflement majestueux, puis s'éloigna, enveloppée dans un nuage de sable, en direction de la pinède et des dunes. Aussitôt après, apparurent deux, trois, quatre voitures. Tous les invités fuyaient ce littoral qui après avoir été festif était devenu funèbre. La mer avait emporté leur compagnon et eux, avec une hâte caractéristique et si humaine, abandonnaient à la mer sa proie, abandonnant de ce fait la mer. La mort sans église, sans cierges, sans apparat, sans catafalque, sans officiants, sans grand orgue, sans chants, sans bénédictions et sans prières, la mort sans cérémonie et sans ornement les avait surpris et les avait empêchés de choisir à temps une attitude efficace, les avait chassés. Ils fuyaient parce que, réellement, parmi toutes les choses qu'on pouvait faire, c'était la seule qui leur était venue à l'esprit.

Nous, en revanche, nous restâmes et, après nous être déshabillés, nous commençâmes à nous promener le long de la mer, ramassant des coquillages et bavardant. La noyade donna lieu à des propos funèbres. Je disais que la mort en mer est préférable à toutes les autres, parce que c'est la plus propre et que l'eau salée nettoie mieux le squelette que les flammes et que la terre : les ossements que la mer restitue après les avoir longtemps gardés dans son sein sont légers, beaux et propres, comme les branchages de quelque belle plante blanche sous-marine. Un de mes amis préférait l'inhumation. L'autre l'incinération. À un certain moment, nous vîmes flotter quelque chose entre deux vagues, non loin de la rive. Nous pensâmes que c'était le mort, mais ce n'était qu'un vieux ciré noir, tout lacéré et réduit en lambeaux, qu'en peu de temps une houle rejeta sur la plage où il resta à sécher au soleil, les bras ouverts.

Le chant d'une femme

Après la mort de S., chargé par un éditeur d'écrire sa vie, je consacrai près d'une année à rassembler des matériaux. S. avait été un de nos principaux hommes politiques, et sa vie agitée et aventureuse se prêtait admirablement à être racontée sous forme presque romanesque. En outre, S. était ce qu'on appelle un caractère : autrement dit, dans chacune de ses actions, avec une cohérence même un peu rigide, il se révélait toujours égal à lui-même, presque plus un masque qu'un type humain. Bref, aussi bien par ses gestes toujours spectaculaires et parfaitement dessinés, que par sa physionomie morale très limpide et très distincte, S. fournissait au biographe une matière excellente, pour ainsi dire déjà prise en main et formée. J'ajouterai qu'une logique parfaite paraissait être à l'origine de tous les événements de sa vie, lesquels se suivaient et se complétaient mutuellement sans aucune solution de continuité du début de sa carrière jusqu'à sa mort. Face à une vie comme celle de S., on pensait vraiment qu'un destin dictatorial mais intelligent planifie l'existence humaine, ne laissant à l'homme qu'une maigre et insignifiante autonomie.

Comme je l'ai dit, le rassemblement des matériaux,

très abondants, dura près d'une année. Je me consacrai surtout à la vie publique de S., estimant non sans raison que la vie privée d'un tel homme ne pouvait pas avoir une grande importance. Elle n'en avait pas, en effet. S., qui ne s'était jamais marié, auquel on ne connaissait pas d'amours, ne paraissait rien d'autre qu'un homme public. Mais, sur le point de commencer à écrire la vie de S., j'eus la curiosité de visiter la maison dans laquelle il était mort et où il avait vécu les dix dernières années de sa vie.

C'était un pavillon modeste, dans une banlieue de la ville. Je trouvais la maison telle que l'avait laissée S. en mourant : ses héritiers lointains n'avaient rien touché, la confiant à la garde de la vieille domestique qui avait été la seule compagne de S. dans la dernière période de sa vie. Elle me guida dans les pièces, me montrant les meubles et les accessoires absolument insignifiants. La maison aurait pu être celle d'un haut fonctionnaire à la retraite. Arrivés dans la chambre à coucher, la femme, sous le prétexte qu'elle devait donner à manger aux poules, me laissa seul. Je fouinais un peu dans la pièce, essayant avec la main la souplesse du matelas, touchant du bout des doigts le fauteuil près de la fenêtre, observant les deux ou trois gravures sans valeur qui ornaient les murs, puis je redescendis au rez-de-chaussée. Traversant le jardin, je trouvai la domestique en train de distribuer des graines aux poules. Je lui demandai comment vivait S. Elle répondit sans interrompre son activité : « Le plus souvent seul... il ne voyait personne.

— Il lisait ?

— Peu.

— Et que faisait-il de toute la journée ? »

Elle lança une dernière poignée de graines et dit, en indiquant, deux plates-bandes fleuries : « Quand il ne dormait pas, il s'occupait surtout de jardinage... vous voyez ces fleurs... c'est lui qui les a plantées. »

Revenu chez moi, je m'assis à mon bureau, je pris une feuille blanche et j'écrivis en tête de la page : « Vie de S. » et au-dessous : « S. naquit dans une famille aisée de la petite ville de... » Mais là, je m'arrêtai. Je m'étais souvenu de la phrase de la femme sur la passion de S. pour les fleurs et tout à coup j'éprouvais la même sensation que quelqu'un qui, en mettant l'œil sur un microscope, découvrirait pour la première fois tout ce que contient une goutte d'eau. Jusque-là, j'avais été comme le profane qui, regardant une goutte d'eau, ne voit qu'une goutte d'eau. La domestique de S., avec son information sur les fleurs, m'avait dévoilé soudain la présence, dans la goutte d'eau, de tout un monde invisible. Mais la femme aussi, après tout, n'était qu'un verre grossissant rudimentaire. Elle avait vu S., que tout le monde imaginait uniquement occupé d'événements politiques, greffer et planter des fleurs, rien de plus. Mais rien n'interdisait de penser qu'à une vision de troisième ou quatrième degré la vie de S. révélerait des choses encore plus insolites et inattendues et surtout encore plus éloignées de son activité politique bien connue. Bref, l'information de la domestique ne fournissait qu'un aspect de ce monde mineur, anecdotique et réduit, dont les biographes d'habitude se servent pour rendre plus pittoresque le personnage dont ils tracent le portrait. Mais il n'y avait pas de raison de ne pas penser que ce monde mineur, qui déjà modifiait sensiblement l'idée que je m'étais faite de S., n'en recelait pas un autre encore plus caché et secret qui aurait annulé carrément les deux premiers. Je me rendis compte brusquement que tout le personnage que, jusque-là, j'avais vu si clair et si monumental, commençait à se dissoudre.

Je me mis à penser à S. un jour quelconque de sa vie, en train d'aller dormir ou de regarder une femme, ou d'observer une de ces fleurs qu'il cultivait, et j'essayai en vain d'imaginer la couleur, le ton, le degré d'intensité de son état d'âme. Et je m'aperçus que, face à ce mystère, tout ce que je connaissais déjà ainsi de sa vie publique, comme de sa vie privée, devenait l'enveloppe sèche et légère, d'un noyau bien plus lourd et massif. Ce noyau était la vie de S. dans son essence secrète, inaltérable et ineffable. S'il est vrai qu'un biographe doit tout savoir du personnage qu'il décrit, je m'apercevais alors que je ne savais rien de S. : rien en dehors de ce qu'il avait été pour tous, autant dire rien en dehors de ce lieu commun qu'il avait été dans la bouche d'innombrables personnes qui l'avaient connu. À la surface de sa vie, il y avait eu les choses de tous connues ; plus profondément, ses inclinations privées, ses manies (comme la passion des fleurs) ; mais plus profondément encore ? Et pourtant même la mer, bien que notre regard ne puisse pas aller plus loin en profondeur que les rayons du soleil, cache, comme chacun sait, des abîmes où la vie continue à prospérer. La vie publique de S., liée à une période historique d'une nation, autrement dit à un réseau de conventions limitées dans le temps et dans l'espace, ne m'apparaissait maintenant comme pas plus réelle qu'un uniforme militaire qui serait revêtu loin du pays qui le respecte, ou bien à une époque ultérieure à celle où on le portait. Mais je ne m'y intéressais même pas comme à un haillon.

Je me rappelle ces bibelots appelés bilboquets, espèces d'homoncules avec du plomb à la base, qui, quelle que soit la façon dont on les jette, se redressent toujours. S. aussi était resté apparemment debout durant toute sa vie. Mais le plomb, où était-il et qu'était-ce ? Et plus particulièrement, quel rapport y avait-il entre ce centre d'équilibre de la vie de S. et sa carrière politique ?

Bref, je me perdis dans des réflexions. Puis je regardai les papiers, je pensai qu'après avoir parlé de l'enfance de S. je devrais écrire des phrases comme : « À dix ans, il fut mis par ses parents dans le collège local des Jésuites. » Et alors j'eus honte. Je pensai que j'écrivais la vie de S. comme j'aurais pu écrire celle d'Assourbanipal ou la vie d'un scarabée. Peut-être avait-il été plus important pour S. d'avoir entendu un jour une femme chanter d'une certaine manière sous sa fenêtre que d'être parvenu à entraîner un pays à la guerre, avec pour résultat des centaines de milliers de morts. Sinon que ce chant, je ne pouvais pas le connaître, comme on ne pourra jamais connaître ni le bruissement des feuilles dans le jardin des Oliviers, durant la veillée du Christ, ni la couleur des yeux de Cléopâtre, ni le tintement des épées aux Thermopyles, ni des millions d'autres choses incommunicables.

Au bout de quelques jours, je brûlai tout les matériaux que j'avais rassemblés et j'écrivis à l'éditeur que je renonçais à rédiger la biographie.

Les contradictions de Rodolfo

Mon ami Rodolfo est sincèrement et profondément affligé de l'injustice du traité imposé à l'Italie[1] . Son affliction est violente et rien ne le prouve mieux que le changement que l'on vérifie dans sa physionomie chaque fois qu'il en parle : ses narines se froncent de colère, sa bouche se tord dans une expression de mépris et de haine, ses yeux, selon les cas, s'enflamment de courroux ou bien s'embuent de larmes soudaines. D'ordinaire orateur laborieux et faiblard, dès qu'il aborde le sujet du traité, tel un prophète de l'Ancien Testament, par la bouche duquel Jéhovah a choisi de s'exprimer, il devient très éloquent. Sa poitrine se gonfle, il serre les poings, toute sa personne, à l'instar de ces insectes qui, dans le danger, prennent ce qu'on appelle l'apparence spectrale, devient agressive et impérieuse. Et son tourment ne se fait pas seulement sentir dans les moments où il explose. Le reste du temps, il ronge sa poitrine comme un ver, ou plutôt comme un animal plus gros, un castor ou un rat, qui dévorerait son cœur ou boirait son sang. Il m'avoue que, parfois, il reste réveillé toute la nuit à retourner dans

1. L'armistice du 22 mai 1945.

son âme son propre ressentiment. Naturellement Rodolfo hait autant les étrangers qui nous ont imposé le traité que les Italiens qui, à son avis, l'ont accepté ou, du moins, n'ont pas assez fait pour l'empêcher. Sa haine, qui est implacable et inaltérable, ne désarme pas face à certains raisonnements, à certaines explications. Si jamais on le laissait libre de s'épancher pleinement, seule la mort des personnes haïes pourrait de quelque façon l'apaiser.

Comme il est intuitif, en ce qui concerne son ressentiment pour le traité, je l'approuve sans plus, et qui ne l'approuverait pas ? Seulement, je ne peux pas m'empêcher de noter des contradictions.

Il hait le traité parce qu'il est stipulé dans la haine de l'Italie. Cela prouve certainement que c'est un bon patriote. Mais, en même temps, il devrait, selon moi, manifester certaines attitudes, certains intérêts, certaines complicités qu'il m'est impossible de distinguer en lui.

Selon Fichte, la langue est un des piliers principaux sur lesquels prend appui le temple de la religion nationale. Je crains fort que, s'il dépendait de mon ami Rodolfo, le temple ne risquât de s'écrouler à tout moment. Non seulement, en effet, il n'emploie et ne connaît guère plus de deux ou trois cents mots d'usage courant, usés comme de vieux sous, qui sont le patrimoine linguistique de la classe à laquelle il appartient, mais, comme il est un homme du monde en fréquent contact avec les étrangers, souvent et pas toujours à propos, il fleurit son discours de mots étrangers quand il ne parle pas carrément français ou anglais, langues, faut-il souligner, qu'il semble posséder beaucoup plus à fond que l'italien. Attention : il est toujours louable de connaître des langues étrangères, mais à condition, surtout dans un cas comme celui de Rodolfo, d'aimer surtout la sienne et de s'y complaire. À titre de confirmation, j'ajouterai que Rodolfo écrit l'italien encore plus mal qu'il ne le parle. J'ai sous les yeux une lettre de lui : si j'étais maître d'école, je ne résisterais pas à la tentation de le massacrer à coups de crayons rouge et bleu, si nombreux sont les solécismes dont elle est pleinement constellée. Rodolfo aime les choses bonnes et belles, comme tous les hommes de ce monde ; malheureusement, il arrive que nombre de choses bonnes et belles soient étrangères. Le voici dans son salon : le vêtement sportif qu'il porte est en laine anglaise, et il tient à me le faire remarquer ; ses chaussures sont américaines, le whisky qu'il sirote dans un long verre est écossais et le verre lui-même vient de Bohême, il serre entre deux doigts une belle pipe de bruyère fabriquée à Newcastle et il vient de la remplir d'un tabac qui provient directement des plantations de Virginie. Sa femme, qui me parle en déplorant, elle aussi, les iniquités du traité, revêt un modèle parisien de Schiaparelli, je le reconnais, je l'ai vu tel quel sur un des numéros récents de *Vogue.* Quoi encore ? Même les points de suture avec lesquels elle s'est fait tirer la peau du visage, dans le but de faire disparaître ses rides sont des points étrangers. C'est un célèbre spécialiste suisse qui y a procédé.

Ne parlons pas des nombreuses livres sterling dans lesquelles Rodolfo, comme il me l'a confié, a converti les lires italiennes méprisées et dangereuses ; cela me semblerait médire à bon compte que de relever la contradiction qui passe entre ces opérations bancaires et l'accablement de Rodolfo. Venons-en aux livres. Quels livres aime-t-il ? Que lit-il ?

Je suis désolé de le dire, mais Rodolfo, qui justement pleure la perte de nos colonies, ne pleurerait certes pas si, par aventure, outre les colonies, les étrangers avaient trouvé le moyen de nous enlever Dante, Machiavel ou

Leopardi. Il ne pleurerait pas, pour la bonne raison qu'il ne connaît pas la littérature italienne et n'en donnerait pas deux sous. Il la trouve ennuyeuse, lourde, démodée, ampoulée. Des phrases longues et emberlificotées, du verbiage insignifiant, des problèmes qui n'intéressent plus personne, comme l'amour de Pétrarque pour Laure, ou la vie des chevaliers errants de l'Arioste, ou la libération du saint Sépulcre du Tasse, ou le mariage des paysans de Manzoni, air irrespirable, ennui, bref, rien que de l'ennui. Quant à l'histoire de l'Italie, qui pourrait jamais s'y reconnaître dans cet océan de papes, de princes, de républiques et de seigneuries ? Rodolfo, qui est profondément et complaisamment ignorant, lit toutefois de temps à autre quelques livres dont le succès s'impose même à ses oreilles si négligentes, mais il s'agit, le plus souvent, de romans étrangers traduits, parce que, comme il le dit, les Italiens ont peut-être toutes les qualités du monde, mais pas celle d'écrire des livres intéressants. Dans sa belle maison, pleine de meubles et d'objets précieux, il n'existe même pas le plus modeste rayonnage. Ou plutôt, il y a une bibliothèque, mais essayez d'y prendre un de ces volumes somptueusement reliés : toute la rangée vient, découvrant le scintillement et les étiquettes joyeuses d'une collection complète de bouteilles d'alcool.

La langue des Italiens, l'histoire des Italiens, la littérature des Italiens, les objets manufacturés par les Italiens n'intéressent pas Rodolfo, ou sont même méprisés de lui. Voyons maintenant si le corps physique de cette nation qu'il aime tant, autrement dit le peuple dans les personnes innombrables qui le composent, parvient à secouer son inertie. Moins que jamais. Un raisonnement qui chercherait à lui démontrer comment la malaria, la tuberculose et les autres maladies sociales produites par la pauvreté soustraient à l'Italie chaque année plus de citoyens valides que n'en emportent les injustes frontières, le laisserait totalement indifférent. Non pas que Rodolfo soit méchant ou n'ait pas de cœur. Il lui manque cette attention particulière qui nous fait ressentir comme profondément anormale l'existence de masse d'hommes aux pieds nus, ou affamés, ou malades. Pour ainsi dire, il a une vision esthétique du pays qu'il aime tant : et les esthètes, comme l'on sait, ne se soucient pas tant de changer la réalité que de s'en délecter. Dans le paysage italien, il y a toujours eu des taudis pittoresques et des mendiants décoratifs : ils font partie du cadre environnant. Rodolfo accepte ce cadre sans discuter ni enquêter.

Et pourtant, comme on l'a dit au début, il a au cœur une espèce de religion, avec un dieu qui est la nation, avec des prêtres qui sont les défenseurs de la nation, avec des croyants et des mécréants. Religion mystérieuse, pour tout dire, qui a le pouvoir de l'animer et de l'émouvoir, mais qui n'a pas du tout celui de le pousser à s'intéresser à la réalité concrète qui est à l'origine de la religion même. C'est pourquoi l'Italie n'est, comme on l'a vu, ni la langue, ni l'histoire, ni la culture, ni même les produits, et encore moins les Italiens ; c'est l'Italie, un point c'est tout. Il mourrait certainement pour l'Italie (Rodolfo a été valeureux pendant la guerre). Mais il ne perdrait pas une heure de sa journée pour connaître l'Italie. Puissance de la parole. Pour le nom, Rodolfo donnerait sa vie, mais pour la chose que ce nom désigne, il ne donnerait pas un sou.

Derrière la haie

C'étaient les premières heures de l'après-midi, avec un soleil encore chaud d'octobre sur les champs poudreux et hérissés de chaume légèrement brûlé. Je vis un peu d'ombre et d'herbe verte au pied d'une haute haie de mûriers et je m'allongeai. La haie était touffue, mais pas au point que, dans le fouillis de branches épineuses, je ne puisse voir de l'autre côté les charroyères et le nuage de poussière jaune d'un sentier de chevriers. Après avoir regardé longuement ce sentier sans rien y observer d'inhabituel, vaincu par la chaleur, j'allais m'endormir quand j'entendis deux voix très proches qui conversaient.

Une voix d'homme, juvénile mais forte, disait : « Ne dis pas non... je t'ai vu avec Maria. »

C'était une voix angoissée, jalouse, dans la mesure où l'autorisait la sobriété rustique des mots et du ton. Une autre voix, plus fine, presque plaintive, comme en ont parfois certains paysans particulièrement dégourdis, répondit du tac au tac : « Mais non, je ne l'ai pas vue !

— Tu n'es pas sincère... un ami doit être sincère.

— Pour la voir, admit l'autre, en essayant de donner à sa voix le ton de sincérité requis, je l'ai vue, évidemment... mais comme je vois ce tas de foin, là... leur champ est voisin du nôtre, comment ne l'aurais-je pas vue ?

— Et que lui as-tu dit ?

— Oh, toi et tes questions ! riposta la voix aiguë un peu rudement. Que veux-tu que j'aie à lui dire ? Je lui ai dit bonjour et puis je lui ai dit de ne pas laisser ses poules aller dans notre champ et puis je n'ai plus rien dit.

— Et elle ?

— Elle parle peu... elle s'est mise à bêcher. »

Ces informations, fournies sur un ton fuyant et légèrement sarcastique, ne parurent pas satisfaire l'interlocuteur, qui, après un moment de silence, insista : « Et sur moi, que t'a-t-elle dit ?

— Parole d'honneur qu'elle ne m'a rien dit. »

Il y eut un long silence. Puis, soudain, la voix aiguë reprit : « Je veux te donner un conseil, un conseil d'ami. »

L'autre n'ouvrit pas la bouche. Il continua : « Toi avec Maria... tu veux que je te dise ?... tu ne sais pas y faire.

— Pourquoi ?

— C'est une femme... avec les femmes, il faut s'y prendre d'une autre manière... regarde comment font les autres.

— Et comment font les autres ? Ils ne s'y prennent pas autrement que moi.

— Non, répondit le conseiller, ils ne s'y prennent pas comme toi... ils font davantage... et puis ils font des compliments, ils disent des mots gentils...

— Et quand on ne sait pas les dire ?

— Mais enfin ce n'est pas difficile ! Une femme, on le sait, c'est féminin... elle est contente quand on lui dit : “Quels beaux cheveux vous avez...” ou bien : “J'aime vraiment beaucoup vos yeux...” ou bien : “Sincèrement, vous avez une jolie voix..." Tu vois, des politesses, des douceurs...

— Et ensuite ?

— Et ensuite, des cadeaux... tu ne fais jamais de cadeaux.

— Moi, dit l'autre sur un ton penaud, je ne lui fais pas de cadeaux, d'abord, parce qu'elle-même m'a dit : "Ne me faites pas de cadeaux ou c'est la dernière fois que vous me voyez."

— Et tu y as cru ?

— C'est elle qui l'a dit. »

Le conseiller émit un petit sifflement de dérision : « Toutes disent ça... on sait bien, l'orgueil... mais ensuite, quand tu leur mets un cadeau dans la main, regarde un peu si elles ne le prennent pas... »

Cette affirmation parut plonger dans un silence réflexif et consterné... l'amoureux dépité. L'autre poursuivit, plaintif et expéditif : « Du tissu pour un chemisier... un peigne... une broche... une petite croix... un mètre de dentelles... un ruban... tout ce que tu voudras... mais il faut l'offrir avec délicatesse, sans insister... comme par hasard... : Maria, je suis allé au marché, regardez, j'ai trouvé ça, j'ai pensé que ça pourrait vous plaire, comme ça, sans montrer qu'on est allé exprès au marché et qu'on a acheté l'objet exprès... les femmes sont comme les pies : elles prennent tout, tout leur plaît, elles mettent tout de côté... sur le moment, elles te disent : "Vous avez eu tort... vous n'auriez pas dû... je ne suis pas de celles qu'on a avec des cadeaux...", mais ensuite, le cadeau, ça les travaille... sans même qu'elles s'en aperçoivent, elles changent d'avis... elles commencent à t'aimer... elles croient que c'est toi... et c'est le cadeau...

— Maria n'est pas de ces femmes-là, dit l'autre qui n'était toujours pas convaincu.

— Essaie... ensuite tu me raconteras... au revoir, hein, et bonne chance !

— Au revoir. »

Un silence suivit. Je me retournai sur un côté, la tête à l'ombre de la haie, et je ne tardai pas à m'endormir.

Matinée du mauvais œil

Je sors de chez moi et je remarque que je pose en premier mon pied gauche sur la chaussée. Le ciel est couvert de nuages gris, il y a une chaleur étouffante qui annonce la pluie. Le balayeur qui manie paresseusement son balai dans la poussière, ramassant des boules de saletés, des papiers gras et des pelures, porte la main à sa casquette et me dit : « Mauvais jour et mauvais poil. »

Je n'y fais pas attention et je continue. Me voici devant l'église du quartier, moderne, en faux style roman. Une petite foule se réunit devant le parvis, des gens endimanchés se disputent la mariée en blanc et le marié en noir et en haut de forme pour les embrasser et les bécoter. La vue d'un mariage m'égaye toujours, il est si rare de voir les êtres humains se réjouir du bonheur d'autrui. Mais mes oreilles, tandis que jc m'arrête un instant, remarquent clairement des vœux de cette teneur : « Malheur et rupture. Que vous ne vous entendiez jamais. Vous n'aurez pas d'enfants. Drame et veuvage. »

La chose commence à devenir grave, pensé-je, après tout ce sont des conventions, évidemment, mais tout de même, à un mariage on doit faire des vœux de bonheur. À ce train-là, où diable est-ce qu'on va ? Je hâte le pas, je prends au vol un bus, je me fraie un chemin dans la foule. Un cher ami, de loin, au-dessus des têtes des passagers, me salue gaiement ainsi : « Maladie, cher Alberto. — À toi, de même », lui murmuré-je entre les dents. Et je m'assois.

Il fait chaud, terriblement chaud. Ma chemise est trempée de sueur, mon col et mes poignets me collent à la peau. « Quelle chaleur ! » dis-je à mon voisin. Et lui de me répliquer : « Puis on sort du bus, un petit vent frais, on chope une pneumonie et bonjour les dégâts. »

« C'est vraiment un mauvais jour, un jour très moche », dis-je pour moi-même. Heureusement, quand je descends du bus, je vois qu'on a transformé la Piazza Colonna d'une façon qui convient mieux à notre époque. Finie la colonne avec l'histoire des grands événements de Rome sculptée tout autour, finie la statue au sommet. Une corne [1] de proportions colossales, énorme, haute d'une quarantaine de mètres, d'une couleur jaune qui vire au noir, se dresse au-dessus des palais environnants, dans une élégante spirale. La pointe pénètre le ciel. Les Romains, en passant, le touchent, et j'en fais autant, non sans soulagement. Et avec ça ils disent du mal de la Municipalité, pensé-je, indigné.

Mais que vaut une seule corne, serait-elle de dimensions inhabituelles, contre des centaines, et même des milliers de malédictions ? Il n'y a pas un ami, pas une connaissance qui, me croisant dans la rue, ne me salue de cette manière : « Puisses-tu tomber et te casser une jambe. Tu as une face de cadavre. Tu ne passeras pas la journée. Tout le malheur de la Terre à toi. Je te souhaite le plus grand mal, etc. » Brisé, je m'assois au bord d'une

1. Symbole phallique qui chasse le mauvais œil à Naples et dans le reste de l'Italie et que de nombreux hommes portent sur eux.

fontaine. Des enfants jouent à côté et je les entends crier de leurs voix cristallines : « Une, deux, trois, nous irons au bois, quatre, cinq, six, on sera occis ! »

Le chat noir, c'est du côté de la Piazza Venezia que je le rencontre, dans un endroit plus spacieux. Il a beaucoup grandi et un instant, il me terrifie presque. Il arque son dos, il frotte sa tête contre le quadrige de bronze du monument à Victor-Emmanuel, et avec la queue, fouette le Capitole. Entre ses jambes, colonnes de velours noir, roulent à toute vitesse les petites automobiles vers la Via del Mare, comme des jouets. Noir et brillant comme le charbon, il forme un contraste très vif avec la blancheur de sucre du monument. Sa tête ronde où s'entrouvrent deux immenses fentes vertes remplit tout le ciel. Il se caresse contre le monument, miaule horriblement et ronronne. Mais est-ce un ronronnement ou la sirène de midi ? Toujours est-il qu'il est midi.

Tandis que je remonte ma montre, quelqu'un me touche le coude. Je me tourne et je vois mon concierge, la casquette à la main. « Qu'y a-t-il ? » lui demandé-je. Il me regarde et articule : « La maison brûle. »

« Il fallait s'y attendre », me dis-je. Je me précipite vers un taxi, je monte en hâte en criant mon adresse. « Mourez tous autant que vous êtes, lance le chauffeur à ses collègues avec lesquels il bavardait. De toute façon, à ce soir, au cimetière. » Je lui hurle : « Vite... vite... la maison brûle ! » Et lui, avec un haussement d'épaules, en démarrant : « À cette heure, elle s'est déjà écroulée. »

Le taxi porte le numéro 17[1], mais peu importe. Il roule quand même, il roule même si vite que je me surprends à penser qu'il pourrait heurter une autre voiture et provo-

1. Ce nombre porte malheur en Italie.

quer un accident. Nous sommes dans mon quartier, dans ma rue, devant ma maison qui ne brûle pas du tout.

J'entre chez moi, essoufflé, en criant : « L'incendie ! »

La bonne me regarde, étonnée, et demande : « Quel incendie ?

— L'incendie.

— Aucun incendie, fait-elle. Mais vous n'avez pas vu l'éclipse, plutôt ? En un moment, tout est devenu noir. »

Le médisant

La médisance est un art difficile. Il ne suffit pas de dire du mal : il faut dire du mal avec le moindre tort porté à soi-même et le plus grand à celui que l'on vise. Je pense qu'Ignazio a su organiser sa vocation de médisant d'une manière très originale. Cet homme si funèbre et si sociable, ce pilier de salons, triste et compassé comme un croque-mort, réussit à me dire en face des choses que personne d'autre n'oserait murmurer dans mon dos, et cela tout en sauvant les apparences d'une amitié carrément fraternelle. Il prétend me défendre. Partout où ma réputation est atteinte, partout où les deux grandes écoles de la médisance, la brutale et expéditive, et la doucereuse et insidieuse, s'exercent sur ma personne, comme sur un corps exsangue d'amphithéâtre anatomique, il est présent et me défend. Bien entendu, ensuite, sous le prétexte de me mettre en garde et de m'informer de sa défense, il accourt me rapporter toutes les méchancetés qu'on colporte sur mon compte. Or, en réalité, ces choses-là, il est le premier à les penser. Il meurt d'envie de les dire, mais lâche comme il est, il trouve moyen de les dire en les attribuant à d'autres.

Par exemple, il y a quelques jours, il y eut une soirée

chez certaines personnes. Je n'y avais pas été invité. Le lendemain matin, je vois arriver Ignazio essoufflé. « Ça recommence », pensai-je. On parla, tout d'abord, de choses indifférentes. Je remarquai qu'Ignazio était distrait, renfermé dans une discrétion trop évidente pour ne pas être ostentatoire. Enfin, je lui demandai :

« Comment s'est passée la soirée, hier ?

— Comme d'habitude.

— Je parie qu'on a parlé de moi ?

— Qu'est-ce qui te le fait penser ?

— Je ne sais pas, quelque chose dans ton attitude. »

Il soupira et dit :

« C'est vrai, on a parlé de toi, mais ne me demande pas ce qu'ils ont dit.

— Allons, allons... je parie que vous avez dit du mal de moi. »

Il protesta aussitôt :

« Eux... eux, ils ont dit du mal de toi... pas moi... moi, je t'ai défendu.

— Ah, tu m'as défendu ? »

Il s'élança :

« Je t'ai défendu, bien que j'aie été seul contre tous... parce que, enfin, il y a des limites à la médisance... on ne peut pas, on ne doit pas détruire rien que pour le plaisir de détruire... Imagine-toi que R. soutenait que tu étais quelqu'un de carrément méprisable... qu'on ne devait même pas te serrer la main... je t'ai défendu et je suis parvenu enfin à lui faire admettre que ce n'était pas vrai, que tu es seulement un égoïste... comme tout le monde...

— Belle défense. »

Je dois avertir que c'est encore un truc d'Ignazio : me défendre d'une accusation énorme et invraisemblable pour en insinuer une autre, à ma défense, peut-être non moins antipathique, mais plus plausible. Il protesta :

« Égoïste au sens d'égocentrique... quel mal y a-t-il ?... Quant à G., il disait que surtout il était choqué par ta vulgarité... mais je t'ai défendu : vulgaire, non, ai-je dit, seulement un peu mal élevé... Mme T., ensuite, affirmait que tu étais indiscret... et M., celui qui se prétend tellement ton ami, tu sais ce qu'il a inventé ? Que, étant donné les circonstances, tu pourrais même être un faiseur d'embrouilles... Moi, je ne te dis pas, j'étais indigné... »

« Bien, pensai-je, en quelques minutes il a réussi à me dire en face, sous prétexte d'amitié, que je suis méprisable, égoïste, vulgaire, mal élevé, indiscret et malhonnête... où est le mal ?... vraiment, où est le mal à cela ? » Je soupirai et dis :

« Tu es certainement un bon ami... le meilleur que j'aie, mais j'ai l'impression qu'hier soir tu ne m'as pas défendu comme tu aurais dû... que diable... tu aurais dû, au moins, les forcer à reconnaître que je suis intelligent. »

Il me regarda, puis partit d'un rire de fausset :

« Intelligent ? Mais pas le moins du monde... c'est justement ce qu'ils ne voulaient admettre à aucun prix... tout sauf intelligent... il me semble que j'entends encore N., de sa voix constipée, qui disait : "Tu parles, intelligent... il n'est que fausseté, extériorité, brio apparent, c'est tout..." Mais serais-tu naïf ? l'intelligence, ils ne te la reconnaîtront jamais... sur ce chapitre, ils ne transigeront pas... »

Il agitait les bras, serrait les lèvres et secouait la tête. En réalité, pensai-je, c'était lui qui ne m'aurait jamais reconnu l'intelligence, à aucun prix. J'avoue que cette hostilité si imposante, si résolue me déconcertait. Et je ne pus m'empêcher de me demander, stupéfait : « Mais que t'ai-je fait de mal pour que tu me haïsses tant ? » Je le laissai se défouler, puis je demandai timidement :

« Alors, je serais une espèce de monstre... privé de la moindre humanité. »

Je dois reconnaître qu'Ignazio, de temps à autre, est si malin qu'il me prend au dépourvu et me force, malgré moi, à l'admirer. Un peu comme on admire un jongleur qui, au dernier moment, quand on croit qu'il a épuisé la réserve de ses jeux de prestidigitation, en tire un dernier, plus ingénieux et insolite que les autres. Il me regarda un instant puis répondit d'un air magnanime :

« Ça non... finalement, après bien des discussions, tout le monde est convenu que tu étais bon. »

J'eus envie de rire et je compris que cette fois je devais me rendre. Ignazio avait fini par se montrer plus rusé que moi. Cette bonté était le coup de grâce, d'autant plus cruel qu'il était plus imprévisible. La bonté, en effet, est la seule qualité qui soit, non seulement volontiers reconnue, mais aussi, en absence d'autres moyens pour assassiner une personne, offerte, imposée de force. Un homme bon, autant dire : un imbécile, un pauvre type, un bon à rien. Mais pour une fois, je voulus réagir. Je dis tranquillement :

« Écoute, alors on est deux... de toi aussi, c'est ce qu'on dit... on te refuse bien des qualités, mais tout le monde te reconnaît la bonté. »

Il se montra soudain inquiet, blêmissant même :

« Mais c'est impossible qu'on dise ça de moi... je sais que je ne suis pas bon... malheureusement, je ne le suis pas... je suis trop, comment dire ?... trop subtil pour être bon.

— Et pourtant ils le disent. »

Il était vert. Je pris congé en lui disant :

« Au revoir et merci, tu sais, de m'avoir défendu. »

La main

La superstition est un bon prétexte pour l'inertie et toute la vie de Cosimo pourrait illustrer cette affirmation. Comme une mauvaise herbe dans un jardin négligé, les certitudes illusoires de la superstition des lignes de la main pullulent dans sa vie là où d'autres cultivent avec soin les rares arbres fruitiers d'une activité qui ne se fie qu'à elle-même. Est-ce que ce fut la superstition ? Difficile à dire. Évidemment, le jour où le premier d'une longue série de devins lut les lignes de la main de Cosimo, la paresse de ce dernier cessa soudain d'être un péché et se trouva du coup pardonnée et justifiée. Car, de même que certains ont reçu en don de la nature une force physique extraordinaire ou une beauté souveraine, de même Cosimo, au dire des chiromanciens, est né avec la main la plus chanceuse et la plus complète qu'il soit donné d'imaginer. Mais les lignes ne sont pas par hasard sur la paume, comme au ciel les étoiles de don Ferrante [1]. Elles sont, au contraire, là pour signifier le caractère, les talents, le destin, le tempérament de l'homme. Or, le

1. Personnage des *Fiancés* de Manzoni, représenté comme un rêveur perdu dans sa bibliothèque et ses croyances aristotéliciennes, qui préfère croire aux signes du ciel et, n'y voyant pas annoncée la peste, en meurt.

moins qu'on puisse dire de Cosimo, c'est qu'avec une main pareille, le plus important est déjà fait. Il ne reste à Cosimo qu'à attendre tranquillement que le destin écrit en lettres aussi claires produise, l'un après l'autre, tous ses fruits.

En particulier, la ligne de Saturne et de la chance est marquée si profondément et si nettement dans la paume de Cosimo que, même en l'absence des autres lignes, il suffirait de celle-ci pour rendre son possesseur parfaitement serein sur son avenir. Une ligne de la chance ainsi faite signifie richesse abondante et durable. Mais, comme Cosimo ne travaille pas et ne gagne pas sa vie, il s'agira toujours d'une richesse due précisément à la chance, c'est-à-dire au hasard : un énorme héritage (bien que toute la famille de Cosimo soit plus pauvre que lui) ; un gain spectaculaire au jeu (mais Cosimo est trop paresseux, même pour jouer) ; le tiercé (Cosimo n'a jamais acheté de billet) ; ou carrément le trésor enfoui dans le jardin ou le bijou trouvé par terre.

Quant à la ligne de l'intelligence ou de tête, elle traverse toute la main de Cosimo, de la manière dont le Pô traverse toute la vallée à laquelle il donne son nom. Un fleuve d'intelligence coule dans la paume de Cosimo et semble vouloir en faire le tour. Les chiromanciens, quand ils voient cette ligne, ne peuvent retenir un « oh ! » d'admiration et, à titre de confirmation, la comparent à la même ligne de mains célèbres : celle de Goethe ou de Victor Hugo ou de Churchill. Cosimo serait un Aristote en puissance, un Pic de la Mirandole en herbe (pas tant en herbe que ça, toutefois, du moment qu'il a plus de quarante ans), un Bacon en devenir. Les chiromanciers définissent l'intelligence de Cosimo de la façon suivante : claire, logique, systématique, spéculative, profonde, complète. À chacun de ces adjectifs,

Cosimo opine du bonnet : il n'y a pas à dire, la nature l'a gâté. Ignorant, inculte, incapable de franchir les limites du bon sens ordinaire, Cosimo regarde souvent cette magnifique ligne de tête, se demandant quelles surprises elle lui réserve. Cosimo pense vaguement qu'un beau jour la force qui a tracé cette ligne dans sa paume le poussera vers le bureau et guidera sa main pour écrire un grand livre ; ou bien fera jaillir des profondeurs de son cerveau, comme un jet de pétrole de celles de la terre, l'Idée : autrement dit n'importe quoi, de la formule scientifique pour un brevet d'application universelle à un nouveau concept religieux. Cependant, il est inutile, en attendant, de se creuser la tête autour de problèmes et de notions comme font la plupart des hommes qui ne peuvent se targuer d'avoir une ligne de tête comme la sienne. On naît intelligent, on ne le devient pas.

Cosimo, insensible et égoïste, pour ne pas trop se fatiguer, a fini par séduire sa cuisinière. Mais les chiromanciens, devant la ligne de cœur de Cosimo, deviennent malicieux : vous êtes un don Juan, lui disent-ils, un libertin comme il en est peu, ce n'est pas bien, ce n'est pas bien du tout, que faites-vous aux femmes ? Cosimo, cette fois, est vraiment intrigué, sinon surpris ; il regarde sa paume, interroge sa mémoire ; finalement il est contraint d'avouer, avec modestie, que ce n'est pas vrai. Les chiromanciens n'en croient pas un mot.

Mais ce qui ragaillardit le plus Cosimo est tout de même sa ligne de vie, confirmée, d'ailleurs, par les trois petits bracelets du poignet, trente ans pour chacun d'eux. Cette vie qui durera quatre-vingt-dix ans et plus (« Vous êtes éternel », lui a dit un jour un chiromancien), sans maladies, sans accidents violents, exactement la vie qu'il faut pour un homme comme lui, dont les lignes de la main garantissent, pour l'avenir, d'innombrables choses qui, dans le passé, ne se produisirent pas.

En attendant, la vie véritable de Cosimo, pas celle de la ligne, est tout à fait semblable à certains pays d'Orient : pauvres, dépeuplés, arides, rétrogrades, mais pleins de superstitions mirobolantes. Cosimo est l'Arabe qui, pour quelques sous, se fait prédire des merveilles par le devin ; et puis, il va dormir, le visage recouvert de mouches. Et l'avenir, pour lui, est plein de mirages inaccessibles, comme le désert de l'Arabe ; temples, odalisques, jardins, et même la bonne eau simple qui désaltère.

Ville des Meubles

La ville des Meubles fut créée par un Dieu que les habitants appelle le Brocanteur. Ou plutôt, elle ne fut pas créée, mais faite de bric et de broc, au petit bonheur la chance, avec les rebuts les plus déglingués de leur Eden, où, précisément, il n'y a que des meubles neufs et de luxe. Toujours est-il que le dieu Brocanteur plaça la ville au milieu d'un Plancher démesuré en marqueterie cirée. Les habitants disent que ce Plancher n'a pas de limites et le nomment l'Infini.

La ville se présente au voyageur comme un assemblage, justement, de meubles démesurés et très hauts : une Commode, un Lit, une Table de Chevet, une Chaise, une Armoire, un Secrétaire, un Fauteuil, une Table et autre mobilier de ce genre. De la couleur brune du bois bien sec, elle a pour soleil un gigantesque Lustre, de ceux qui ont des abat-jour en verre blanc et un contrepoids de cuivre.

Les habitants vivent dans les Tiroirs des divers meubles. Les hiérarques se tiennent en petit nombre dans les Tiroirs les plus grands ; la populace innombrable se fourre dans les Tiroirs malheureux. Le Chef d'État, enfin, a son siège dans la Table de Chevet.

Le Fauteuil, à petites fleurs, est le terrain de chasse, sauvage et inhospitalier. C'est là que sont les Puces, que les habitants réussissent à domestiquer au prix d'une immense fatigue. Ces Puces, une fois domptées, servent aux habitants, grâce à leurs sauts mirobolants, pour sauter d'un meuble à l'autre. Les hiérarques possèdent parfois plusieurs Puces ; la populace aucune.

La Chaise est en paille. La paille est crevée et pend. Avec la paille, les habitants font des torches, seul moyen d'éclairage dont ils disposent pendant la nuit, quand le Lustre qui leur sert de soleil s'éteint. Ou plutôt, il ne s'éteint pas, mais disparaît lentement dans le ciel, remonté par une main invisible et assurément divine, tandis que, à sa place, descend l'immense poire de cuivre.

La Table est la source principale de la vie en ville. Les habitants se nourrissent presque exclusivement de sciure de bois, produite par les nombreux Vers qui logent dans la Table. Les habitants entrent dans les profondes galeries des Vers avec des sacs, effraient les Vers en agitant les lumières et, chargeant les sacs de sciure, s'en vont.

Le Lit barre tout le côté sud de la ville. C'est l'édifice le plus grand de la ville et, en même temps, le plus sacré. C'est l'autel, le temple de la ville. Le Lit contient un Coussin, deux Couvertures, un Édredon et deux Draps. Le dieu Brocanteur dormit dans le Lit. Puis, indigné de leur mauvaise conduite, il se leva violemment en renversant sur le Plancher les Couvertures et s'éloigna. Quand le dieu Brocanteur reviendra s'allonger sur le Lit, disent les habitants, et les avertira de leur présence avec son ronflement, alors on n'aura plus le temps et tout sera fini. En attendant, prêtres et prêtresses renouvellent toutes les nuits dans le Lit la Bouillotte au cas où le dieu Brocanteur se déciderait à s'y coucher.

Le cimetière se trouve dans la Bibliothèque, riche de

milliers de volumes. Les morts sont portés en procession à la Bibliothèque et enfermés entre les pages des Livres. Les Livres sont donc pleins de morts, écrasés et friables comme des fleurs séchées.

Les crimes sont punis de mort ou de prison. Les condamnés à mort cont enfermés dans la Glacière, où le froid les tue. Les délits mineurs conduisent à un emprisonnement de durée variable dans la Poubelle. C'est un édifice rond en métal, et l'on dit que le dieu Brocanteur y a jeté tous les déchets de la ville, après l'avoir créée. Les délinquants enfermés dans la Poubelle souffrent surtout de la Puanteur.

Les habitants, outre la sciure des Vers, se nourrissent également des Mouches qui se noient constamment dans l'Encrier, dans l'Encre, sur le Secrétaire. Les Mouches, ensuite, on les pêche avec la Plume, long instrument qui a été fabriqué par le dieu Brocanteur à cet effet. Autre nourriture : le sang dont regorgent les Moustiques. Les habitants les traient, comme nous le faisons des vaches. Mais ils ne sauraient dire l'origine de ce sang.

En ce qui concerne la religion des habitants de la ville des Meubles, outre l'adoration du Lit, voici ce que nous sommes parvenus à savoir. Ils imaginent qu'après avoir dormi dans le Lit, le dieu Brocanteur se réveille et fait venir, à travers l'immensité du Plancher ciré, une Charrette. Cette Charrette sera conduite par un Cocher, assisté de deux Porte-Faix. Ces derniers chargeront sur la Charrette tous les meubles de la ville, sans rien oublier. Ensuite, cette Charrette s'avancera sur le Plancher, vers leur Eden. Qui est, comme nous l'avons dit, un vaste Entrepôt de Meubles. Dans l'Entrepôt, le dieu Brocanteur époussettera page par page les Livres avec un Plumeau et tous les Morts tomberont des pages. Puis le dieu Brocanteur fermera à clé l'Entrepôt et l'éternité commencera.

Le point d'honneur

Après un bon bout de temps, j'allai retrouver mon ami Prospero. Hélas, il ne méritait plus guère ce nom chanceux, comme il l'avait autrefois mérité. Sa femme qu'il aimait était morte, la guerre avait éclaté et ensuite ç'avait été l'après-guerre, il faut croire que Prospero, dans la cinquantaine, s'était laissé dépasser par les déplaisirs et les duretés de la vie quotidienne. Quand je fus dans cette maison qui, par le passé, m'avait été si hospitalière, dès le premier coup d'œil, je remarquai la disparition significative de nombreux meubles et objets de valeur. Prospero lui-même, en entrant, confirma, avec son habituelle et inaltérable bonne humeur, mon observation : « Aujourd'hui, je te reçois sur ces chaises, demain peut-être te recevrai-je debout... je ne suis plus avocat, mais brocanteur. »

Toutefois, il n'avait changé ni de manières ni d'apparence physique : c'était toujours le même bel homme, aux cheveux blancs mais aux traits juvéniles, jovial, gai, facile. Mais je ne pus m'empêcher de deviner, sous son habituelle sérénité, presque plus un effort de fidélité à son ancienne façon d'être qu'une disposition naturelle et spontanée. Après quelques formules préliminaires, il me confia qu'il traversait une période de grandes difficultés, surtout économiques. Comme si cela n'avait point suffi, son fils unique Fernando lui procurait les plus cruelles angoisses. Je demandai de quoi il s'agissait et, après quelques hésitations, il me dit que son fils, après avoir été longtemps prisonnier et s'être retrouvé chômeur, était affecté d'une espèce d'obsession suicidaire. « Dans cette maison, on ne parle que de se tuer », conclut-il avec un sourire. « La chose est décidée... il s'agit désormais de savoir seulement le jour, le moyen, la façon. » Il plaisantait, comme d'habitude, mais l'on comprenait que cette convergence de passions les plus exacerbées, les plus irrationnelles avec les difficultés matérielles, le frappait de stupeur. Du reste, il n'eut pas le temps de m'en dire plus, car tout à coup la porte s'ouvrit et son fils entra avec élan. Je devinai que mon arrivée avait interrompu, sans y mettre un terme, une discussion entre eux deux.

La dernière fois que j'avais vu Fernando, il n'avait pas plus de quinze ans. Maintenant se trouvait face à moi un jeune homme mince, pâle, comme fané avant l'heure. Sur son visage, ses yeux troubles et très grands, l'expression féminine de ses lèvres épaisses et la dureté de son front révélaient clairement une faiblesse de caractère, presque maladive, liée toutefois à une obstination têtue et violente. Il me dit bonjour du bout des lèvres et ajouta, d'une voix tremblante et basse, à la dignité emphatique et, dans la douleur, presque oratoire : « Cela me fait plaisir que vous soyez présent, vous aussi... mon père ne veut pas me croire quand je lui dis que je finirai par me tuer... maintenant vous êtes témoin... nous verrons bien qui parle sérieusement. »

Je vis le visage de son père se contracter comme sous un spasme, et je ne pus m'empêcher de penser à la torture d'un tel contraste, au milieu des préoccupations d'un autre ordre, mais non moins imposantes. Prospero trouva cependant la force de dire en souriant : « Notre ami aimerait savoir ce que tu vas faire... il pourrait te répondre : mais tu n'as donc pas de concierge ? »

Le pauvre homme plaisantait, mais son fils demeurait inflexible : « Peu importe, il sera quand même témoin... en sa présence, je déclare que je vais me tuer... et bien avant que tu ne le croies. »

Je ne savais que dire et je me tus donc. La discussion entre père et fils continua. Ou plutôt que d'une discussion, terme qui sous-entend l'usage de la raison de la part des deux interlocuteurs, il s'agissait de l'affrontement de deux personnes qui, désormais, avaient renoncé à user de raison : le père, par ahurissement et incapacité de faire face, avec des moyens normaux, à une situation profondément anormale, et le fils, par désespoir et, plus encore, volonté de désespoir. Le père souriait, essayait de décontenancer son fils, de tourner la chose en comédie, mais en ne parvenant, me semblait-il, qu'à se décontenancer lui-même. Le fils, obstiné, rhétorique dans ses gestes et ses mots, empreint d'un détachement funeste et convulsif, n'en démordait pas. Mais il était évident que le père perdait du terrain : peut-être qu'en d'autres temps il aurait su rire vraiment, mais maintenant, dans ce salon à demi vide, dans cette atmosphère d'échec, il manquait de cette assurance physique nécessaire en de tels cas. La scène était extrêmement pénible et mon pauvre ami me faisait vraiment pitié. Son découragement finit par se trahir dans une phrase presque suppliante, malgré son ton léger : « C'est justement maintenant que tu veux te tuer... attends au moins qu'on se soit ressaisis... »

Le fils haussa les épaules et répliqua, avec autorité, que rirait bien qui rirait le dernier. Cette fois-ci, Prospero ne put réprimer un mouvement d'impatience : « Eh bien, tue-toi ! » dit-il en haussant les épaules à son tour. Il me sembla qu'il se repentit dès qu'il eut prononcé ces mots. Le fils le dévisagea un moment et sortit de la pièce.

Après sa disparition, nous gardâmes le silence un moment, avec gêne. Prospero semblait troublé, et moi, de mon côté, je ne savais pas quoi dire. Je m'apprêtais à m'en aller, quand, d'une pièce voisine, une explosion, moins forte que sèche et claire, d'un caractère inquiétant, nous fit sursauter. Nous échangeâmes un regard et nous nous précipitâmes ensemble hors du salon.

Comme nous l'avions craint, le garçon avait mis sa menace à exécution. Mais nous ne le trouvâmes pas, contrairement à notre attente, tombé par terre ou allongé sur le lit. Il était debout près de la fenêtre de sa chambre, très pauvre et nue en vérité, où l'on sentait la longue absence du prisonnier et le refus de reprendre vie au retour. Il se comprimait le bras, regardant vers la porte, avec une anxiété qui, à notre entrée, se transforma en début d'évanouissement. Sur la table était posé le revolver, une tache de sang grandissait sur sa manche. Je courus vers lui, qui vacillait déjà et le soutins jusqu'à son lit. Il s'allongea aussitôt et s'évanouit vraiment ou le feignit.

À cette occasion, je constatai quel bon père était Prospero. Il semblait mis hors de lui par la douleur et, loin de faire à son fils les reproches que j'avais, moi-même, envie de lui faire, le couvrait de caresses et essayait de le réconforter d'une voix empressée et affligée. Je l'entendis même lui promettre de l'envoyer quelque temps se reposer à la montagne et cela me fit pitié, parce que je savais qu'il n'était pas en mesure de tenir cette promesse. Le fils continuait à faire le mort, agaçant comme ne savent l'être que les suicidés. Mais il n'était absolument pas mort, tout au plus égratigné par une balle qui l'avait effleuré. Ensuite le père se précipita hors de la pièce pour téléphoner à un médecin.

Je restai assis sur le rebord du lit, regardant le jeune homme. Face à ce visage blême et ruisselant de larmes, obtus dans la passion, je pensai que les furies étaient entrées dans la maison de mon malheureux ami et qu'il fallait bien autre chose que de débonnaires plaisanteries pour les apaiser. Il était évident que Fernando n'avait pas vraiment voulu se tuer, mais seulement se blesser pour prouver à son père qu'il aurait été capable de le faire. Mais il était non moins évident que, sur cette voie du point d'honneur du désespoir, il parviendrait à se tuer vraiment. Cette première tentative n'était qu'un avertissement. Comme s'il avait lu dans mes pensées, le jeune homme ouvrit les yeux et demanda : « Où est-il allé ?

— Téléphoner au médecin », répondis-je sèchement.

Il me regarda et déclara avec satisfaction : « Maintenant, il me croira. »

Les chaussures

C'était une belle paire de chaussures noires, avec des semelles doublées et la pointe, comme disent les cordonniers, à la Duilius[1]. Je les avais achetées pendant la guerre sans les essayer et je les avais mises de côté en prévision des jours difficiles. Mais quand vinrent ces jours, je compris que je ne pouvais pas compter sur elles. Une chaussure trop étroite, on peut, jusqu'à un certain point, l'élargir ; une chaussure trop longue, on peut la remplir de journaux, mais une chaussure trop courte, comme c'était le cas, on ne peut rien en faire. Tout d'abord, je pensai revendre ces chaussures, puis, ayant rencontré mon ami Cesare, que je savais dans le plus grand des besoins, je me hasardai, avec bien des circonlocutions et des précautions, car je le savais fier et je craignais de le vexer, à les lui offrir. Mais il coupa court, avec un cynisme joyeux et nouveau chez lui : « Une paire de chaussures... Bonne nouvelle ! Je passerai les prendre demain. »

1. Consul romain du IIIe siècle av. J.-C. qui remporta contre les Carthaginois une bataille navale durant la première guerre punique, grâce aux rostres de la proue de ses navires. Son nom est attaché à ces éperons et à une colonne qui en fut ornée à Rome.

Il faut savoir que Cesare, fonctionnaire et homme de lettres à ses heures perdues, avait un fils nommé Giovanni. Ce dernier n'aurait pu être plus différent de son père ; autant Cesare était intelligent, incisif, retors même, autant son fils était lent, naïf, obtus. De complexion robuste et trapue, avec de gros yeux affectueux, de la couleur des châtaignes à peine sorties de leur coque, Giovanni faisait penser à un brave chien stupide. C'était le plus grand souci de son père, car il n'était pas apte aux études et, après avoir redoublé plusieurs classes, il se trouvait en terminale à un âge où il aurait du avoir déjà sa licence en poche. Non pas qu'il refusât de travailler, car il était très studieux. Mais il n'y arrivait pas.

Quelques jours après le don des chaussures, je passai, un soir, prendre mon ami, que j'avais prévenu, pour que nous allions dîner ensemble chez des gens qui nous invitaient. Cesare habitait au dernier étage d'un immeuble de fonction, dans un appartement plein de livres, décoré avec goût, quoique modestement. Je le trouvai au fond de son bureau, dans un fauteuil, un livre à la main. Il était déjà habillé pour sortir, mais, à ses pieds, à la place des chaussures, il portait deux énormes pantoufles de feutre, qui le faisaient vaguement ressembler à un pensionnaire d'un hospice d'indigents. Il lisait à la lumière d'une petite lampe. Dès qu'il me vit, il posa son livre sur la table.

Je lui demandai s'il était prêt. Il répondit : « Je suis prêt... mais pas de la tête aux pieds... simplement de la tête aux chevilles... je n'ai pas encore mes chaussures.

— Comment, pas encore ? » m'exclamai-je. Je n'osai pas ajouter : « Et les miennes alors ? » Mais il me comprit quand même et répliqua tranquillement : « Sois tranquille, tes chaussures, je ne les ai pas vendues... simplement, je les ai prêtées à mon fils... aujourd'hui, il allait danser juste en bas, chez des amis, et j'ai compris qu'il avait honte de ses chaussures... qui ne sont pas très belles, c'est vrai... alors je lui ai prêté les miennes... bientôt, précisa-t-il, en regardant sa montre, la petite sauterie sera terminée et il me rapportera les chaussures. »

J'avoue que cette histoire, au lieu de m'émouvoir, m'irrita. Je n'aime pas avoir pitié de mes amis ; et, par ailleurs, l'indigence m'indigne plus qu'elle ne m'inspire de la compassion. Dans le cas présent, à l'irritation habituelle, s'ajoutait celle du retard : dans cette maison, on nous attendait et nous arriverions quand ils seraient déjà à table. « Se peut-il que tu n'aies pas d'autres chaussures ? » m'écriai-je contrarié.

Sans un mot, il alla vers un rideau et en sortit une horrible paire de chaussures, aux talons usés et déformés. « Je n'ai que celles-ci, dit-il, une paire coûte au moins dix mille lires... et avec mon salaire... »

Au comble de l'exaspération, je changeai de sujet. Mais, comme toujours, la mauvaise humeur cherchait une échappatoire. Et, presque malgré moi, j'en vins à parler avec Cesare de son fils Giovanni qui, en ce moment même, dansait dans les chaussures de son père. « Malgré toutes tes prétentions intellectuelles, tu as une mentalité de petit bourgeois, dis-je. Ton fils, comme tu sais, n'est pas fait pour les études ni pour une profession libérale... un autre, à ta place, aurait admis n'être bourgeois que de nom et aurait accepté un déclassement désormais inévitable... il aurait fait apprendre à son fils un métier utile... que sais-je, menuisier, électricien, mécano... non, Monsieur, il a beau être pauvre et idiot, il faut qu'il aille à l'université et devienne un déplacé de plus. »

Je ne le prenais pas de court. Je lui avais déjà dit ce genre de choses, mais moins brutalement. Lui, devinant sans doute la cause de ma mauvaise humeur, me sourit : « C'est ce que je veux, qu'il soit déplacé.

— Elle est bien bonne... et pourquoi ? »

Il répondit avec calme : « Ta façon de raisonner est trop simple et, peut-être, encore plus petite-bourgeoise que la mienne... Mon fils, médecin ou avocat, sera un déplacé, disons, technique, parce qu'il ne saura pas exercer son métier... Mais ce ne sera pas un déplacé au sens psychologique, parce que, tout en étant sans travail, il estimera exercer la profession à laquelle son éducation et ses origines le destinaient... En revanche, ouvrier, en admettant un moment qu'il puisse devenir un bon ouvrier, il serait à sa place, c'est vrai, sur le plan strictement technique, mais ce serait un déplacé psychologique... il ne pourrait jamais oublier qu'il est né dans une maison comme la nôtre, au milieu de ces livres, ni jamais se libérer de l'impression qu'il aurait pu et dû être médecin ou avocat, s'il n'y avait pas eu ce que, élégamment, tu appelles le déclassement... Entre les deux déplacements, je préfère le premier.

— Quelles bizarreries racontes-tu ? protestai-je, stupéfait.

— Et puis il faut des déplacés, poursuivit-il. Dans les sociétés bien faites, ce sont des éléments de stabilité... ils sont là pour prouver que la société préserve son caractère d'origine... malgré tout.

— C'est un sophisme.

— Admettons-le... enfin, dit-il en souriant de nouveau, je veux te faire une confidence... je ne suis pas du tout un déplacé, je fais un métier que je sais faire, et pourtant la société me condamne à la faim... à travers mon fils, je me venge... La société veut que je me plie à ses volontés ou plutôt à ses caprices... elle exige des ouvriers... et moi, je lui offre un avocat dont elle n'a pas le moindre besoin... et de surcroît un mauvais avocat.

— C'est un paradoxe.

— Ça se peut... mais que reste-t-il d'autre à un homme sans chaussures, sinon le paradoxe, le sophisme ou la bizarrerie ? »

Il était déjà tard et je lui dis, inquiet : « Écoute : on y va ou alors... »

Il soupira et répondit : « Et d'accord... mon fils est en retard... je mettrai mes vieilles chaussures. » Il alla vers le rideau, il se chaussa, et me suivit hors de l'appartement. Nous commençâmes à descendre l'escalier gris et sombre. Mais soudain, nous entendîmes monter d'un palier inférieur des éclats de voix : des gens riaient, plaisantaient, se disaient au revoir. Puis quelqu'un monta les marches quatre à quatre vers nous. C'était le fils de mon ami, Giovanni : « Papa, je suis en retard, dit-il haletant.

— Ça n'a pas d'importance... je m'en allais. »

Le brave garçon était vraiment désolé de son retard. Sur son visage affectueux et peu intelligent, on lisait la consternation. Il dit avec gêne : « Remontons un instant... »

Son père s'empressa de le rassurer. « S'il s'agit des chaussures, tu peux les enlever ici même... Alberto est presque de la famille... »

C'est ce qui fut fait. Giovanni enleva ses chaussures et mon ami les enfila, en s'appuyant à moi. Puis, Giovanni prit les souliers de son père et, en chaussettes, sur la pointe des pieds, il remonta chez lui en courant. Nous nous remîmes à descendre. « C'est un bon fils, dit Cesare. Et puis nous avons la chance d'avoir la même pointure. »

Les charades

Cet hiver-là, je m'ennuyais beaucoup et, un jour, je confiai à mon ami Gustavo mon ennui. Il dit que cet ennui provenait de ma misanthropie et que, pour m'amuser, je devrais avant tout sortir, c'était sa formule, de moi-même. J'objectai que sortir de soi n'est pas chose aisée. Et même, si on doit prendre les mots à la lettre, impossible. Il m'expliqua que sortir de soi, cela voulait dire se divertir, se distraire. Et il me proposa de me mettre sous sa direction, pendant quelque temps. Ensuite, je lui dirais s'il avait réussi dans ses intentions. J'acceptai ; et lui, en premier lieu, m'annonça qu'il allait me conduire, ce soir-là, chez des amis à lui, personnes très gaies et originales. « Là, l'ennui, on ne sait pas ce que c'est, tu verras, conclut-il. »

Le soir, à l'heure convenue, nous nous présentâmes chez nos hôtes. Ils possédaient une villa magnifique, entourée d'un grand parc, et pourtant située non loin du centre-ville, dans le quartier le plus élégant. Portier en uniforme à la grille, valet en veste blanche pour nous accueillir sur le perron, deuxième valet pour nous introduire dans le salon. Les amis de mon ami étaient un couple encore jeune, et, avec leurs invités, tous de leur âge, ils formaient une assemblée d'une douzaine de personnes. Il régnait là une atmosphère de grande élégance et de richesse ; les femmes étaient toutes en robe de soirée, les hommes en veste noire, mais, comme je m'en aperçus, c'étaient des gens simples, cordiaux, sans affectation. Après un dîner qu'à l'expression joyeuse des visages j'avais toutes les raisons de supposer exquis, ils fumaient et buvaient le café, éparpillés dans la vaste salle somptueusement meublée. Je fus présenté et, pendant un moment, on parla, comme on dit, de la pluie et du beau temps. Mais, si je dois être sincère, plutôt de la pluie que du beau temps : c'est-à-dire de bagatelles, d'inepties, de petits riens, en évitant avec le plus parfait naturel, tout argument sérieux qui fût susceptible de conduire à une discussion. Je ne m'amusais pas vraiment, mais je dois admettre que je me sentais déjà un peu soulagé : tant que durera le monde, les belles femmes, les beaux habits, les belles maisons seront plaisants à l'œil ; et moi, après tant d'isolement, je redécouvrais ce plaisir. Gustave, qui me surveillait, remarqua mon contentement et s'enhardit. Il se mit à proposer, et il fut aussitôt approuvé, un jeu auquel, semblait-il, ils jouaient tous les soirs et qui, pour suivre son expression, faisait fureur alors : les charades vivantes.

Quatre invités, tirés au sort, sortirent du salon, complotèrent un moment dans le couloir et réapparurent, annonçant une charade en deux parties et un tout. Mon premier : un groupes de touristes se promène le nez en l'air, conduits par un guide. On parle de Pise, de la tour penchée, de l'inclinaison de la tour. Mon deuxième : deux groupes s'affrontent et se mettent à se chamailler avec une haine farouche. Et mon tout : une dame entre seule en tenant une de ces poêles métalliques où l'on fait rôtir les grains de café. Un long silence méditatif s'ensuivit. Tous les visages se concentraient dans la recherche. L'un marmonnait : « Pise, qu'est-ce qu'il y a à Pise, et puis la haine, la rancœur, et enfin le café. Qu'est-ce que ça peut bien être ? » Un autre, pour mieux réfléchir, s'était retiré dans un coin éloigné. Enfin, un gros bonhomme bondit comme un beau diable au milieu du salon en criant : « *Torrefazione*[1] *!* » Suivirent les commentaires : on trouvait la charade ingénieuse, mais pas assez humoristique. Quatre autres sortirent.

Les revoici. Ils commencèrent par se mettre en rang, en nous tournant le dos, puis ils se penchèrent et agitèrent leur derrière. Quelques-uns sourirent. Une femme s'exclama : « C'est très clair... mais on retombe toujours dans les mêmes bêtises. » Le deuxième tableau consistait en une génuflexion des quatre invités devant la cheminée du salon. Pour mon tout, ils se présentèrent, tous les quatre, dans des attitudes débraillées et agitées, les hommes en bras de chemise, les femmes enlaçant librement leurs compagnons. La charade aurait été difficile si le premier tableau n'avait donné la clé. Tout le monde s'écria : « *Popolari*[2] *!* » Mais il s'ensuivit une discussion grave et d'autant plus drôle sur la propriété du terme *popò* (tutu).

La troisième charade aussi se voulait comique. Dans un premier tableau, on vit une des dames prendre la pose d'un soprano, la main sur la poitrine, lançant l'air bien connu de la Tosca, *Vissi d'arte, vissi d'amore*. Dans le deuxième, un homme en chatouillait un autre sous les aisselles et ce dernier se bidonnait. Dans le troisième et dernier, une scène grotesque d'engouement érotique : un horrible vieillard édenté, gâteux, baveux, en train de don-

1. Torréfaction. *Torre* (Tour) + *fazione* (faction, groupe de supporteurs).
2. *Popò* (derrière, tutu) + *lari* (lares)= populaires.

ner l'assaut à une rétive beauté. C'est surtout la mimique du vieux libertin, dans son expressive crudité, qui fit rire les spectateurs. Mais il ne fut pas facile de trouver la solution. Qui finalement était d'une déconcertante simplicité : *cantaride*[1].

Et encore : un homme dans une cape blanche, en train de bénir, pendant que les autres, agenouillés, lui baisent les pieds ; deux personnes plongées dans la contemplation d'un tableau, dont l'une s'écrie : « Il n'y a pas de doute, c'est vraiment un Titien ! » Le troisième tableau : une jeune femme profondément endormie. La solution : *papavero*[2].

Je résume : on fit encore : *marciapiede* (trottoir), *cardinalizio* (cardinalice), *maomettano* (*mao*, le cri du chat ; *metano* : le gaz qui porte ce nom ; mais quelqu'un fit remarquer que l'accent sur ce dernier mot n'était pas correct), *torcicollo* (torticolis). La charade la plus difficile à résoudre fut *ragno* (araignée) : *rag* : abréviation de *ragioniere* (comptable) et *no* : négation.

Désormais, mon ami Gustavo, tout à ce jeu, ne s'occupait plus de moi. Il pensait peut-être que je m'amusais énormément comme lui et tous les autres, mais il faisait erreur. Je me suis soudain levé et j'ai dit : « Je propose une charade... mais seul. »

Je m'absentai un instant et revins avec une tasse où je feignis d'aspirer un liquide imaginaire ; puis je m'agenouillai dans une attitude de prière ; enfin je me mets à bâiller et donne tous les signes de l'ennui le plus profond. C'est Gustavo, alarmé, qui découvrit le tout :

1. *Canta* (chante) + *ride* (rit) = *cantaride*. (Cantharide, mouche aphrodisiaque, allusion au fameux épisode des bonbons à la cantharide que le marquis de Sade fit avaler à une prostituée de Marseille.)

2. *Papa* (le pape) + *vero* (authentique) = *papavero* (pavot).

tedio[1]. Mais ces gens-là étaient coriaces. Seule une des dames fit observer d'un air inspiré : « *Tedio*... autant dire la barbe. » Mais personne ne comprit l'allusion. Et les charades reprirent.

Plus tard, dans la rue, Gustavo me demanda : « Tu t'es ennuyé ? »

Et moi, par une dernière charade, je lui répondis : « *Pro* (au sens de *fare pro* : faire profit), *fonda* (mouillage du navire), *mente* (siège de la pensée). Mon tout : *pro-fonda-mente* (profondément).

---

1. *Té* (thé) + *Dio* (Dieu) = *tedio* (ennui).

Un tel feu au cœur

Il soufflait dans cette large rue déserte une tramontane glaciale. J'eus envie, dans ce froid, de fumer presque par un désir de feu. Mais le vent était fort et les porches d'entrée à cette heure déjà fermés. Il n'y avait pas un coin où s'abriter pour allumer une cigarette. Soudain, entre deux piliers, je vis s'ouvrir une rue transversale obscure ; en réalité, comme on pouvait le lire sur une plaque, c'était une voie privée, herbeuse et en légère montée. Les piliers soutenaient les deux battants d'un portail branlant et chacun formait avec la maison contre laquelle il était adossé un recoin profond : je m'engageai dans la rue, je me plaçai derrière le pilier de droite et je tentai d'allumer ma cigarette. Mais le vent, quoique faible, soufflait là aussi et, l'une après l'autre, les allumettes s'éteignirent. À la quatrième, je levai les yeux et vis que dans le recoin opposé se tenait un couple.

La chose ne m'étonna pas : eux aussi avaient un feu à protéger et l'encastrement du pilier servait à cela. Je fus tout au plus intrigué par un détail : contrairement à ce qui se produit d'habitude, c'était l'homme et non la femme qui était coincé dans le renfoncement. La femme se tenait contre lui, papotant à mi-voix. De lui, caché par sa compagne, je ne voyais rien : d'elle, le dos, éclairé en oblique par la lumière d'un lampadaire. Je ne pensais pas plus que ça au couple et je repris mes tentatives. Au même instant, une silhouette se dessina sur le seuil et une voix lança :

« Eunice ! »

Le ton était implorant et la personne qui parlait, un homme de petite taille, trapu, le chapeau rabattu sur les yeux, semblait hésiter à se rapprocher du couple.

J'allai du côté d'Eunice et aussitôt j'entendis la voix de cette dernière chuchoter :

« C'est lui... sauve-toi ! »

L'amant d'Eunice se dégagea. Il passa en courant par l'entrée de la voie privée et disparut. Je l'aperçus en un éclair : un jeune homme brun, ordinaire, aux traits fins, un ouvrier peut-être.

Le mari d'Eunice n'esquissa pas le moindre geste pour l'arrêter. Mais Eunice voulut suivre son amant et alors son mari lui barra le passage. Eunice courut un moment dans le noir de la voie privée et puis, tout à coup, se réfugia derrière moi, se servant de moi comme d'un bouclier et appuyant ses mains à mes épaules. Je n'avais pas vu son visage et toute la scène s'était déroulée très vite.

Saisi de stupeur, je restai immobile. Derrière moi, la voix haletante d'Eunice invectiva :

« Va-t'en !... ou j'appelle au secours ! »

La situation était gênante. J'aurais voulu me retourner, me détacher. Mais le mari s'était rapproché et désormais je ne pouvais plus le faire sans provoquer une ridicule mêlée. Maintenant, je l'avais juste devant moi : un visage large et boursouflé, avec des lunettes, le nez rougi par le froid. Il dit :

« Eunice !... Je ne te ferai rien... mais rentre à la maison. »

Je ne sais pas pourquoi, il se forma alors dans mon esprit l'image d'une femme jeune et belle, liée à un mari plus âgé qu'elle et ne supportant plus ce lien. Ce n'était qu'à une telle femme qu'un homme pouvait parler, dans ce genre de situation, sur un ton suppliant. La voix d'Eunice répondit avec violence : « Je ne rentrerai pas à la maison... va-t'en !

— Mais Eunice...

— Va-t'en ! »

Il me sembla étrange qu'ils se disputent, tous les deux, à travers ma personne, comme si je n'étais pas en chair et en os, mais plutôt une haie ou un muret. Je dis avec embarras :

« Monsieur... Madame... qu'est-ce que j'ai à voir à vos histoires, moi ?

— Excusez-moi, Monsieur... dit le mari. Ma femme est folle... elle ne sait pas ce qu'elle fait. »

La femme cria : « Non, je ne suis pas folle... et il le sait.

— Enfin, protestai-je, laissez-moi partir ! »

À vrai dire, les mains d'Eunice, agrippées à mes bras, ne m'ennuyaient pas. Une main de femme qui vous saisit n'est jamais désagréable. Surtout d'ailleurs si un étrange mystère, comme c'était le cas maintenant, en enveloppe la personne.

« Ne bougez pas, cria Eunice, je ne vous demande qu'une chose, ne pas bouger...

— Mais je ne vais pas rester ici éternellement, et puis... » Je ne pus terminer. L'homme s'avança, tentant d'attraper sa femme par un bras. Eunice se libéra d'un geste vif et, s'écartant, lui donna, avec une remarquable agilité, un coup de pied dans l'entrejambe. L'homme bondit de douleur, regarda avec une profonde exaspération en direction d'Eunice et ensuite, sans un mot, fit volte-face et s'éloigna lentement.

Maintenant j'étais extrêmement curieux de voir comment était cette Eunice qu'on se disputait tant. Je me retournai brusquement, la saisissant par les poignets en disant : « Maintenant vous allez me dire... »

Je me tus et lentement relâchai les mains de la femme. Eunice, éclairée par la lumière crue du lampadaire, semblait avoir un âge indéfinissable, entre cinquante et soixante-dix ans. Deux yeux ronds, noirs et possédés, sous des boucles de cheveux jaune paille, un grand nez droit, une bouche fripée en forme de cœur. La tramontane et le fond de teint rosissaient inégalement ce masque et approfondissaient et durcissaient les nombreuses rides. « Vous m'avez fait mal, dit-elle avec un sourire flatteur, en se touchant les poignets. Merci en tout cas... vous avez été galant. »

Je répondis en reculant : « Il n'y a pas de quoi. »

Elle reprit, tout en se dirigeant vers la sortie : « Vous êtes un homme qui comprend... c'est évident... j'aimerais vous revoir.

— Comme vous voudrez », balbutiai-je.

Elle fouilla dans son sac, en sortit un petit bristol qu'elle me présenta avec un sourire éclatant : « C'est ma carte de visite... Venez chez moi... je pourrai vous expliquer bien des choses.

— Ah oui ? »

Elle demanda d'une façon inattendue : « Vous ne croyez pas que le cœur ait ses raisons ? » Et sur ces mots, elle me tendit la main.

Je répondis que, sans aucun doute, le cœur avait ses raisons et je lui serrai la main. Elle s'éloigna dans le vent qui soufflait, glacial, le long des maisons. Je la regardai s'éloigner, vraiment du pas d'une femme âgée, à la fois vacillant et raide. Et je l'enviai presque, dans ce froid et à cet âge, d'avoir conservé tant de feu au cœur.

Espion à la suite d'un pari

Dans cette rue déserte, il n'y avait qu'un passant, un homme en veste verte, coiffé d'un béret basque. Je remarquai, quand il se retourna, qu'il portait des lunettes noires, d'un noir absolu, pas des lunettes de soleil, mais plutôt des lunettes d'aveugle. Sous les lunettes se détachait un énorme nez crochu, pareil à celui de Polichinelle, sinon que le masque napolitain l'avait noir, alors que celui-ci l'avait blanc comme un linge, presque diaphane. C'était le crépuscule et ces lunettes noires me frappèrent tel un trait bizarre et significatif. Tandis que je le rejoignais, prêt à le dépasser, il se retourna et, dans un geste rapide, comme s'il avait arraché un masque, il ôta ses lunettes et me regarda, de ses petits yeux bleus, en m'appelant par mon nom. Je me sentis mal à l'aise, car je le reconnus aussitôt et j'aurais préféré, non seulement ne pas le reconnaître, mais ne pas le rencontrer. C'était un certain T., que j'avais autrefois fréquenté, et dont le nom était récemment apparu dans la liste des espions de l'OVRA[1] publiée dans les journaux. Après les premières formules conventionnelles, T., qui avait

1. Opera Vigilanza Repressione Antifascista, organisme fasciste de Renseignements généraux et de délation.

remarqué mes réticences, dit avec une humilité un peu insolente : « Ne croyez pas que je veuille vous imposer ma compagnie... si vous voulez je passe sur l'autre trottoir. »

Je répondis, de mauvaise grâce, que ce n'était pas nécessaire et il reprit aussitôt : « À un autre, je n'aurais pas révélé mon identité... mais vous êtes différent... vous pouvez me comprendre. »

Je dis, irrité : « Je ne vois vraiment pas pourquoi... ce que vous avez fait...

— Est impardonnable, se hâta-t-il de conclure, mais vous ne devriez pas vous fier aux apparences... je ne suis pas ce que vous croyez.

— Alors faites un démenti, dis-je, arrangez-vous pour vous faire enlever des listes. »

Mais lui, secouant la tête : « Ça non... j'ai bien fait partie de l'OVRA... mais mon histoire n'est pas celle des autres... vous êtes écrivain... ce pourrait être le sujet d'une nouvelle.

— Quelle nouvelle voulez-vous que j'écrive ? soupirai-je. C'est toujours la même histoire, sans doute... vous, si je me souviens bien, vous étiez antifasciste... vous êtes allé en prison et vous en êtes sorti confiant... toujours la même histoire... on a dû vous faire des propositions et vous, par cupidité et par crainte, vous avez dû accepter... rien de plus. »

Il répondit aussitôt : « Tout cela est exact... sauf la proposition... en réalité, personne ne m'a jamais fait aucune proposition... c'est moi qui me suis offert spontanément... et pas par peur, ni pour l'argent.

— Pire encore.

— Un instant, dit-il, toujours avec la même humilité un peu moqueuse. Écoutez-moi... j'étais antifasciste et, que vous le croyiez ou non, je le suis resté... la raison pour laquelle je suis entré dans l'OVRA n'a rien à voir avec la politique, quoique ça puisse paraître étrange... pas même indirectement... je suis entré à l'OVRA à la suite d'un pari.

— Non, c'est un peu trop gros ! » m'exclamai-je.

— C'est pourtant vrai, poursuivit-il. Vous devez savoir que depuis que je suis petit je suis rongé par une espèce particulière d'ambition ou plutôt d'amour-propre. Quand j'étais enfant, si ma mère voulait, mettons, me purger, elle ne disait pas "Allons, avale ça pour me faire plaisir", mais "Je parie que tu n'auras pas le courage de prendre la purge." Et moi, aussitôt, pour lui prouver et me prouver à moi-même que j'avais ce courage, j'engloutissais la purge comme du café au lait... Plus tard, les choses continuèrent à aller toujours dans ce sens... plus quelque chose me répugnait, plus aisément je le faisais, y mettant même un point d'honneur... je ne suis pas courageux, au contraire, mais précisément parce que je ne le suis pas, pour prouver à certains de mes amis que je l'étais, je n'ai pas hésité à me jeter en parachute d'un avion de tourisme... j'ai ainsi fait, toujours pour la même raison, différentes folies... comme de boire au goulot toute une bouteille de cognac (et j'ai failli en crever) ; faire la cour à une bossue, louche et vieille ; m'enfoncer des aiguilles dans les joues à la manière des fakirs indiens ; me faire enfermer dans une chapelle funéraire... et ainsi de suite... je suppose que, outre l'entêtement, c'était une réflexion qui me poussait à agir ainsi : à condition de le vouloir, un homme peut faire n'importe quoi : *c'est une question de technique*.... Je ne vous cache pas que, bien que je sois antifasciste de cœur, je n'aurais jamais conspiré, si je n'avais pas eu aussi peur de me retrouver coincé... mais une fois coincé, mon habituel démon m'a soufflé que, désormais, la chose que je n'aurais jamais eu le courage de faire, la chose qui me répugnait le plus, bref, la chose qu'aucune force humaine ne m'aurait fait faire, c'était justement d'espionner... le métier d'espion me semblait le plus ignoble, le moins justifiable, en un mot, le plus *impossible*, que l'on pût imaginer... mais c'est justement pour cela que j'ai commencé à éprouver je ne sais quel attrait pour ce métier infâme, et, comme je l'ai dit, absolument *impossible*... Durant ces longues journées de détention, j'ai pensé que c'était vraiment la seule chose que je ne pourrais jamais faire et, en même temps, je me disais qu'il ne devait y avoir chose au monde que je n'aie le courage de faire... je dois souligner, ici, que je ne cherche pas des excuses... il n'y avait pas de preuves contre moi, je ne courais même pas le risque de l'exil, j'étais, comme me dit mon avocat, à l'abri de tout danger... et pourtant, peut-être justement à cause de cela, cette histoire de l'espionnage titillait mon amour-propre, me tentait terriblement, m'enlevait le sommeil... je me disais sans arrêt : "Tu es un lâche... tu n'en aurais jamais le courage... tu es un incapable, un lâche, une nullité..." Désormais, pour moi, c'était devenu une espèce de fixation... et j'ai fini par me décider. »

Il s'arrêta et me regarda. Je le regardai à mon tour et lui dis : « Mais il ne vous est pas venu à l'esprit que cette fois, votre prétendu courage consistait justement à être lâche, le plus lâche qu'il était possible ?

— Évidemment que j'y ai pensé, répondit-il en soupirant. Mais quel acte plus courageux, pour un homme à la conscience empreinte de rectitude, comme moi, que de commettre une pareille lâcheté ?... Je vous assure que le soir où j'ai pris cette décision, j'ai souffert toutes les peines de l'Enfer... il me fallait vaincre une répugnance bien supérieure à celle que j'avais dû surmonter en me jetant en parachute de l'avion... j'abrège : j'ai fini par demander à parler au commissaire et j'ai formulé mon offre... j'ai été accepté et le reste est connu. »

T. ajusta ses lunettes sur son nez et se tut. Je restai un moment méditatif et demandai ensuite : « Et alors ?

— Et alors rien, répondit-il. J'ai été indic, durant toutes les années qui vont de 1940 à la chute du régime... je vous assure qu'il me fallut tout mon courage pour l'être jusqu'au bout et complètement... ah, non, ce n'est pas un métier facile !...

— Et après la chute du régime ?

— J'ai servi d'espion aux Allemands... je ne vous dis pas combien ça me répugnait... parce que je n'étais pas seulement antifasciste, mais aussi patriote... ce fut peut-être là l'acte le plus courageux de ma vie... je ne voulais absolument pas... mais là aussi, j'ai gagné le pari...

— Mais vous savez, ne puis-je m'empêcher de m'écrier, que vous êtes un monstre ! »

— Pas tant que ça, répondit-il avec légèreté, et même pas du tout... Les Monstres sont des personnes naturellement inclinées à mal faire... alors que je n'aime pas mon métier... s'il n'y avait pas eu ce point d'honneur fatal... »

Un silence s'ensuivit. Rongé par je ne sais quelle curiosité, je finis par demander : « Et maintenant ? Quel est le dernier pari ? »

Il répondit : « Je me suis caché pendant quelques mois... avec moi, il y en avait un autre, lui aussi compromis... ne sachant que faire, nous jouions aux échecs... eh bien, vous ne me croirez pas, je me suis mis en tête de devenir un grand joueur d'échecs... je passe mes journées devant un échiquier...

— Et ensuite ? »

— Et ensuite rien... je veux devenir un champion d'échecs et je le deviendrai. »

Je me hasardai enfin : « Mais écoutez, pourquoi ne pariez-vous pas, rien que pour faire quelque chose de vraiment difficile, de devenir quelqu'un de bien ? »

Il rit et, me tendant la main, dit en guise de salut : « Mais je le suis déjà... je l'ai toujours été... ce serait vraiment trop facile pour moi. »

Escrocs escroqués

J'ai eu les confidences d'un escroc. Il m'a dit : « Il n'est pas donné à tous de pouvoir escroquer. Pour voler, il faut de l'adresse et à la rigueur du courage ; mais pour escroquer, il faut de l'intelligence. On ne peut pas escroquer le premier venu, comme ça, comme on peut dévaliser le passager anonyme d'un tram. Pour escroquer, ça te semblera étrange, il faut trouver un autre escroc. Les personnes honnêtes, on peut les escroquer, je ne dis pas le contraire, mais on n'escroque jamais aussi bien que quand on a affaire à quelqu'un qui veut nous escroquer. Et cela, si tu as la patience de m'écouter, pour au moins trois raisons. Avant tout parce que l'escroc qui veut t'escroquer est attentif à son jeu, pas au tien. En deuxième lieu, parce que, en croyant faciliter sa propre escroquerie, en réalité, si tu sais le guider, il finit par faciliter la tienne. Troisièmement, enfin, parce que, une fois l'escroquerie advenue, le plus souvent, il a honte d'avoir tenté, lui aussi, d'escroquer et il te laisse tomber et ne dépose pas plainte. Bref, il s'agit d'être un peu plus malin que celui qui veut faire le malin avec toi. À peine plus malin, toutefois, juste ce qu'il faut pour ne pas éveiller ses soupçons et ne pas le contraindre à jouer le rôle de la personne honnête.

« Prenons par exemple le jeu des trois cartes. C'est un jeu très simple : par une belle journée, je m'appuie au parapet d'une terrasse publique très fréquentée, mettons celle de Piazza di Spagna. Je porte, pendue au cou, une tablette, et, sur cette tablette, j'ai trois cartes : un sept de trèfle, un cinq de carreau et une reine de pique. Chaque carte a un élastique qui la traverse au milieu. Alors que les gens passent et regardent, je change rapidement de place les cartes, les retournant de temps à autre, puis les couvrant de nouveau. Quelqu'un s'arrête, et alors j'explique le jeu. Il s'agit, tandis que je change de place les cartes et les découvre et les recouvre, d'en deviner une, en l'occurrence, la reine. Celui qui devine, gagne sa mise, celui qui ne devine pas, la perd. Comme tu le vois, ce n'est, en apparence, qu'un jeu de hasard, comme les dés ou la roulette. Un jeu de hasard où la banque et le joueur ont les mêmes chances de gagner. Ou plutôt semblent les avoir, car, naturellement, j'ai fait un petit signe imperceptible sur le revers de la reine. Mais pour le joueur, en comptant qu'il sera malhonnête au moins autant que moi, il y a l'élastique. Quoique je change constamment les cartes de place, par en dessous je fais descendre avec le doigt l'élastique à un tiers de la carte de la reine. Puis je la retourne. Puis je recommence à changer les cartes couvertes de place et l'élastique reste à un tiers de la carte et je fais comme si je ne m'en étais pas aperçu. Le joueur, dans ce moment précis, se transforme, de simple parieur qu'il était, en filou. Il voit que l'élastique est descendu, il se rappelle que c'est la carte gagnante, il pense que je ne m'en suis pas aperçu et il décide de miser dès que je m'arrêterai. Il est décidé, il veut me tromper, me ruiner, me détruire. Mais je continue à changer de place les trois cartes et en même temps, toujours selon le même procédé, je remets à sa place l'élastique de la reine et je fais descendre celui du sept de trèfle. Ensuite je m'arrête, et lui, impatient, mise gros sur la carte avec l'élastique bas. Il est triomphant, la victoire et la duperie étincellent dans ses yeux. Je découvre alors les cartes, je montre le sept de trèfle et j'empoche la mise. Maintenant, dis-je, sur quoi est fondé le jeu ? Sur ma malhonnêteté ? Certainement pas. Sur celle de l'autre. Si les joueurs étaient honnêtes, ils m'avertiraient : "Regarde, l'élastique a bougé." Et s'ils étaient honnêtes, également, ils sentiraient l'étrangeté de ces élastiques qui ne servent à rien. Mais ils ne sont pas honnêtes, il n'y en a pas un seul.

« Assez. Avec le mauvais temps, je cesse le jeu des trois cartes et, toujours avec le même critère : miser plus sur la malhonnêteté de l'autre que sur la mienne, je recours au truc des morceaux de tissu. Je me promène décemment vêtu, mais chaussé de souliers troués. Je suis rasé, mais mon col est effiloché. Bref, je veux donner l'impression que je suis un pauvre homme, mais propre et sérieux. Sous le bras, enveloppés dans un journal, je porte deux ou trois coupons de tissu, de celui qu'on fabriquait pendant la guerre, en fibres synthétiques. Je sonne aux portes des dames bourgeoises, pas très raffinées mais aisées, de celles qui pensent plus à la cuisine qu'aux vêtements, plus à l'avantage qu'à l'esthétique. Je les choisis parmi les commerçantes, pas de tissus évidemment. Ce sont les plus cupides et elles sont toujours à la recherche de quelque bonne affaire. Je me présente, comme ça, sans façons, un peu timide, honteux, empêtré, et je débite mon histoire : je suis un brave garçon, matelot à bord d'un navire venu d'Espagne, ou des États-Unis. J'avais acheté ces tissus pour mon père, pour mon frère... Mais le besoin, le chômage... Naturellement, je joue les naïfs qui ne connaissent pas la valeur des tissus et je feins en même temps l'humiliation, qui me ferait me contenter de trois sous, ne serait-ce que pour manger. La naïveté et l'humiliation sont d'habitude les meilleurs appâts pour ce genre de dames. En effet, quand je déploie le tissu, une flamme de cupidité s'allume dans leurs petits yeux. Maintenant, il s'agit d'alimenter précautionneusement cette flamme, de ne pas la laisser s'éteindre, de la faire flamboyer. Je renchéris donc de naïveté : "Je ne sais pas combien ça vaut en Italie, regardez un peu, vous qui vous y connaissez" ; d'humiliation : "Donnez-moi ce que vous voulez, je ne tiens plus debout, j'ai faim." La commerçante prend les tissus et commence, à son tour, à jouer la comédie. Elle tord la bouche, elle va vers la fenêtre, elle plisse les yeux en regardant le tissu, elle secoue la tête. Elle est entrée dans le rôle que je lui ai proposé, et, rapidement, veut m'escroquer. Elle m'offre un chiffre bas, mais toujours supérieur à ce que m'a coûté le tissu ; je proteste, je dis que quelqu'un m'a dit que les tissus anglais se vendent bien plus cher ; elle, alors intimidée, augmente, discute encore, augmente encore un peu. Je suis désormais sur un terrain sûr, et il ne me reste qu'à tirer lentement sur la ligne afin que le poisson ne la casse pas. Elle, soupçonneuse, me demande une preuve, elle veut brûler le tissu pour sentir si c'est de la laine. Avec empressement, je lui arrache le coupon des mains, je tire sur un fil et je lui demande une allumette. Pendant qu'elle la cherche et l'allume, promptement, je remplace le fil de fibre synthétique par un fil d'excellente laine, je l'enflamme et le lui mets sous le nez, pour qu'elle s'enivre de la puanteur de corne brûlée. L'affaire est conclue, je prends l'argent et m'en vais. Or, je le répète, qui des deux est le plus grand escroc ? Moi qui suis pauvre et en vis, ou elle qui dans l'opulence où elle se noie, bien qu'elle ait entendu mon histoire pitoyable, et même justement à cause d'elle, veut m'égorger, me piéger et m'arracher le tissu pour rien ?

« J'ai ainsi vendu des tapis fabriqués à Biella[1] pour d'authentiques Bokara, des valises en carton pour des bagages en sanglier, des bas en soie artificielle pour du Nylon, des souvenirs de famille en verroterie et en cuivre, pour des bijoux anciens. Je n'ai jamais pratiqué l'escroquerie de la médaille en or de l'empereur Caracalla, non pas parce qu'elle ne marcherait plus après l'abus qui en a été fait, mais parce qu'elle réclame un ou deux complices et que je ne veux pas de complice. Je suis toujours tombé sur des gens qui voulaient m'escroquer, jamais personne qui m'ait dit : "Voici le prix que ça avait dans un magasin, va au diable !" Et ne me dis pas qu'ils cherchent l'occasion, qui est l'âme du commerce ; vingt ou même cinquante pour cent du bénéfice si tu veux, c'est une occasion, mais mille pour cent, c'est de l'escroquerie. Ajoute, sur la balance, l'histoire triste et pitoyable que je leur raconte et qui, au lieu de les apitoyer, les rend aussi assoiffés de mon sang que des tigres. Du reste, je ne me plains pas ni ne les condamne. Tous des escrocs ; mais entre eux et moi, il y a cette différence : que moi, je sais qu'au monde il n'y a pas de personnes honnêtes, et eux, en fait, ont l'illusion qu'il y en a.

« Si je me suis fait découvrir ? Oui, une seule fois. J'avais pris l'habitude de me tenir dans un coin d'une rue très fréquentée, en haillons, sans chapeau, sans manteau, mais avec un livre ou deux sous le bras. Dès que je voyais le pigeon idéal, je faisais un pas en avant et je lui présentais un stylo sous le nez en récitant d'un seul souffle : "Le stylo d'un pauvre étudiant qui ne peut pas

1. Centre de production lainière dans le Piémont.

payer son inscription à l'université. Si vous m'achetez ce stylo je pourrai poursuivre mes études, autrement je devrai y renoncer. Le stylo d'un pauvre étudiant, plaqué or, avec plume en or, neuf. Le stylo d'un étudiant qui meurt de faim." C'était l'hiver et il pleuvait, et moi, pour éviter qu'il ne pleuve sur mon visage, je baissais la tête et je ne regardais jamais en face ceux à qui je m'adressais. Je sortais le stylo de la poche intérieure de ma veste où j'en avais une douzaine de semblables, je le fichais sous le nez de l'acheteur et je débitais à toute allure mon sermon. Je vendais ainsi quelques stylos, parvenant plus ou moins à en vivre. Un matin, toujours sous la pluie, je vendis coup sur coup quatre stylos. Au cinquième, une voix polie me demande de m'écarter un peu, dans une impasse, pour qu'on s'abrite de la pluie. Je suis l'inconnu, la tête baissée. C'était un homme avec des épaules larges comme ça, blond, de petits yeux enfoncés, une mâchoire de boxeur. Je lui donne le stylo et, lui, au lieu de me tendre l'argent, dit : "C'est le cinquième." Je suis stupéfait et je comprends trop tard que c'était toujours le même client. Puis, il lève lentement le poing, petit, blanc et gras, et me l'agitant sous le nez, m'enjoint de lui rendre son argent. Cependant, il continue à agiter son poing sous mes narines, comme s'il voulait que je le renifle. Je lui rends son argent, mais lui garde mes stylos. Il m'assène un coup. Je tombe par terre comme un tas de chiffons et, quand je reviens à moi, je suis dans une pharmacie. Lui aussi, c'était un escroc, et j'y ai perdu mes stylos-plumes... et avec ça la pluie, un coup de poing, un œil au beurre noir qui me défigura deux semaines. »

Les pommes délicieuses

Maman chérie,

J'ai affreusement mal à la tête, comme si on m'avait transpercé le crâne avec deux ou trois de ces épingles que tu accroches à ton chapeau, mais je t'écris quand même pour te donner de mes nouvelles, je sais qu'elles te feront plaisir. Donc, ici, à l'hôpital psychiatrique, je suis bien traité, le lit est un peu dur, mais ça n'a pas d'importance ; la nourriture est passable, quoiqu'on nous fasse manger des pommes de terre plus souvent que je ne voudrais. Évidemment, il me semble étrange de vivre parmi les fous, mais on s'habitue à tout. Tu vois comme je suis calme et raisonnable. Je te répète : on s'habitue à tout. Les fous sont réunis dans une salle commune, nue et grise, avec des barreaux aux fenêtres et des cadenas aux portes. Ils sont habillés de blouses et de pantalons de coton gris, un peu comme les balayeurs. Ils sont si nombreux : deux cents peut-être. On les dirait tous pareils, un peu à cause de l'uniforme, un peu parce qu'ils ont tous la boule à zéro, comme des forçats. Si tu voyais leurs gueules, maman, parfois ils me font peur. Il n'y a que deux infirmiers, tous deux de jeunes types immenses, herculéens, en blouse blanche. Ils sont grands et gros, avec des épaules de dockers, des bras musclés, des cous de taureaux, mais ils ont une tête minuscule. Ils ne sont pas fous, eux, mais ils sont complètement idiots. Imagine que dès le premier jour je me suis approché d'eux et, le plus poliment du monde, en y mettant les manières, je leur ai dit : « Je suis Untel, je me trouve ici par erreur, je vous prie de me conduire chez le directeur pour qu'on éclaircisse mon cas et que je puisse être remis en liberté. » Je ne crois pas qu'on puisse être plus poli que ça. Tu sais ce qu'ils m'ont répondu ? « Sois sage ou tu vas ramasser. » Bref, ce sont deux hommes vulgaires, indignes, ils devraient être garçons bouchers, pas infirmiers. Dans la salle commune, il y a quelques tables grossières et massives, comme dans une auberge, et des chaises lourdes qu'on dirait taillées à la hache. Les infirmiers sont assis à ces tables et jouent aux cartes avec les fous. Ils m'ont également proposé de jouer, mais j'ai répondu que je ne jouais pas. En réalité, je sais jouer et j'aime ça, mais j'ai pensé que je devais bien me conduire pour les convaincre que je ne suis pas fou. Le jeu est tout de même un vice et moi je dois me montrer irrépréhensible.

La tête me fait si mal, mais je veux te raconter quand même une histoire de fous, parce qu'elle te fera rire et en même temps elle te permettra de comprendre dans quelle sorte de milieu est tombé ton pauvre fils. Figure-toi donc qu'il y a ici un fou qui prétend être le directeur de l'asile travesti en fou pour mieux étudier les fous. C'est un homme d'un certain âge, gras, au visage replet et contrit, et qui fait sans cesse les cent pas dans la salle commune, les mains jointes dans le dos, d'un air d'importance. Moi, tout d'abord, à vrai dire, je me suis fait berner. Il était si autoritaire, maman, et puis, on sait ça, il reste toujours un fond d'espoir au cœur. Il m'a pris un jour à part et il m'a chuchoté : « Ne le dis à personne, je suis le professeur Ribouldingue, je me suis mis cette camisole et ce pantalon et je me suis fait raser le crâne pour mieux étudier les fous. » Alors, je lui ai répondu franchement : « Étudiez tous les fous que vous voudrez, mais remettez en liberté ceux qui n'ont rien de fou et qui se trouvent ici par erreur. » Alors, lui, aussitôt, m'a saisi les deux mains, les serrant fortement, et avec un visage compatissant et douloureux m'a dit : « Mon pauvre petit, comment est-ce possible ? Raconte-moi, raconte-moi ton histoire. » Toujours avec la même franchise et le même calme, je lui ai répondu : « Je tiens à dire que je n'éprouve aucune rancœur contre vous autres médecins : vous ne faites que votre devoir et je respecte quiconque fait son devoir. Mais ici il y a une erreur. Vous devez savoir qu'il y a quelques jours, je voyageais en troisième entre Rome et Florence. Dans le compartiment, assis juste devant moi, il y avait deux infirmiers et un fou qui, soit dit en passant, effectivement, me ressemblait un peu. En gare d'Orte, on est tous descendus pour nos besoins naturels, les infirmiers, le fou et moi. Comme vous le savez, dans les latrines, on entre d'un côté et on sort de l'autre. La sonnerie retentissait, le train allait repartir, tout le monde se pressait, courant et criant dans une grande confusion. J'ai satisfait mon envie et je suis sorti par la droite. Notez bien que j'étais entré par la gauche : les deux infirmiers qui attendaient dehors m'ont pris pour le fou (qui, lui, pendant ce temps, était sorti par la gauche, étant entré par la droite), m'ont saisi par le bras, m'ont ramené dans le train et c'est ainsi que je me suis retrouvé ici. Comprenons-nous bien, ces infirmiers, bien qu'ils ne me soient guère sympathiques, n'ont fait que leur devoir dans ces circonstances. Ç'a été une fatalité.

Et je veux même ajouter que je ne suis pas si mal ici, mais que je m'y sentirais mieux s'il n'y avait pas de temps à autre ces cris dans le couloir, qui me tapent sur les nerfs. Mais enfin, tout plaisir a sa fin, j'ai assez attendu et il est temps que vous me remettiez en liberté. » Lui, à ces mots, m'a étreint dans ses bras, en s'exclamant : « Mais mon pauvre petit, mais comment donc, mais c'est inouï, donnez-moi tout de suite vos noms et qualités, je vais m'en occuper, je le ferai comme je vous le dis. » Je lui ai alors fourni mon prénom, mon nom de famille, mon âge, mon lieu de naissance, le prénom de papa, le tien, et lui, soufflant et soupirant d'émotion, a inscrit tout cela au crayon au dos d'une enveloppe. Il répétait : « Mais c'est une histoire de fou, pauvre petit, quelle horreur ! » Eh bien, tu ne le croiras pas, tout à coup la porte s'ouvre et l'interne apparaît, un petit blondinet. Alors, ce fou, qui se prétendait le directeur d'hôpital, bondit en l'air et commence à tournicoter dans la salle en riant à gorge déployée. Il s'approche ensuite du médecin et lui dit : « Docteur, docteur, moi je ne lutte plus avec ces fous, vraiment, je cesse de lutter. » Puis il m'indique, le salaud, et ajoute : « Ce fou, par exemple, affirme carrément que c'est lui le directeur de l'asile. » Là-dessus, il fait une pirouette vraiment incroyable, étant donné sa corpulence, et se précipite vers un robinet métallique qui sort du mur et où on remplit les seaux le matin pour nettoyer le sol, l'ouvre, se fait couler sur le museau un jet d'eau qui le mouille de la tête aux pieds. À ce moment-là, avec la plus grande dignité, je m'avance et je dis : « C'est lui qui prétend être le directeur de l'asile... moi, je m'appelle Untel et je suis ici par erreur, mais je suis disposé à attendre, faites ce que vous voudrez, dans la vie il faut souffrir et je souffrirai. » Le médecin, alors, me tapant sur l'épaule, m'a dit : « Bravo, c'est comme ça qu'il faut faire, continue ainsi et tu verras que tu sortiras au plus vite. » Puis ils sont partis ; et je me suis rapproché de ce toqué de petit vieux qui se tenait dans un coin, complètement trempé et je lui ai dit : « Vous m'avez fait jouer un joli rôle, vous ! » Mais lui, se mettant un doigt sur les lèvres : « Chut ! Tu ne comprends donc pas que tout était entendu ? » Il était si sérieux et si autoritaire que j'ai eu de nouveau un doute et que je ne suis même pas sûr maintenant. Si c'était vraiment lui, le directeur ?

Enfin, j'ai une ligne de conduite et je m'y tiens : je dois prouver par les faits que je ne suis pas fou et qu'ils ont commis, comme on dit, une belle bourde ! Par exemple, quand un de ces fous est pris de convulsions, je m'élance aussitôt pour le retenir et prêter main-forte aux infirmiers. Ou bien je rapporte au médecin les discours incohérents que font les fous et je donne mon jugement sur le danger et la nature de leur folie. L'autre jour j'ai failli tout gâcher, à cause de ce malheur qui me poursuit. Le médecin, à l'heure de la visite, est entré avec une demoiselle, qui est son amie, une blondinette, au visage de poupée. J'étais près de la porte et je me suis avancé, en disant : « Docteur, je vous en prie, présentez-moi. » Le médecin qui sait que je me trouve ici par erreur m'a aussitôt présenté. J'ai dit : « Très heureux, mademoiselle » et je me suis penché pour lui baiser la main. Mais, malheureusement, je ne sais pas comment, ma bouche a glissé et, au lieu de l'embrasser, je l'ai mordue, légèrement toutefois, à peine, à peine. Elle a poussé aussitôt un cri terrible et elle s'est sentie mal. Ces maudits infirmiers me sont tombés dessus et tous les fous ont commencé à faire un boucan de tous les diables. Les infirmiers m'ont traîné, par le cou, dans un coin, comme si j'avais été un criminel. Mais je me suis dégagé et, me ressaisissant, j'ai dit au médecin : « Docteur, je suis absolument consterné, c'était une erreur... mais je suis galant homme et je suis prêt à faire amende honorable... malheureusement, me trouvant dans cet hôpital, je ne puis faire grand-chose... si j'avais été chez moi, je vous aurais invités, Mademoiselle et vous, à boire quelque chose, une liqueur, un Campari, et on se serait réconciliés... mais, vous, je vous en supplie, présentez toutes mes excuses à Mademoiselle. » Le médecin, qui me comprend, a répondu : « Bien... je le ferai. » Et alors je me suis adressé aux infirmiers en leur disant : « Vous, laissez vos mains où elles sont... c'est comme ça qu'on doit agir. » Pendant ce temps, la demoiselle avait repris connaissance et me regardait avec terreur, en restant près de la porte. Moi, alors, pour la rassurer, je lui ai lancé un baiser sur le bout des doigts, en disant : « Adieu, beauté. » Elle a poussé un autre cri et elle est sortie avec le médecin.

Bref, je me conduis bien, dans tous les sens du terme, et je suis certain que, au maximum, en étant vraiment pessimiste, je sortirai d'ici un mois. En attendant, j'ai quand même compris pourquoi ils ne se décident pas à me remettre en liberté : il y a eu cette fatale confusion de personnes en gare d'Orte, et ils sont en train de faire des recherches pour établir ma véritable identité. Il s'agit de recherches longues et coûteuses, dans les ministères, où il y a des millions de dossiers, des milliers de fonctionnaires, des centaines de bureaux et de couloirs. On le sait, l'Administration est très lente et ce n'est la faute de personne. Comme je ne suis pas fou, je prendrai mon mal en patience et j'attendrai poliment, sans protester, sans me faire remarquer. Mais ce qui m'angoisse le plus, c'est que pour me munir d'une nouvelle carte d'identité, on devra me photographier. Or, je les ai avertis : « Avec le crâne rasé comme ça, qui me fait ressembler à un bagnard, je ne veux pas être pris en photo. Laissez mes cheveux repousser. » Ils m'ont répondu : « Ce n'est pas possible, c'est contraire au règlement. » J'ai répliqué : « Dans ce cas, pas de photo... vous serez obligés de m'entretenir ici et vous allez dépenser beaucoup d'argent. » Cette réponse les a déconcertés, parce que c'est vraiment la réponse d'un homme parfaitement sain, tel que je suis effectivement. En tout cas, j'ai décidé de ne pas me laisser photographier avec le crâne rasé. Et j'ai également décidé que la prochaine fois où le coiffeur viendra, je ne me laisserai pas raser le crâne. Quitte à lui mordre le nez. Cette fois, ce ne sera pas comme avec la demoiselle, je le mordrai vraiment et je lui arracherai le nez avec les dents et après je cracherai son nez par terre.

Maman adorée, ces épingles de feu me transpercent le crâne. J'arrête donc ici ma lettre. Je t'embrasse, ton malheureux

Mario

P.S. À propos, une nouvelle qui te fera plaisir. Sais-tu que je suis en train de devenir un arbre ? Oui, un beau pommier. Maintenant, je suis en fleur. Mais dès que viendront les pommes, je t'en enverrai un panier. C'est la variété qu'on appelle *délicieuses*.

Le peintre Evandro

On prétend que quand on est au chômage, on ne pense qu'à chercher du travail ; on prétend que quand on ne mange pas à sa faim, on ne pense qu'à manger ; mais je suis ici pour prouver le contraire. Cet hiver, j'étais au chômage, et sinon exactement affamé, du moins ne mangeais-je jamais assez pour être repu. Et pourtant je ne pensais ni au travail ni à la nourriture, mais à une femme. Mon dernier travail, je l'avais eu en décembre, pour peindre un appartement aux Parioli[1] ; après quoi, plus rien. J'avais un peu d'économie et j'ai donc calculé que je pourrais m'en sortir pendant trois mois encore, en faisant bien attention évidemment, et en sautant un repas sur deux. Ayant établi ce plan, je me sentis plus tranquille et je me mis à chercher du travail. Trois mois, pensais-je, ce n'est quand même pas possible qu'en cherchant pendant trois mois, je ne trouve rien à faire ? Pour trouver du travail, je me mis à tourner à travers la ville, d'un lieu à l'autre, et comme je n'avais pas d'argent pour m'asseoir dans un restaurant ou dans un café ou pour aller au cinéma, quand je ne cherchais pas du travail, je

1. Quartier bourgeois de Rome.

passais mon temps à errer sans but dans les rues et à m'amuser du spectacle. J'arpentais mon quartier, j'arpentais les quartiers du centre, c'était un hiver doux et sec et j'errais ainsi du matin au soir. Dans mes promenades, je m'aperçus rapidement que j'allais toujours m'arrêter devant les kiosques à journaux ou devant les affiches à l'entrée des cinémas. Et peu de temps passa que je ne me sois rendu compte que je m'arrêtais parce que sur les couvertures des magazines exposés dans les kiosques et sur les affiches des cinémas, il m'était toujours possible de retrouver cette femme à laquelle je pensais. Cette femme m'a été justement suggérée par les magazines et par les affiches, pas par une seule, mais par toutes ensemble, et c'était, au fond, une combinaison de toutes les femmes que les magazines et les affiches exposaient aux yeux des passants. C'était une femme grande, du moins telle que je la voyais, brune ou châtain, aux cheveux défaits jusqu'à mi-dos, avec des bras beaux et longs et la poitrine généreuse, mais solide, de ces mamelles soutenues et rondes qui remplissent la main d'un homme qui aurait de larges doigts. Il me semblait qu'elle avait de grandes mains, de ces mains qui sont dures, froides et maigres sur le dos, et au contraire douces et chaudes dans la paume, surtout quand elles se posent sur la main ou sur la joue pour les caresser ; des pieds, non pas grands, mais plutôt petits, de ceux qui ont une apparence provocante, s'ils sont chaussés de souliers à talon aiguille. Mais surtout, je savais que cette femme n'était pas une ouvrière, une domestique, bref une pauvre malheureuse comme moi, mais une bourgeoise, une actrice, la maîtresse d'un industriel, une putain de luxe. C'était une femme qui ne travaillait pas et n'avait donc pas les mains calleuses et crevassées à force de laver la vaisselle et de manipuler des ustensiles, ni le visage abîmé par les rides que suscitent les grimaces constantes de l'effort, ni les jambes épaissies par le travail de peine. Selon l'idée que je me faisais d'elle, cette femme ne pensait qu'à se faire belle et passait son temps à des bêtises : se vernir les ongles, s'épiler sous les aisselles, se parfumer, se laver, se coiffer, se pomponner, bref, se soigner sans cesse pour être plus douce et plus lisse sur chaque centimètre carré qu'elle offrait à la caresse de ses amants. Je la voulais exactement comme cela, paresseuse, bonne à rien, faite pour la chose, rien que la chose. Et stupide. Et méchante. Et menteuse. Et lâche. Et vicieuse. Et intéressée. Quant à sa manière de s'habiller, pour cela aussi, je m'en remettais aux affiches des cinémas et aux couvertures des magazines. Ainsi tantôt la voyais-je dans une robe de soirée, toute en soie blanche brillante avec une traîne et un décolleté devant et derrière, tantôt à demi nue, en combinaison de dentelles noires entièrement ajourée, les bras et les épaules nues, la poitrine soutenue par une gaine transparente, dont les dentelles retombaient sur les cuisses, où l'on voyait des jarretières qui maintenaient le long des jambes de beaux bas de soie luisante. Quelquefois, je me demandais pourquoi moi, un ouvrier, je pensais autant à une femme comme ça ; et alors je m'apercevais que j'y pensais justement parce qu'elle était le contraire des femmes que nous aimons et épousons et j'avais l'impression de comprendre que le désir que j'avais d'elle naissait de ma colère de ne pas trouver de travail, de mon inconfort de n'avoir pas d'argent, de mon dépit de n'avoir pas reçu d'éducation. J'y pensais toujours, nuit et jour, surtout la nuit avant de m'endormir et le matin avant de me lever, et j'y ajoutais ici un détail et là un autre, mais toujours du genre de ceux que j'ai cités, comme pour la perfectionner de plus en plus. Durant la journée, je la retrouvais, comme je l'ai dit, sur les affiches devant les cinémas et sur les couvertures des magazines, et alors je m'arrêtais et je restais à la regarder, hébété, parce que le marchand de journaux ou le contrôleur du cinéma me disaient : « Et alors, tu es idiot ?... Pourquoi tu restes là ? » Bref, c'était une obsession, mais une obsession que j'aimais et dont je ne voulais pas me libérer.

Cette femme, je l'avais dans la peau, et je m'en sentais intoxiqué, comme d'un poison qui, jour après jour, passait de mes fantasmes à mon cœur à travers mes veines. Parfois, j'en arrivais à penser que c'était le diable qui me l'avait mise dans le sang. Mais ensuite, je me disais que le diable n'existe pas et que c'est finalement une belle injustice que des femmes pareilles soient réservées à ces faces de croque-mort qu'on voit dans les voitures de luxe ou à travers les vitrines des restaurants élégants. Je suis un beau garçon, grand, fort, avec un beau visage rose, des cheveux blonds bouclés, toutes mes dents bien plantées. Eux, c'étaient des hommes à moitié chauves, mous comme des chiffes, le bidon enflé et les fesses tombantes, le teint blafard, l'air endormi, l'œil éteint et la lippe relâchée. Et pourtant je le savais, les femmes comme celle dont je rêvais ne se donnaient qu'à des hommes de cette race, en échange de l'argent qu'elles recevaient d'eux.

Et si ça se trouvait, au fond, ces femmes ne le faisaient même pas par intérêt, mais vraiment pour le sentiment, parce que l'argent leur faisait voir ces hommes beaux et attirants, plus attirants et plus beaux que moi. Je n'ai jamais cru à l'intérêt, ni de la part des pauvres ni de la part des riches, mais que l'argent fasse voir les choses d'une manière ou d'une autre, ça, oui. Et les pauvres les voient d'une certaine manière, précisément parce qu'ils sont pauvres, et les riches les voient d'une autre manière, précisément parce qu'ils sont riches.

Certaines fois, dans la rue, j'avais l'impression de la voir, cette femme de mes rêves, non plus en papier, sur les couvertures des magazines ou sur les affiches des cinémas, mais en chair et en os, dans quelque dame que je voyais entrer dans un magasin, ou marcher sur le trottoir, ou encore descendre d'une auto. Alors, je me postais pour la regarder ou je la suivais en l'observant, et je m'apercevais toujours que, pour tel ou tel détail, ce n'était pas celle que je cherchais. Tantôt elle avait le visage qui n'allait pas, parce qu'il était trop bourgeois, et moi, cette femme, je la rêvais à l'opposé ; tantôt elle avait bien sa poitrine, mais pas les jambes ; ou les jambes et pas la poitrine ; ou la poitrine et les jambes, mais pas les mains. À force de traquer cette femme toute la journée, j'étais épuisé le soir. Mes chaussures n'avaient plus de talons et leurs semelles avaient de beaux trous. Rien qu'à apercevoir une femme qui lui ressemblait de loin, j'avais des battements de cœur et, comme je mangeais peu, je devais m'appuyer aux murs pour ne pas m'évanouir. Et quand je la suivais, j'avais la bouche sèche, comme si j'étais fiévreux, et, tout en la suivant de loin, à toute vitesse, à chaque fontaine que je trouvais sur mon chemin, je me penchais et je faisais gicler un jet d'eau dans ma bouche. Puis je reprenais ma filature. Je ne sais pas ce que j'aurais fait si je l'avais vraiment trouvée. J'avais tout prévu sauf cela. Puis, le temps passant, j'envisageai cette éventualité justement.

Je me dis que si jamais je la rencontrais dans la rue, l'important était surtout de me faire remarquer, regarder par elle, ne fût-ce qu'un instant, tant pis si c'était en présence de témoins. Avec les femmes, je suis convaincu qu'on doit agir comme si les différentes sociales n'existaient pas, avec naturel, comme font les bêtes dans les bois et dans les champs. À la place des bois et des champs, il y a les chambres, les meubles, les vêtements. Mais tout cela, c'est du superflu, des à-côté. En réalité, il n'y a que nous deux, la femme et moi, nus tels que Dieu nous a faits. Nous sommes comme deux animaux, sinon que nous ne marchons pas à quatre pattes. Tout l'amour consiste à faire sentir cela à la femme, à travers les murs, les meubles et les vêtements. Si la femme le sent et s'aperçoit que tout ce qu'elle porte sur le dos et tout ce qui l'entoure ne sont que des à-côté, bref, si elle comprend que l'homme et elle, malgré toutes leurs différences, sont faits l'un pour l'autre, alors elle est tout de suite convaincue, et aucune force au monde ne peut plus la retenir. Je le savais et je savais aussi que, pour faire sentir tout cela, je n'avais pas vraiment besoin de beaucoup de paroles ni de beaucoup de gestes ; il suffisait d'un regard, au moment juste.

Tout le temps, tandis que je cherchais cette femme, je cherchais aussi du travail. Et comme je n'en trouvais pas et que mes économies maigrissaient de plus en plus, je la désirais de plus en plus et je rêvais d'elle comme d'une compensation à mon désespoir. Mais, parallèlement, je comprenais que si je n'avais pas été au chômage, cette femme n'aurait jamais éclos dans mes fantasmes, à la manière dont, dans la campagne, dans les eaux noires et stagnantes des marécages, s'épanouissent certaines fleurs puantes. C'était l'oisiveté qui me faisait penser à elle, et pas seulement l'oisiveté, mais cette oisiveté-là, particulière, de l'homme pauvre qui sait qu'il paresse malgré lui, parce qu'il ne trouve pas de travail. Je me rendais compte que le jour où je pourrais me faire un chapeau en papier journal, retrousser mes manches et, en sifflotant, appliquer sur un mur mon pinceau de peintre, ce jour-là je lui dirais adieu à jamais peut-être. Elle me resterait en mémoire, comme une image du chômage, nourrie de chômage, justifiée par le chômage, vicieuse et anormale comme le chômage. Et moi, travaillant, je finirais par ne plus penser à elle, qui en réalité n'existait pas, mais à quelque brave fille simple de mon quartier, ouvrière comme moi.

Enfin, en la cherchant en même temps qu'un travail, je lui ai trouvé du travail, à elle. Le soir, avant de me retirer, il m'arrivait d'aller dans un bistrot au pied de chez moi, où je retrouvais un vieux peintre avec lequel j'avais souvent travaillé. Il s'appelait Poldino, ou encore Mortier, peut-être parce que sous une tignasse épaisse et blondasse, il avait un visage brun et ridé, toujours souillé d'une trace de chaux, et tout voilé et blanc de poussière. Mortier allait dans ce restaurant tous les soirs boire un pichet, j'entrais, je lui demandais sans m'asseoir s'il y avait des nouvelles, il me disait qu'il n'y en avait pas et alors je lui disais au revoir et j'allais me coucher. Or, un soir, Mortier m'annonça qu'il y avait du travail : une pièce à peindre sur l'Aventin. « Ce n'est pas grand-chose, ajouta-t-il, mais une chose en entraîne une autre. » Nous nous sommes donné rendez-vous pour le lendemain, j'ai refusé de boire comme il l'aurait voulu, et je suis allé me coucher.

Le lendemain matin, nous nous sommes retrouvés à l'heure et à l'endroit convenus, avec les pinceaux, les seaux, l'échelle et le reste. Nous sommes allés ensemble, en tram, sur l'Aventin. Chemin faisant, je ne sais même pas pourquoi, peut-être parce que la satisfaction d'avoir trouvé du travail me poussait aux confidences, j'ai raconté à Mortier, comme ça, sans y accorder de l'importance, que je pensais toujours à une femme que je ne connaissais pas et que je lui décrivis. Je dus m'y prendre par tous les moyens possibles pour lui faire comprendre que c'était un pur fantasme, et plus je le lui expliquais, plus j'avais honte. Il a fini par y voir clair et m'a dit : « Ça ne me surprend pas... Ce sont des choses qui arrivent... surtout à nous autres peintres qui, on le sait, devons aller chez les gens... les rétameurs aussi vont chez les gens... mais ils ne restent pas longtemps... Alors que le peintre y passe toute sa journée parfois... et alors la maîtresse de maison arrive, elle lui parle, et une chose entraîne l'autre... » Mortier, maintenant qu'il avait compris, trouvait la chose très naturelle, et à l'entendre parler ainsi, mon désir s'enflamma à nouveau et je pensai soudain que c'était peut-être le bon moment. Mortier dit ensuite : « Les femmes aiment la nouveauté... Toi, pour une bourgeoise, tu es une nouveauté... et puis je vais te dire quelque chose : le peintre est toujours le préféré, ne serait-ce que parce que notre travail est propre, un travail d'artiste... On trouve parfois une porcherie et quand on s'en va, c'est une pièce parfaitement blanche qu'on laisse. » Je ne dis plus rien : j'avais le cœur battant et j'étais très impatient d'arriver dans cette maison sur l'Aventin.

C'était un immeuble moderne et l'appartement était situé au dernier étage. La pièce à peindre donnait sur une terrasse et elle était entièrement vide. Au mur, il y avait du crépi blanc, à la chaux, sale, avec les traces carrées et plus claires des tableaux qui y avaient été accrochés et des meubles qui y avaient été appuyés. Nous posâmes les pots par terre, nous dressâmes l'échelle, nous enlevâmes nos vestes. J'ouvris la fenêtre et je regardai autour de moi : c'était un quartier entièrement nouveau, d'immeubles éparpillés çà et là, inégalement, sur la colline, sous un ciel bleu d'avril. Je me sentis soudain heureux de cette belle journée, et du travail que j'avais. Je pensai que j'oublierais peut-être cette femme. Je retournai dans la pièce et je m'accroupis par terre, afin de préparer la couleur dans les pots. Mortier, pendant ce temps, étalait des journaux pour qu'on n'éclabousse pas les parquets.

Tandis qu'on procédait à ces préparatifs, et que j'étais accroupi, le dos tourné à la porte, j'entendis que quelqu'un entrait et je compris aussitôt que c'était elle. Je retins mon souffle et je perçus sa voix, exactement telle que je l'avais imaginée, chaude et grave, qui demandait : « C'est vous, les peintres ? »

Mortier répondit : « Oui, Madame, c'est nous, les peintres », et je me levai lentement, en me retournant. C'était elle et je fus stupéfait de la voir si semblable à mon fantasme. Elle devait avoir vingt-cinq ans, peut-être même moins. Grande, les cheveux relâchés sur les épaules, le visage rond, les yeux profonds sous le front bombé, le nez court, la mâchoire forte et charmante comme celle des chats. Elle portait un peignoir léger de soie rouge qui, à chaque pas, se gonflait et se balançait. Elle retenait les pans de son peignoir, en le serrant à la taille avec une main, et cette main était exactement telle que je l'avais imaginée : grande, blanche et lisse, avec des ongles vernis d'un rouge presque noir. Elle dit, sans me regarder, à Mortier : « Je vous en supplie, mettez-y tout votre cœur, je veux que ce soit parfait. » Mortier demanda où l'on pouvait prendre un peu d'eau, elle répondit qu'il n'avait qu'à aller dans la cuisine, et Mortier sortit. Elle se tourna alors vers moi et me dit : « Les appliques doivent être peintes à l'huile... pas tout à fait blanches toutefois... » Elle allait continuer, quand ses yeux rencontrèrent les miens. Elle comprit aussitôt, car elle finit très lentement et, me regardant à son tour : « ... mais dans une teinte jaune... opaque... Votre ami le sait, n'est-ce pas ? »

Je dis : « Je crois que oui... Vous vous êtes entendue

avec lui, non ? » Et elle dit : « Oui, je me suis entendue avec lui », d'une voix éteinte, en me regardant. Puis elle avança dans la pièce, impétueusement, de ses longues jambes gainées de soie, tandis qu'autour de son corps, son peignoir se balançait, gonflé et rond comme un ballon. Elle alla vers la fenêtre que j'avais refermée et elle se disposait à l'ouvrir. Mais la fenêtre résistait, ou bien c'était elle qui était troublée et ne se rappelait plus de quel côté il fallait faire tourner la poignée. Elle secoua la fenêtre, puis saisit la poignée des deux mains et son peignoir s'ouvrit et, dessous, elle était vêtue exactement comme je l'avais imaginée : avec une combinaison en dentelles noires, tout ajourée sur la poitrine et le ventre et les jarretières tirées sur ses belles cuisses blanches et les bas qui montaient jusqu'à mi-cuisse. Elle s'aperçut, cependant, que je la regardais et elle referma le peignoir d'un seul coup, en disant sur un ton impatienté : « Ouvrez-moi, s'il vous plaît, cette fenêtre. » Je m'approchai d'elle et, simplement, d'une seule main, je tournai la poignée qui était si molle qu'un enfant aurait pu l'ouvrir. Elle ne fit aucun commentaire et sortit sur la terrasse. Il soufflait un vent léger et son peignoir se gonfla, se soulevant, et, pendant un instant, elle resta debout au milieu de la terrasse, les jambes découvertes, le peignoir relevé jusqu'à la ceinture. La terrasse avait une balustrade de bois peinte en bleu, tout écaillée. « Et il faudra me repeindre aussi cette balustrade », dit-elle d'une voix dure. Je répondis : « Nous repeindrons tout ce que vous voudrez. » Elle regarda encore autour d'elle, puis dit : « Nous sommes d'accord, alors », et elle s'en alla. Je restai seul et je m'accroupis à nouveau près de mes pots. Mais j'avais les mains qui tremblaient, la bouche sèche et le souffle court.

Mortier revint avec un seau d'eau et se mit à touiller

pour la couleur. Puis il dit : « Elle te plaît, hein ? » et j'aurais voulu le tuer ; je regrettais de lui avoir parlé. « Non, elle ne me plaît pas. » « Pourquoi ? » Je dis : « Mais tu ne l'as pas regardée... tu n'as pas vu quels yeux petits elle a, des yeux porcins. » Il marmonna : « Elle a des yeux profonds, pas petits... Ce n'est pas comme ça que tu la voulais ? » Je répondis : « Non, je la pensais blonde. » Ce n'était pas vrai, mais Mortier ne s'en souvenait pas ou feignit de ne pas s'en souvenir, et dit : « Que tu es difficile... À ton âge, je n'étais pas aussi difficile. » Je ne lui répondis pas et nous commençâmes à travailler.

Nous travaillâmes environ une heure, moi toujours avec les mains qui tremblaient, et le souffle court, Mortier calme, qui ne cessait pas un seul moment de bavarder. Il avait une voix sentencieuse qui semblait ironique, même quand il parlait sérieusement ; d'habitude j'aimais bien l'écouter, mais ce matin-là, il me tapait sur les nerfs. Il racontait une histoire de sa jeunesse où, justement, il s'était épris d'une bonne dans une maison où il était allé peindre. Et, l'idée qu'il me compare à lui, et cette femme à sa bonne, me mettait hors de moi, parce que, de cette façon, il continuait à considérer la chose comme tout à fait naturelle, alors qu'elle n'avait rien de naturel, et je tenais à ce qu'elle ne le fût pas. Je finis par lui dire : « Mais tu ne peux pas te taire un peu ? Qu'est-ce que ça peut bien me faire ce que tu fabriquais quand tu étais jeune... Toi, c'est toi et moi, c'est moi. » Il se retourna et dit : « Ouh, ce que t'es méchant ! » Mais il ne parla plus et se contenta de chantonner en peignant.

Midi arriva et Mortier dit qu'on allait manger dans un bistrot qu'il avait aperçu dans la rue même. Il avait son casse-croûte comme moi, mais sans vin, lui, il ne pouvait pas tenir, et il avait toujours besoin d'un demi-litre dans l'estomac pour se sentir bien. Je lui dis que je mangerais ici, sur la terrasse, et que je dormirais en attendant son retour. Et lui, se moquant de moi : « Tu veux vraiment rester seul avec elle. » Je rougis, mais ne dis rien. Mortier s'en alla et je restai seul.

Il était encore trop tôt pour manger et je continuai à travailler. Le soleil entrait par les vitres des fenêtres et il faisait chaud. J'ouvris alors les fenêtres et il se forma un courant d'air, avec le vent d'avril, frais et léger. Au loin, j'entendis qu'on secouait un matelas, sur une de ces innombrables terrasses, et c'était le seul bruit. À un certain moment, je me penchai pour composer encore un peu de couleur, agenouillé, le dos tourné à la porte. J'entendis alors qu'on l'ouvrait.

Je restai sur place en continuant à remuer la peinture. J'entendis son pas se rapprocher et il y eut alors un moment de silence et d'immobilité et finalement je sentis sa main dans mes cheveux qu'elle tirait un peu, comme pour me faire tourner, tandis que sa voix me demandait : « Comment t'appelles-tu ? »

Je me tournai tandis qu'elle me tenait encore par les cheveux et répondis : « Evandro. » Et ensuite, lentement, je me levai. Elle avait relâché mes cheveux et je la vis face à moi qui me regardait, maintenant à la taille son peignoir gonflé. Puis elle demanda, d'une voix calme et presque ironique : « Alors tu peindras bien tous mes murs et ma balustrade, Evandro ? »

Je dis stupidement, la regardant : « Oui, Madame. » Elle me considéra de ses yeux sombres qui semblaient en velours moiré, fit une légère grimace agacée et se rapprocha de moi. Elle laissa retomber les pans de son peignoir, qui s'ouvrit, elle prit mon visage entre ses mains et avança doucement son visage du mien. À mesure qu'elle se rapprochait, je sentais mes joues brûler comme si son visage était en feu et que son ardeur m'eût consumé. Elle finit par m'embrasser sur la bouche, tout d'abord directement, puis de biais, d'un côté et de l'autre, promenant ses lèvres sur les miennes, comme on tourne une vrille pour faire un trou. Je restais figé, immobile, les bras pendants. Elle fit durer le baiser autant qu'elle voulut et ensuite se détacha et dit, en souriant : « Idiot. »

À ce moment, elle me fit penser à une grande fleur charnue, un dahlia ou une grosse rose, qui, venant de faner, renaît et s'épanouit entièrement à la première pluie. Ce baiser lui avait fait, à elle, l'effet de la pluie sur la fleur. Je ne dis rien, cependant. Elle demanda : « Où est ton collègue ? »

Je répondis qu'il était sorti manger et elle annonça : « Malheureusement, moi aussi, je dois sortir... quand aurez-vous fini ici ce soir ? »

Je le lui précisai, et elle : « Écoute, quand vous partirez, je serai ici... Toi, tu reviendras, je t'attends. »

Je balbutiai : « Mais comment je fais pour revenir ? »

Et elle, en souriant : « Tu es vraiment idiot... Fais semblant d'avoir oublié quelque chose... par exemple ce beau foulard vert et rouge que tu avais autour du cou quand tu es arrivé. »

Je rougis, je ne savais même pas pourquoi ; et elle, s'écartant de moi, alla à la fenêtre où j'avais accroché le foulard, elle le prit et dit : « Tiens, regarde, je te le prends... comme ça tu seras bien forcé de te rappeler que tu dois revenir le prendre. »

Moi, alors, je lâchai une bêtise : « Je vous l'offre... si vous le voulez. » Cette fois, elle éclata de rire et dit : « Merci, tu es très gentil, je le garderai en souvenir... mais tu dois quand même revenir le prendre... Je t'attends. » Et elle sortit de la pièce.

Après qu'elle fut sortie, j'allai sur la terrasse, parce que je sentais mon visage en feu et j'avais besoin d'air frais et de vent. Je m'appuyai à la balustrade et je regardai vers le quartier de petits immeubles qui s'étendaient sur la colline, et je me dis que j'avais trouvé exactement la femme dont j'avais rêvé, mais que, en même temps, tout était différent de ce que j'avais imaginé. Elle était telle que je me l'étais représentée, physiquement et psychologiquement. Elle devait être, comme je l'avais fantasmé, une putain de luxe, une femme entretenue. Elle s'était comportée exactement comme j'avais pensé qu'elle devait se comporter : facilement, lascivement. Mais celui qui avait changé, c'était moi. J'avais pensé la traiter comme elle le méritait : je m'étais vu la prendre, jouir d'elle, la rejeter ; bref, j'avais imaginé que les sentiments que j'avais éprouvés avant de la connaître, et c'étaient des sentiments presque de mépris et de haine, je continuerais à les éprouver maintenant encore où elle m'avait embrassé et elle m'avait donné un rendez-vous. Et ce n'était pas le cas. J'éprouvais une terrible timidité, au contraire, qui me faisait penser que je ne serais pas capable de revenir chercher mon foulard comme elle en avait décidé. Je m'en aperçus, mon sentiment à présent avoisinait l'amour, il n'avait rien de méprisant, de lubrique, de mauvais. Il me semblait que si j'avais eu le courage de revenir, je serais tombé amoureux d'elle, sincèrement, du fond du cœur, et qu'elle aurait fait de moi ce qu'elle aurait voulu, et moi, je l'aurais toujours vue belle et bonne, et je n'aurais eu pour elle que des sentiments affectueux et aimables. Pour un peu, l'envie de faire l'amour avec elle me serait passée. Ou du moins ce n'était pas mon désir le plus fort : j'aurais eu envie, plutôt, de la saisir entre mes bras, de la caresser, de lui dire des mots tendres, et ensuite de vivre avec elle, de l'épouser même : autant d'absurdités. Je me dis à moi-même : « Tu es vraiment un idiot... elle-même l'a dit. » Mais toujours est-il que je découvrais que je n'étais pas tel que j'avais été et il n'y avait rien à faire.

Je ne mangeai pas, je m'allongeai sur la terrasse et je me mis à penser à elle ; et le temps dut passer sans que je m'en rende compte, parce que, tout à coup, j'entendis la voix de Mortier qui criait : « Hé, qu'est-ce que tu fais ?... À quoi tu penses ?... Tu as oublié ? » Je rentrai alors dans la pièce et je me remis à peindre. Mortier, au bout d'un moment, comme par hasard, me demanda : « Et alors ? T'y as parlé ? » Je lui répondis : « J'y ai parlé et elle m'a dit qu'on avait qu'à travailler, parce que c'était elle qui payait, pour que la pièce soit prête le plus vite possible. » C'était une manière de dire : « Laisse-moi tranquille. » Mais Mortier ne s'avoua pas vaincu et insista : « Je disais ça parce que je me suis renseigné auprès du concierge en bas... tu sais qui c'est, cette femme-là ? C'est la femme d'un médecin... qu'a un gamin, même... je l'ai croisée qui sortait avec le petit, dans l'escalier... un gosse blond, dans les trois ans. » Je ne dis rien et encore heureux que j'aie été au sommet de l'échelle en train de peindre le plafond, parce que j'avais rougi jusqu'aux oreilles. Maintenant j'avais honte d'avoir pensé que c'était une putain de luxe ou une femme entretenue et je comprenais qu'elle avait fait ça avec moi, parce que je lui avais plu. Et j'étais désolé d'avoir pensé d'elle ce qui m'avait traversé l'esprit. Bref, je comprenais que ce que j'avais imaginé venait de mon chômage et que tout était faux. Maintenant, j'étais vraiment certain de l'aimer et en même temps je comprenais qu'il m'aurait été impossible de l'aimer. Mais je ne dis rien, et Mortier, voyant que je me taisais, ne parla pas davantage.

On termina vers le crépuscule. Elle se présenta, entièrement habillée cette fois, et elle regarda le résultat de notre travail. Elle était élégante, dans un joli ensemble clair, droit, corsage et jupe, et un chapeau aux larges bords, en paille rousse, avec deux petits oiseaux décoratifs. Elle dit : « Bien... et quand revenez-vous ? » Mortier répondit qu'on reviendrait le lendemain matin. « Parfait... alors à demain », dit-elle en s'en allant. Mais, au moment de sortir, elle se tourna légèrement et me lança un regard souriant, naïf, caressant : et je compris, une fois de plus, que je m'étais trompé.

On est sortis et on est allés attendre le tram, non loin, sur la Via dei Trionfi. J'avais déjà pris ma décision, et quand le tram fut arrivé dans mon quartier, je dis à mortier : « Demain matin, cherche-t'en un autre... moi, je ne viens pas. » Et lui : « Mais pourquoi ? Tu es fou ? » Je lui répondis : « Non, je ne suis pas fou, j'ai un autre chantier plus important, c'est tout. » Mortier grommela je ne sais trop quoi, je lui dis au revoir et je m'en allai. Je descendis à mon arrêt et j'allai directement chez moi. J'étais au chômage de nouveau, seulement cette fois-ci, je n'avais pas une ombre pour me tenir compagnie, mais le souvenir d'une femme en chair et en os, qui avait prouvé qu'elle m'aimait bien et que j'aimais bien. Je m'allongeai sur le lit et je pensai à elle jusqu'à ce que je trouve le sommeil. J'avais décidé de ne plus la revoir, mais ça me plaisait de penser à elle, et la manière dont je pensais à elle me plaisait : avec affection, avec amour, avec reconnaissance, avec gentillesse. À partir de ce jour, pendant de longs mois encore, je continuai à penser sans cesse à elle, sans plus regarder les couvertures et les affiches devant les cinémas. Quinze jours plus tard, je trouvai du travail et je m'y mis à fond. Mais, du moins durant toute cette année-là, je continuai à penser à elle tous les jours, surtout le soir avant de m'endormir et le matin avant de me lever.

Le lit sur le toit

Je n'ai jamais eu le goût des railleries et je ne comprends pas comment on peut l'avoir. En tout cas, ce sont des occupations enfantines qui avec l'âge devraient tomber d'elles-mêmes comme les dents de lait. Mais il y en a pour qui les dents de sagesse ne poussent jamais et qui restent enfants toute leur vie. Severino, par exemple, le caissier du Café des Sports où je suis serveur, via Arenula. On ne le dirait jamais, quand on le voit, derrière sa caisse, pendant qu'il distribue les reçus : avec son visage blême, gras, propre, ses yeux de myope à fleur de peau, son front chauve, sa bouche grave.

Il ressemble à un professeur et c'est du reste ainsi qu'on l'appelle : « le professeur ». Et pourtant, pour les farces, c'est un diable et on ne peut jamais savoir ce qu'il mijote dans sa grosse tête frisée. Cet hiver, Severino en avait contre un autre serveur qui s'appelait Pianetta. C'était un jeune, tout petit, avec une belle tête brune d'homme de grande taille ; tout le monde au café l'aimait bien, parce qu'il était brave et gentil, tout le monde sauf Severino. On peut avoir tant de raisons de détester quelqu'un, mais selon moi, peut-être sans le savoir, Severino détestait Pianetta surtout à cause de leur différence de voix : Severino en avait une de fausset, presque de femme, alors que Pianetta en avait une robuste, profonde, chaude. En outre, bien qu'il fût petit, Pianetta plaisait aux femmes et, même, était fiancé avec une jeune fille, petite et brune comme lui, nommée Pia. Severino, lui, ne plaisait pas aux femmes et dans sa vie n'avait que sa caisse et ses blagues. Pianetta ne s'était pourtant pas aperçu de l'antipathie qu'il suscitait en Severino ; or, non seulement, il lui présenta sa fiancée, en disant à cette dernière que le caisssier était un de ses meilleurs amis, mais il confia aussi à Severino qu'il était en train de mettre de côté de l'argent pour s'acheter une chambre à coucher complète. Le jour où il aurait atteint la somme nécessaire, il se marierait. Pia et Pianetta étaient du même village, en Ciociaria. Et Severino, forcé de feindre l'amitié qu'il n'éprouvait pas, chaque fois qu'il les voyait partir, tous les deux petits et courts sur pattes, il se défoulait, en chantonnant à mi-voix la chanson de Ciociaria qui commence ainsi : « Quand la Ciociara se marie, l'un prend sa bride, et l'autre sa sandale... [1] » avec ce qui suit, comme pour dire que le mariage ne serait pas heureux.

Cependant, à ce qu'il semble, Pianetta avait rassemblé l'argent nécessaire pour l'achat de la chambre à coucher ; et un jour, il nous annonça qu'il se mariait vraiment. Il précisa même la date : le 20 novembre. À cette occasion, je fus étonné par la réaction de Severino : affectueuse, attentionnée, serviable. Au point de s'offrir à trouver lui-même le logement où Pianetta et Pia iraient vivre, une fois mariés. Par un heureux hasard, une pièce se libérait dans l'immeuble de Severino et, un jour, Pianetta, Seve-

1. Cette chanson est citée au début du roman, *La Ciociara*. Allusion à la légèreté prétendue des paysannes de cette région. Les *ciocie*, sont des sandales de cuir, fermées par des brides qui remontent sur les jambes.

rino et moi, allâmes la visiter. C'était au deuxième étage d'un de ces vieux édifices, longs et bas, que l'on trouve sur la via Ostiense, pas très loin du port de Rome. La pièce était derrière, avec une seule grande fenêtre, sur un terrain fermé, réservé au dépôt de briques. Sous la fenêtre, avec une dénivellation de peut-être cinquante centimètres, il y avait le toit de tuiles de l'entrepôt. Plus loin, on apercevait le gazomètre, les silos, les hauts fourneaux de l'usine électrique. C'était une grande pièce au plafond incliné avec des poutres blanches apparentes, peut-être avait-ce été autrefois une grange. Elle plut à Pianetta et le lendemain, nous y sommes retournés pour y disposer la fameuse chambre à coucher. Ce n'était pas grand-chose comme mobilier : un lit à deux places, une petite commode avec un miroir, deux chaises et une table de chevet. Meubles de qualité médiocre, en bois minable, et dans le miroir on se voyait en double. Avec le lit furent apportés également les couvertures, le matelas et les coussins. Severino ne tarissait pas d'éloges sur ces meubles et poussa la comédie jusqu'à se jeter sur le lit, en s'y roulant et en s'étirant, et en disant : « Là, vous serez très bien, Pia et toi... vraiment comme des papes ! » Pianetta riait ; il devait certainement penser que Pia et lui se seraient parfaitement contentés d'une vieille planche. Enfin, le 20 novembre, Severino, ajoutant gentillesse sur gentillesse, organisa un repas pour les amis au bistrot en face de la maison.

J'étais étonné, comme je l'ai dit, parce que je savais que Severino avait une dent contre Pianetta. Mais l'explication de tout ce mystère vint bientôt. Le matin du mariage, tandis que nous nous acheminions vers l'église de la via Ostiense, Severino nous prit à part, le barman, Rodolfo, et moi, et nous confia qu'il avait décidé de faire à Pianetta une énorme blague : le soir, tandis que les mariés seraient en train de manger, nous irions tous les trois dans la chambre de Pianetta mettre tous les meubles sur le toit de l'entrepôt, sous la fenêtre. La fenêtre fermée, la pièce serait apparue, sous les yeux terrifiés de Pia et de Pianetta, entièrement vide ; au point qu'ils penseraient que les meubles avaient mis les voiles, s'étaient envolés... Je fus frappé par la façon dont Severino nous exposa son plan : sans la moindre gaieté, décidé, convulsif, acharné, comme s'il ne s'agissait pas d'une blague, mais carrément d'un meurtre.

« Ainsi, conclut-il sans sourire, ils devront attendre jusqu'au matin... et s'ils veulent dormir, ils devront s'allonger par terre. » Je protestai aussitôt : « Je ne suis pas d'accord. — Et pourquoi ? — Parce que non... ils se marient... et toi, tu veux gâcher leur nuit de noces. » Entre-temps, nous étions arrivés à l'église, sur le parvis de laquelle nous avons trouvé Pianetta en costume bleu, chaussé de souliers jaunes, et la mariée, en petite robe vraiment misérable, avec un foulard sur la tête. L'église était celle du quartier, moderne, nue, toute peinte en rose fraise, mais, à part cette couleur, elle aurait pu passer pour un hangar. Sur l'autel, il y avait un chromo représentant la Vierge et quelques bouquets ; les bancs étaient en bois blanc et ils me firent penser à la chambre à coucher de Pianetta ; il faisait froid et par terre, à cause de la pluie, il y avait des traces de pas mouillées et de la sciure. Pendant que le prêtre liquidait l'office à toute allure, Severino se tenait à l'écart, au fond de l'église, avec nous deux, continuant à insister à mi-voix pour que je participe à la farce. Il me tapait sur les nerfs, parce qu'il ne se rendait pas compte que c'était une méchanceté ; et aussi parce qu'il n'était pas conscient que le lieu et le moment n'étaient pas adaptés pour ce genre de complot. Si bien que, soudain, je ne pus me retenir de lui dire : « Mais arrête !... tu n'as pas honte ?... on est dans une église ! » Il finit par comprendre qu'avec moi il n'y avait plus rien à espérer et il dit, avec résignation : « Bon, d'accord, on ne fait plus rien. » Rodolfo, le barman, qui, je ne sais pas pourquoi, avait accepté la farce et la trouvait même magnifique, dit à mi-voix que j'étais idiot et que je ne comprenais pas l'humour.

Au repas de noces, le soir venu, j'oubliai Severino et sa farce, et je ne pensai qu'aux mariés. Je dois dire qu'ils étaient vraiment mignons : lui, avec son beau visage brun, aux grands yeux noirs, assis, était bien bâti : personne n'aurait pu l'imaginer petit ; elle, brune, avec ses joues poudrées, mais sans fond de teint, ses yeux énormes dont les cils faisaient de l'ombre sur les joues, pulpeuse et constituée comme une femme de grande taille. Nous avons pas mal mangé et nous avons bu d'abord du vin et ensuite, au dessert, du mousseux : le tout offert par les amis, parce qu'on savait que Pianetta était pauvre et ne pouvait pas payer. Severino leva un toast et j'en levai un autre, et le patron du café en leva un troisième. On fit couler un peu de mousseux d'un verre, et Pianetta, avec le doigt, mouilla le cou de la mariée. Bref : chaque chose en règle, gaiement, comme il se doit. Enfin, des musiciens firent leur entrée et commencèrent à brailler quelques chansonnettes. J'étais ravi de les entendre, abruti par la chaleur et le vin. Puis, soudain, je regardai autour de moi et je constatai que Severino et Rodolfo avaient disparu.

Je compris tout de suite qu'ils étaient allés faire leur farce et, sans réfléchir davantage, sous un prétexte, je me levai et sortis du bistrot. C'était une nuit humide et chaude de novembre, avec un ciel noir, plein de nuages gris et lacérés. Le temps était à la pluie, ce qui me fit penser aux pauvres meubles de Pianetta, exposés sur le toit : si jamais il pleuvait, ils seraient entièrement abîmés. Je traversai la rue, j'entrai dans la maison, je me précipitai dans l'escalier jusqu'au deuxième étage. Au fond du couloir, il y avait une porte ouverte, je pénétrai et, arrivé sur le seuil, je constatai qu'il était trop tard : la pièce était complètement vide, sauf, à l'endroit où aurait dû être la tête du lit, un petit portrait de la Vierge, avec un rameau béni. La fenêtre était grande ouverte et juste à ce moment Severino et Rodolfo transportaient à l'extérieur le dernier meuble : la table de chevet. Dans un coin, se rendant peut-être compte qu'il pouvait pleuvoir, ils avaient enroulé le matelas, les couvertures et les coussins.

Je criai, en courant vers la fenêtre : « Arrêtez... rentrez toutes les affaires ! » Ils ne me répondirent pas ; ils avaient enjambé la fenêtre et maintenant marchaient sur le toit, transportant la table de chevet. Je me plaçai dans l'encadrement et je restai bouche bée, voyant sur les tuiles ici une chaise, là une autre, plus loin la commode, et, le montant adossé au mur, le lit à deux places. Il faisait sombre et ces meubles éparpillés sur le toit, sur le fond du ciel nuageux, étaient effectivement comiques. Mais je pensais aux mariés, et j'étais encore plus furieux. Je m'écriai à nouveau : « Ohé ! Vous m'entendez... rentrez les meubles... sinon, j'appelle la police ! »

Du toit, me parvint la voix de Severino : « Mais arrête !... ne fais pas l'idiot.

— C'est toi, l'idiot, répondis-je en enjambant le rebord, et même un beau salaud... tu vas voir un peu... »

Je sautai sur les tuiles et, contournant le lit, je les rejoignis alors qu'ils étaient en train de poser la table de chevet. Je criai, essoufflé, prenant Severino par un bras : « Tu as compris... rentre ces meubles.

— Pour qui tu te prends ? commença-t-il en se dégageant d'un geste vif. D'où tu sors, toi ? Qu'est-ce que tu veux ? »

Bref, on a commencé à se disputer, dans le noir, sur ces tuiles glissantes. À ce moment-là, Rodolfo cria : « Chut ! Les voici ! » et il se rapprocha des volets. Il n'y avait pas de store, ainsi avons-nous pu voir sans être vus Pïanetta et Pia entrer dans la pièce et rester immobiles sur le seuil, la bouche bée, devant les murs vides. Elle tenait à la main un bouquet, lui le parapluie. Ils avaient les yeux écarquillés, ils ne comprenaient pas, et puis je vis Pianetta venir à la fenêtre et l'ouvrir. Je dois dire qu'il se montra plein d'esprit, en jeune homme calme et contrôlé qu'il était. À sa femme qui s'avançait derrière ses épaules et demandait, d'une petite voix effrayée : « Mais qu'est-ce que c'est ?... où sont les meubles ? », il répondit, tranquillement : « C'est une plaisanterie... les meubles sont sur le toit ! »

Severino, alors, ne put se retenir et ce fut la raison du désastre. Il termina la phrase, dans le noir, de sa voix éraillée : « ... à prendre l'air.

— Ah, c'était vous ! dit fermement Pianetta. Bravo !... c'est vraiment une blague très réussie. » Puis, se tournant vers sa femme : « Mais maintenant il est trop tard pour rentrer les meubles... pour cette nuit, nous dormirons sur le matelas, par terre, n'est-ce pas, Pia ? » Là-dessus, il se retira et referma la fenêtre.

Nous sommes restés ébahis, parce que personne ne s'attendait à cette conclusion. Je dis à Severino : « Tu es vraiment un bel imbécile... voilà que la plaisanterie se retourne contre nous... et maintenant qu'est-ce qu'on va faire ?... on passe toute la nuit sur le toit ? »

Une série de propos fut échangé entre nous, et Rodolfo s'approcha de la fenêtre et essaya de frapper aux vitres avec les doigts repliés, priant pour qu'ils nous ouvrent.

Peine perdue. Maintenant, les mariés étendaient dans un coin le matelas et bordaient les couvertures. Puis, on aperçut Pianetta qui disait quelque chose à la mariée, en riant. Elle semblait ne pas vouloir et avoir honte, finalement elle céda et ôta son corsage, restant en sous-vêtements, avec la moitié de la poitrine et les bras nus. Il la prit par la taille et s'approcha de la fenêtre et là, devant la vitre, avec ostentation, pour que nous les voyions bien, il lui donna un beau baiser, comme pour nous dire : « À votre nez et à votre barbe... regardez donc... nous nous aimons et nous nous embrassons, pendant que vous vous gelez. » Ensuite, il rabattit les volets et nous restâmes dans le noir complet.

Il s'était mis à bruiner, et je dis à Severino : « Ce qui m'agace le plus, c'est que Pianetta va penser que moi aussi j'ai participé à la farce... Au revoir. » Et je m'approchai du rebord du toit. « Où vas-tu ? » demanda la voix de Severino, épouvantée. Je répondis que je voulais voir si l'on pouvait descendre de ce côté. En me penchant, je constatai que j'avais vu juste : il y avait un peu moins de trois mètres jusqu'au sol. En posant le pied sur l'auvent de l'entrepôt et en s'agrippant à la gouttière, on pouvait sauter à terre sans se faire de mal. Je le dis aux deux autres et ils me rejoignirent aussitôt, marchant précautionneusement sur les tuiles mouillées. Rodolfo, après avoir évalué la distance du regard, dit : « C'est haut, mais mieux vaut tenter cela que rester ici toute la nuit. » Severino maintenant se taisait, peut-être s'était-il rendu compte qu'il avait fait une idiotie. Je descendis en premier. Comme j'avais calculé, je me suis agrippé à la gouttière, j'ai posé un pied sur l'auvent en fer-blanc de la porte, et en marchant dessus, je suis descendu à terre, en me laissant glisser le long du tuyau de la gouttière. Aussitôt après, Rodolfo, souple comme un chat, sauta directement de l'auvent, tombant sur ses deux pieds, comme un sportif. Ce fut le tour de Severino. Il s'assit d'abord sur le rebord du toit, puis il se tourna, se laissant glisser en bas jusqu'à ce que ses pieds touchent l'auvent, enfin il tenta de descendre en se raccrochant au tuyau. Mais soit que le tuyau fût pourri, soit qu'il fût lui-même trop lourd, la gouttière, soudain, se détacha et il tomba mal, enlaçant le tuyau avec un hurlement qui retentit dans la nuit.

Nous nous précipitâmes pour le relever, mais il geignait et restait par terre dans la boue. Après avoir tenté plusieurs fois de le remettre debout, on dut se résoudre à aller appeler le gardien de l'entrepôt et perdre du temps à lui expliquer tout, parce qu'il nous avait pris pour trois voleurs. Entre-temps, il s'était mis à pleuvoir fort, et Severino se trempait complètement, pendant que Rodolfo et moi étions partis en quête d'un taxi. Dans la voiture, il se mit à pleurer à chaudes larmes tant il souffrait. Puis, quand le taxi s'arrêta devant l'hôpital, il dit : « Dommage... c'était si réussi... c'est ta faute, Giovanni » et il s'évanouit. Avec l'aide des brancardiers, nous l'avons apporté aux urgences. Le médecin le jugea d'un coup d'œil, quand on l'eut déshabillé : fracture simple du fémur, sauf complications.

Severino garda le lit avec son plâtre durant deux mois. Les jeunes mariés lui pardonnèrent et lui rendirent même quelques visites, lui offrant cigarettes et oranges. Pianetta, cependant, avant la guérison de Severino, s'en alla avec sa femme qui était déjà enceinte dans leur village et depuis lors nous n'avons plus jamais eu de leurs nouvelles.

La passion de la lecture

Quand on est enfant, tout marche par passion. Une année, la passion, que sais-je, de la fronde. Une autre, celle du vélo. Une autre encore, celle des timbres. Et il arrive que certaines passions plus importantes durent toute une vie, comme le foot. Ce printemps-là m'était venue la passion de la lecture. Les journées étaient chaudes, de bon matin, je me mettais sur une chaise, près du kiosque de maman, je prenais un livre ou un magazine et je lisais. De préférence, je lisais des romans policiers ou bien des magazines où des crimes étaient racontés. Les amis ne me reconnaissaient plus : j'étais tout le temps en train de lire et je ne jouais plus avec eux. Maman, elle, disait qu'elle ne me reconnaissait que trop bien : selon elle, je trouvais toujours moyen de ne rien faire. Elle était enfermée dans son kiosque, à vendre des journaux, mais de temps à autre, elle déplaçait le mur des revues et elle se penchait en criant, hors d'elle : « Mais que lis-tu ? Que lis-tu ? Pourquoi ne trouves-tu pas plutôt quelque chose à faire ? Pourquoi n'apprends-tu pas un métier ? » Elle aurait voulu que je sois rétameur, ou menuisier, ou quelque chose dans le genre. Mais moi, je ne faisais que lire ; et vraiment comme une faveur, j'acceptais d'apporter les journaux chez les clients du quartier. Le kiosque se trouvait dans un coin du viale Pariolo et il n'y en avait pas d'autres jusqu'à la piazza Ungheria.

J'aimais les histoires de crimes, c'était fou. Surtout s'ils étaient mystérieux et combinés de façon qu'on ne comprenait plus à la fin qui était le meurtrier. Ces crimes étaient toujours situés en Amérique et je me demandais souvent comment il ne s'en produisait jamais à Rome. Puis, en y réfléchissant, je fus convaincu que, chez nous, bien que les criminels ne fussent pas en reste, le crime était différent. En tout cas, on se tuait sans se cacher, en présence de tout le voisinage s'il le fallait... Et puis on s'entretuait pour des raisons bêtasses, de pauvres paumés : la femme par jalousie, le passant pour voler, le collègue parce que, au bistrot, il n'était pas d'accord avec vous sur le dernier match. Ce sont des crimes improvisés, à la bonne franquette. Dans ces conditions, il n'y a pas à être surpris que la police arrête tout de suite les coupables. Mais en Amérique, du moins à en juger par les magazines et les romans policiers, les criminels sont intelligents et leurs crimes sont parfaits. Ce sont des crimes, comme je le lus dans une revue, scientifiques, c'est-à-dire préparés de longue date, montés comme des mécaniques d'horlogerie. Bref, même dans le domaine de la criminalité, les Américains nous battent et il n'y a rien à faire.

Enfin, un beau matin, où je lisais, comme d'habitude, me balançant sur ma chaise, au soleil, la voiture d'un monsieur sud-américain qui habitait loin, via Caroncini, s'arrêta devant le kiosque. Ce monsieur, je le connaissais parce que tous les matins, je lui apportais chez lui tout une liasse de journaux. C'était un homme d'âge moyen, aux cheveux noirs comme le charbon et au visage jaune et tout tavelé par la variole. Toujours habillé de bleu, même le matin, calme, évasif, compassé, il me paraissait être un homme mystérieux et même assez sinistre. Peut-être parce que je trouvais qu'il ressemblait au personnage d'un roman policier que j'avais récemment lu : un Cubain, justement, qui, pour entrer en possession d'un héritage, empoisonnait, l'une après l'autre, six personnes. Ce monsieur habitait, avec sa femme, le dernier étage d'un immeuble, sans domestique. Je l'ai précisé, je le connaissais, et donc, quand, de sa voiture, il me fit signe comme pour m'appeler, je n'en fus pas surpris. Je posai le livre que j'étais en train de lire et je m'approchai.

Aussitôt, sans préambule, il me demanda : « Tu ne voudrais pas gagner un peu de sous ? »

Je répondis prudemment : « Tout dépend du travail...

— Ce n'est pas un travail, dit-il. Il s'agit de cela : je dois m'absenter une semaine environ, avec ma femme, et ma maison restera sans gardien... comme je sais que tu es un excellent garçon, je voudrais que tu me fasses le plaisir de surveiller mon appartement... il faudrait que tu viennes y dormir et que, dans la journée, tu y passes de temps à autre... je te donne mille lires par jour, dont cinq mille d'avance... d'accord ? »

C'était vraiment une proposition faite pour moi : gagner de l'argent sans me fatiguer, et surtout, sans cesser de lire mes policiers. Je répondis aussitôt : « Okay ! » ce qui, en américain, veut dire précisément : « Entendu ».

« Alors, si tu acceptes, dit-il, voilà : ça, ce sont les clés de l'appartement et de la porte de l'immeuble... ça, ce sont les cinq mille lires... la concierge est avertie... présente-toi ce soir après dix heures. » Il me fit quelques recommandations, parmi lesquelles celle de ne pas oublier d'arroser chaque matin les fleurs de la terrasse, il m'informa que je pourrais dormir sur un canapé dans la salle de séjour, et, enfin, sans me dire au revoir, il remit la voiture en marche et partit.

Pendant un moment, je restai un peu ébahi, avec les clés et le billet de cinq mille lires à la main. Je ne sais pas pourquoi, maintenant que le monsieur était parti, l'idée de surveiller son appartement ne me plaisait plus autant qu'au début. Mais j'avais pris l'argent et désormais je ne pouvais plus reculer. J'appris la proposition à maman et elle m'approuva d'avoir accepté, en ajoutant : « Fais attention quand même... ne touche à rien dans l'appartement... ce monsieur a prouvé qu'il te faisait confiance. » Le soir, à dix heures, elle, comme d'habitude, elle rassembla les magazines et les journaux, et referma son kiosque. Je lui dis bonne nuit et me dirigeai vers la via Caroncini, un roman policier sous le bras. Il s'intitulait *Le Fauve de minuit*. J'en étais au début et je comptais le terminer ce soir même.

Arrivé dans la via Caroncini, j'ouvris la porte de l'immeuble avec la clé et je montai en ascenseur au dernier étage. Dès que je fus dans le vestibule de l'appartement, je cherchai l'interrupteur de la lumière et tournai la languette avec presque autant d'empressement que si j'avais craint de n'avoir pas le temps avant qu'on ne me saute dessus dans le noir. Le vestibule, cependant, était ce qu'il y a de plus normal, avec un coffre et un porte-manteaux. Je pénétrai dans la salle de séjour, j'allumai le lustre et je vis que cette pièce aussi était normale : très vaste, avec une cheminée et des groupes de fauteuils. Maintenant, j'étais curieux de connaître l'appartement, et bien que dans chaque pièce que je découvrais je fusse parcouru d'un frisson d'appréhension, je visitai la salle de bains, la cuisine, le bureau et un débarras sans fenêtre où ce monsieur avait entreposé beaucoup de malles, de valises et des affaires de ce genre. Mais quand je voulus entrer dans la chambre à coucher, je constatai qu'elle était fermée à clé. Cela m'intrigua, puis je pensai qu'au fond, c'était mieux, puisqu'il s'agissait d'une pièce très personnelle. Et je fus rassuré. Enfin, je retournai dans la salle de séjour et je m'assis dans un fauteuil devant la cheminée. Près du fauteuil, il y avait la radio et un petit bar mobile, sur des roulettes, plein de bouteilles de liqueurs de marque : signe que ce monsieur se fiait à moi. J'ouvris mon roman policier, j'allumai la radio et je commençai à lire.

Mais j'étais soucieux et, comme je levai les yeux, mon regard tomba sur le téléphone et je pensai téléphoner à quelqu'un. Alors je compris que, en réalité, je ne me sentais pas en sécurité et que je désirais être tranquillisé. Je me demandai à qui je pouvais téléphoner et je découvris que je ne connaissais personne qui eût le téléphone, et ainsi, je décidai de téléphoner au bar du viale Parioli dont le barman était un ami. Je composai le numéro et c'est lui qui répondit. Je lui expliquai en deux mots la situaton et je conclus : « Augusto, tu n'aurais pas envie, après la fermeture du bar, de venir me tenir compagnie ? » Il répondit aussitôt : « Impossible... peut-être demain. » Je ne puis m'empêcher de répondre, Dieu sait pourquoi : « Demain, ce sera trop tard. » Ensuite, je raccrochai et je repris mon livre.

Quoique je me sentisse, comme je l'ai dit, soucieux, bientôt ce livre, si bien fait, m'accapara complètement et j'oubliai mes appréhensions. Au point que, au bout d'une demi-heure, en levant les yeux vers ce salon si commode et si bien éclairé, avec la radio qui chantonnait à mi-voix et ces belles bouteilles de liqueurs fines alignées dans le bar, qui me donnaient presque l'illusion d'avoir bu, j'éprouvai une sensation de bien-être et je pensais à part moi : « Ce n'est pas mal du tout d'être un monsieur... » J'avançai dans ma lecture, et plus je lisais, plus le livre devenait prenant, de sorte que, tout à coup, je ne résistai plus et voulus voir, à la fin, qui était le coupable. J'eus tort, parce que ces livres-là il faut les lire dans l'ordre, sans rien sauter. Le coupable, comme d'habitude, était un bonne pâte que personne n'aurait pu soupçonner. Mais en attendant, je le savais, et comme c'était inévitable, je m'aperçus que le livre ne m'intéressait plus. La radio chantonnait toujours. Je rejetai le livre et je me levai du fauteuil.

J'eus l'idée de sortir sur la terrasse pour respirer une bouffée d'air. J'ouvris la porte-fenêtre et je sortis. C'était une nuit de pleine lune, avec un ciel clair et sans nuages, et, dehors, on voyait comme en plein jour. Le salon donnait sur l'extérieur par deux portes-fenêtres. Ensuite, il y avait la fenêtre de la salle de bains, et, en contournant l'appartement, de l'autre côté, on tombait sur la fenêtre de la chambre à coucher et sur celle du bureau. Je m'accoudai à la balustrade et regardai autour de moi. La maison était haute et je ne voyais que des terrasses et des terrasses, blanches, vides, propres, éclairées par cette lune extraordinaire. Nulle part il n'y avait âme qui vive, et de nouveau je me sentis seul.

Après avoir contemplé un bon bout de temps le quartier qui s'étendait sous mes yeux, je marchai sur la terrasse, tournant autour de l'appartement. J'ai dit que le ciel était dégagé, mais juste au moment où, par je ne sais quelle curiosité, je m'approchais de la fenêtre de la chambre à coucher, un nuage de la taille d'un mouchoir voila la lune, l'éclipsant totalement, et moi, bien que j'eusse approché les yeux des vitres, je ne vis rien. Ce petit nuage, toutefois, ne restait pas immobile. Il avançait et, en effet, au bout d'un moment, la lune réapparut, plus resplendissante que jamais. Au même moment, derrière les vitres, contre lesquelles j'écrasais mon nez, je vis un visage qui me regardait.

La surprise me fit sursauter en arrière. Il me semblait même avoir reconnu le visage de la femme de ce monsieur : une brunette petite et ronde, aux traits fins, piquants, aux yeux noirs. Je m'étais éloigné de la fenêtre, après un moment, je repris courage et je retournai regarder. Elle était toujours là, et je vis qu'elle était assise de biais dans un fauteuil, avec le buste et le visage tournés vers moi, et un bras pendant. Du bras, je remontai vers le visage et je remarquai que les yeux ne regardaient pas vers moi, mais paraissaient écarquillés. Alors je frappai fort sur la vitre et je pensai en même temps : « Elle est morte. » En effet, elle ne bougea pas et continua à me regarder.

Cette fois, je m'éloignai vraiment et me hâtai de retourner dans le salon. La radio continuait à chantonner et je l'éteignis parce que, avec cette morte dans la pièce d'à côté, cela me semblait une faute de goût. J'éprouvais maintenant une peur si violente que j'avais l'impression d'être ivre : la peur me montait à la tête comme le vin. Je fis encore deux ou trois choses stupides, comme de fermer les petits clapets du bar et remettre en place le coussin du fauteuil. Et puis, soudain, la vérité m'éclata au visage comme une bombe et je crus tout comprendre : ce monsieur avait tué sa femme et m'avait attiré dans sa maison pour qu'on m'attribue la faute. Tout avait été calculé et moi, si je voulais m'en tirer, je devais m'échapper au plus vite.

Je ne réfléchis pas davantage, je passai dans le vestibule et de là dans l'escalier. Heureusement, il était tard, et en cinq étages je ne rencontrai personne. Mais juste au moment où j'allais ouvrir la porte de l'immeuble et sortir dans la rue, je m'aperçus que, dans ma hâte, j'avais oublié mon roman policier sur le fauteuil. Un livre est pareil à un autre livre, mais dans ce livre, entre les premières pages, j'avais glissé, ce matin-là, la facture de la maison de distribution des magazines, et, dans cette facture, figuraient mon nom et mon adresse.

J'étais exaspéré, mais il n'y avait rien à faire. Cette fois, je pris l'ascenseur, et, arrivé au dernier étage, je laissai les portes ouvertes pour aller plus vite. Mais quand je fus dans le salon, je ne sais pas pourquoi, je fus piqué par le désir de revoir la morte. Je pensai que, désormais, jusqu'au lendemain, personne ne viendrait et je compris que, au fond, je désirais non pas tant la revoir qu'éprouver cette terrible peur que j'avais eue en la voyant pour la première fois. Bref, l'émotion m'attirait : un peu comme quand, dans la piscine, on saute du plongeoir et que chaque fois, en s'élançant, on éprouve à nouveau la peur du vide.

Ainsi, je ressortis sur la terrasse et j'allai appuyer mon nez contre les vitres de la fenêtre. Elle était toujours là, le visage tourné vers moi, les yeux écarquillés. Mais, tandis que je la regardais, soudain, la fenêtre qui, de toute évidence, n'était qu'entrebâillée, s'ouvrit et je tombai en avant, la poitrine sur le rebord. Au même moment, le volet, poussé vers l'intérieur, alla battre sur le visage de la morte. Quand je me relevai, je vis que, sous le choc, elle était retombée de l'autre côté, me tournant le dos.

Ce fut le bras qui me fit soupçonner la vérité. Quand le corps tomba de l'autre côté, le bras s'était relevé, se pliant, de manière étrange, en sens contraire. Presque sans réfléchir, je tendis une main pour toucher la main de la morte : je m'attendais à la trouver froide mais douce. Elle était dure et lisse. Alors, je compris enfin : ce n'était pas une morte, mais une poupée. Une de ces poupées grandeur nature qui servent de mannequins en vitrine.

Je me sentais mal, je l'avoue. À présent, j'aurais préféré que c'eût été vraiment une morte. Parce que, ayant eu une telle peur et ensuite ayant eu le courage de vaincre ma peur et de retourner dans l'appartement, j'avais l'impression que m'échappait le prix de mon courage : voir une morte véritable, me trouver au milieu d'un vrai crime. Mais non, rien : rien qu'un mauvais livre qui m'était monté à la tête, bref, une illusion comme quand on marche dans le noir et que l'on croit voir un fantôme alors qu'il n'y a qu'un drap étendu à sécher.

Sept jours plus tard, comme convenu, ce monsieur revint et je lui restituai la garde de son appartement, sans la moindre allusion à ma terreur, me contentant de lui demander comment diable il gardait une poupée ainsi faite chez lui. Il me répondit que c'était un caprice de sa femme, qui essayait sur elle ses robes. Il me dit même que la poupée avait un nom : Matilde. C'est ainsi que je perdis la passion de la lecture, une fois pour toutes : grâce à la poupée Matilde et à ses ignobles yeux de femme assassinée.

Note des éditeurs

> « Le secret de l'écriture réussie, probablement, est de l'abandonner assez tôt, encore imparfaite. Cette imperfection finit ensuite par ressortir comme le maximum de la perfection possible. »
>
> Alberto Moravia / Alain Elkann,
> *Vita di Moravia*, traduit de l'italien
> par Jean-Marie Laclavetine,
> Christian Bourgois, 1991, pp. 162-163.

Les vingt premières années de l'activité littéraire d'Alberto Moravia, entre 1928 et 1951, définissent une période en un sens idéale pour y réunir les « nouvelles dispersées » de l'écrivain. C'est lui-même, en fait, qui a établi ces limites pour une première classification de son œuvre de nouvelliste, sélectionnant vingt-quatre de ses nouvelles majeures dans les volumes anthologiques des *Nouvelles 1927-1951*[1], publiés par Bompiani, en 1952.

1. Ces deux volumes ont été traduits, pour le premier, par P.H. Michel, sous le titre *La Provinciale et autres récits*, (Flammarion, 1955), et pour

Choix difficile, si l'on pense que, en 1951, il avait déjà à son actif, non seulement les huit romans qui vont des *Indifférents* au *Conformiste*, mais quelque deux cent trente nouvelles, plus ou moins longues. Évidemment, toutes les nouvelles exclues par l'anthologie de 1952 ne doivent pas être considérées comme faisant partie des « dispersées », c'est-à-dire abandonnées par l'écrivain après leur première parution dans tel ou tel périodique. Par exemple, une cinquantaine, de caractère allégorique ou fantastique, se retrouveront dans les *Racconti surrealisti e satirici*[1], publiés en volume en 1956 ; d'autres seront récupérées dans des recueils ultérieurs, comme *L'Automa*[2] et quelque trente-quatre encore, parus dans *Il Corriere della sera*, depuis 1949, inaugureront la très longue et heureuse série des *Racconti romani*[3].

Après avoir fait tous les comptes du hasard et vérifié qu'on ne commettait pas d'erreurs qui seraient liées à des changements trompeurs de titre et de forme, il reste tout de même une donnée dont on doit prendre acte : les nouvelles rédigées par Moravia, entre 1927 et 1951, qui restèrent ensevelies dans les pages des quotidiens et des magazines s'élèvent à plus de cent. Un nombre impressionnant, qui fait de la « dispersion » un phénomène non négligeable dans l'ensemble de l'œuvre de Moravia, comme en témoignait le recueil *Romildo*[4] que constitua Enzo Siciliano, en 1993, avec une partie de ces textes :

---

le second, par René de Ceccatty, sous le titre *Histoires d'amour* (Flammarion, 2000).

1. Traduits par René de Ceccatty, sous le titre *La Polémique des poulpes et autres histoires* (Flammarion, 1995).

2. Traduits par Claude Poncet, sous le titre *L'Automate* (Flammarion, 1964).

3. Traduits par Claude Poncet, sous le titre *Nouvelles romaines* (Flammarion, 1957) et *Autres Nouvelles romaines* (Flammarion, 1959).

4. Encore inédit en français.

trente-deux dispersés jusqu'en 1951 et quarante-sept en tout, jusqu'en 1990, qui font de ce volume l'archétype et le jumeau du nôtre. Les trente-deux nouvelles de *Romildo* doivent être intégrées aux soixante-neuf des *Racconti dispersi*, qui pour la première fois sont ici réunies, sans pour autant exclure la possibilité de prochaines découvertes. L'ensemble de la production de nouvelles dispersées, dont on tient compte dans ce qui va suivre, sera bientôt disponible dans la publication des *Œuvres complètes* en cours chez Bompiani.

Bien des textes ici rassemblés sont dignes du meilleur Moravia. L'abandon de ces écrits parus, avec d'autres, dans d'anciens périodiques, de la part de l'auteur, a des motivations diverses selon les cas : oubli, insatisfaction, choix délibéré, événements extérieurs. Mais, globalement, c'est un phénomène qui confirme une vitalité presque biologique, agitée, impatiente dans ses recherches littéraires. L'activité d'écrire caractérise plus l'écrivain que la nature même de ce qu'il a écrit. Ses matinées, des années durant, furent consacrées à cette activité, avec une admirable régularité, inlassable, de fonctionnaire. Sur ce qu'il avait écrit et livré, Moravia n'aimait guère revenir, s'arrêter, apporter des corrections. Ecrire était le bon usage qu'il faisait du temps. En revanche, revoir les épreuves de ses livres en cours d'impression était une tâche qu'il déléguait volontiers, quand il le pouvait, aux correcteurs de la maison d'édition. Il mettait immédiatement au panier les diverses versions – souvent fort nombreuses – de ses romans, dès que le texte avait atteint une forme plus satisfaisante ou jugée définitive. Quelque chose de similaire se produit avec les nouvelles, qu'il conservait et comptabilisait rarement, une fois parues dans une revue.

La « dispersion » d'une part substantielle et parfois

précieuse de nouvelles, ne doit donc pas être entendue comme un refus, comme un jugement négatif par rapport à celle qui a été sélectionnée pour un recueil, mais comme une des manifestations les plus vitales et les plus cohérentes de la façon dont Moravia concevait son métier.

Nouvelles des années vingt et trente : Des « cavernes » aux « rêves »

Moravia, comme chacun sait, naît romancier plus que nouvelliste. Dès la fin des années trente, il s'emploie essentiellement, en effet, à la construction d'intrigues et de personnages en mesure de tenir sur la durée et dans la complexité d'un roman. Cela n'implique nullement un jugement de valeur sur les nouvelles de cette première phase, parmi lesquelles se trouvent, réunies dans les recueils *La Bella Vita* et *L'Imbroglio*[1], certaines de ses meilleures productions. Mais les nouvelles des années vingt et trente se ressentent, de diverses façons, de cette tension vers le roman. Du roman, elles ont parfois le souffle profond, parfois elles mettent à l'essai et répètent les situations, ou bien en accueillent certains résidus. Dans plusieurs cas, elles explicitent la recherche, qui dans les fictions plus ambitieuses se perd dans une représentation plus complexe et plus articulée. À l'appui de cette thèse, on peut la considérer d'un point de vue quantitatif : contrairement à ce qui se passera par la suite, Moravia ne publie, jusqu'en 1939, pas plus de quatre ou cinq nouvelles par an en moyenne, parfois très longues, fortement engagées sur le plan littéraire, ou dans la

1. Ces deux recueils, parus en 1935 et en 1937, ont été partiellement repris dans le premier volume des *Racconti, 1927-1951* et traduits dans *La Provinciale* (*op. cit.*).

construction de l'intrigue (ce qui est le cas de *l'Imbroglio*, premier volume publié par Bompiani en 1937).

Il y a peut-être, dans cette prééminente aspiration au roman, une connaissance encore imparfaite de sa propre aptitude artistique. Le succès précoce et exceptionnel des *Indifférents*, en 1929, pousse le tout jeune auteur à mettre immédiatement en chantier une autre grande œuvre, en se référant à Manzoni et à Dostoïevski, et c'est précisément l'échec des *Ambitions déçues* – tel est le titre curieusement bien trouvé de son deuxième roman – qui inaugure la recherche d'une nouvelle mesure et de nouveaux thèmes narratifs. À travers les longues nouvelles de *L'Imbroglio*, les nouvelles moins longues de *L'Amante infelice*[1], le troisième roman, *Le Quadrille des masques*, Moravia atteint progressivement à une veine narrative plus stable et plus assurée, dont le premier effet est *Agostino*, qualifié de « roman bref », comme le seront, peu après, *La Désobéissance* et *L'Amour conjugal*. Ce n'est pas – soyons clair – une question matérielle de longueur, mais de cadrage et de mise au point, qui se traduit, sur le plan formel, dans une préoccupation concernant les limites de la narration, dans une recherche de la mesure extérieure qui coïncide avec le souffle intérieur de l'écriture.

Les nouvelles dispersées des années vingt et trente confirment la recherche laborieuse de thèmes originaux, d'un style propre, d'un ton personnel. Les trois proses parues dans *900*, la revue de Massimo Bontempelli, témoignant des toutes premières tentatives de fiction, s'ajoutent aux nouvelles d'*Interplanetario*, retrouvées par Umberto Carpi et rééditées dans *Romildo*. Il s'agit,

1. Recueil de 1943, repris dans les *Racconti 1927-1951* et traduits en français dans les deux volumes correspondants.

en effet, de trois proses contemporaines des *Indifférents*, qui semblent accentuer le caractère typique de l'esthétique de la revue : situations essentielles et allusives, contours nets et lunaires des figures, atmosphère suspendue et irréelle d'une civilisation urbaine moderne. Dans la brève série des *Cavernes,* le dédoublement de la personne entre ses actions et ses pensées (les « cavernes », les résonances intérieures) est si explicite qu'il constitue une clé de lecture possible pour nombre des nouvelles suivantes des années trente. Dans « Le voleur curieux », nous retrouvons les mêmes intérieurs bourgeois que dans son roman de la même période, mais dans le cadre d'un symbolisme allusif où la marque bontempellienne est nette.

On pourrait également parler de « cavernes » pour qualifier le sentiment halluciné – presque un demi-sommeil lucide où la réalité extérieure résonne dans une perception intérieure incapable d'agir – qui caractérise les nouvelles suivantes (« Andreina », « Les Femmes font dormir », « Un Homme de caractère », « La Maison à trois étages »). « Andreina », paru dans *L'Italiano*, en mars 1931, est une esquisse des *Ambitions déçues*, roman mis alors péniblement en chantier, et constitue une scène expurgée dans sa rédaction finale. C'est, chez Moravia, une pratique courante, que de publier des sections autonomes et, à leur façon, accomplies, d'un roman, soit pour en annoncer la sortie, soit pour utiliser ainsi des chapitres abandonnés. Il en résulte des fragments narratifs achevés et indépendants, comme des nouvelles : pour donner un autre exemple, un chapitre des *Indifférents*, trop explicite dans la trame du roman, est publié dans *Interplenatario,* en 1928, sous le titre de « Cinq Rêves » (on peut à présent le lire dans *Romildo*) ; ou encore, en 1948, pour signaler la prochaine parution du nouveau roman, *La*

Désobéissance, Moravia remet à *Pesci rossi*, la revue de Bompiani, un passage remarquablement achevé, presque une nouvelle en soi, sous le titre « La Prière devant le coffre-fort » (qui n'a pas été retenue ici parmi les « dispersés », dans la mesure où il a été intégré au roman). Dans d'autres cas, en revanche, le passage sorti de son contexte d'origine dans un roman n'a pas en soi les articulations qui justifieraient une vie indépendante en tant que nouvelle. C'est ce qui se produit, par exemple, dans le chapitre rejeté du *Conformiste* et publié à part en 1951, dans *Comunità* : comme l'ont souligné Marino Biondi, qui l'a republié dans *Inventario* en 1994, et Tonino Tornitore, qui le met en tête dans la réédition du roman qu'il a préfacée, le chapitre présente un incontestable intérêt historique et narratif, décrivant le héros face à la marche sur Rome, mais reste essentiellement un chapitre de roman, rattaché à des épisodes et à des personnages extérieurs à ses limites narratives (c'est pour cette raison qu'il n'a pas été retenu ici). Dans le cas d'« Andreina », en revanche, la métamorphose de chapitre de roman en nouvelle est assez marquée pour provoquer un déplacement du centre narratif : le suicide manqué de l'héroïne des *Ambitions déçues,* une fois sorti du roman pour des raisons narratives ou de censure, n'est plus le thème central du passage, mais se réduit à un prétexte pour les pensées symétriques et hostiles des deux rivaux.

« Les Femmes font dormir » et « Un Homme de caractère » paraissent dans la *Gazzetta del popolo*, à l'époque de la première collaboration de Moravia au quotidien turinois en 1934-1935. La résonance des « cavernes » intérieures qui paralyse la volonté du héros rapproche les deux nouvelles, et préside, en outre, à la première étude moravienne sur la folie, « La Maison à trois étages », paru dans *Omnibus*, quelques années plus tard, en mars

1938 : c'est le compte rendu d'une visite dans un asile, si dense, si référentiel et si véridique, qu'il restitue, sans besoin d'aucun commentaire, le climat étouffant et halluciné de ces lieux de séjour. Dans les années suivantes, à plusieurs reprises, Moravia répétera cette descente aux enfers, dans l'enclos de la folie, à travers des nouvelles ici republiées comme « Massacre et Mélancolie » (1944), « Les fous aussi se mettent à jour » (1947) et « Les Pommes délicieuses » (1948). L'exploration de la psyché rejoint, dans ces documents, peut-être les moments les plus explicites et extrêmes, et sans eux on ne comprendrait pas pleinement la satire ultérieure, qui mue le monde des sains d'esprit en un monde de fous (qu'on relise, par exemple, avec ce filtre « L'Épidémie » la nouvelle qui donne son titre au recueil de 1944 [1]) ni l'investigation psychologique des nouvelles les plus importantes. Et après l'asile, la prison ; la visite au pénitentiaire de Portolongone, en 1939, est le thème d'une autre « étude » descriptive, dans les marges de la société, sous le titre « La Grille fermée ». Comme dans « La Maison à trois étages », le regard lucide et en apparence détaché du narrateur s'enflamme d'une implicite émotion et de dénonciation discrète.

Des « cavernes » aux « rêves ». La recherche autour du déphasage entre vie intérieure et réalité extérieure se ressent indubitablement du climat surréaliste de la fin des années trente et Moravia lui-même, tout en maintenant une fondamentale tension vers le réalisme, expérimente – souvent sur un plan critique ou satirique – la sphère onirique et symbolique. C'est de là, en effet, que naissent les fables, les mythes et les brèves nouvelles des

1. Cette nouvelle figure dans *La Polémique de poulpes et autres histoires* (*op. cit.*).

Sogni del pigro (Les Rêves du paresseux), le recueil publié par Bompiani [1]. Une veine narrative, par certains aspects, mineure, mais riche d'intérêt par la transparence des références au monde contemporain, aux conventions et aux convictions du temps, qui constituent l'objet de la satire. À ce genre de production narrative, on peut rattacher certaines nouvelles dispersées, qui n'ont pas été retenues – pour des raisons qu'il n'est pas toujours possible de déterminer –, dans les *Sogni del pigro*, et qui ont été exclues également du recueil suivant, surréaliste et satirique, *Epidemia* (1944).

Il s'agit avant tout du « Soleil d'avant-guerre », prose lyrique et, relevant plus de l'essai que de la fiction, qui aurait dû donner son titre au recueil qui finalement sera *Sogni del pigro* (« Le livre s'intitulera *Le Soleil d'avant-guerre*, et tirera son titre d'un texte que j'y inclus », écrit-il à Bompiani en juin 1940), et que Moravia préféra quelque temps plus tard rejeter (« Je reviens au premier titre, *I Sogni del pigro*. Le titre *Le Soleil d'avant-guerre* ne convient pas, pour des raisons de circonstances. Je vous prie même d'enlever le texte qui porte ce titre. ») Vient ensuite « Rêve funèbre », du *Tesoretto, almanach de 1940* : une écriture continue qui peut-être se réfère, malgré la différence essentielle de sa conduite narrative, à l'écriture automatique du surréalisme proprement dit ; et suit « Souvenir de Circé », paru dans la *Gazzetta del popolo*, le 24 octobre 1940, trop tard pour trouver sa place dans les *Sogni del pigro*, mais, de toute évidence, ne fût-ce que par son titre, analogue à un groupe de proses qui y ont été incluses (il suffit de penser à « La vérité concernant Ulysse [2] » qui ouvre la dernière section

1. Traduits dans *La Polémique des poulpes et autres histoires* (*op. cit.*).
2. Figure également dans *La Polémique des poulpes et autres histoires* (*op. cit.*).

du volume). La vitalité de cette veine narrative, qui, à travers l'allégorie, véhicule une forte critique du fascisme, on en trouve une autre preuve dans « Le Lion » (1941), publié dans le numéro de juin de *Domus*, et dans « Le Chant du coucou », dans celui d'août de *Documento*.

Un livre manqué des années quarante : La chance de vivre

I sogni del pigro est le premier recueil que Moravia compile, à partir de textes déjà publiés dans les colonnes d'un quotidien : une bonne partie de ces nouvelles, en effet, était parue entre 1938 et 1940 dans la *Gazzetta del popolo*. Un précédent d'importance, car bien d'autres volumes, par la suite, seront constitués de cette manière, accumulant peu à peu dans les pages des journaux un matériau narratif cohérent, homogène et, pour ainsi dire, déjà prêt pour l'éditeur. C'est ainsi que, durant les décennies suivantes, naîtront dans le *Corriere della sera* les *Nouvelles romaines*, les *Autres Nouvelles romaines*, *L'Automate* et les autres recueils des années soixante et soixante-dix.

Tout cela reflète une mutation fondamentale, également dans l'activité de l'écrivain. Dans les années trente, Moravia avait principalement destiné ses nouvelles – quatre ou cinq par ans, comme on l'a dit – à des revues littéraires engagées (*900, Interplanetario*, *Pegaso*, *Oggi*, *Caratteri*, *L'Italiano*, *Omnibus*, *Prospettive*, *Domus*, etc.). En 1940, un tournant net se produit : vingt-cinq de ses nouvelles paraissent, en grande partie, dans la *Gazzetta del Popolo*, et durant les années suivantes, il en sortira un nombre égal, dans la mesure où la guerre le permet. Le journal impose donc un nouveau rythme à l'écriture et à la structure, obligeant l'auteur à abandonner certaines préoccupations strictement littéraires et stylistiques. Bref, Moravia devient un écrivain-journaliste (sans référence à une hiérarchie de valeur entre les deux termes).

La nouvelle commence à prendre une physionomie propre, autonome et distincte, par rapport au roman, comme Moravia le précisera dans une étude des années cinquante sur « Nouvelle et roman[1] » et dans ses réflexions sur Boccace et Maupassant. Dans le roman, la narration repose sur une solide « ossature idéologique », qui est absente de la nouvelle : mais seule la nouvelle est en mesure d'explorer et de représenter l'infinie variété et la splendide mobilité de la vie (« Le monde de Maupassant, d'un point de vue quantitatif, est plus vaste et plus varié que celui de son contemporain Flaubert, celui de Tchekhov l'est plus que celui de son prédécesseur immédiat Dostoïevski. Et même, à bien y regarder, on pourrait dire que, alors que Maupassant et Tchekhov épuisent, pour ainsi dire, la variété des situations et des personnages de leur temps, Flaubert et Dostoïevski, eux, un peu comme certains oiseaux solitaires qui répètent sans cesse le même chant, n'ont au fond jamais rien fait d'autre que réécrire toujours le même roman, avec les mêmes situations et les mêmes personnages. »)

L'été 1940 se terminant par la publication des *Sogni del pigro*, il commence dès les premiers mois de 1941 une nouvelle série d'articles pour la *Gazzetta del popolo*. Nous pouvons peut-être y inclure « Les Marionnettes » et « La Farce », qui sortent en janvier. Mais c'est surtout avec « *L'Entusiasta* » (« L'Enthousiaste », aujourd'hui

1. Repris dans *L'Uomo come fine*, traduit par Claude Poncet sous le titre *L'Homme en tant que fin* (Flammarion, 1965).

publié dans *Romildo*) que la série fait un pas décisif et manifeste un projet unitaire : entre juillet 1941 et juin 1943, Moravia écrit environ vingt-sept nouvelles homogènes, par leurs thèmes, leur style, leurs dimensions et leur support de publication (tous dans la *Gazzetta*, sauf « La Farce » et « Le Cavalier », qui paraissent dans *Documento*, et « La Véranda » dans *Tempo*). Sept de ces nouvelles ont été reprises dans *Romildo*, où le lecteur pourra les retrouver parfois sous un titre différent, parce qu'elles ont été rééditées après la guerre dans un autre journal (« *L'Entusiasta* », « *Fantasie della memoria* », republié sous le titre « *L'Amante di Elena* », « *Le Memorie di Casanova* », « *Il Perdigiorno* », « *La Casa del crepacuore* », « *L'Appuntamento* », reparu sous le titre « *L'Attesa* », « *L'Invidioso* » réintitulé ensuite « *L'Invidia* »[1]). Les autres sont ici reproduites pour la première fois, même si certaines ont été republiées par Moravia, dans l'immédiat après-guerre, avec quelques changements de forme et de titre, sur d'autres supports : outre « Les Marionnettes » et « La Farce », déjà citées, il s'agit de : « L'Amant repoussé », « Le Misanthrope », « La Conversion », « Un homme austère », « La Chance de vivre », « La Famille Vert-de-gris », « La Rencontre », « L'Indécis », « Le Secret de sa vie », « Après déjeuner », « La Promenade en barque », « L'Expérience », « L'Infériorité », « Le Casino », « La Véranda », « La Douleur », « Échange d'idées », « Coups de chance d'une belle journée », « Le Défenseur » et « Le Cavalier ».

Ce sont des nouvelles qui ont en commun avant tout

1. Aucune de ces nouvelles n'ont encore été traduites. Respectivement, « L'Enthousiaste, Fantasmes du souvenir, L'amant d'Elena, Les Mémoires de Casanova, Le Fainéant, La Maison du Crève-Cœur, Le Rendez-vous, L'Attente, L'Envieux, L'Envie ».

leur support de publication, leur format, de type journalistique, et la signature « Pseudo », que, à partir de mai 1941, Moravia adopte, à la suite de l'interdiction qui lui a été signifiée par les autorités d'user de son propre nom. Mais plus que des éléments extérieurs, ce qui les rapproche, c'est une recherche cohérente, une structure en série, probablement un projet unitaire. Non plus la construction d'un personnage narratif d'un seul bloc, comme dans les romans et dans les nouvelles les plus importantes, ni même l'abstraction métaphorique ou fantastique des nouvelles satiriques, qui semblaient s'attaquer aux mécanismes et aux conventions de la société. C'est une galerie de types humains, saisis dans leur milieu bourgeois (à la différence du milieu populaire qui caractérise les nouvelles romaines de l'après-guerre). Le narrateur qui s'exprime à la première personne, présente l'un après l'autre ses « amis », ses anciennes maîtresses, ou autres figures rencontrées d'une façon plus ou moins fortuite : « Adolescent, dans ce lointain automne, je liai amitié avec un jeune homme nommé Ciro » (« La Farce ») ; « Le petit garçon d'un de mes amis... » (« Les Marionnettes ») ; « Au temps de ma jeunesse, j'ai connu un jeune nommé Federico auquel me lia une amitié deux hivers durant. » (« Le Misanthrope ») ; « Mon ami Lucio, après des années de doute et d'aridité, s'était converti. » (« La Conversion ») ; « Mon ami Maurizio, homme lâche s'il en est... » (« La Chance de vivre ») ; « Ces trois amis que j'avais, père, mère et fils... » (« La Famille Vert-de-gris ») ; « Je rencontrai Alessio sur une place à midi... » (« L'Indécis ») ; « Un ami m'a raconté qu'il y a quelques années... » (« L'Expérience ») ; « Ce qui me lie à Cosimo n'est pas un sentiment de libre et mutuelle affection... » (« L'Infériorité ») ; « Après le déjeuner, nous sommes allés nous asseoir, mon ami et moi, sur une espèce de terrasse recouverte... » (« La Véranda ») ; « J'avais été camarade de Pietro au lycée ; je fus son ami à l'université. » (« La Douleur ») ; « Je me trouvais chez Lotario quand notre ami Tullio se présenta. » (« Le Défenseur »).

Mais derrière un détail infime, derrière un mot, derrière une habitude inconsciente ou une réaction imprévue, le regard aigu du narrateur découvre soudain le côté obscur et inavouable d'un caractère : il découvre « une impulsion plus profonde » (« Les Marionnettes »), le « démon » (« Le Misanthrope »), « une capacité cachée » (« La Chance de vivre ») ; une « douleur » secrète (« La Douleur »). Nous retrouvons dans ces nouvelles l'étude de l'être humain dans son dédoublement entre apparence extérieure et vie intérieure, que nous avions notée dès le début. Nous y sentons l'acuité intellectuelle et la passion typologique des *Caractères* de La Bruyère, que Moravia lisait durant ces années-là (« Je voulais refaire du La Bruyère : j'avais à l'esprit les moralistes français. Je me sentais voué à la description et à l'invention de caractères. ») Nous reconnaissons souvent cette heureuse intuition de la psychologie profonde qui est à l'origine des novations de la fiction chez Moravia (*Agostino* est écrit durant la même période, en août 1942). Dans cette galerie si humaine de vices, de faiblesses, de peurs, nous percevons en miniature la recherche du grand Moravia. Un monde plein de petites misères qui se rachète par son vitalisme, par une « capacité cachée de jouir de la vie », comme il est écrit dans « La Chance de vivre ».

Pourquoi Moravia a-t-il abandonné ces textes ? Est-il légitime de penser que ces textes devaient composer un volume ? En réalité, ils ne furent pas compris dans le nouveau recueil *L'Amante infelice* (« L'Amant malheureux »), qui paraît en juillet 1943 et inclut dix longues nouvelles, publiées pour la plupart dans des revues littéraires comme *Prospettive*, *Oggi*, *Documento* ou *Lettere d'oggi*. Il est probable, toutefois, que dans un premier temps, Moravia ait désiré insérer dans *L'Amante infelice* également les nouvelles de la *Gazzetta del popolo*. Grâce à une lettre inédite à Bompiani, nous savons qu'en janvier 1942 il était encore hésitant sur le titre de son recueil. Le 14 avril, Moravia formule une première hypothèse : « Après réflexion, je pense que le livre pourrait s'intituler *La Chance de vivre*, d'après une nouvelle que je voudrais y inclure » : la nouvelle qui porte ce titre était parue quelques jours auparavant dans la *Gazzetta del popolo*, et l'on peut donc estimer que Moravia voulait réunir toutes les nouvelles du même genre et de la même taille qu'il publiait dans le quotidien turinois. Mais quelques mois plus tard, le recueil reçoit son titre définitif (« D'accord pour le titre *L'Amante infelice* ») ; son articulation est alors probablement modifiée, les nouvelles de la Gazzetta se trouvant exclues.

Il est difficile de déterminer les raisons de cette exclusion : on peut éventuellement conjecturer que Moravia y voyait un matériau suffisant pour composer un autre volume, plutôt qu'une simple section de *L'Amante infelice*. Il est certain que la série est brusquement interrompue par la précipitation des événements de la guerre. Avec la chute du fascisme le 25 juillet 1943, Moravia participe pour la première fois, comme intellectuel engagé, au débat culturel et politique (on connaît ses courageuses interventions dans *Il Popolo di Roma*, dirigé, dans cette crise, par Corrado Alvaro) et le drame du 8 septembre[1] le force à fuir Rome pour la Ciociaria,

---

1. Déclaration de l'armistice, décrété par le Gouvernement Badoglio. Début de l'occupation allemande.

où il va passer neuf mois. Après la guerre, sa recherche dans le domaine de la narration se tourne vers d'autres thèmes et d'autres formes. Même si certains des textes de la *Gazzetta del popolo* sont reproduits dans d'autres quotidiens, et si certaines des nouvelles inédites semblent se rattacher à la même inspiration, la série de la *Chance de vivre* est peu à peu délaissée. Mais il n'y a pas de doute qu'elle constitue une expérience importante : c'est peut-être justement dans ces nouvelles que Moravia expérimente pour la première fois une façon de raconter qui lui est personnelle, retournant ses personnages et composant un tableau varié et complexe de la société contemporaine.

Nouvelles de la Ciociaria

Pour témoigner de la tragédie de la guerre, les nouvelles dispersées offrent ici une métaphore dramatique, exacte, en parfaite cohérence avec la satire moravienne : la visite de l'asile de Sant'Onofrio, dans « Massacre et mélancolie ». Le texte paraît en décembre 1944, dans *Città*, une revue qui a eu une vie brève, mais fortement engagée, déterminée à faire le bilan du passé, que Moravia dirige avec Massimo Bontempelli, Maria Bellonci, Paola Masino, Guido Piovene et Alberto Savinio. Les collaborations aux revues et aux journaux de la Libération, du reste, sont très nombreuses, et plus orientées vers les textes théoriques que vers la fiction. Mais il est également nécessaire de raconter son expérience des événements exceptionnels et dramatiques qui viennent de se dérouler.

La fiction de l'immédiat après-guerre est caractérisée par une forte nécessité autobiographique et par un besoin de témoigner. À partir de cette impulsion, analogue à la renaissance de la vie civile et à une nouvelle perception de la société italienne, Moravia développera, quelques années plus tard, comme chacun sait, ses romans et ses nouvelles romaines. Mais déjà, en 1945 et en 1946, il fournit son témoignage direct dans certains textes – qui n'ont plus été republiés, à part deux d'entre eux, récemment répertoriés par Tonino Tornitore –, que nous pourrions appeler les nouvelles de la Ciociaria, c'est-à-dire de brefs Mémoires sur l'expérience de la guerre, vécue en Ciociaria. Après la fuite précipitée en direction de Naples, autour du 12 septembre 1943, Moravia et Elsa Morante trouvent refuge dans la maison d'un paysan de Sant'Agata, près de Fondi, non loin du Front, et ils passent, dans les montagnes, neuf mois, la période la plus dure des combats, avant de pouvoir rentrer à Rome. Période de désespoir, mais paradoxalement riche en espérances, dont Moravia a laissé, en de rares occasions, un souvenir à la fois dramatique et nostalgique, et surtout un roman, *La Ciociara*, commencé en 1945, mais resté longtemps inachevé, avant d'être repris et publié en 1957[1].

Les textes que nous proposons ici constituent une autre série essentiellement homogène, publiée pour la plupart dans les colonnes de quotidiens. Dans *Mercurio*, à la fin 1944, paraît « Vie dans l'étable », où Moravia, pour la première fois, raconte sa fuite de Rome après le 8 septembre et son repli en Ciociaria. À partir d'août 1945, il publie ensuite d'autres brefs Mémoires de guerre, évoquant des épisodes singuliers et des personnages de ce séjour forcé dans les montagnes. Sept paraissent dans le *Corriere d'informazione* – ainsi se nomme,

1. Traduit par Claude Poncet (Flammarion, 1958). Il a fait l'objet d'une adaptation cinématographique par Vittorio De Sica, avec Sophia Loren et Jean-Paul Belmondo (1960).

après la guerre, le *Corriere della sera*, dirigé par Mario Borsa – et dans *La Lettura*, l'hebdomadaire qui lui est lié : « Deux Allemands », « L'Évangile en Ciociaria », « Saint Jean », « Le Village le plus heureux du monde », « Deux Anglais », « Lorenzino mort de peur », « Les Paysans aiment l'argent » et « Récolte de la chicorée ». Une fois qu'il a mis un terme à sa collaboration au journal de Milan, Moravia transfère et poursuit la série dans *Il Tempo*, dirigé par Renato Angiolillo, dans la double rédaction romaine et milanaise, où, entre mars et avril 1946, il publie encore trois papiers (« Les Trompettes de Jéricho », « Plaisanteries de la guerre » et « Fuite en montagne ».)

Dans les nouvelles du *Corriere* et du *Tempo*, le lecteur de la *Ciociaria* – mais aussi le spectateur du film qu'en tira Vittorio De Sica – retrouvera les mêmes situations et les mêmes personnages, mais sous un point de vue clairement autobiographique : il n'écoutera pas en effet le récit de Cesira[1], mais l'expérience vécue par Moravia lui-même. Dans « Plaisanteries de la guerre », apparaît le personnage du Petit Singe, le fasciste républicain type, scélérat et criminel, qui meurt également dans *La Ciociara* (chapitre II) ; dans « L'Évangile en Ciociaria », on a la description de la cabane locale typique (comme dans le chapitre III du roman), où Moravia lit aux paysans, comme Michele dans le roman, le passage évangélique de la résurrection de Lazare (chapitre IV) ; « Saint Jean » raconte le vol burlesque accompli par le compère, le parrain, qui aurait dû être le gardien des biens laissés au village pendant l'occupation allemande (chapitre V) ; « Lorenzino mort de peur » sera rebaptisé « Tommasino », mais l'épisode est le même (chapitre V) ; « Fuite

1. Héroïne du roman.

en montagne » évoque la montée au sommet de la montagne pour éviter les rafles allemandes, ainsi que le fait Michele en compagnie de Cesira et de Rosetta (chapitre VI) ; « Les Paysans aiment l'argent » dessine déjà ces réflexions sur l'argent qui, dans le roman, sert de médiateur dans le rapport avec les paysans, et qu'Alberto cache dans le revers de son pantalon, comme Cesira dans le revers cousu de sa jupe (chapitre I) ; les « Deux Anglais », hébergés la nuit de Noël, et les « Deux Allemands » qui sont montés de façon menaçante à Sant'Agata, les récits fantasmatiques et invraisemblables des paysans dans « Les Trompettes de Jéricho », la récolte des herbes sauvages dans « Récolte de la chicorée » : autant d'expériences dramatiques vécues par l'écrivain, autant d'épisodes ensuite racontés dans la *Ciociara* (chapitres VI et VII). C'est donc une confirmation inédite du fond vécu du roman par lequel Moravia, dix ans plus tard, rendrait son tribut au mythe national-populaire.

Des nouvelles de l'après-guerre aux premières nouvelles romaines

Après le cycle de la Ciociaria, paraissent dans *Il Tempo*, au cours de 1946, quelques nouvelles qui décrivent en direct l'Italie de l'après-guerre. Moravia semble plonger et renouveler dans le contexte inédit de cette crise historique ses thèmes et ses personnages caractéristiques. C'est la veine narrative d'où naissent, durant ces années-là, les nouvelles intégrées par la suite dans le volume de 1949, *L'Amour conjugal et autres nouvelles* (des petits chefs-d'œuvre comme « L'Officier anglais » ou « Le Nègre et le Vieux à la serpe » [1]). « Les fous aussi

1. Ces nouvelles font partie, en français, du recueil *Histoires d'amour* (*op. cit.*).

se mettent à jour », par exemple, « met à jour » la réflexion sur la folie, en la liant au problème du marché noir ; « La Veuve » a les traits des personnages bourgeois que désormais nous connaissons bien, mais attribués à la veuve d'un partisan ; « La Mort en mer » développe un thème fréquent et particulièrement significatif dans la fiction de Moravia – l'événement ou la pensée de la mort dans le contexte de vacances à la mer –, mais la présence d'un général américain y ajoute la note reconnaissable entre toutes de ce moment historique et en fait quelque chose de profondément original, à sa manière, parfait ; dans « Les Contradictions de Rodolfo », nous retrouvons pour héros un « ami », c'est-à-dire un type humain à la façon des nouvelles du début des années quarante, dont les « contradictions » explosent à propos d'un thème d'actualité, dans l'après-guerre, le traité de paix imposé à l'Italie par les puissances alliées ; et de même, « Le Père de famille » a pour héros un « ami » retrouvé après de nombreuses années, en apparence inchangé, mais intérieurement dévasté par le passage de la guerre. À ce groupe de nouvelles peut être rattaché, quoique publié plus tard, « Espion à la suite d'un pari », où Moravia retrace une autre figure caractéristique et ambiguë de l'après-guerre italien, un des délateurs de l'OVRA [1], sous le régime fasciste, qui avaient été dénoncés par la publication des listes de leurs noms dans les quotidiens : comment ne pas penser aux personnages d'Astarita et de Mino dans *La Belle Romaine*, et surtout au Marcello du *Conformiste* ?

Ce sont des années de grand ferment créatif pour Moravia qui, après *Agostino,* écrit, coup sur coup, *La*

1. *Opera Vigilanza Repressione Antifascista*, organisme fasciste de renseignements généraux et de délation.

Belle Romaine, La Désobéissance, L'Amour conjugal et autres nouvelles, Le Conformiste. Cependant, il accroît ses collaborations aux quotidiens et aux périodiques, à la recherche de quelque autonomie économique que seul le succès de *La Belle Romaine*, en 1947, lui permettra d'atteindre. À côté du *Tempo,* auquel nous avons déjà fait allusion, ses nouvelles paraissent dans *La Nazione* et *La Stampa*, et dans ces trois publications – quatre, si on considère que *Il Tempo* a une rédaction à Rome et une autre à Milan – Moravia distribue et souvent recycle ses textes. La gestion d'une pareille activité devient rapidement prenante, si on pense aux papiers sur le cinéma et la littérature qu'il prépare en même temps pour d'autres revues, et à la rédaction de ses romans importants. À partir d'octobre 1948, en effet, il met un terme à sa collaboration journalistique avec les quotidiens cités et instaure une exclusivité avec *Il Corriere della sera* – auquel, comme chacun sait, il restera lié jusqu'à sa mort.

Les fictions brèves de Moravia s'orientent, durant ces années-là, vers les *Nouvelles romaines*. La première de la série – reconnaissable par la voix du narrateur populaire, à la première personne, et par l'environnement justement romain – est « Un mendiant », publié dans *La Stampa* du 25 janvier 1948 et quelques jours après, le 5 février, dans *La Nazione*. Exclue toutefois du recueil *Nouvelles romaines* de 1953, elle peut être lue aujourd'hui dans *Romildo*, en même temps que d'autres nouvelles romaines exclues (Moravia, en effet, ne commencera à les réunir qu'à partir de 1949, et exclusivement à partir des papiers donnés au *Corriere della sera*). On retrouvera également dans le présent recueil quelques nouvelles qui peuvent être rattachées à la veine romaine : que l'on voie, par exemple, « Escrocs escroqués », « Le Lit sur le toit » ou « La Passion de la lecture » – tous parus dans *Il Corriere della sera* – et encore « Le Peintre Evandro », qui paraît sur un autre support, *Il Mondo* de Mario Pannunzio, pour lequel Moravia rédigeait, dans ces années-là, de nombreuses critiques littéraires.

Les autres nouvelles de la période 1947-1951 ici publiées ont des origines différentes et sont plus hétérogènes entre elles. Un premier groupe suit la ligne peut-être la plus caractéristique de Moravia, qui décrit des types et des situations de vie bourgeoise et petite-bourgeoise : des textes comme « Derrière la haie », « Le Médisant », « La Main », « Le Point d'honneur », « Les Chaussures », « Les Charades » – situation par excellence du salon bourgois –, « Tant de feu au cœur » marquent une reprise de ces études psychologiques du début des années quarante, que nous avons notées dans la série *La Chance de vivre*.

Un autre groupe est celui des toutes premières nouvelles écrites pour *Il Corriere della sera*, entre octobre et décembre 1948, et qui témoignent d'un soin et d'un engagement plus grands : aux deux que l'on peut lire aujourd'hui dans *Romildo* (« *Le Lettere anonime* » et « *Il Diavolo custode* »[1]) s'en ajoutent trois, auxquelles nous avons déjà fait allusion : « Espion à la suite d'un pari », à propos des nouvelles sur l'après-guerre, « Escrocs escroqués » parmi les nouvelles romaines, et « Les Pommes délicieuses » pour le thème de la folie dans les asiles, cette fois-ci analysée de l'intérieur, sous forme de lettre d'un patient à sa mère. Un dernier groupe doit être rapproché, lui, des proses fantastiques qui, comme on l'a

1. Rappelons que ce recueil n'a pas été traduit : « Les Lettres anonymes » et « Le Diable gardien ».

dit, connaîtront une dernière période créative autour de 1946-1947, avant d'être réunis dans *La Polémique des poulpes* en 1956. À ce type, on peut également rattacher « Matinée du mauvais œil » et surtout les fantasmes de « La Ville des meubles ».

L'anthologie involontaire que ces *Histoires de guerre et d'intimité* viennent composer, en se plaçant en simple ordre chronologique, n'est donc pas privée d'une nécessité propre et autonome, et d'un sens intrinsèque. Comme dans un torrent souterrain des hautes montagnes, qui coulerait parallèlement aux *Nouvelles* des années 1927-1951 (*La Provinciale* et *Histoires d'amour*) et qui s'enrichirait d'eaux provenant également d'autres régions (*La Polémique des poulpes*, *Nouvelles romaines*, *La Ciociara* et le posthume *Romildo*), l'ouvrage révèle des aspects nouveaux et peu connus de Moravia : la variété et la cohérence de la recherche narrative, la progressive découverte de la nouvelle comme dimension autonome par rapport au roman, quelques séries unitaires d'études et de nouvelles qui jettent une lumière nouvelle sur son œuvre et sur une période dramatique et cruciale de l'histoire italienne. Il n'y a rien de fortuit dans la fiction de Moravia : « J'éprouvais même une sorte de sentiment de gaieté, comme si tout s'était déroulé selon un ordre préétabli et supérieur », peut-on lire dans « L'Amant repoussé ».

Simone Casini et Francesca Serra

Note bibliographique des éditeurs

Les textes sélectionnés sont conformes à leurs originaux, mais nous avons procédé à la correction d'évidentes coquilles et à l'uniformisation des critères typographiques. Dans le cas des nouvelles republiées dans différents périodiques, nous avons toujours proposé la première version et le titre de la première parution : les transformations éventuelles du titre sont indiquées ci-dessous. En règle générale, les variantes entre deux publications sont infimes ou nulles. L'ordre est chronologique.

Jusqu'en 1940, l'édition a été assurée par Francesca Serra, et entre 1941 et 1951 par Simone Casini. Nous fournissons le contexte de publication des 69 nouvelles.

« Cavernes. Double usage », *900*, nouvelle série, a. III, n° 1, juillet 1928, pp. 44-45.

« Cavernes », *900,* nouvelle série, a. III. n° 6, décembre 1928, pp. 284-285.

« Le Voleur curieux », *900*, a. IV, n° 1, janvier 1929, pp. 18-26.

« Andreina », *L'Italiano*, a. VI, n° 1, mars 1931, pp. 26-28.

« Les Femmes font dormir », *La Gazzetta del popolo*, 30 décembre 1934. Ensuite : *Beltempo*, almanach des éditions La Cometa, Rome, 1941. Ensuite dans *Le Chiese rosse e altri racconti*, édition établie par Enzo Siciliano, Via del Veneto, Pistoia, 1998.

« Homme de caractère », *La Gazzetta del popolo*, 29 janvier 1935.

« Le Soleil d'avant-guerre », *Caratteri*, a. I, n° 3, mai 1935, pp. 234-237.

« La Maison à trois étages », *Omnibus*, a. II, 19 mars 1938, p. 3.

« La Grille fermée », *Tutto*, n° 11, 11 mars 1939, pp. 5-6.

« Rêve funèbre », *Il Tesoretto, Almanacco delle Lettere e delle Arti*, édition établie par Alfonso Gatto, Alberto Mondadori, Salvatore Quasimodo, Leonardo Sinisgalli, A. Tofanelli, Edizioni Primi Priani, Milan, 1940, pp. 22-24.

« Souvenir de Circé », *La Gazzetta del popolo*, 24 octobre 1940.

« Les Marionnettes », *La Gazzetta del popolo*, 18 juin 1941.

« La Farce », *Tempo*, a. V, n° 88, 30 janvier-6 février 1941, pp. 28-29 (avec un dessin de Renato Guttuso).

« Le Lion », *Domus*, n° 162, juin 1941, pp. 57-58, sous la signature de « Pseudo ».

« Le Chant du coucou », *Documento*, a. I, n° 8, août 1941, p. 19, sous la signature de « Pseudo ».

« L'Amant repoussé », *La Gazzetta del popolo*, 18 novembre 1941, sous la signature de « Pseudo ».

« Le Misanthrope », *La Gazzetta del popolo*, 4 décembre 1941, sous la signature de « Pseudo ».

« La Conversion », *La Gazzetta del popolo*, 22 janvier 1942, sous la signature de « Pseudo ».

« Un homme austère », *La Gazzetta del popolo*, 17 février 1942, sous la signature de « Pseudo ». Ensuite, sous le titre « Gros Singe », dans *Il Tempo di Roma*, 1er décembre 1946.

« La Chance de vivre », *La Gazzetta del popolo*, 10 avril 1942, sous la signature de « Pseudo ».

« La Famille Vert-de-gris », *La Gazzetta del popolo*, 29 avril 1942, sous la signature de « Pseudo ». Ensuite, sous le titre « La Famille de menteurs », dans *La Nazione*, 7 avril 1947, dans *La Stampa*, 9 avril 1947 et dans *Il Tempo*, de Milan, 27 avril 1947.

« La Rencontre », *La Gazzetta del popolo*, 19 mai 1947, sous la signature de « Pseudo ».

« L'Indécis », *La Gazzetta del popolo*, 19 juin 1942, sous la signature de « Pseudo ».

« Le Secret de sa vie », *La Gazzetta del popolo*, 26 juillet 1942, sous la signature de « Pseudo ».

« Après déjeuner », *La Gazzetta del popolo*, 11 août 1942, sous la signature de « Pseudo ».

« La Promenade en barque », *La Gazzetta del popolo*, 3 septembre 1942, sous la signature de « Pseudo ».

« L'Expérience », *La Gazzetta del popolo*, 39 septembre 1942, sous la signature de « Pseudo ».

« L'Infériorité », *La Gazzetta del popolo*, 4 novembre 1942, sous la signature de « Pseudo ».

« Le Casino », *La Gazzetta del popolo*, 29 novembre 1942, sous la signature de « Pseudo ».

« La Douleur », *La Gazzetta del popolo*, 3 février 1943, sous la signature de « Pseudo ». Ensuite : sous le titre « Son Âme au diable », dans *Il Tempo* de Milan, 6 février 1947.

« La Véranda », *Tempo*, a. VII, n° 194, 11 février 1943, sous la signature de « Pseudo ». Ensuite : sous le titre « La Faute au soleil », dans *Il Tempo* de Milan,

17 novembre 1946. Cette nouvelle a été adaptée au cinéma pour le seul film (court métrage) qu'ait tourné Alberto Moravia. 1951, 6 minutes, avec Strelsa Brown et Giancarlo Sbraglia.

« Échange d'idées », *La Gazzetta del popolo*, 2 mars 1943, sous la signature de « Pseudo ».

« Coups de chance d'une belle journée », *La Gazzetta del popolo*, 24 mars 1943, sous la signature de « Pseudo ».

« Le Défenseur », *La Gazzetta del popolo*, 27 avril 1943, sous la signature de « Pseudo ».

« Le Cavalier », *Documento*, a. III, n° 6, juin 1943, sous la signature de « Pseudo ».

« Vie dans l'étable », *Mercurio*, a. I, n° 3, novembre 1944, pp. 202-207. Texte republié, comme prémices au roman *La Ciociara*, édition établie par Tonino Tornitore, Bompiani, Milan, 1997, pp. V-IX.

« Massacre et mélancolie », *Città*, A. I, n° 5, 14 décembre 1944, pp. 1-2.

« Deux Allemands », *Corriere d'informazione*, 18 août 1945.

« L'Évangile en Ciociaria », *La Lettura*. Hebdomadaire du *Corriere d'informazione*, a. I, n° 2, 30 août 1945, p. 5.

« Saint Jean », *Corriere d'informazione*, 16 septembre 1945.

« Le Village le plus heureux du monde », *Corriere d'informazione*, 30 septembre 1945.

« Récolte de la chicorée », *Corriere d'informazione*, édition de l'après-midi, 11 octobre 1945.

« Deux Anglais », *Corriere d'informazione*, 21 octobre 1945. Ensuite : *La Nazione*, 21 octobre 1945.

« Lorenzino mort de peur », *Corriere d'informazione*, 11 novembre 1945.

« Les paysans aiment l'argent », *Corriere d'informazione*, 2 décembre 1945.

« Les Trompettes de Jéricho », *Il Tempo* de Rome, 5 mars 1946.

« Plaisanteries de la guerre », *Il Tempo* de Rome, 23 mars 1946. Ensuite : *Il Corriere lombardo*, 24 mars 1946.

« Fuite en montagne », *Il Tempo* de Rome, 4 avril 1946. Texte republié comme prémices au roman *La Ciociara*, édition établie par Tonino Tornitore, Bompiani, Milan, 1997, pp. XI-XIII.

« Le Père de famille », *Mercurio*, a. III, nº 21, mai 1946, pp. 37-45.

« Les Fous aussi se mettent à jour », *Il Tempo* de Rome, 2 juin 1946. Ensuite, sous le titre *Fous mis à jour*, dans *Il Tempo* de Milan, 5 juin 1946.

« La Veuve », *Il Tempo* de Rome, 16 juin 1946. Ensuite, dans *Il Tempo* de Milan, 19 juin 1946.

« La Mort en mer », *Il Tempo* de Milan, 30 juin 1946. Ensuite, dans *Il Tempo* de Rome, 15 août 1946.

« Le Chant d'une femme », *Il Tempo* de Milan, 6 octobre 1946. Le même jour, dans *Il Tempo* de Rome.

« Les Contradictions de Rodolfo », *Il Tempo* de Milan, 3 novembre 1946.

« Derrière la haie », *Il Tempo* de Milan, 9 mars 1946. Ensuite, dans *La Nazione*, 30 mars 1947.

« Matinée du mauvais œil », *La Stampa*, 18 juin 1947. Ensuite, sous le titre « L'éclipse », dans *Il Tempo* de Rome, 6 juillet 1947.

« Le Médisant », *La Nazione*, 3 août 1947. Ensuite, dans *Il Tempo* de Milan, 10 août 1947. Ensuite, sous le titre « L'Ami », dans *Il Tempo* de Rome, 31 août 1947.

« La Main », *La Stampa*, 23 août 1947. Ensuite, dans *La Nazione*, 7 septembre 1947.

« Ville des meubles », *Il Tempo* de Milan, 21 septembre 1947.

« Le Point d'honneur », *La Nazione*, 23 octobre 1947. Le même jour : *Il Tempo* de Milan, 23 octobre 1947 et *Il Tempo* de Rome, 23 ocotobre 1947.

« Les Chaussures », *Il Tempo* de Milan, 30 octobre 1947. Ensuite, *La Nazione*, 9 novembre 1947 et, le même jour, sous le titre « Le Fils de l'ami », dans *Il Tempo* de Rome, 9 novembre 1947.

« Les Charades », *Il Tempo* de Milan, 9 novembre 1947. Le même jour, sous le titre (de la rédaction) « Qu'allons-nous faire cet hiver pour sortir de nous-mêmes ? », dans *Il Tempo* de Rome.

« Tant de feu au cœur », *La Stampa*, 9 mars 1948. Le même jour, sous le titre « Les raisons du cœur », dans *Il Tempo* de Rome.

« Espion à la suite d'un pari », *Corriere della sera*, 17 octobre 1948.

« Escrocs escroqués », *Corriere della sera*, 7 novembre 1948.

« Les Pommes délicieuses », *Corriere della sera*, 21 novembre 1948.

« Le Peintre Evandro », *Il Mondo*, a. I, n° 21, 9 juillet 1949, pp. 11-12.

« Le Lit sur le toit », *Corriere della sera*, 31 décembre 1950.

« La Passion de la lecture », *Corriere della sera*, 8 avril 1951.

Table

Composition et mise en page

NORD COMPO
multimédia

Achevé d'imprimer en janvier 2002
dans les ateliers de Normandie Roto Impression s.a.
61250 Lonrai
Dépôt légal : février 2002
N° d'imprimeur : 02-0138
N° d'éditeur : FF819101

Imprimé en France